論外來政權現象——
柏拉圖與馬基維里的哲學思考

閻亢宗　著

封面設計：實踐大學教務處出版組

出版心語

　　近年來，全球數位出版蓄勢待發，美國從事數位出版的業者超過百家，亞洲數位出版的新勢力也正在起飛，諸如日本、中國大陸都方興未艾，而台灣卻被視為數位出版的處女地，有極大的開發拓展空間。植基於此，本組自民國 93 年 9 月起，即醞釀規劃以數位出版模式，協助本校專任教師致力於學術出版，以激勵本校研究風氣，提昇教學品質及學術水準。

　　在規劃初期，調查得知秀威資訊科技股份有限公司是採行數位印刷模式並做數位少量隨需出版〔POD＝Print on Demand〕（含編印銷售發行）的科技公司，亦為中華民國政府出版品正式授權的 POD 數位處理中心，尤其該公司可提供「免費學術出版」形式，相當符合本組推展數位出版的立意。隨即與秀威公司密集接洽，出版部李協理坤城數度親至本組開會討論，雙方就數位出版服務要點、數位出版申請作業流程、出版發行合約書以及出版合作備忘錄等相關事宜逐一審慎研擬，歷時 9 個月，至民國 94 年 6 月始告順利簽核公布。

這段期間，承蒙本校謝前校長孟雄、謝副校長宗興、王教務長又鵬、藍教授秀璋以及秀威公司宋總經理政坤等多位長官給予本組全力的支持與指導，本校多位教師亦不時從旁鼓勵與祝福，在此一併致上最誠摯的謝意。本校新任校長張博士光正甫上任（民國 94 年 8 月），獲知本組推出全國大專院校首創的數位出版服務，深表肯定與期許。諸般溫馨滿溢，將是挹注本組持續推展數位出版的最大動力。

本出版團隊由葉立誠組長、王雯珊老師、賴怡勳老師三人為組合，以極其有限的人力，充分發揮高效能的團隊精神，合作無間，各司統籌策劃、協商研擬、視覺設計等職掌，在精益求精的前提下，至望弘揚本校實踐大學的校譽，具體落實出版機能。

實踐大學教務處出版組　謹識

中華民國 96 年 9 月

目　次

緒　論

　　台灣外來政權與本土政權的辯證發展，乃是循兩條軸線進行。一是「外來者」進入台灣政治社群，尋求建立統治政權政治權威的「外來政權」主軸，另一則是本土力量「消滅」外來政權，進而建立本身統治政權政治權威的主軸。這兩條軸線雖然各自獨立，但在詮釋上卻必須以後者為基準，原因為：本土政權已取得詮釋上的文化霸權（cultural hegemony），以黑格爾（G. W. F. Hegel）在《精神現象學》論述的主奴辯證角度看，本土政權論述顯然已擺脫過去奴隸地位，而成為當下台灣政治場域的主人，故唯有從本土政權建立政治權威的角度出發，才能呈現台灣外來政權現象的面貌，進而由其證成政治權威過程中所凸顯的矛盾，逐步推陳出對於外來政權現象的推論要旨。

　　從時間的演進區分，本土政權證成其政治權威的理據，乃是建立在兩種論述上，早期憑藉的是民族主義論述，晚期則以民主化論述為主要依託。前者與台灣獨立運動的發展有很密切的關係，後者則與台灣政治場域由威權走向民主有關，特別是在李登輝執政後。[1]但這兩種論述並

---

[1]　史明在《台灣人四百年史》的日文版序中強調，該書目的是要從「備受外來統治的台灣人立場，來探索『台灣民族』的歷史發展，以及台灣人意識的形成過程。」可視為早期台灣獨立運動以民族主義論述作為推翻外來政權，建立本土政權政治權威的代表；以民主化論述作為本土政權政治權威論據者，可以李登輝為代表，李登輝表示：「政府領導階層由在地台灣民意產生的，就是本地政權，……真正的本土政權，是民國八十五年由人民直接選舉總統開始。」因此他總結說：「民主化就是本土化。進一步講：民主政權就是本土政權。」參閱台灣團結聯盟網頁 http://www.tsu.org.tw/04_32.php，「阿輝伯教室」。

非涇渭分明，反之，在論述上常常相互強化。因此，從本土政權的角度看，其隱含的論點是：外來政權與本土政權的對立，從民族主義的立場言是外來殖民者與尋求自決的被壓迫民族間的對立；從民主政治的立場言則是威權統治與民主政治間的對立。於是外來政權與本土政權兩條軸線的對立，被明顯刻畫成兩種極端不同的價值對立，即：外來政權＝壓迫政權＝威權政治，本土政權＝民族自決＝政治民主。本土政權即是一方面藉由與外來政權這個他者（the other）的對立，另一方面將本身塑造為等同於民族自決與政治民主，而取得其政治權威，但此一途徑卻存有無法自圓其說的矛盾。

　　舉一個歷史上的事證，有助於點出問題所在。1688 年，英國發生「光榮革命」（The Glorious Revolution）。當時英國的「本土政權」斯圖亞特王朝（Stuart）國王詹姆士二世（James II）逃往法國，他的女婿——荷蘭執政威廉（William Prince of Orange）與妻子瑪麗（Mary II）率軍入主英國。1689 年 2 月 13 日，就在英國國會宣布威廉和他的妻子瑪麗為英國的國王和女王之日，為了防止新國王復辟專制制度和重奉天主教為國教，更為了確立君主立憲的「有君共和制度」，英國國會同時呈送「權利宣言」（declaration of rights）——一部「限制王權和保障民權」的憲法，即《權利法案》（the bill of rights），要求王室接受並保證實行。稍後，國會又通過了「信仰自由法」和「王位繼承法」，從新國家的立法上，開啟了從「有君共和」走向「虛君共和」的歷史進程。

　　從地理界域及政權變遷的角度看英國「光榮革命」歷史，可將之描述為「外來政權」進入英國的歷史；由荷蘭渡海踏上英倫土地的威廉三世（William III），在英國國會的協助下，成為英國的統治者。若再深入一層看，我們還會發現一個有趣的事實，即威廉雖是英王，但他卻出身荷蘭海牙的橘邑王室（House of Orange），而且橘邑家族也不是荷蘭人，而是德國後裔。後來的英王喬治一世，更是道道地地的德國人。但這個

「外來」身分在當時的歷史脈絡並不重要，因為在前民族主義時代，歐洲各國王位繼承是依血源而定，民族的因素並不突出，許多貴族是各國混血，彼此有親戚關係。然而就現代民族國家的觀點來看，這種由「外來政權」驅逐「本土政權」的情形，顯然是大逆不道，其本身即不具統治正當性，可見以民族主義作為統治政權是否具有政治權威的判準，並非歷史的必然，而係一歷史的偶然。

　　不僅從民族主義的角度無法否定「外來政權」的政治權威，從民主政治的觀點率爾認為「外來政權」必定是壓迫政權，也無必然的理據。從英國「光榮革命」的歷史來看，英國的君主立憲及對民權的保障，正是在威廉三世統治英國之後，才由英國國會進一步確立的，此時英國的政治形態呈現的是一種「外來」行政權與「本土」立法權的辯證關係，從英國「議會主權」（parliamentary sovereignty）的歷史演變分析，這個最初的形態，可將其描述為行政權屬於「外來者」，主權則存在於「本土」的英國國會，因此造就了「外來」與「本土」共存的歷史現象。雖然這只是一個短暫的歷史過渡，但卻對民主政治理論的發展產生了深遠的影響，英國內戰激盪了英國知識分子的思想，從而產生連串早期現代民主理論，包括霍布斯（Thomas Hobbes）的「社會契約論」，雖然霍布斯意圖為君主專制尋求立論的基礎，但卻間接否定了專制王權；洛克（John Locke）的「分權學說」，提倡平等、自由和保護私有財產；及密爾頓（John Milton）的「人民主權學說」，倡言人民處死暴君的正當性，並否定了權力世襲的正當性，為「有君共和」走向「無君共和」的歷史進程，奠定了關鍵性的理論基礎。

　　無論從民族主義或是民主政治的觀點，都無法證成台灣外來政權與本土政權對立的理據，也無法由此證成唯有本土政權才具備統治的政治權威，但是，上述對於英國「光榮革命」的論證，從另一個分析角度，將會產生不同的歷史景觀，主要原因係緣於「光榮革命」發生的宗教背

景。詹姆士二世意圖恢復羅馬天主教，並於 1687 年通過寬宥令
（Declaration of Indulgence），表面准許宗教自由，但實際上卻是為了取
消限制天主教的禁令，此舉令信奉英國國教的英國人民極為恐慌，為了
防止天主教會勢力復辟，英國議會遂罷黜詹姆士二世。

　　這段英國「光榮革命」發生的歷史，對分析外來政權現象很有啟發
性。因為台灣本土政權與外來政權的對立，除了呈現從民族主義與民主
政治解讀的面貌外，隨著台灣政治場域的轉變，焦點已漸漸轉移至理念
的對立上。此時本土政權證成政治權威的基礎，在於強調它的理念之善
（good），相對於外來政權所持理念之惡（evil），此種理念的善惡之辨，
若放在英國「光榮革命」發生的歷史脈絡，將顛覆上述外來政權與本土
政權的區分。此時，入主英國的威廉三世將不再是外來政權，因其捍衛
的乃是英國人民視為善的（國教）理念，而詹姆士二世則成為外來政權，
因其持有的乃是英國人民視為惡的（天主教）理念。在此一邏輯下，威
廉三世成了本土政權，而其政治權威的證成基礎，正在於他與英國人民
相同的「本土」理念；相對的，詹姆士二世之所以被剝奪了政治權威，
亦在於他所持的「外來」理念，這個顛倒的邏輯看似弔詭，但從強調本
土政權政治權威的角度，卻可以用作合理化英國「光榮革命」的「本土
性」，及台灣本土政權必須與外來政權「不斷革命」（Permanent
Revolution）的論據。[2]而在以下的章節中，我們也會從宗教的角度，探
討外來與本土的對立現象。

---

[2]　Permanent Revolution 是俄國布爾什維克領袖托洛斯基（Lev Davidovich Trotsky）
　　對馬克斯主義的主要貢獻。托洛斯基在 1906 年發表的〈回顧與前瞻〉（Result and
　　Prospect）論文中，提出此一構想。馬克斯（Karl Max）認為在革命進行中，階
　　級勢力關係不斷變更，權力應轉移於更革命之階級行使，在資產階級民主革命
　　時期，無產階級必須領導城市小資產階級及農民，進行反封建勢力革命，革命
　　勝利以後，無產階級仍須不斷進行革命，使資產階級民主革命轉變為無產階級
　　專政。托洛斯基的永久革命論則是針對俄國的情形而言，他認為無產階級與布

　　當然，用外來政權與本土政權的二分方式分析英國「光榮革命」的歷史似嫌武斷，因為那個時代沒有人會這麼區分，以台灣外來政權現象與英國「光榮革命」的歷史類比，也存在文化、時間與空間的差異問題，但如此作法並非毫無價值，因為它凸出了若干值得我們深思的問題，包括：「外來者」是否即不具統治權威？將「本土」作為政治權威必要條件的思維是否合理？台灣外來政權現象中凸出的民族主義、民主政治與理念差異等，在統治者建立政治權威過程中，扮演的角色究竟為何？這些問題單靠分析英國「光榮革命」或是台灣外來政權與本土政權鬥爭的歷史，並不能提供我們解答。因此，唯有另闢蹊徑，既然外來政權與本土政權已成對立的概念，我們便無法從正面著手處理這個問題，因為無論從外來政權或是本土政權的角度出發，都會招致另一個論述發動的抵抗，故而本書選擇的路徑，是從這兩個論述都欲達到的相同目的著手，即從政治權威的角度出發，再以這個相同目的作為評判外來政權與本土政權的判準。我們將採取考古的途徑，從政治權威的演進歷史，當作對外來政權現象分析之旅的起點，這一方面，漢娜・鄂蘭（Hannah Arendt）在《過去與未來之間》（*Between Past and Future*）一書中對於權威的探討（What is authority?）提供我們極大的助益。後文將會呈現，希臘時代柏拉圖思想導引出的權威觀念，是多麼具有濃厚的外來政權影子！而馬基維里顛覆古典權威觀念，進而掀起的革命浪潮，又多麼具有本土政權的濃烈味道！

喬亞攜手，推翻沙皇和大地主之後，接著應推翻布爾喬亞，建立無產階級的獨裁，把一切生產工具歸社會共有。他同時認為俄國的革命不只是一個國家的問題，也是一個歐洲和世界革命的序幕，就如革命不能止於布爾喬亞階級，革命也不能局限於俄國一國的國境。無論國內國外，革命都應該是永久的。托洛斯基的「不斷革命論」很適合解釋台灣本土政權持續與外來政權鬥爭的現象，因為在最後設定的「建立台灣主體性」目的未達到前，與外來政權的鬥爭就必須持續下去。

第一章　柏拉圖由外而內的途徑

　　鄂蘭認為雖然對於權威（authority）的概念和實際經驗，最早出現於羅馬時期，但在希臘時期柏拉圖（Plato）和亞里斯多德（Aristotle）的著述中，便已企圖將權威引進希臘城邦生活的運作之中。而在分析柏拉圖如何引進權威之前，對於權威結構的認識，有助於我們理解柏拉圖為何將權威的觀念引進政治社群之中，及統治者取得政治權威的進路，並進一步顯示「外來」與「本土」在其中的關係。

　　鄂蘭指出，一個具有政治權威的政府（authoritarian government）係呈現一種金字塔的形態，此時，政府的權威來源位於政府結構之外，但其權力基座（seat of power）則是位在金字塔結構的頂端，權威和權力由上而下滲透於結構的每一層級，因此，每一個層級都同時擁有權威與權力，但較下階層的權威與權力又少於較上階層。這個形式有如向外放射的許多光束，但其焦點（focal point）卻集中在金字塔的頂點和其上的超越性權威來源（transcending source of authority）。因此，鄂蘭結論說：

> 　　具有政治權威的政府，其權威來源通常是外來且優於其本身權力的一種力量（a force external and superior to its own power），這種外來的力量超越政治場域，權威者（authorities）也由此獲取他們的權威，也就是他們的（統治）正當性，其權力也因此受到制約。[1]

---

[1]　Hannah Arendt, *Between Past and future*(New York: Penguin Books, 1977), pp. 97-98.

　　鄂蘭認為，中世紀以來的基督教權威統治是這種形態的典型，因為其焦點係位於世俗的統治金字塔之外。鄂蘭對政府權威結構的描述有若干面向值得注意。首先，若統治政權的最大特色在於權力的擁有與行使，則鄂蘭的權威結構表明統治者的政治權威必須「外求」，亦即統治者的政治權威必須是「外來的」（external）。這個外來的權威來源，鄂蘭曾指明許多不同的形式，它可以是自然法（law of nature），或上帝的律令（God's Commandments），或者是柏拉圖的 Idea，在政治權威概念起源的古羅馬，則是存在於過去（past）的歷史、羅馬的根源（foundation）以及祖先偉大的事蹟（greatness of ancestors）。而羅馬時期一個值得注意的發展是，上述抽象的權威來源，已經有了一個具體的載體，這個載體即是羅馬的元老院。鄂蘭引用西塞羅（Cicero）的話形容：「權力在於人民，權威在於元老院。」（while power resides in the people, authority rests with the Senate.）她認為孟德斯鳩（Charles Louis Montesquieu）對於政府司法部門的理解，其角色類似羅馬元老院，因為二者雖然毫無權力，但卻同樣發揮擴張（augment）根源的功能，而當今各國政治體系最類似於羅馬元老院的組織即是美國的最高法院，因為最高法院係依美國的開國精神解釋憲法，同時其解釋也具有約束力。[2]

　　將政府司法部門或是美國最高法院作為外來權威的載體，現今時代很難體會，因為現代國家的司法部門已被視為政府的一部分，是權力體系的一環，因此很難將之視為「外來者」，但歷史上此一形態並非絕對。馬基維里（Niccolo Machiavelli）在《佛羅倫薩史》（*History of Florence*）一書中曾描述佛羅倫薩城中圭爾夫派和吉貝林派兩個派系的對立，為了

---

[2]　Hannah Arendt, *Lectures on Kant's Political Philosophy*, edited by Ronald Beiner(Chicago: University of Chicago Press, 1982), p.122. April Carter, *Authority and Democracy*(London, Boston :Routledge & K. Paul, 1979), p.18.

避免因分裂導致全城毀滅，佛羅倫薩城中一些威望高的公民積極促成兩派團結，其中採取的一項措施，是為了消除過去司法審判不但未能消弭不和，反而成為城中不和根源的情形，因此，他們從別的城市請來兩位審判官，一位稱為人民首長，一位稱總監，他們的職責就是決斷民間發生的各種民事和刑事案件。[3]在這個事例當中，從事司法審判的審判官即是名副其實的「外來者」。

這種權威與權力的對比，以及權威「外來」的說明，對台灣的外來政權現象有很深的啟示，因為無論是外來或本土政權，向來皆以攻占「政權」這塊統治高地為最後目的的，但「政權」的屬性卻屬於權力範疇，也就是權力的金字塔，在此一思維下，台灣外來政權與本土政權的鬥爭，本質上即屬於權力的鬥爭，而此一鬥爭衍生出兩種現象，一種現象係因權威是無（權）力的，因此遭到忽視，因為被忽視，進而形成台灣政治場域權威的缺席，導致了台灣政治權威的虛無主義；由此進一步產生另外一種現象，因為權威的虛無，加之「權力在人民」，因此無論是「外來者」或是「本土派」，皆以權力等同於、或者取代權威，爭取「民意」便成為此一邏輯下的必然行動，因為無權威的制約，台灣的民主政治很容易成為一種工具價值，「民粹主義」（populism）也就成為此一鬥爭的必然結果；另一方面，為了在鬥爭中取得優勢，本土政權採用了施密特（Carl Schmitt）「敵友之別」的政治邏輯，將外來政權塑造為一「惡的」和「危險的存在」，[4]並以「外來性」之不義強化本土政權的統治正當性，

3　馬基維里，《佛羅倫薩史》（*Istorie Florentine*）（台北：台灣商務印書館，1998），李活譯，59頁。

4　施密特在所著《政治的概念》（*Begriff des Politischen*）一書中指出：「政治行為和政治動機所賴以溯源的那種特殊的政治區別，是敵友之別」、「政治的敵人不需要是道德上的惡，也不需要是美學上的醜；他不必是經濟上的競爭對手，甚至很可能在乍看之下，他還可以共事」、「所有真正的政治理論，都預設人是『惡的』，是……『危險的存在』。」轉引自艾普勒（Erhard Eppler）著，《重返政治》

在此一策略下,「消滅」外來政權便自然成為本土政權建立政治權威採取的手段,但若如鄂蘭所言政治權威原是「外來的」,則本土政權在積極消滅本土之中的「外來性」時,實際上即在消滅建立政治權威的可能。

鄂蘭的權威結構描述另一個值得注意的面向,是她強調權威的「階層性」。[5]此一面向的重要性在於其排除一些非階層性的政治體系擁有權威的可能,這些體系包括暴君政體(tyranny)、極權統治政體(totalitarian rule)及一切強調均等型式的政體(egalitarian forms of government)。暴君政體之所以不具有權威,係因它是屬於均等型式政體中的一個政體,它的特色在於一人統治所有人,被統治的「所有人」處於平等的地位,亦即毫無權力的平等(equally powerless),因此,它的統治結構是一個中間層級被抽空、上層的統治層級則處於漂浮狀態的非階層結構。古典政治理論完全排除暴君政體是人類社會的統治型式,柏拉圖稱暴君為「披著人皮的狼」(wolf in human shape),並將它與君主統治作了明顯的區分。

極權統治之所以不具有權威,亦因為它不是階層性的統治結構,鄂蘭將它譬喻為一種洋蔥形狀的統治結構,其最核心部分是領導者,因為他是從結構的「內部」(within)而非「外在」(without or above)進行統治,所以不符合權威的要件。此外,此一統治結構能夠發揮一種特殊

(*Die Wiederkehr der Politik*)(台北:聯經,2000),孫善豪譯,6-9頁。

[5] 對於權威的「階層性」,並非所有人都認可,如卡特(April Carter)便認為鄂蘭對權威「階層性」的描述有問題,他舉鄂蘭對於羅馬元老院的說明表示,雖然元老院的政治權威有一部分原因來自於它的貴族地位,但這種階層性卻不能適用在元老院與平民的關係上,因此,他認為元老院和平民的關係不是階層性的,而是一種「雙元不平等關係」(dual inequality),其中,元老院擁有極大的聲望(prestige),而平民則擁有最大的權力(superior power)。(Carter, 1979:20)但卡特顯然誤解了鄂蘭對羅馬元老院權威的描述,因為元老院的權威並非來自於他的貴族地位,而是來自於他對羅馬傳統的傳承。

的統治作用，即雖然其核心部分非常激進及極權，但其外層部分不具激進性格且與外在世界接觸，因此可充作一個欺世的門面，所以，極權的統治結構呈現兩種統治性格，核心部分非常狂熱和極端，外在部分卻與被統治者的想法無異。[6]此一統治結構非常符合國民黨早期來台的黨國統治型態，以蔣家為統治核心的領導階層，雖然懷抱「外來政權」的意識型態，但仍然可以藉由黨政組織對台灣社會深入布建。到了後期更進一步採取本土化政策吸收本土菁英進入國民黨體制，充當其對台統治的「門面」，此或許可以解釋為何國民黨在台統治會維持如此之久的原因。

　　階層性的政治權威結構因為無法與均等型式的政體相容，因此凸顯了另一個值得重視的面向，即權威無法經由以平等（equality）和爭辯（argumentation）為前提的勸服（persuasion）而獲得，最主要原因在於權威要求被統治者的服從（obedience）。鄂蘭因此說：「哪裡有爭辯，哪裡就沒有權威。」（Where arguments are used, authority is left in abeyance.）政治權威的這個面向具有重要意義，因為古希臘的民主政治乃是建立在公民平等和理性言說（*logos*, rational speech）的精神上，[7]因此，如何調合權威與公民平等的精神，便成為柏拉圖和亞里斯多德（Aristotle）思

---

[6]　Arendt, 1977:99-100.

[7]　亞里斯多德（Aristotle）在《政治學》一書中指出：「在萬物之中，獨有人類具備理性言說的能力」（*Politics*. 1253a），因為具有此一能力，才使城邦政治生活成為可能。但他真正處理理性言說的地方是在《修辭學》，他認為修辭術與詭辯術（sophistry）不同，前者尊重言說之中的內在理性，堅信「真理越辯越明」，後者則以語言為顛倒黑白、操縱是非的工具。而亞里斯多德對城邦政治生活的理解，則認為政治統治是城邦自由公民施行於彼此間的平等之治，政治統治的主體與客體都是具備自由人身分的平等公民，他們為了讓人人有機會參與政治、砥礪德性，於是協議出「輪流統治」（rule in turn），政治是一種「利益平均分享」的統治方式，也是亞里斯多德建議理想城邦應該採行的統治方式。參閱江宜樺，〈政治是什麼？－試析亞里斯多德的觀點〉，《台灣社會研究季刊》，第十九期，175-178, 180 頁。

想中必須解決的課題。惟在此必須強調者，權威雖然因為要求被統治者服從，而與強調均等的統治型態不符，但此一服從係建立在統治者與被統治者雙方對於權威所具備的公正與正當性（rightness and legitimacy）之認可上。因此，統治者不可以使用武力（force, violence, coercion）迫使被統治者服從，這也是鄂蘭強調「使用武力，權威失敗」（where force is used , authority itself has failed）的原因。[8]

　　鄂蘭對於政治權威「階層性」的描述，也是法國保守主義理論家托克維爾（De Tocqueville）與柏克（Edmund Burke）的關注所在，托克維爾強調貴族在維護傳統規範以及制衡君主權力上的角色，因此，一個階層性的政治結構也是捍衛政治多元主義的保證；柏克之重視政治權威的階層性，不僅因為它可以抵抗專制政府，亦因它是維持政治穩定的根基。當他們唉嘆政治權威日漸消逝之際，一個鄂蘭所憂慮的現象也逐漸浮現，即以武力維繫權威的情形逐漸為現代人所認可，這不僅出現在否定權威階層性者的身上，也出現意圖恢復權威階層性者的身上，如法國大革命之後的保守主義者麥斯特（Joseph de Maistre），即聲稱劊子手和施虐者是維護社會秩序的基柱，並主張在傳統和社會價值無法維持社會穩定時，就必須使用武力。[9]權威被武力沾染，對於鄂蘭而言乃是一種對於權威觀念的誤解和扭曲，因為從政治權威的觀念史來看，權威與武力是涇渭分明，沒有私毫重疊空間的，因此任何政權，無論是「外來政

---

[8]　Arendt, 1977:93.鄂蘭關於權威與武力關係的說明，明顯不同於霍布斯（Thomas Hobbes）與韋伯（Max Weber），霍布斯在《利維坦》(Leviathan) 一書中，界定權威為「做任何事的權利」(the right of doing any action)，這個權利包括維護政治社群所有人的人身安全而使用武力的權力（power）；韋伯則界定權威為「合法使用武力」(legitimate use of physical force)，或「合法的暴力」(legitimate violence)。

[9]　De Maistre, *The Works of Joseph de Maister*(New York: Macmillan, 1965), edited by Jack Lively, pp.192, 251-254.

權」或者「本土政權」，無論出於什麼目的，只要使用任何型態的暴力，就無法建立政治權威。

鄂蘭對於政治權威結構的敘述，導引出了政治權威的兩大特色：外來性與階層性，這兩個特性使鄂蘭得出政治權威的起源來自於柏拉圖的論點。同時，政治權威無法與勸服及武力並存的性質，使得柏拉圖在思考如何將政治權威引入城邦公共事務的處理時，必須同時解決一個問題，這個問題是希臘人對於內政與外國事務的處理模式，並不符合政治權威的要求，對於內政的處理，希臘人主要依靠勸服，而對外國事務的處理，希臘人則通常使用武力。柏拉圖欲引入政治權威，所代表的另一層意義是，他必須在希臘人慣常的思考模式之外，尋求另外的替代方案。

第一節　柏拉圖的時代背景

正如外來政權對台灣的統治係出於歷史的偶然，[10]柏拉圖思想所引導出對於外來政權政治權威的論述，也是一連串歷史事件所啟發。柏拉

---

[10] 荷蘭是在十七世紀「重商主義」成為歐洲強權的統治意識後，為掠奪殖民地資源先占領澎湖，而當時的澎湖與台灣並無隸屬關係，甚至在元朝以迄清朝的歷代大陸政權眼中，其地位重要性遠在台灣之上，荷蘭於 1622 年與明朝作戰失敗，最後竟是在明朝的建議下占領台灣西南海岸的台南、安平等地；鄭成功則是在明朝政權為清所滅之後，高舉「反清復明」旗幟，但與清兵作戰失敗後才退至台灣；清朝後來與鄭成功的孫子鄭克塽在談判桌上達成協議，不戰而占領台灣，但之後卻認為台灣無甚價值準備放棄，最後是在施琅呈上「恭陳台灣棄留疏」給康熙皇帝分析利害得失，清朝才將台灣編入版圖；1895 年，清朝與日本甲午戰爭戰敗，日本原要求清廷割讓遼東半島，但清廷拉攏俄、德、法三國堅決反對，日本無奈只好接受清廷割讓台灣的請求；至於國民黨政權則是與中國共產黨內戰失敗後退守至台灣，但至蔣經國主政時期，「反攻復國」的想法始終未變。這些歷史可證，外來政權對於台灣的統治皆是出於戰爭原因，台灣並非是這些政權的首選及永久留居之地。參閱史明著，《台灣不是中國的一部分──台灣社會發展四百年史》（台北：前衛，2002）及王育德著，《台灣‧苦悶的歷史》（台北：前衛，2002）。

圖出生於一個極富政治色彩的貴族家庭，因此他的思想富有濃厚的貴族氣息，這種氣息在伯羅奔尼撒戰爭（Peloponnesian war）雅典戰敗，指派「三十僭主」統治雅典後變得更為濃烈。他的兩位舅舅也在三十僭主之列，受到戰爭及其舅舅的影響，使得當時尚年輕的柏拉圖對政治充滿憧憬，在《第七封信》（Seventh Letter）所附的自傳中，柏拉圖談到他作為一個青年是多麼渴望成功，甚至希望「三十僭主的貴族暴動」將會帶來使他能夠參與許多實質性的變革，但他的夢想很快便破滅了，因為這些並無知識的流氓所組成的寡頭統治，帶給雅典人民的是較戰爭更為殘酷的生活。

對於伯羅奔尼撒戰爭發生前後雅典政治生活的概述，有助於瞭解柏拉圖思想的形成。戰爭發生前，雅典雖然是希臘民主城邦的領袖，但雅典城內卻充斥寡頭政黨和民主派的內鬥，鬥爭之激烈甚至使寡頭政黨不惜成為雅典城邦內的第五縱隊，勾結斯巴達外來政權進行叛國的勾當，修息底德斯（Thucydides）描述了此一情形：「幾乎整個希臘世界均在騷動中，每一個城市中的民主領袖和寡頭黨派都竭盡全力；前者傾向雅典，後者傾向斯巴達……黨派的結合力勝過了血統的連結……。雙方的領袖都使用了華麗的詞語，前者宣稱要維持多數人憲政上的平等，後者則宣稱要獲得高貴的智慧，當然，他們獻身其所宣稱的，但事實上卻犧牲了公眾的利益，他們使用一切可以想像到的方法，以勝過對方，犯上極可怕的罪惡……。這種革命使古代希臘產生了各種形式的罪惡……每一個地方都盛行著背信的對抗態度。沒有什麼可將大家結合在一起，沒有什麼可畏的誓約來平息敵人。每個人之所以強硬，僅因為大家相信沒有什麼事是安全的。」在激烈的政治鬥爭下，「某些雅典人私下向斯巴達建議，希望他們結束民主和結束建築長城。但另一些人懷疑反對民主的計畫。」[11]西元前404年雅典陷落，對於修息底德斯而言，這個結果

---

[11]　巴柏，1998：421-422。

是雅典民主體制道德薄弱的終極證明，但寡頭傀儡政府統治，並沒有給雅典人民一個較民主生活更好的局面，據統計，三十僭主八個月的恐怖統治期間，其屠殺的人數較伯羅奔尼撒戰爭最後十年所殺的雅典人還要多。[12]

　　寡頭統治對雅典的重傷似乎顯示民主政治像是黃金時代，但即使雅典民主派最後在當初扶植寡頭統治的斯巴達轉向下，擊敗寡頭政治者而重建了雅典民主，情況也並非如想像中的樂觀，一項控訴蘇格拉底的案子出現了。西元前339年，蘇格拉底被雅典的五百人陪審團以不信仰國家所信奉的神、引介新的神祇及腐化雅典青年三項罪名判處死刑，這起事件對柏拉圖的打擊非常大，也促使其思想發生了重大變化，柏拉圖自喻其心境：

> 結果是，最初我充滿了對從政生涯的渴望，然而當我注視公共生活的旋渦和奔騰不息的巨流時，最終卻感到頭暈目眩……並且終於看清，所有現存國家毫無例外，它們的制度都是壞的，它們的憲法都不可救藥，除非透過奇蹟式的計畫並借助於好運氣。所以我不得不稱讚這種正確的哲學——它提供了一個有利的地位，可以看出一切社會與一切個人要如何才合於正義。因此，除非那些正確且真誠地遵循哲學的人獲得政治權力，或者有政治控制權力的階級因天啟而成為哲學家，否則人類將不可能目睹到較好的日子。[13]

---

[12] 按巴伯的說法，三十僭主八個月的恐怖時期內，殺掉的公民約一千五百人，這個數字不會少於戰後公民的十分之一（或許是百分之八），或每個月殺掉百分之一。這等於是種族清洗（ethnic clearing），即使以現代的眼光評判，也是一種非常血腥殘酷的統治。見巴柏，1998：470-471。

[13] 參閱柏拉圖《第七封信》，325d-326b，這是柏拉圖寫於西元前352年的段落，最後的那一段話重複了《理想國》中（473d）關於哲學家成為國王的著名段落。轉引自塞班，1991：55。

　　蘇格拉底之死導致柏拉圖得出「所有制度都是壞的」結論，因此，無論是寡頭、民主都不足以提供人們一個較好的生活，至於暴君的極權統治則更違背希臘人的政治思想，因此，他要提供一種「正確的哲學」，這種哲學訴求的是以哲君統治的政治哲學，此一哲學中，哲君擁有政治權力，主導政治社群的運作，但其權威來源則是以正義為目的之哲學思想，哲學提供了治國藍圖，哲君則按照此一藍圖建國、治國，易言之，必須先有「哲學正確」方才有「政治正確」（political correctness）。[14]值得注意的是，蘇格拉底之死是如何促使柏拉圖擘劃他「正確的哲學」？這個問題可以從蘇格拉底之死衍生的關於「政治服從」的爭議得到解答。

　　爭議的焦點集中在柏拉圖的兩卷對話錄，在《克裏圖》（Crito）中，蘇格拉底面對死亡的威脅仍舊強調：「無論國家命令你做什麼事情，你都應該照著去做……當國家要處罰你時，無論是要鞭你、囚你，你都必須要默默的忍受。」[15]這段話似乎顯示蘇格拉底寧願從容就義也不會選擇反對國家及法律，另一方面亦顯示雅典城邦由人民集體構成的統治者擁有絕對的政治權威。但在另一卷對話錄《辯護》（Apology）中，當面對以放棄哲學獲得開釋的選擇時，蘇格拉底則表示：「各位雅典男士，

14　「政治正確」（political correctness）這個說法源於美國，與 60 年代的民權運動密切相關，80 年代至 90 年代進一步形成一場語言使用正統化的社會運動，其目的是在去除語言中因傳統而繼承下來的偏見，以創造一個中性、無歧視的社會溝通環境，因此，「政治正確」通常被理解為對於弱勢族群的保護，而在言語上的一種自律甚或禁忌。然而在台灣，「政治正確」卻被扭曲成為一種逢迎統治者意志或是所謂「主流意見」的一種政治屈從，這種情形特別表現在族群與統獨的辯解上，由此可見，台灣的「政治正確」，常是一種「政治不正確」，而一項良法美意的「正確」主張，若由於惡意曲解或是無知的原因，往往會得到「不正確」的後果，從這個角度，似乎亦可合理化柏拉圖的「正確哲學」，因為唯有先對「正義」與「善」等政治社群的終極目的有一清晰的界定，政治的統治及運作才不會逸脫「正確」的軌道，也才會成為真正的「政治正確」。

15　Plato, *Crito*, 51a-c.

我尊敬你們，也關愛你們，但是我將服從神，而不會服從你們。」[16]在這裡，蘇格拉底顯然違背了在《克裏圖》中的立場，而認為對於統治者的服從並非絕對，政治服從必須建立在對神的服從的前提上。在這個由蘇格拉底之死引發的對於「政治服從」的論辯中，直接表現出來的是自然與常規的衝突，間接表現出來的則是哲學與政治的衝突，蘇格拉底口中的神代表的即是自然與哲學，雅典城邦及其法律代表的是常規與政治，於是，這裡顯示了兩種權威的衝突，蘇格拉底必須在哲學權威與政治權威間做出選擇，但顯然蘇格拉底雖然選擇了死亡，但對其服從的對象並未有明確的答案，[17]這個答案直到柏拉圖才代替蘇格拉底做出了回答。

鄂蘭強調，政治權威必須以自願服從為前提，因此，分別從《克裏圖》和《辯護》的觀點看，《克裏圖》中的蘇格拉底接受了國家的政治權威，《辯護》中的蘇格拉底否定了國家的政治權威，因為他認為哲學權威在政治權威之上，國家若違背了哲學權威，其本身的政治權威便不

---

[16] Plato, *Apology*, 29c-d.

[17] 為了解決「兩個蘇格拉底」衍生的困惑，相關學者皆從各自角度，試圖調合蘇格拉底看似衝突的講法，學者在處理這個問題時，絕大部分是從對《克裏圖》的詮釋出發，這種詮釋大致上可分為兩個方向，一個方向是貶低《克裏圖》在哲學思維上的嚴肅性，認為這卷對話錄的操作與內容另有目的；另一個方向則是雖然肯定這卷對話錄是為政治服從提供一個理論基礎，但是卻試圖說明這種服從的義務並不是絕對的與全面的，在對公民服從國家的一般要求之下，仍然可以找尋出某種程度上不服從的空間與考慮。遵循前一種方向的學者如格路特（George Grote）、路生（Frederick Rosen）以及楊格（Gary Young）；遵循後一種方向的例如克勞特（Richard Kraut）和艾文（T.H.Irwin）。兩種方向的目的可謂殊途同歸，都在試圖解除這種矛盾的困惑。除此之外，尚有少數學者是從《辯護》的詮釋著手，透過對雅典法律制度的觀察，以消除《辯護》與《克裏圖》在有關政治服從立場上的衝突，例如比力克豪斯與史密斯（T. C. Brickhouse & N. D. Smith）。國內學者蘇文流亦嘗試解決此一衝突，其提出的看法是《克裏圖》提出的是雅典的法律及國家社群的應然面，《辯護》內容則是雅典法律及國家社群的實然面。參閱蘇文流著，〈服從與政治社群：《克裏圖》與《辯護》中蘇格拉底的論點初探〉，收錄於陳秀容、江宜樺主編，《政治社群》（台北：中央研究院，1997）。

能成立。因此，欲解決此一衝突似乎只有一條途徑，即政治權威必須服從於哲學權威，亦即將哲學權威作為權威的最後來源。《辯護》中流露出強烈的此一傾向，該文將大多數人描寫為僅關心財富、名聲、榮譽，只會感情用事，而不關注真理、知識、靈魂的完善的人，這些人所構成的群體蘇格拉底稱之為國家，並比喻為一匹駑鈍的馬，需要像蘇格拉底這隻令人討厭的馬蠅去激發、敦勸與責備，[18]同時，那個象徵哲學規範的擬人法律也對蘇格拉底說：「錯待你的不是我們——法律（與國家社群），而是人。」[19]而柏拉圖選擇的正是此一途徑。

　　促成他選擇此一途徑的原因係如他在《第七封信》中所指，對於寡頭與民主兩種統治形式的失望，然而他欲開創一種「正確的哲學」，首先即必須解決如何賦與此一哲學權威性的問題，對於此一問題，柏拉圖運用了一種詮釋上的轉換方法，此一方法先要排除寡頭與民主的統治正當性。在斯巴達強有力的支持及肆無忌憚的使用暴力下，三十僭主終究還是失敗，可見三十僭主的失敗主要敗於雅典人民對於民主信仰的根深柢固，而三十僭主只知利用物質暴力，忽略了政治信仰的力量，故未能以另一套信仰取代民主信仰，這才是造成三十僭主潰敗的最主要敗因。但柏拉圖絕非要返回民主，因為如此便無法凸顯「正確哲學」的不可或缺性，反之，他必須凸出民主政治的荒謬性，此時，蘇格拉底之死提供了最好的素材，蘇格拉底不是殉於民主制度之下嗎？他不是一直批評多數大眾及其領袖缺乏智慧嗎？此外，蘇格拉底不是鼓勵他的學生參與政治？這豈不意謂他想要文明的、有智慧的人來統治國家？加以他在塔倫土的阿奇塔斯（Archytas of Tarentum）身上發現，一位畢達哥拉斯學派的聖者和偉大成功的政治人物並無二致，更加深了柏拉圖對民主的反

---

[18]　*Apology*, 30e-31a.

[19]　*Apology*, 54c.

叛。柏拉圖便是如此詮釋蘇格拉底，所以，不論蘇格拉底願不願意，他都已經成為柏拉圖思想的代言人，在接收了蘇格拉底的哲學權威之後，柏拉圖逐步邁向他的「正確哲學」，他打算提出另外一套取代寡頭與民主統治的政治信仰，這一套信仰以哲學為政治統治的權威來源，以哲君為政治統治的核心，這一套政治信仰若為人接受，它就能取得人民的自願服從，易言之，依恃此一信仰的政治統治便取得了政治權威。

因此，對於柏拉圖而言，政治哲學的最主要內容，即是如何將哲學權威轉化為政治權威，他面對的最主要困難是，對於政治場域而言，哲學思想是「外來者」，是被本土政治社群排斥的對象，而轉化成敗的指標，即在於外來哲學能否取得政治社群的自願服從。在這一轉化工程中，哲君居於最關鍵地位，從柏拉圖的全部哲學內容來看，也可以說是轉化工程中唯一的樞紐，哲君在此一位置上的功能主要有三，第一個功能是憑藉特定的智識訓練，哲君是唯一對哲學中的 Idea 有敏銳知覺，是可以辨別真的「善」和假的「善」的人，亦即相對於社群成員的「意見」，唯有哲君具備治國宏觀藍圖所需的「理性」；第二個功能是外來權威必須以權力結構為仲介，方能引入本土社群，經由哲君與衛士階級構成的統治權力結構，正好提供了這個仲介；第三個功能是為了將 Idea 轉化為實際的政治規範，及取得本土社群的自願服從，必須有一套政治設計的擘劃者及執行者，而哲君的條件最適合此一角色。在哲君的政治統治下，外來權威轉化為統治本土政治社群的外來政權，是否可以取得統治的政治權威，端視它是否可以因應來自兩方面的挑戰，一個挑戰是對政治權威來源的 Idea 的挑戰，為因應此一挑戰，Idea 本身必須是一個具有完整體系的論述，同時其內容必須契合政治社群的利益，方才能為政治社群接受；另一個挑戰是哲君將 Idea 順利轉化為政治社群統治規範的挑戰，亦即將外來 Idea「本土化」，為因應此一挑戰，哲君領導的統治階

層必須有一套本土化的設計，同時也要確保這一套設計能夠達到預期的目標。

第二節　「洞穴論」引申的外來統治思想

　　欲瞭解柏拉圖如何證成政治權威，須從他對哲學與政治的關係談起，由此亦可衍生出對外來政權現象的哲學性思考。柏拉圖在《理想國》中敘述了一個「洞穴」的故事（the parable of the cave），一些囚犯被困在洞穴中，他們的頸子和腿被鐵鍊綁住以致無法動彈，他們只能直看，因為鐵鍊限制了他們的自由，故不能隨心所欲，他們的頭無法左右轉動，在他們的背後及上面燃燒著一堆火，在火與囚犯之前有一道矮牆，矮牆外不斷有人走動，因為囚犯只能看見火焰反映到牆上的影子，他們一直認為那些影子就是物的真相。突然間囚犯的鐵鍊打開了，囚犯之一獲釋，一位教導他的人要他說出走過的物體，但他無法認得他面前之物，他滿心不情願的被拖上陡峭、崎嶇的斜坡，受迫站在太陽底下，他感覺痛苦且不舒服，但他會試著走出洞穴，並慢慢適應洞外世界，此時，他看到的不再是物的影子，而是物的真相，他繼續推敲後，發現太陽是產生季節的原因並統治一切，也是囚犯在洞穴中所看到物的根源，他發現了存在（Being）的真實本質，當他重新返回洞穴，再度受困於洞中的黑暗，他無法與仍在洞穴裡的囚犯們一樣清楚看見影子，洞裡的人會告訴他，他之所以不能發現影子，應歸咎於他走出洞外而損害了自己的視力，若他嘗試將他們釋放，幫助他們脫離洞穴走向外面世界，他們會將他殺死（柏拉圖似乎暗喻蘇格拉底的不幸遭遇，並間接譴責那些殺死蘇格拉底的人）。面臨同伴的敵意，這個走出洞外的哲學家開始思考，如何將其所見的真理（truth）轉化為規範人們行為的準繩（measures）。

　　柏拉圖這個隱喻的主要訴求正是那個具有真實本質存在（the true essence of Being）的 Idea，對此一 Idea 深入的瞭解，可理解柏拉圖的整體政治權威觀，進而對外來政權現象有深一層的認識。因為 Idea 在柏拉圖思想中的角色形同一治國藍圖，且具有本質主義（essentialism）的性質，本質主義表現於社會或國家的看法，係認為社會和國家有其內在本質，依國家本質而治國，其延伸的結果即是一種目的論的國家觀（teleological view of the state）。[20]將它應用於台灣的外來政權現象上，此一情形極其類似國民黨（外來）政權將其三民主義、五權憲法等理念，作為統治台灣的治國藍圖，這些外來（於台灣）的理念，同樣有其內含的本質與目的。後文做進一步的申論時，將可發現柏拉圖的 Idea 與台灣外來政權所持理念（這是外來政權與本土政權間最主要差異之一），所具有的高度相似性。

　　柏拉圖在《理想國》中將 Idea 比喻為太陽，是一切事物的存在、價值、用途及美的根源，但值得我們注意的是，這個太陽的位置乃是位於洞穴之外，正因為 Idea 存在人類社群之外，它才具有超越人際事物的性質，在洞穴寓言中，這幅景象所呈現的即是橫亙於洞穴之外的理念穹蒼（the sky of Idea），這個道理類似於一把尺之所以能夠衡量物體的長度，係因為它是位於物體之外的一個量度。但是當那個囚犯走出洞外時，他並非一開始即欲尋求制定人群準繩的技藝（art of measurement），而是沉思（contemplate）存在的真實本質，由此可見，Idea 對社群的權

---

[20]　依巴柏（Karl R. Popper）之見，柏拉圖和亞里斯多德為本質主義的奠基者，而黑格爾（G. W. F. Hegel）則由亞里斯多德獲得其本質主義的哲學根源。因此，當黑格爾認為國家為「絕對理念」（absolute idea）本身一種朝向最終目的（本質）自我創造的辯證發展時，黑格爾與柏拉圖在哲學思想上的關聯便被凸顯出來，而本質主義朝向目的論的國家觀發展，也可以看出其軌跡。參閱何信全，〈社群抑或工具性的組合？——波柏開放社會的一個探析〉，陳秀容、江宜樺主編，《政治社群》（台北：中央研究院，1997），222-223 頁。

威並非是必然的，只有當哲學家離開了理念穹蒼、重返回洞穴並將 Idea 轉化為人群的準繩之後，Idea 方才具有政治權威性，至此，柏拉圖思想中的 Idea 符合了鄂蘭對於政治權威結構的描述，Idea 之所以能夠成為衡量人們行為的權威，係因為 Idea 是「外來的」，同時藉由哲君的中介由外而內進入政治社群中。

　　Idea 雖然是「外來的」，但其「外來性」不足以成為其轉化為人群準繩的充分條件，因此，值得我們進一步追索的是，它何以成為「權威」？亦即，它何以能夠轉化為統治人群的準繩？用鄂蘭的話問，Idea 這種「外來的力量」具備何種特質，使其能夠「超越政治場域，權威者（authorities）也由此獲取他們的權威，也就是他們的（統治）正當性，其權力也因此受到制約？」我們發現，除了「外來性」之外，在柏拉圖的理論中，Idea 尚具備其他特性，賦與它進入政治社群進行統治的權威性。

　　Idea 的特性之一，是它係所有事物的理型（Form）或原型（Pattern），在《理想國》中，柏拉圖將其比喻為「原床」（essential bed），它是不變的，所以存在於感覺世界的流變場域之外，不過卻與感覺世界發生聯繫，因為它是生滅事物的模型或祖先，所有的可感知事物（sensible things）都是由這個原型複製出來。正如亞里斯多德（Aristotles）所言：「可感知事物都依其理型或理念來命名，具有某一理念的相同名稱的許多事物，都是因分受（participate）這一理型或理念而存在。」[21]柏拉圖在《梯墨烏斯篇》（Timaeus）中，將可感知事物和 Idea，用家庭關係作了一個比喻，他將可感知事物所在的抽象空間描寫成一種「容器」（receptacle），將它稱為「萬物之母」，在時間開始時，Idea 將自己「印在」純粹空間上，而創造了一切可感知的事物，從而給這些可感知事物

---

[21]　Aristotle, *Metaphysics,* in *The Complete Works of Aristotle* (New Jersey: Princeton University Press, 1984c), Jonathan Barens (ed.), 987 b7.

的後代提供了它們的形狀。柏拉圖說：「我們必須設想三種事物：一、不斷生滅的事物；二、生滅發生於其中的事務；三、生滅事物所模仿的模型。同時我們可將容受原理比作母親，將模型比作父親，將他們的產物比作兒子」，父親角色的 Idea 是「不朽的，……不能由任何感官看到與知覺到」；「第二類事物，雖也具有理型的名稱，並與理型相似，但感官能知覺到這些事物，它們是被創造的、永遠在流變中，產生於一個地方，旋即在那個地方消逝，且可由以知覺為基礎的『意見』來把握」；而比作母親角色的那個空間，其主要功能是「給一切被產生的事物提供一個家」。[22]

　　在此有必要稍事停留，深入探討柏拉圖家庭關係的類比，因為對台灣的外來政權現象言，此一類比有超出柏拉圖設想外的弦外之音。台灣的外來政權現象中，也常以家庭角色類比外來與本土的區別，最常見的是將台灣此一空間場域比喻為「母親」，她孕育了許多「台灣之子」，就本土政權的角度解讀，柏拉圖的類比中，外來政權正是欲強迫台灣母親接受外來者 Idea（柏拉圖的父親角色，但顯然本土政權者不會承認為父親）的施暴者，但自堅持台灣性無法與大陸（外來）性二分者的角度來看，他們或許會解讀，台灣文化血液中本就含有中國文化（Idea）的成分，中國父親（Idea）與台灣母親（場域，柏拉圖的「家」）的結合，方才造就了「台灣之子」（台灣場域的人群事物與活動），因此，他們或許會認為本土政權的排「外」性及對本土性的堅持，只是完全拒絕父親角色介入的「單性生殖」。

　　Idea 這個「外來者」之所以可以成為感覺世界（洞穴、本土）的準繩，正因它是所有可感知事物（人群事物）的原型和標準，從另一角度言，所有人群事物乃是 Idea 的分受，此一轉化在許多技藝（arts and crafts）

22　Plato, *Timaeus*, 50c-d, 51e-52b.

的例子中最為明顯。工匠（craftsman）在製作器具時，內心都會浮現器
具的形狀（shapes），他之所以有形狀的概念，正因他也是受到 Idea 的
指導，這些事例促使柏拉圖認識到 Idea 所具有的超越性質，如同所有相
同事物都有一個共同的模型（model）一般，若「原床」是判斷所有床
的製造及是否舒適的標準，則 Idea 也是所有政治與道德行為的絕對標
準。柏拉圖這個理論後來被亞里斯多德（Aristotle）所接受，後者將柏
拉圖的 Idea 稱為「最完美的法律」（the most perfect law），並將之比喻
為「秤錘（plummet）、規則（rule）、羅盤（compass）……等所有器具
中最好的」。[23]

　　柏拉圖關於 Idea 的詮釋對西方傳統有極為深遠的影響，也對政治權
威的源起構成了直接的影響，無論是君權神授論（theories of divine right
of king）中統治者將上帝律令作為其政治權威來源，或是反抗君權論者
將上帝律令作為反對君主統治是唯一統治正當性的理據，或是受社會契
約論（theory of social contract）影響的近代國家，將自然法視為政治社
群的最終權威來源，皆是以上帝律令或是自然法所代表的權威，作為規
約或賦與統治權力的最後來源，此即鄂蘭所言權威在權力之外的意義，
但對於柏拉圖理論而言，此尚有另外的意涵，即不論是上帝律令或是自
然法，它們都不是人為的（not be man-made），如同 Idea 不是人為的一
般，因為如此，它們才表現出有別於權力的權威性，對應於洞穴的寓言，
這「非人為」的性質，指的也就是有別於洞穴本土的「外來性」。

　　Idea 之作為「原型」，再「將自己『印在』純粹空間上」，界定了柏
拉圖理論中 Idea 這個「外來者」的政治權威性格，Idea 這種帶有壓制性
的性格，也正是台灣本土政權對於外來政權的主要批判所在。1963 年

---

[23]　Arendt, 1977:110.

10 月 25 日，蔣介石在「台灣光復節」發表《告台灣省同胞書》，[24]提出「建設台灣三民主義模範省，以作重建大陸之藍圖」的宣示，以柏拉圖 Idea 論的角度闡釋，這個宣示等於是國民黨公開宣稱將其三民主義的（外來）理念，「印在」台灣這個「容器」上，[25]但不同於柏拉圖將 Idea 帶入洞穴所具有之目的性（哲學家必須返回洞穴），國民黨「建設台灣」卻帶有濃厚的工具性與過渡性格，其目的只是要將台灣的建設經驗作為「重建大陸的藍圖」。本土政權對於國民黨外來政權的批判，除了理念的「外來性」之外，國民黨政權的「過渡性」與對台的「工具性」，亦是其批判的對象，但對「過渡性」與「工具性」的批判，很明顯是附著於對「外來性」的批判上。

---

[24] 國民黨政權將 1945 年 10 月 25 日定為「台灣光復節」，但此一節日本身即是本土政權與外來政權鬥爭的焦點，對於本土政權而言，光復節的意涵應該是殖民地從殖民主手中獲得解放、成為自主國家的日子，但台灣當時實際上並未「光復」，因為台灣正被另一個殖民主──國民黨政權所統治，因此所謂的「台灣光復節」只是從外來政權統治者的權力觀點所定的節日，不是以台灣人民為主體的光復節，這個節日本身也是殖民統治者刻意進行的歷史扭曲。就此而言，蔣介石在這個日子發表《告台灣省同胞書》，這個動作本身即凸顯外來政權對於台灣本土的壓制。

[25] 按照國民黨說法，蔣介石做此宣示後，國民黨政權即進行了系列建設，包括政治方面，開始實行地方自治，立即進行縣市議員與縣市長之民選；在經濟方面，立即由「三七五減租」，進一步實行「公地放領」，同時策劃實現「耕者有其田」之方案；在社會方面，勞工保險、漁民保險以及鹽工生活之輔導改善，優先付諸實行；在文化教育方面，則自普及國民教育及充實中上學校設施致力，循序開展。可見「建設台灣為三民主義模範省」，不僅是理念的宣示，也是具體的行動。參見中國國民黨全球資訊網：「總裁蔣中正先生」。
網址：http://www.kmt.org.tw/AboutUs/Aboutus-5.html

第三節　外來 Idea 的靜止性

Idea 另外一個特性是靜止性。在「洞穴」寓言中，那個太陽或是「真實的存在」是被接近和領受的客觀存在，並不因人的動作而轉移，相對於洞穴中的人群流變，它是一靜止的存在，哲學家也只有經由沉思才能體現到它，柏拉圖此一思想乃是受到赫拉克里圖斯（Heraclitus）的影響，因此有必要在此一提。

赫拉克里圖斯生在一個社會變革的時代，當時民主政治的新興勢力正逐漸取代希臘的貴族政治，貴族政治的特性是穩定性和森嚴性，社會和宗教的各種禁忌決定了社會生活，個人在整個社會結構內有其固定地位。雖然赫拉克里圖斯拒絕參加城邦政治的生活，但他卻支持貴族，對民主政治抱持極端敵視的態度，[26]他的思想深受當時新興民主革命勢力造成的變動所影響，目睹政治與社會的變化，他提出了一種變動理論，他說：「一切事物都是變動的，你不能兩次踏進同一河水中」、「一切事物，甚至國王都會變動」。[27]柏拉圖接受了赫拉克里圖斯的變動理論，但更重要的是，柏拉圖之接受此說乃基於同樣的社會經驗感受，柏拉圖青年時期以前是在戰爭中度過，目睹戰爭、饑饉、內戰、恐怖統治，和摯愛的老師蘇格拉底（Socrates）的被處死，柏拉圖同樣感受到人世萬物的變化無常，如何求得社會的穩定成為柏拉圖思想中最主要的元素。

值得注意的是這種政治社會變動的驅動力為何？按照赫拉克里圖斯的說法，戰爭和鬥爭才是產生這種變動的原動力，他說：「戰爭是一

---

[26] 赫拉克里圖斯表示：「群眾像野獸一樣填飽他們的肚皮……他們將遊唱詩人和大眾信仰當作指南，殊不知只有少數是好的，大多數都是壞的。」「群眾不關心事物，甚至不在乎偶然發現的事物，他們也不能了解別人的教訓，雖然他們自以為能夠。」參閱卡爾‧巴柏，《開放社會及其敵人》，24 頁。

[27] 巴柏，1998:24-25。

切事物之父與王。戰爭證明了某些人是神而某些人只是人，使後者變成
了奴隸，前者成為主人。……我們必須知道，戰爭是普遍的，正義即是
鬥爭，一切事物都是透過鬥爭而必然地發展下去」、「一切事物藉鬥爭而
發展，向上之道和向下之道是同一的」。[28]對於柏拉圖來說，變動的原動
力則來自於統治階級的分裂和統治者與被統治者的鬥爭，在《理想國》
中，柏拉圖列出了國家退化的四步曲，第一階段是從「最好的國家」退
化為榮譽政治（timarchy or timocracy），這一階段柏拉圖並未指明其變
動的原因，但可確信為一退化的過程，第二階段是由榮譽政治退化為寡
頭政治（oligarchy），其退化的原因是因野心導致貴族統治階級的分
裂；[29]第三階段是由寡頭政治退化為民主政治（democracy），退化的原
因是統治者與被統治者間的內戰；[30]最後第四階段則由民主政治退化為
專制暴政（tyranny），退化的原因是由於群眾領袖利用民主國家貧富階
級間的對立，以保護者的姿態籠絡人心，「在打倒許多人之後，（他）趾
高氣昂地站在國家之輩上，手執韁繩，不再是保護者，而是絕對的專制
者」，[31]專制統治就成為最不幸的國家。在《政治家》（Statesman）中，
柏拉圖亦列有六種不完美的政府形式，這六種政府形式也都是處於逐步

28　巴柏，1998:28-29。
29　柏拉圖說當榮譽政治家「聽到母親抱怨自己的丈夫不是一位統治者」時，（549c-d）
　　便開始變得有野心並可望出人頭地，接著，他們「開始於炫耀和花錢製造機會，
　　為達此目的，他們扭曲法律，自己和妻子都不再遵守法律……，彼此之間更是
　　爭奇鬥艷。」（550d-e）當有人訂定法則規定「凡不能達到規定的財產數量者，
　　一律取消公職資格。威逼和勒索若不能成功，就以武力強加改變。」（551a-b）
　　到了這個階段，榮譽政治即退化到寡頭政治。
30　「當一方或另一方設法從外界獲得幫助，一方從寡頭政治的城邦，另一方從民
　　主政治的城邦獲得幫助，這時國家就『生病』了，而些微的藉口就會產生內戰。
　　即使沒有任何外界的幫助，這種不良的國家難道不會在時機來到時爆發內戰
　　嗎？」（556e）這種內戰產生了民主，「當窮人勝利，屠殺了一些人……，放逐
　　另一些人，依平等的名義與其他人分享民權和公職時，民主便產生了。」（557a）
31　Plato, Republic, 566d.

的墮落過程，[32]雖然與《理想國》中有部分不同，但此種差異並不重要，重要的是他認為歷史是一退化的變動過程看法並未改變，同時，此一退化過程顯示的是國家離真正模型或 Idea 的完美國家益形遙遠。柏拉圖相信自己的時代極為墮落，甚至已到了不能再墮落的時代，是諸神遺棄了的時代，聽其自生自滅，從此世界不斷的向下沉淪，但柏拉圖並未因而死心，他在《政治家》提到，當世界達到完全腐化的最低點時，神將會再度掌起宇宙船之舵，於是萬物又開始進化。[33]

　　但柏拉圖並非消極的等待神來拯救世界，由於柏拉圖相信政治的墮落緣於道德的墮落，因此他認為藉由道德與理性的能力，可以結束政治衰敗的不歸路，回到克魯倫（Cronos）統治的黃金時代，此一設想構成了他的另外一套歷史法則，即以「不變」應萬變的歷史法則。他所設想的方式是建立一個沒有罪惡、同時也不會變動的「完美國家」（perfect state），他深信人的理性可以打破歷史衰敗的命運法則，相對於一般或會衰敗的事物而言，尚有一種是不會衰敗的完美事物，這種對完美和不變事物的信念，構成了柏拉圖理念論的核心，它包括了三個重要面向：一、避免因社會革命與歷史衰敗顯現的變動；二、建立一個擺脫歷史發展的普遍趨向的完美國家，即可避免變動；三、在遙遠的過去，或是歷史黎明的黃金時代中，能發現完美國家的模型或原本。[34]

　　在靜止與變動之間，彰顯了 Idea 的權威性。由於柏拉圖認為絕對與永恆的不變性，只歸於一切事物之最神聖者，在《理想國》中，他將這

---

[32]　Plato, *Statesman*, 393d, 297c, 303b.這六種國家形式，最先是區分為三種政府形式，即一人統治、少數人統治、多數人統治。其中每種統治又分為兩種形態，一種是較好的，另一種是較壞的，這樣就形成了一人統治的君主政治和暴君政治，少數人統治的貴族政治和寡頭政治，多數人統治的溫和型民主政治和極端型民主政治。

[33]　*Statesman*, 268e-274e.

[34]　巴柏，1998：48。

種「永存的事物」稱為「善」（good），相對的，他將「毀壞或腐敗的事物」稱為「惡」（evil），[35]因此，對於柏拉圖而言，人世間一切的變動都是惡的，而阻止變動，讓世界維持善的本質的唯一方法，即是以 Idea 的靜止性規範人群事物的變動性，因為 Idea 是一種客觀和真實的存在（objective real reality），在變與不變的世界對比中，它是不變、絕對及唯一的，它的權威性即來自它的不變、絕對及唯一。值得注意的是，不論是赫拉克里圖斯或是柏拉圖，都是在政治的場域中，發現了歷史的變動性，但柏拉圖超越赫拉克里圖斯之處在於，他在政治的變動中，尋求並得出防止變動的方法，也就是藉由哲君之手將 Idea 帶入洞穴之中，柏拉圖這種靜止與變動的歷史辯證發展，出現在許多後來的思想家身上，特別是在黑格爾（Georg Wilhelm Friedrich Hegel）的身上，黑格爾將柏拉圖的 Idea 以「世界精神」（World Spirit）代替，而「世界精神」同樣位在人類的歷史發展之外，因此對於人類政治社群而言，它也是一個「外來者」，黑格爾將世界歷史的總體發展，理解為與上帝的知識發展密切相關，在這一歷史發展的邏輯內，個人自身的道德困境實內在於上帝自身的人格（personality），因此，雖然黑格爾與柏拉圖同樣深切感受人世間的變動與衝突，但他卻是將世俗的災難、困厄、痛苦和激情，當作一種反思的場所和契機，個人和社群的磨難都附屬於一更高的目的，即「世界精神」獲得自覺、認識並回歸到自身，在「世界精神」的視野內，所有歷史偉人都是它的代理人（如同哲君是 Idea 的代理人，惟相較於黑格爾的「歷史偉人」，哲君具有自覺性），他們存在的價值是在歷史的「理性狡獪」（cunning of reason）中，為「世界精神」的具體化（materialization）奉獻自身。[36]

---

[35]　*Republic*, 608e.

[36]　黑格爾認為，文明史是世界精神在時間中的開展或逐步的實現與具體化，歷史「驅使熱情去為它工作，由於這種推動裡發展了它的存在，而熱情卻受了損失，遭到禍殃──這可以叫做『理性的狡獪』。……分殊（particular）比起普遍

　　黑格爾對於「歷史必然性」的觀點,體現了人類歷史的流變性與「世界精神」的靜止性,人世間的變乃是「世界精神」的逐步實現,如同柏拉圖所言所有感覺世界中可感事物都是理念世界 Idea 的分受,因此,黑格爾的「世界精神」也就是 Idea 的「絕對真理」,無論是「世界精神」或是 Idea 都是歷史的目的,因為兩人對歷史的動態發展,及由靜止界定動態的觀點如此一致,無怪乎黑格爾極為讚賞柏拉圖對話錄中表現的真知灼見,並且用柏拉圖的辯證法(dialectics)一詞稱呼這個由變動到真理的歷史動態過程。[37]黑格爾的歷史辯證發展觀影響了馬克斯對歷史的看法,馬克斯雖然反對黑格爾的唯心觀點,但馬克斯如同黑格爾,相信有效的政治行動取決於對歷史發展總方向的把握,他將此稱為「進化的自然階段」,同時也取決於接受人的地位所賦與的歷史使命,無論是歷史方向或是歷史使命,皆代表一種等待實現的目的,它是靜止的,也是等著行動來完成的人類最後歸宿,對於黑格爾來說,「世界精神」即是歷史目的,對於馬克斯來說,共產社會即是最後的目的,[38]馬克斯用他

(general),大多顯得微乎其微,沒有多大價值,個別的個人是供犧牲的、被拋棄的。」其中包括只能與「原則」保持一致的偉人在內。參閱 G. W. F. Hegel, *The Philosophy of history* (New York : Dover Publications, 1956), translated by J. Sibree,p. 31 賽班(George H. Sabine),《西方政治思想史》(*A History of Political Theory*)(台北:桂冠,1991),637-638 頁。

[37] 黑格爾思想與柏拉圖思想的相似性,也可從《法哲學》(the philosophy of Right)中關於知性(understanding)與理性(reason)的辯證關係看出。該書前兩部分論述抽象法(abstract right)和主觀的道德,表明權利或法的理論將走向對立。第一部分探討所有權、人權,以及契約權,如同自然法理論所作的處理,然而由於知性的弄巧成拙,這一部分必然陷入知性無法克服的矛盾,必然辯證地達至第三部分,即自由或客觀意志,在這一部分中,理性解決了原來的矛盾。因此,無論是柏拉圖或黑格爾,都認為理性(理念世界)應該統治知性(感覺世界)。參閱賽班,1991:635-636 頁。

[38] 馬克斯與黑格爾的哲學同樣是歷史哲學,他們都相信歷史的「不可避免性」,但兩人仍有很大的不同,對於黑格爾來說,歐洲歷史以日耳曼民族為興起的頂峰,馬克斯則認為人類社會史以無產階級的出現為巔峰,他期待無產階級在當代社

發現的由生產力和生產關係辯證發展的歷史規律，將人類社會發展區分
為亞細亞的、原始的、封建的、資產階級到共產社會五個歷史階段，到
了共產主義階段，馬克斯在《一八四四年經濟學哲學手稿》中表示：「共
產主義……是人和自然界之間、人和人之間矛盾的真正解決，是存在和
本質、對象化和自我確證、自由和必然、個體和類之間鬥爭的真正解決。
它是歷史之謎的解答，而且知道自己就是這種解答。」[39]恩格斯則在《反
杜林論》中論述共產主義社會時，以一句「生存鬥爭停止了」，表達人
類社會幾乎所有的矛盾運動，包括人與自然、人與人、存在與本質、異
化與自我肯定、自由與必然、個體與群體，全部獲得解決，「矛盾的真
正解決」、「歷史之謎的解答」、「生存鬥爭停止了」，[40]彷彿如同福山
（Francis Fukuyama）所言「歷史的終結」（The End of History），馬克斯
雖然說過共產主義是一種企圖將現狀揚棄的「實實在在的運動」，[41]但
他最終還是以靜態的定位將共產主義視為解決所有矛盾、解答所有歷
史之謎的人類歷史的終點，這是因為馬克斯必須在一個歷史的絕對完
美發展中，才能完成自己的體系。但這也等於是說，如同柏拉圖、黑
格爾，馬克斯也是以一個歷史終點和目的靜止性，界定人類社群和歷
史的變動性。

會上升為統治階級；黑格爾以自我發展的精神原則為歷史發展的主要驅動力，
它不斷體現在歷史文化中，而馬克斯則認為生產力的自我發展體系才是驅動
力，它體現在經濟分配的基本模式以及由此而產生的社會階級中；黑格爾認為
進步的機制是文化之間的競爭，而馬克斯則認為進步的機制是階級之間的對抗。

[39]　參閱馬克斯著，劉丕坤譯，《1844 年經濟學哲學手稿》（北京：人民出版社，1985），
　　　73 頁。

[40]　參閱恩格斯著，《反杜林論》，《馬克思恩格斯選集》（北京：人民出版社，1995），
　　　第 3 卷，321-323 頁；第 42 卷，120 頁。

[41]　轉引自洪鎌德，《新馬克思主義和現代社會科學》（台北：森大，1988），78 頁。

　　無論是黑格爾唯心論的歷史哲學，或是馬克斯唯物論的歷史哲學，都有將世俗世界工具化的傾向，亦即將世俗世界理解為絕對精神或是共產主義自我實現的工具。這種靜止與變動的歷史辯證發展傾向，看似站在自由主義的對立面，但即使是自由主義者也有此一傾向。如將人視為理性存有（rational beings）的康德（Immanuel Kant），認為人類受普遍規律的約束而組成「目的王國」（moral Kingdom of Ends），在「目的王國」之中，每一個有理性者在任何時候都會把自己和他人自身當作目的而不是手段，但康德卻也持有相同的歷史觀。在《從世界公民的觀點撰寫世界通史的想法》一書中，康德闡述了他的人類歷史觀，他認為雖然社會中的個人和各個民族的活動，都是由私人的、偶然的相互之間不協調的甚至是對立的意向所決定，然而，並不能由此作出人類歷史發展是由任意和偶然性所統治，事實上，在人類歷史中，甚至在最偶然的、以個人境況和動機為轉移的人們活動中，都可以發現有規律性的存在，在個別行為和事件的雜亂無章展現出的偶然性和似是而非的無目的性中，表現出一種為運動的全體和全部過程所共有的合乎理性的目的，不過，這種目的不會在每一個個別場合和每一個個人的生活中完全展現出來，它只有在整個人類中才可以達到。在這樣的歷史觀中，康德將人類歷史發展的最後目的，當作他的認識論中的「自在之物」（thing-in-itself）（或物自體（thing itself）），結果，康德的歷史哲學無異承認現實社會的變動，同時也將改造世界任務的實現，完全轉移到那個等待實現的外來世界。[42]

　　柏拉圖、康德、黑格爾和馬克斯的歷史哲學，都同時含有靜止與變動的部分，同時也都是以靜止的部分統治和界定流動的部分，值得注意的是，柏拉圖和赫拉克里圖斯發現人類鬥爭是推動歷史變動的動力觀

---

[42]　侯鴻勛，《康德》（香港：中華書局，2000），151-155 頁。

點，也出現在康德、黑格爾和馬克斯的思想中。康德認為歷史過程中的矛盾和衝突乃是人類完善的必然條件，衝突的本質在於：人既有參加社會生活的意向，但卻又與社會格格不入，衝突之所以必要，是因為若無衝突及隨之而來的種種苦難和不幸，那麼人類社會就不會有任何進步、發展和完善，他認為，人類從愚昧無知的野蠻狀態走向文明的第一步，就是相互的衝突所推動，在經歷一系列的毀滅和破壞後，才會喚醒人類在社會範圍內確立法律秩序，而包含全體人在內的永久和平（perpetual peace）目的也才會達到。[43]黑格爾心目中的民族國家是「世界精神」逐步實現的主角，他將之稱為「神的意志，在某種意義上它是地上的心靈，展現為世界的現實形體和組織」，[44]但促成國家向「世界精神」推進的途徑卻是戰爭，雖然黑格爾認為戰爭是一種惡，但它卻是「世界精神」的工具，體現「世界精神」的民族國家之崛起，以及內含於「世界精神」的自由精神的傳播，都是通過戰爭實現，因此，所有的戰爭都是合法的、不可避免的和不可缺少的，因為它是否正義和合法，乃是由「世界精神」所界定。馬克斯則將階級鬥爭作為推動歷史的動力，他說「一切迄今存在的社會的歷史，都是一部階級鬥爭史。」[45]他對人類社會階級鬥爭的描述，與柏拉圖認為物質和經濟利益引發的階級鬥爭描述，可謂若合符節，但馬克斯認為共產主義社會才是人類歷史發展的最後階段，為了完成歷史使命，馬克斯甚至策劃了社會革命的策略，1850 年，他認為資產階級革命即將在德國爆發前夕，起草了一份告共產主義者同盟書，告誡社會主義少數者在革命中採取的策略，他強調必須聯合一切可能的力量

43　參閱康德著，〈邁向永久和平——一個哲學提綱〉，收錄於《永久和平的提倡者：康德》（台北：誠品，1999），125-177 頁。

44　G. W. F. Hegel, *Philosophy of Right*(Oxford University Press, 1967), trans with notes by T. M. Knox, p.270.

45　《馬克思恩格斯選集》，第一卷，250-251 頁。

完成革命，他對此一構想提出了「不斷革命」（permanent revolution）的口號，這一口號後來為托洛斯基（Lev Davidovich Trotsky）採納並加以發揮，並且成為列寧（Lenin）作為對付俄國資產階級的策略。[46]

第四節　Idea 與歷史的回溯性

柏拉圖靜止與流動對立的歷史觀，影響後來的思想家甚鉅，但在敘述後來思想家的歷史主義觀點淵源於柏拉圖後若就此打住，便無法凸顯為何不嫌累贅介紹康德、黑格爾和馬克斯歷史主義的理由，因為，藉由對這些近代歷史哲學的概略描述，再反過頭審視柏拉圖的歷史主義，我們發現柏拉圖的歷史主義在兩點上，呈現出與康德等三人的極大不同，由此也可凸顯其將 Idea 作為權威來源的論述，對台灣外來政權現象究竟具有什麼意義。[47]

柏拉圖的歷史主義，與其他三者一樣，隱含了一個歷史目的，這個目的性質表現在其最後的靜止性上，也就是目的本身即是人類社會演進的終點，因此，在歷史過程中，會體現出一種歷史法則，只要按照這個法則，便可預言人類的未來，但柏拉圖對於歷史目的的靜止性與歷史過程變動性的論述，在一點上與其他三者完全相反，即對於柏拉圖（與赫拉克里圖斯）而言，人類歷史的變動過程是一趨向腐敗的過程，柏拉圖在《法律篇》中對此一過程有所描述，他說：「一切具有靈魂之物都會變

46　賽班，1991：770。

47　巴柏「歷史主義」（historicism）的界定，認為歷史主義的觀念是將個人看成是無足輕重的東西，及人類偉大發展中微不足道的工具，同時認為在歷史舞台上，真正重要的演介紹是偉大的國家、偉大的領袖，或是偉大的階級、偉大的理念（巴柏，1998：15）。從本文所舉四位思想家的歷史主義觀點，其中康德的歷史主義顯然不符巴柏的界定，因為康德重視個人價值，因此，歷史主義顯然並不一定須從宏觀的角度觀察。

動……而當他們變動時，他們都是依命運的法則與秩序變動，其特性是變動的愈小，其等級的開始也就愈不明顯。但當變動增加而邪惡也隨之增加時，他們就墮入地獄的深淵中了。」[48]在《梯墨烏斯篇》中也提到物種起源的故事，故事中述及人是由神所產生的最高級動物，而其它物種則是由人腐化和墮落的歷程所產生。[49]易言之，柏拉圖發現了世界日趨腐敗的歷史法則，而 Idea 之為用，即在以其永垂不朽的靜止性和神聖性阻止這種歷史的腐敗趨向。因此，可以這麼說，柏拉圖對歷史的自發性變動是悲觀的，但卻對改變這種趨向的社會工程（social engineering）持樂觀的態度。相較於柏拉圖，無論是康德、黑格爾或馬克斯，他們都對歷史持進步主義（progressism）的觀點。康德認為歷史將由對抗和人性惡上升到包含公民自由、法律秩序與永久和平的理想社會；黑格爾以透過正反合的有益對立（fruit opposition），將世界歷史比作從一個人的自由，發展到少數人的自由，最後則到達全人類的自由過程；馬克斯認為人類歷史由生產力和生產關係的衝突，從亞細亞社會發展到共產主義社會。三人都採取了進步的觀點，歷史過程中的一切矛盾、衝突與對立，看似邪惡，但卻是歷史朝向完美發展所必須的，且在此過程中，人力無法改變什麼。因此，從三人的歷史主義來看，他們必然得出與柏拉圖相反的結論，即他們對歷史的自發性發展必定持樂觀的態度，也因為這個原因，一切的社會工程不僅沒有效果，也沒有任何必要。

柏拉圖歷史主義另一個與黑格爾等三人歷史主義的不同處，出現在靜止之歷史目的相對於歷史變動的方向上，對於柏拉圖而言，那個歷史目的是一個建國與治國的藍圖，亦即在國家建立所進行的社會工程伊始，那個藍圖就已經存在了，因此，如同建築師與工人在建築過程中，

---

[48]　Plato, *Laws*, 904c-d.
[49]　*Timaeus*, 91b-92b.

必須不斷回頭審視所有建築是否符合建築設計，國家建築師也必須在建國與治國過程中，不斷回頭審視建國與治國的 Idea。這個過程所透露的訊息是，在柏拉圖思想中，靜止的歷史目的係存在於過去，因此，人類歷史的黃金時代是在過去，而不在於未來，社會工程所要做的是要盡量使得所有的制度設計模仿那個完美的原型，而偏離此一原型者即是一種腐敗。這種將眼光朝向過去的思想痕跡，出現在柏拉圖的許多文字中，在《政治家篇》，柏拉圖描述一個克魯倫（Cronos）的時代，在這個時代，克魯倫統治著世界，人也從地球誕生，世界上沒有戰爭或鬥爭，是一個克魯倫的黃金時代（a golden age of Cronos）；之後是宙斯的時代，諸神遺棄了這個時代，聽其自生自滅，從此世界慢慢腐化，最後神又會掌起宇宙船之舵，世界又會開始進化。[50]在《理想國》和《政治家》中對於政體墮落過程的敘述中，柏拉圖也是以他心中「完美國家」作為評判的標準，而現實社會雖然不可能存在如柏拉圖所設想的完美國家，但這個障礙並未阻止他去尋求一個趨近於完美國家的典型。他曾以克里特（Crete）與斯巴達（Sparta）等古代部落貴族政體的理想化社會，作為世俗完美國家的圖像，並藉由這些國家如何避免階級戰爭、如何將經濟利益的影響降至最低程度，並保持良好控制的例子，當作重建一個好的國家的歷史材料。[51]相對於柏拉圖，康德、黑格爾與馬克斯的眼光都是朝向未來的，亦即那個最後到達靜止狀態的歷史最終目的是在將來呈現，而非進行社會工程之前的藍圖。康德的未來歷史目的是那個仿如「自

---

[50] *Statesman*, 568e -274e.

[51] 在《法律篇》中，柏拉圖明白的說，他的克里特和斯巴達的對話者，都知道他們的社會制度之「靜止」的特性，克里特人對話者克侖尼亞斯（Clenias）強調，他急切聽到有關替一個國家之原始特性辯護的話。稍後在 799a 相同的內容中，就直接談到埃及防止制度發展的方法。顯然柏拉圖了解克里特和斯巴達與埃及有一個相似之處，那就是要防止社會的一切變動。

在之物」的人類永久和平狀態；黑格爾的未來歷史目的是隨歷史辯證過程逐漸展現的「世界精神」；馬克斯則是隨生產力不斷提升，最後階級與國家觀念消滅後出現的共產主義。即是因為此一差異，三人對歷史變動的評價才迥異於柏拉圖，這種歷史目的方向認知的差異對政治發展觀的形塑非常重要，稍後在分析馬基維里建立政治權威的進路時，我們將發現黑格爾等三人眼光朝向未來的歷史主義觀，絕非是政治哲學中首見，然而重要的不是這種觀念何時出現，而是這種觀念出現後，將對政治社會和既存的政治秩序出現一種革命性的衝擊，這兩種不同的政治秩序理解，將是分析台灣外來政權現象一個非常有用的工具。

雖然對歷史的變動評價與歷史目的方向認知不同，但對於人類鬥爭是推動歷史變動的動力觀點，卻是柏拉圖與其他三人的共同點。柏拉圖既然認為變動是腐敗的，因此從他的觀點，便很自然的認定腐敗是由政治與社會的衝突所造成，而要遏制衝突，就必須依賴 Idea 的靜止性，以靜止遏制變動遂成為一種統治的信條，而 Idea 的權威性即在於它能夠發揮遏制變動的靜止性。這個邏輯在當代社會仍為許多統治者接受，一切極權社會可以說都是此一邏輯下的產物，前述鄂蘭將極權統治的結構比喻為洋蔥，這種結構的最大作用，即在於能夠使處於最核心的統治階層免於外在環境的衝擊而維持靜止性，[52] 而統治嚴密性不若極權主義的威權主義政體（authoritarian regime），則因其允許社會有限的衝突與變動，[53] 從柏拉圖的眼光來看，此種政權統治下的社會也必然趨於腐敗，而欲挽救其免於腐敗，唯一的途徑即是維持統治理念的靜止性。

---

[52] Arendt, 1977:100.

[53] 根據林茲（Juan J. Linz）所著〈極權和威權政體〉（Totalitarian and Authoritarian regimes）一文的界定，威權政體指的是一種非民主又非極權的一種政治體制，這種政體必須具備有限且非責任式的政治多元主義（limited, not responsible, political pluralism），沒有明確的意識形態指導，但卻有相當清楚的特殊心態

　　這種由外來理念靜止性與變動性衍生出對歷史目的方向的認知，對分析台灣的外來政權現象提供了有用的工具。國民黨政權來台之後，建立了政治的威權主義體制，它的出發點是維持政治與社會的穩定，但這種穩定性帶有濃厚的柏拉圖式靜止性。為了維持政治和社會穩定，國民黨政權於來台一年前的 1948 年 5 月，制訂了「動員戡亂時期臨時條款」，將才施行不到半年的「中華民國憲法」給凍結了（靜止）；1949 年 5 月又宣布了戒嚴令，使國民黨來台後台灣隨即進入戒嚴體制。憲法的靜止導致政治權利和社會活動的靜止，因為憲法第二章規定的人身自由、居住遷徙自由、意見自由、秘密通訊自由以及集會結社等，都受到嚴格的限制，同時在中國大陸選出的國民大會也被凍結為「萬年國會」，不但不用改選，同時還以其業已靜止的民意代表性取代台灣民意的能動性。在靜止化政治及社會場域後，國民黨更以包含歷史文化的意識形態回溯配套，將三民主義、五權憲法、中華民國法統及塑造法統正朔的中國歷史，作為一不斷回溯的政治價值評判標準。這套意識形態如同柏拉圖的 Idea，係台灣政治社群應當遵守的政治藍圖，當國民黨的意識形態在受控制的政治場域中取得了政治權威，即代表了人民思想的馴化，同時國民黨外來政權在台灣建立的統治金字塔，也因此取得了穩固的根基。

　　按照柏拉圖完美國家的界定，國家之完美依賴國家之靜止，靜止又表現在阻止國家的變動。但如同前述，威權體制因其允許社會場域的有

（distinctive mentalities），除了特殊情況外，也沒有廣泛而強烈的政治動員（political mobilization）情況，威權統治者在支配權力使用時，總有一個界限，這個界限不十分明確，但卻有相當的可測性，並非無遠弗屆。見 Juan J. Linz, "Totalitarian and Authoritarian Regimes", in Fred K. Greenstein and Nelson W. Polsby, eds. *Handbook of Political Science*, vol. 3(Reading, Mass: Addison-Wesley Publishing Company, 1975), p.264. 然而，如同林茲等人將 authoritarianism 界定為「威權主義」並非所有人皆能認同，鄂蘭便認為將 authoritarianism 界定為自由的對立面，是對 authoritarianism 的誤解。

限變動，因此自身即存在腐敗的因子，要阻止此一腐敗，就必須將此變動因素徹底根除，但國民黨政權為了區別於中國共產黨的極權統治，本身不可能進行極權統治，同時為了鞏固本身政權，又不能實施民主政治，於是威權體制便成為唯一的抉擇，其體制中腐敗的因素既不能根除，也就留下了日趨腐敗的不確定性。於是，國民黨外來政權的在台統治，遂成為擺盪在靜止與變動中的不穩定統治，此一情形也預示了國民黨外來政權屬性轉變的可能。亦即，從柏拉圖思想的角度看，當那個外在於洞穴的 Idea 仍保持權威性而無變動的可能時，方能維持哲君統治的外來政權政治權威性，如前所述，台灣的外來政權現象正是以外來的理念為主要特徵，當這套理念不再是靜止的，而與社會場域的變動產生連動時，國民黨的外來政權屬性即會產生變化，它的眼光會從向外（外來者）轉為向內（本土化）、從向過去回溯轉為向未來眺望。當蔣經國晚年思考解除台灣戒嚴時，說出牽動台灣政治發展的那句話：「時代在變，環境在變，潮流也在變」，即已揭示國民黨從靜止的外來屬性向本土能動性及未來歷史觀所做的改變，當李登輝接續此一「運動」時，一個與外來傳統斷裂、眼光朝向本土與未來的新國民黨，也就以新的面貌躍上了台灣的歷史舞台。

第五節　外來 Idea 的統一性

Idea 靜止與變動的對立性，進一步衍生出 Idea 統一性，而統一性亦是賦與 Idea 權威的特性之一。人群事物的變動既趨於腐敗，則若能以一種統一的原則約束此一變動，則便可以防止國家向下沉淪，然而，要獲得統一如何可能？這種可能性緣於柏拉圖認為一切可感事物乃是 Idea 的摹本，因此都分受了一個共同的本源（origin），以個人而言，人的靈

魂即分受了 Idea，因為所有人有相同的本源，所以他們構成了同一的種族（race），[54]但因為人際衝突導致人類日益腐敗，所以離那個本源也愈來愈遠，但人群的腐敗不能否定他們感受到共同本源的能力，此一共同本源（Idea）即構成了統一。在此一情形下，一個優越的統治者，即是依靠 Idea 的統一性建立其政治權威，同時將此一統一性作為維繫政治場域秩序最高及最後規範的人。這個統一性的構成，呈現了一種對比，即 Idea 單一性（oneness）與人群多樣性（manyness）的對比，或說是 Idea 的絕對真理與洞穴中人群意見的對比，然而，在此卻出現了一個問題，究竟柏拉圖欲建構的統一性，是由上而下以 Idea 單一性約制人群多樣性？抑或是由下而上從人群多樣性中產生統一性，進而以此統一性作為政治社群的規範？

　　巴柏顯然傾向於前者，巴柏是以自然（nature）與約定（convention）的對比來說明此一問題，他認為柏拉圖使用「自然」一詞，實際與「本質」（essence）、「理型」（Form）和「理念」（Idea）的意義相同，這些都指向單一（one），柏拉圖的自然理論為瞭解其歷史主義方法之另一途徑，因為一個事物的本質就在於它的起源，因此，研究人類社會與國家的本質即是研究它的起源，而柏拉圖在《理想國》和《法律篇》中對此問題的看法是社會和國家的起源是來自約定，一種社會契約（social contract），但它是一種自然的約定，亦即是建立在人的自然性（本質）、特別是指人的自然的社會性上。亦即，人的社會性起源在「個人的不完滿性」上，只有國家才能成就完滿，因此國家較個人就取得了優位性，國家是一個完美的整體，個人則是理想國家不完全的摹本，這種觀點引進了國家有機體論，使國家變成了一個超級的巨靈（Leviathan）。在《理想國》中，柏拉圖強調：「法律在實現整體國家的福祉，藉說服和強制，

---

[54]　柏拉圖將種族（race）視為人所具有的相同本性，因此，當他說到「哲學家之種族」時，即意謂具有哲學家的共同本性，參閱 Republic, 501e。

把人民納入一個單元，使大家都能共享任何分子對國家的貢獻，實際上是法律為國家適當的安置了人民，創造了適當的心靈結構，其目的不在使大家鬆散，各行其是，而在把大家結合在城邦中」，因此「部分是為整體而生，不是整體為部分而生」。[55]巴柏將柏拉圖的這種思想稱為全體論（holism）的思想，因為個人有腐敗的可能，因此在有機體的國家中，如何維持國家的統一，與防止個人的偏私，便成為國家存在的最主要目的。巴柏認為柏拉圖對強調全體排斥個人的情緒極為強烈，以致於「任何屬於個人和私有的事物都要排除，即使因自然成為私有的以及個人的，也都應成為公共財產，我們看的眼、聽的耳、動作的手，好像不屬於個人而是屬於社會，對人的稱讚和斥責都是一樣，甚至在同一時間，對同一事物的喜怒哀樂也都一樣，所有完美的法律都在盡力統一城邦。」[56]因此，就巴柏的角度解讀柏拉圖的統一，個人在國家中的角色與功能是國家賦與的，而國家的統一性，也是由上而下建構而來。

　　巴柏雖然認為柏拉圖對於統一性的見解係採取全體論的立場，但亦認為柏拉圖的自然主義採取的是一種心理學的或精神的自然主義（psychological or spiritual naturalism），[57]亦即從人的心理和精神本質中可以引出人的真正自然目的，再由此進一步引出人生的自然規範。若暫且不論其全體論的結論，此一過程顯然與由上而下建構統一性的方向相悖，事實上，也確實有人從這個角度建構 Idea 的統一性，史特勞斯（Leo

---

[55]　*Laws*, 903c.

[56]　巴柏，1998:165-179、231。

[57]　巴柏認為柏拉圖的心理學的或精神的自然主義是由另兩個居間步驟結合而成，一個是生物學的自然主義（biological naturalism），另一個是倫理學或法律的實證主義（ethical or juridical positivism）。前者主張道德法則及國家的法則儘管是任意的，但在自然中仍有一些永恆不變的法則，我們可自其中引出種種規範；後者認為除了已經實際上建立的法則，且其存在經過實證的證明外，別無其他規範。參閱巴柏，1998:158-165。

Strauss）在探討自然權利（natural right）觀念的起源時，認為蘇格拉底
（Socrates）的 Idea 乃是一種回到前哲學常識世界的論點，eidos（理念）
一詞原本指的是無須特殊的努力就可以看見的事物之表象，而非其本身
為最初或就其本性為第一位的東西，事物之存在，不是在我們看到它們
的情形中，而是在人們對它們的言說或有關它們的意見之中。因此，蘇
格拉底是從人們關於事物本性的意見來瞭解它們的本性的，而每項意見
都是基於人們對某一事物的某種意見或某種心靈的知覺，無視人們關於
事物的本性的意見，就等於是拋棄了我們所擁有的通向實在的最為重要
的渠道，或者是拋棄了我們力所能及的最為重要的真理的足跡。如此，
意見就被看作是真理的片斷，是純粹真理被污穢了片斷，易言之，意見
乃是自存的（self-subsistent）真理所要向之尋求的，而且到達真理的升
華是由所有人都一直領悟著的那種自存的真理所指引的。史特勞斯因此
認為，依蘇格拉底的看法，哲學就在於由意見升華到知識或真理，就在
於可謂是由意見所指引著的一場升華，當蘇格拉底將哲學稱作「辯證法」
時，他心目中主要想到的就是這一升華，而整體與部分的關係便呈現了
一種新的理解：整體乃是部分之總合，要發現整體不是去發現完整的整
體，而是在部分的結合中去發現其顯露的統一性。[58]

　　由意見到達真理，或是由部分到達統一的順序，史特勞斯顯然不同
於巴柏，其對 Idea 的解讀，係強調由下而上的過程，因此，洞穴中人群
的意見有別於巴柏詮釋的被動性，而呈現出主動的特色。但值得我們注
意的是，史特勞斯並未因強調「意見」而形成相對主義或虛無主義的見
解，他說：「無論激勵著不同社會的這種完備的洞見如何差異巨大，它
們全都是同一種洞見——關於整體的洞見。因此，它們之間不僅是相互

---

[58]　Leo Strauss, *Natural Right and History* (Chicago: The University of Chicago Press, 1953), pp.122-124.

不同，而且是彼此衝突，正是這個事實，迫使人們認識到，那些洞見中的每一個人，就其本身來看都不過是一種對於整體的見解，或者說是對於整體的根本意識的一種不恰當的表達，因此它就超出自身之外而通向一種恰當的表達。」因此，「對於有關整體的恰當表達之追求永無止境，但這並不就使得人們有權將哲學侷限於對於某個部分的理解之內，無論這一部分如何重要，因為部分的意義取決於整體的意義。」[59]史特勞斯「部分的意義取決於整體的意義」的敘述，再度使我們將焦點置於統一性的問題上，他非但不是在批判統一性，反而在為統一性辯護，事實上，史特勞斯認為所有的政治社會一定是一個封閉社會（a closed society），即柏拉圖意義上的「自然洞穴」（natural cave），而西方現代性及歷史觀念的發展，卻導致了徹底的歷史主義（radical historicism），即徹底的虛無主義，亦即根本否定世界上還有可能存在任何好壞、對錯、善惡、是非的標準，他稱此為西方文明的「現代性危機」（the crisis of Modernity），因此，他批評巴柏本身就是「開放社會的敵人」，他自以為走出了「自然洞穴」，實際上卻墮入「第二層洞穴」（the second cave）或「人為洞穴」（artificial cave）而不自知。[60]

---

[59] Strauss,1953:125-126.

[60] 史特勞斯指出「現代性的三次浪潮」。認為西方現代性的第一次浪潮是馬基維里、霍布斯和洛克等掀起的全面拒斥西方古典思想傳統的浪潮；現代性的第二次浪潮也是現代性的第一次大危機則是由盧梭掀起的對現代性的全面批判的浪潮，但實際則進一步推進了現代性；現代性的第三次浪潮也是第二次更大的危機則是由尼采、海德格掀起的更大規模的現代性批判浪潮，這一批判深刻暴露現代性的本質就是「虛無主義」。參閱 Leo Strauss, "The Three Waves of Modernity," in *An Introduction to Political Philosophy: Ten Essays by Leo Strauss*, edited by Hilall Gildin (Wayne State University Press, 1989), pp. 81-98。史特勞斯對巴柏的批評及「自然洞穴」等說明參閱《自由主義的傳統和現代》（*Liberalism ancient and Modern*）（Cornell University Press,1989）p.x.、《哲學和法律》（*Philosophy and Law*）（State University of New York Press,1995），pp.135-136.、及 Michael Zank 編著之史特勞斯 1921-1932 年的早期著作 *The Early Writing*（State

　　巴柏和史特勞斯對於柏拉圖 Idea 的分析方向雖不同，但都導出了「統一性」的共同見解，前者因為柏拉圖 Idea 具有的統一性，而將其視為「開放社會的敵人」，後者則批評巴柏無視統一性的必要，而指其才是「開放社會的敵人」。有趣的是，他們同樣以自然與約定的對比得出統一性的結論，對於巴柏而言，統一性是自然界定的，對於史特勞斯而言，統一性則是由約定所產生，然而，本文目的並不在分析二人的差異，而是由二者的差異凸出一個反思外來政權現象的切入點，這個切入點係由二人對於柏拉圖「統一性」共同結論背後，所反射出的一體兩面，一體是「統一性」，兩面則是由自然與約定形成之彼此對立的兩個場域，一個場域是以自然為對象屬於哲學的場域，另一個場域則是以人群約定為對象屬於政治的場域，柏拉圖的外來權威轉化思想，也就是將屬於哲學場域的 Idea 權威，轉化入政治場域成為規範人群事務的政治權威。

第六節　外來意識形態的轉化

　　哲學原是對萬物「原則」之追尋，也就是對萬物「起始」或「最初事物」的追尋，亞里斯多德將最早的哲學家稱作「談論自然的人」，無論是「原則」、「起始」、「最初事物」或者「自然」，皆可歸結為柏拉圖的 Idea。哲學之原初功能，並非進行統治，或是決定人群事務，而是知識性的散發光亮（shining brightness）或照亮黑暗（illuminate darkness），因此完全與政治經驗無關，它是一種關於沉思（contemplation）和追問事物存在（true being of things）的經驗，因此，政治場域中的統治（ruling）、行為裁判（measuring）、征服（subsuming）與規制（regulating），完全不是哲學領域中的 Idea 所能掌握。但哲學的出現對政治事物產生極

University of New York Press,2002）, pp.214-215。

大影響，在前哲學時期，原本最具有權威的事物，是屬於最為傳統的事物，也就是人群約定的事物，但哲學對於自然的發現卻使得原本經由約定產生的權威被連根拔起，自然不僅為所有的人為事物提供了材料，而且也提供了模型，「最偉大美妙之物」乃是區別於人工的自然的產物，在根除了來自傳統的權威後，哲學認識到自然就是權威。[61]史特勞斯認為當自然成為最高權威，人類理性（reason）、理智（understanding）與權威之間的區分就會模糊不清，哲學、尤其是政治哲學一旦屈從於權威，就會失去它的本色，就會蛻變成為意識形態，亦即為某一特定的或將要出現的社會秩序所作的辯護詞，或者，就會變為神學或法學。[62]史特勞斯這一段描寫哲學蛻變為意識形態的過程，雖然係間接批判西方近代政治哲學的走火入魔（Philosophy gone mad），[63]但卻很能夠解釋「意識形態治國」的政治現象，尤其是柏拉圖的洞穴論，哲學家的目的就是要將 Idea 帶回洞穴之中成為人群行為的準繩，當外來的 Idea 藉由哲學家之手成為統治洞穴中人類社群的「意識形態」，實際上就已為外來政權的統治奠定了理論基礎。

---

[61]　此為史特勞斯的見解，而史特勞斯則是引用西塞羅（Marcis Tullius Cicero）《法律篇》和《論目的》的句子，參閱 Leo strauss, *Natural Right and History*（The University of Chicago Press,1953），p.92。

[62]　Strauss,1953:91-93.

[63]　史特勞斯認為西方文明的危機來自於西方古典政治哲學的危機，現代哲學和現代政治哲學拒絕了古典政治哲學認為哲學只是自我認識和解釋世界的觀念，而狂妄的以為整個世界可以而且必須按照哲學來改造，其結果是哲學不斷批判不符合真理的政治，導致政治不斷走火入魔和不斷革命，他認為蘇格拉底進行的工作就是要將古典哲學引向古典政治哲學，將哲人轉變為政治哲人，就是意識到哲學就其本身而言有顛狂性，因此要使人從神志顛狂轉向神志正常。參閱史特勞斯著，*Studies in Platonic Political Philosophy*（University of Chicago Press,1983），29 頁；*The City and Man*（the University of Chicago Press,1964），19 頁。

　　值得注意的現象即是 Idea 從哲學場域轉化入政治場域的問題，也就是哲學權威轉化為意識形態權威的問題，若如前文所言，外來政權現象的最顯著特色，即是將外來的意識形態帶入本土政治場域，則柏拉圖對此一轉化的描述，即可作為探討外來政權現象的一個對照。

　　鄂蘭指出，權威有一個很重要的特色，即在服從的同時，每一個人都能保有自由，而柏拉圖一直在尋求如何取得被統治者這樣的服從，而 Idea 正好提供了統治者取得被統治者自願性服從的權威，但這裡有一個很重要的轉折，此時 Idea 的權威是立基於哲學場域的權威，在尚未與被統治者與統治關係發生聯繫前，他的權威性僅體現在領受其存在的哲學家身上，直到進入感覺世界（母親的角色）後，它的權威性才體現在所有事物上（兒子的角色）。所以，鄂蘭指出，那個最高的理念（the highest idea）表現出兩種型式，一是「藉由沉思體現的真實存在」（the Idea as true essences to be contemplated），另一則是「將理念應用於（人們）的準繩」（the Idea as measures to be applied）。[64]值得注意的是，前者屬於哲學的場域，後者則屬於政治的場域，前者的 Idea 是哲學的權威來源，後者的 Idea 則是政治的權威來源，而柏拉圖亟欲完成的目標，即是如何將哲學的權威來源轉化（transform）入政治的場域。

　　Idea 從哲學場域轉化入政治場域首先面對的一個問題，是政治社群的抗拒，這可從兩個事例得到驗證，一個事例是蘇格拉底之死。蘇格拉底被雅典的五百人陪審團以不信仰國家所信奉的神、引介新的神祇及腐化雅典青年三項罪名判處死刑，凸顯哲學場域與政治場域的衝突，正因蘇格拉底之死，使柏拉圖對政治社群中的人們喪失了信心，為了維護哲學家的人身安全，他因此構思了哲學家統治的理論，哲學家既然無法運用說服的方式取得政治權威，在希臘社會重視公民平等自由的環境中，

---

[64]　Arendt,1977:112.

又不能以武力建立其政治權威，唯一可憑藉的途徑，即是將哲學家所掌握的那個自明的真理（哲學）權威，轉化成可以強迫個人意志服從的（政治）權威。另一個足以展現哲學權威轉化所面臨的困境及柏拉圖構思解套途徑的事例，是柏拉圖的洞穴寓言。在這個寓言中，柏拉圖描述哲學家重返洞穴後所遭遇的情況，他對人際事物失去了方向，黑暗擾亂了他的眼睛，另因洞穴人群的無知和瘋狂，他也無法將其在洞穴外所見的景象有效傳達給洞穴中的人，這些情況甚至威脅到他的生命，處在這個困境中，哲學家開始構思如何跳脫他所處的險境，他所採取的途徑即是將 Idea 轉化為人際行為的準繩及統治的工具。

　　為了順利進行此一巨大的哲學換軌和政治工程，柏拉圖運用了許多方式，包括利用神話（myth）與教育等，這一部分我們將在下一章中深入探討，在此須注意到的一個現象是，柏拉圖除了意圖將外來的 Idea 轉化政治社群思考及行為的準繩外，為了強化 Idea 的政治權威性，柏拉圖同時也在進行一種或可稱之為「本土化」的工程，其所運用的策略之一，係將 Idea 的原初意涵進行了修改，亦即將 Idea 穹蒼的「外來性」，轉化為適應洞穴人群的「本土性」，其方式是以洞穴人群聽得懂的語言，陳述 Idea 的內涵，也就是將 Idea 的哲學語言轉換為政治語言。在《饗宴篇》（Symposion）中，柏拉圖將哲學家所欲尋求之存在真正本質稱為「美」（the beautiful），美是通達真理階梯中的最高階，[65] 在《費德魯斯篇》（Phaedrus）中，柏拉圖將其稱為「智慧或美的愛好者」（lover of wisdom or of beauty），而其意與「美」相同，皆表示「最閃亮的光輝」（shines forth most），能夠照亮其他的事物，[66] 但在《理想國》中，他則將其轉化為希臘語彙的為「善」（the good）。[67] 值得注意的是，就柏拉圖對 Idea 的描

---

[65]　Plato, *Symposion*, 211-212.
[66]　Plato, *Phaedrus*, 248,250.以下註釋以 *Phaedrus* 標示。
[67]　*Republic*, 518.

述內容來看，以「美」指涉的意義顯然勝於以「善」指稱，甚至在《理想國》第一卷中，哲學家仍被界定是「美」的愛好者，而非是「善」，一直到第六卷，「善」才被作為最高的理念而被引入，[68]因為「美」是哲學性的語彙，代表的是哲學家的獨自沉思，而「善」對於希臘人而言則是一種政治性的語言，它代表的是「有益」（good for）或合適（fit）。按照柏拉圖的邏輯，若 Idea 是有益和合適於政治社群的最高價值，且為所有人群事物所分受，則自然成為規範政治社群行為的準繩，在《理想國》中，「善」尚且是具有直接人治色彩的規範，到了《法律篇》（Laws），「善」則更進一步轉化成掩飾人治色彩的非人格性（impersonal）法律，當 Idea 以法律的形體出現時，亦即這套外來的意識形態已相當程度內化為政治社群的集體意志，易言之，外來者轉化為本土政權的工程也取得了了階段性的成功。

上述外來的 Idea 由哲學場域轉入政治場域的敘述，尚遺漏了一個很重要的關鍵。在「洞穴」寓言中，Idea 在未進入洞穴成為人們行為的準繩之前，尚不能成為政治權威的來源，因為它未與人們的行為發生聯繫，只有當走出洞外的哲學家將其帶入洞穴後，Idea 方能成為政治權威的來源，那個被動走出洞外的囚犯成為 Idea 轉化為政治權威來源的關鍵性中介，在他尚未走出洞穴時，哲學場域和政治場域並未產生聯繫，但當他將 Idea 轉化為政治社群的準繩時，他便完成了此一轉化，他也從哲學家的身分轉化成為政治社群的政治權威者——哲君（philosopher-king）。[69]哲

---

68 在《理想國》518a-d 中，「善」仍被指為最光輝的部分（the most shining one），可見得在柏拉圖思想中，這個原指涉「美」的性質仍存在於「善」之中，由此可見，從哲學的角度詮釋 Idea，「美」是優於「善」的。

69 走出洞穴的囚犯在領受 Idea 的真理後成為哲學家，柏拉圖強調他們決不能留在洞穴之外，而須返回洞穴中，因為這些哲學家們養成暗中視物的習慣後，他們的視覺要比洞穴中的原住民好上萬倍，並且知道那些不同的影像是什麼，同時，因為他們業已見過美、正義和善的真面目，這樣一來，他們治理的國家便可以

君在場域轉化過程中扮演的關鍵性角色凸顯出兩個重要面向，一個面向與政治權威的結構有關。按鄂蘭，一個完整的政治權威結構，包含了「外來的」權威與權力金字塔兩個部分，Idea 必須與權力金字塔相結合，方能成為統治者政治權威的來源，而柏拉圖思想中，這個權力金字塔的代表即是哲君。[70] 哲君具有雙重身分，一方面他是哲學家（philosopher），另一方面，他又是政治社群的國王（king），前者身分，使哲君成為執行柏拉圖理想中治國藍圖的唯一人物，就此一政治藍圖來自政治社群（洞穴）之外而言，以台灣本土政權的觀點看，哲君實際上就是「外來」的統治者；後者身分，使哲君及其他衛士階級結合成為政治社群中的統治「政權」，加上 Idea 的「外來性」，我們可以描繪出柏拉圖心目中政治權威的圖象，即：「外來」的 Idea 加上金字塔權力結構的「政權」，兩者構成了統治洞穴內政治社群的「外來政權」，這個「外來政權」也就是柏拉圖思想中理想的政治權威圖騰。

　　另外一個重要面向牽涉 Idea 這個「外來者」進行權威場域轉化時，必須謹守的兩個基本盤，這兩個基本盤可否守住也可視為「外來政權」權威轉化成敗的兩大指標。前文提及 Idea 的靜止性時曾指出，在赫拉克里圖斯和柏拉圖眼中，一切流變的事物都是趨向於毀壞和腐敗，柏拉圖

是「真實的」，而非僅是「夢境」，而其治理的精神，也必然與其他國家有異。因此，柏拉圖要求這些哲學家以「立法者」的身分採取「說服和強迫的方法，來團結全體公民，使他們都有益於國家，從而互相有益。」（*Republic*, 519e, 520a-d.）馬克斯曾說，直到現在為止，「哲學家只詮釋了世界，可是，重點在於他們應該去改變這個世界。」看來不能應用在柏拉圖身上，因為柏拉圖心中的哲學家正是那個要去「改變世界」的人。

[70]　《理想國》中，蘇格拉底和葛樂康（Glaucon）討論「完美的國家時」，柏拉圖藉蘇格拉底之口強調：「除非哲學家成為國王，或是世界上的國王、王子都具有哲學精神和力量，以使政治的偉大性和智慧集於一身，而那些較為平庸的，只追求兩者之一，不願其它的天性，都被迫退向一邊，則城邦永遠不能免於邪惡的事物，不僅如此，我相信全人類都免不了，只有到這個時候，我們的國家才有活起來，得見天日的可能性。」（*Republic*, 473d.）

將此稱為「惡」（evil），而這些「惡」的根源又都與統治及社會階級遭到破壞與民主社會的出現有直接關係，但柏拉圖超越赫拉克里圖斯之處在於，他除了接受變遷理論之外，受到埃利亞派（Eleaticism）「一元不變的宇宙觀」（static monism）影響，他發現了一個可以逆轉毀壞和腐敗趨向的永存事物，即是 Idea，Idea 即是善，柏拉圖將此善惡對比應用至政治場域，哲君的政治角色與功能即是要將善帶入洞穴。與 Idea 相對，洞穴中人群事物則是腐敗的象徵，因此，柏拉圖在描述善的光明時，同時也在譴責惡的黑暗，柏拉圖因而和赫拉克里圖斯一樣極端仇視民主，他大肆譴責民主，並將自由與無法無天、自由與放縱、法律之前的平等與無秩序，都等同視之，把民主描寫成放蕩與吝嗇、蠻橫、不法、無恥、像野獸的可怕與凶猛，滿足於各種幻念，只為享樂，以及為不必要的和不淨的慾望而生活。他指控民主人士把「該尊敬的人說成蠢才……有節制的人說成懦夫……溫和合法的花費當作卑賤和拙陋」，在民主社會「校長怕學生，並向他們諂媚…，老年人遷就青年人…以避免被冷落和挾制」。[71]當民主社會被視為惡的外顯時，即展現政治場域必須被轉化的必要性，因此，哲學家必須為政治社群的統治者，除了表示政治社群必須是等待「外來者」教化的一群外，同時也表示政治社群的統治階層必須被維護與鞏固，任何改變或推翻以哲君為領導的統治階層意圖，本身就是一種墮落，這個觀點又再回復到上述權威階層性的特徵，同時也構成了支撐權威場域轉化的第一個重要層面。第二個層面涉及到統治階級自身，既然統治階級負有轉化權威場域的重要使命，同時其本身的分裂又是造成變動及趨向腐敗的重要原因，因此，如何鞏固統治階級內部，消弭分裂的因子，便構成了權威轉化的重要一環，又因為權威轉化的主動性是在統治階級的身上，故可以將統治階級的內部鞏固視為權威轉化的

---

[71] *Republic*, 560d, 563a-b.

先決條件，反過來看，統治階級若出現分裂，政治社會也必然向下沉淪，因此，柏拉圖所設想的權威轉化工程能否順利完成，必須視政治社會統治階層的完整性與統治階級的團結性是否可以確保。

　　柏拉圖思想中的政治權威轉化工程，帶有濃厚的「外來」色彩，惟其轉化總工程可否成功，端視它的次級工程可否終底於成：一是作為「外來者」的 Idea 是否能為政治社群所接受？亦即其作為政治權威來源的正當性是否得以確立？二是外來的 Idea 是否如柏拉圖所言為政治社群的成員所分受？抑或終究是格格不入的外來者而遭到排斥？三是 Idea 以靜制動的特性是否得以持續？抑或終將墜入政治場域的變動洪流中？四是 Idea 統一規範政治社群言行的性格，是否能夠內化為自我規範的意識形態？抑或遭到洞穴人群的頑強抵制？這些條件能否實現，還有一個最重要的關鍵，即是否可以找到柏拉圖理想中的「哲君」？哲君又如何推動政治權威轉化的工程？這些都是後文將要探討的主題。

第二章 哲君的理性統治

柏拉圖的 Idea 提供了政治權威的正當性基礎，但 Idea 衍生的哲學場域與政治場域的二元對立觀念在古希臘社會已非常普遍，對於宇宙萬物運行的「第一原則」與人事常規間的對比，已經是許多希臘哲人的興趣所在，這種對比主要是以象徵規範宇宙運作原則的 *Logos* 與人類自身社會所產生的 *Nomos* 間的對比呈現。[1]按照赫拉克里圖斯的看法，*Logos* 是主宰世界的理性的原理，也是世界的本源和動力，世界依靠 *Logos* 而產生和發展，宇宙中的一切事物都在持續變動，只有 *Logos* 始終一致、恆常不變，他將 *Logos* 比喻為火，火是萬物的起源，也是負責運動的實體，它改變一切事物，包括它自身，然而，儘管 *Logos* 不停轉動，卻依然始終如一。「始終如一」與「持續變動」的對比，即是 *Logos* 與 *Nomos* 的對比，始終如一的 *Logos* 是「一」，持續變動的 *Nomos* 是「多」，「一」

---

[1] 發揚光大 *Logos* 概念者為斯多噶學派，對於斯多噶學派的哲人而言，他們強調德性的生活，而德性生活即是回歸自然的生活，自然本身係由理性的原則所構成，亦即自然乃是 *Logos* 的具體外在表現，那麼人的德性生活也就要依趨於 *Logos* 才有可能，所以對他們來說，*Logos* 不但是組成宇宙的第一因，也是人世間道德法律的依據。這種觀念其實也是柏拉圖的觀念，但他以 Idea 和 Form 代替了 *Logos*，此一觀念一直延伸到基督教時代，在新約聖經的約翰福音篇首即出現 Logos 這個字，大抵而言，初期基督教會的作家接受了從希臘哲人派以來就發展出的這個概念，認為 *Logos* 是萬物之始，從之衍生萬物之理，甚至奧古斯丁也不例外，此點也可以部分解釋猶太——基督教當年之所以可以西傳的原因。參閱 W. R. Inge, "Logos", in James Hastings, ed., *Encyclopedia of Religion and Ethics*(Edinburgh, 1915), Vol.Ⅷ, 133-138。陳思賢著，〈理（Logos）與法（Nomos）的對立：柏拉圖與奧古斯丁政體建構理論的一個透視方式〉，《政治科學論叢》，1991，第二期。

與「多」構成了赫拉克里圖斯「一即是多」的宇宙觀,「多」的特徵即是變動和鬥爭,而理性則在此一變動和鬥爭中找到共通於一切的「一」。因為赫拉克里圖斯的「理性」理論是建立在「理智直觀」上,同時各種事物乃是「火」這種物質的變形與變化,因此,赫拉克里圖斯的相對主義所形成的對立統一理論,乃構成了西方哲學思想史中最早的辯證唯物論(Dialectical Materialism),此一理論與柏拉圖的理型論若合符節,同樣揭示了變與不變,但兩者間有一個很大的差別,即赫拉克里圖斯的「理性」是一種透過表象世界上升的感性作用,其接觸的對象是由有形的物質上升而得的統一體,而柏拉圖的「理性」則是一種邏輯推理,其接觸的對象則是形上的 Idea 世界,赫拉克里圖斯雖然看到了對立統一,但他卻認為最好的和諧產生於不和諧,對於諸神來說,所有的事物都是美的、善的、正當的,因此,對赫拉克里圖斯而言,好與壞都是同一的,其本身並無絕對的善與惡,其思想也因此帶有濃厚的價值相對主義及道德虛無主義色彩。相對於此,柏拉圖則是將那個恆久不變的統一體 Idea 引進了變動之中,並企圖將它當作遏制一切變動的道德與法律準繩,若謂赫拉克里圖斯只是想為人世的變動尋求證據,則柏拉圖則是進一步要為變動導致的腐敗尋求解決的方法。

　　赫拉克里圖斯思想代表了古希臘人對宇宙運行的觀念,惟對於政治哲學而言,此一觀念的積極意義表現在希臘哲人將此一原理運用至人類社群與政治社會之中,因此問題變成為:若宇宙之中有一固定不變的原理,則人類社群與政治社會是否也有一固定不變的真理?事實上,對古希臘人而言,這個問題的答案是肯定的,但其認識的對象則呈現極大差異。最早將宇宙的物理現象應用在人文研究,而成為西方人文主義最早的啟蒙者,係當時的辯士學派(the sophist),辯士學派對政治哲學的最大貢獻為提升了人的地位,普羅塔哥拉斯(Protagoras)的名言「人是萬物的尺度,是他是其所是和非其所非的尺度」(Man is the measure of all things of what is that it is and of what is not that it is not.），最能代表辯士派的思想，人既是萬物的尺度，即表示他本身即是決定一切事物的最終權威，從這個意義來看，它看似打破了 Logos 在宇宙間的地位，原本應居於不變地位的 Logos 反而成為處於變動世界中的人所決定的對象，但普羅塔哥拉斯並未朝此方向的意義衍生。深入來看，辯士學派並未否定 Logos 的存在，但確實更動了 Logos 與 Nomos 間的對立意涵，因為辯士學派以人世間仿同自然的法則取代了宇宙運行的 Logos，結果是原來的變動世界也產生了不變的成分。因為原來 Logos 含有之自然本性等同上帝法律的特性，經過辯士學派的重新包裝，轉換為以人的「第二本性」（second nature）代替了物理世界中的自然法（law of nature），而人的「第二本性」所形成的法則仍是屬於 Nomos 的範疇。但值得注意的是辯士學派對於這些法則所賦與的非道德性，如安提芬（Antiphon）即認為自然就是利己主義或自私自利，而國家法律只不過是人約定成俗的正義，他顯然要將自私自利樹立為一項道德原則，藉以反對當時一般社會的道德觀念。傅拉西麻查斯（Thrasymachus）的論證也有相同的精神，他認為既然每一個國家的統治階級都制定了最有利於自身利益的法律，因此正義只不過是「強者的利益」，易言之，強者統治弱者是理所當然的。卡利克勒斯（Callicles）在《高爾吉亞篇》（Gorgias）中也提出了一個相同的觀點，他論證說，自然的正義是強者的權利，法律上的正義只是弱者保全自己的屏障，「如果有人擁有足夠的力量……他就會踐踏我們一切的成規、咒語和護符，踐踏我們所有違背自然的法律。」[2]

2　Plato, *Gorgia*, 484a. 安提芬、色雷塞馬庫斯與卡利克勒斯的說法，揭示了一種反社會的傾向，但並非將利己主義等同於自然的論點必定會導出此一傾向，在《理想國》第二卷中，葛樂康（Glaucon）雖然亦從利己主義出發，但卻發展出某種的社會契約論，根據這種契約，人們一致同意不做傷害之事，為得是要避免互相傷害。

　　赫拉克里圖斯和辯士學派對於 *Logos* 與 *Nomos* 的對比，看法雖然不盡相同，但他們卻表現出一個同樣的觀點，即：無論是自然界或是人類社群，蘊含於其中的那個不變法則是非道德的。但辯士學派對政治思想的影響顯然要大過赫拉克里圖斯，因為利己主義即自然的邏輯可能發展成為一種尼采哲學式（Nietzschean）的自我表現論，[3]即使是溫和的形式，也可能演變為功利主義，而它的極端形式則可能呈現絕對的反社會面目，但此一觀點並非是對 *Logos* 的唯一詮釋，事實上，另一種詮釋與上述詮釋完全相反，這種觀點將 *Logos* 想像為人類和世界所固有的正義和公道法則，其直接引伸出的結論是世界秩序是有瑕疵的，而它的弊端必須由正義和道德法則來檢驗，許多古希臘哲人對於此一對比非常清楚，他們也常常利用機會訴諸自然權利和正義，以對抗常規中的外在差異與不正義。與赫拉克里圖斯及辯士學派相反，此一對 *Logos* 的詮釋完全是道德主義的，而此一對比也幾乎成為西方政治思想的公式。

　　後一種觀點明顯影響了柏拉圖，他的理型論就是為了反擊上述的第一種觀點，在《理想國》第一卷，蘇格拉底與眾人探討何為正義時，便批駁了傅拉西麻查斯「強權即公理，正義就是強者利益」的觀點，對於柏拉圖而言，辯士學派將自私自利與利己主義等同於自然的說法，乃是希臘世界的 *Logos* 危機，因為將人視為萬物尺度的結果，其邏輯結果就是將強權和暴力視為萬物的尺度，蘇格拉底之死正是希臘世界 *Logos* 精神退化的後果。一些從積極面解讀柏拉圖思想者，認為柏拉圖的「理想國」並非表達一種烏托邦式的空想，而是針對當時現實政治狀況所作出

3　尼采認為萬物除了有自我保存的本能外，還有一種更根本的本能，即不斷要求自我發展、自我表現、克服和掠奪他者的本能，這一本能尼采稱之為「權力意志」（Der Wille zur Macht），世界在尼采看來，乃是一個生成著的世界，它的變動依據即是「權力意志」，他有時將此一意志簡稱為「力」，而世界的永恆輪迴也就是權力意志在世界的無限延中的循環返復。參閱尼采著，《權力意志——重估一切價值的嘗試》（北京：商務印書館，1991）。

的一種反動與補救，法國學者蔔魯恩（Jean Brun）便認為柏拉圖的目的
就是要消除普羅塔哥拉斯定為最高標準的人是萬物尺度信條，亦即是要
將個人從暴力下解放出來，按照此一思路，「理想國」的價值在於將暴
力與私利角逐從人們的生活中排除出來，而代之以和平安定的制度結
構，柏拉圖實際是要以秩序代替無序，以正義代替腐化，以公理代替強
權，以 Idea 中的至善與幸福代替肉體享樂的追求，以全體的福祉代替特
定集團的利益。[4]柏拉圖確實對辯士學派的論點至為反感，尤其是以個
人為中心的論點，其《理想國》中的全體主義即是對於以個人為中心論
點的全面反擊，因此，謂柏拉圖欲將「個人從暴力下解放出來」，似乎
不符合柏拉圖意旨，另一方面，柏拉圖雖然不主張使用暴力，但後文將
指出其思想中事實上充斥著暴力色彩，故若欲以是否行使暴力作為區別
柏拉圖與辯士學派的標準，恐亦站不住腳，但無論如何，柏拉圖雖然批
判辯士學派，同時將 Idea 塗上道德主義的彩妝，代替了赫拉克里圖斯非
道德的 Logos，但其思想仍舊脫離不了同樣彰顯於辯士學派和赫拉克里
圖斯學說中的強人色彩。

　　赫拉克里圖斯體認到唯「一」的 Logos，但並不是所有的人都可以
看到 Logos，甚至當時一些被認為很有智慧的人如荷馬（Homer）、赫西
奧（Hesiod）、畢達哥拉斯（Pythagoras）、齊諾芬尼斯（Xenophanes）等，
赫拉克里圖斯亦認為他們的博學只是對表象世界的認識而已，並沒有透
過那些可見事物而把握隱藏在它們背後的 Logos，[5]至於能夠認識 Logos

4　蔔魯恩，《柏拉圖及其學園》（*Platon Et L'academie*）（北京：商務印書館，1999），
　　楊國正譯，108-109 頁。
5　赫拉克里圖斯用荷馬臨終前沒有猜出捉蝨子的小孩出的謎語嘲弄那些被視為充
　　滿智慧的人，小孩問：「什麼是我們看見、抓到而又扔掉的東西？什麼是我們沒
　　有看見、沒有抓到而又帶著的東西？」赫拉克里圖斯在這裡說了一個隱寓：人
　　們看見 Logos 的顯現，卻沒有去理解它，把它扔掉了；同時那沒有被看見和抓
　　住的 Logos，依然和我們相伴隨。參閱劉潼福、鄭樂平著，《古希臘的智慧──

的則是那些「覺醒的人」。他說「睡著的人不會活動和說話。……只有覺醒的人才能有一個『共同的世界』；那些睡著的人，就只有遁入他私人的世界了……。睡著的人既不能聽也不會說……。即使他聽到了些什麼，他也像聾子一樣聽而『不到』。這些人應了一句話，他們出席了，但卻沒有『到場』……。只有一件事情是真正的智慧，那就是：瞭解『透過一切來操縱一切』的思想。」[6]赫拉克里圖斯在此用了一個對比，即：「睡著的人」和「覺醒的人」，唯有後者才能「透過一切來操縱一切」，但他並未進一步分析如何「透過一切來操縱一切」，這個面向直到柏拉圖才做了完整的說明，但赫拉克里圖斯在此點出了一個「操縱一切」的關鍵，這個關鍵就是具有智慧的那些「覺醒的人」，從這個角度來看，傅拉西麻查斯、卡利克勒斯強調正義不過是強者的利益，只不過是以強者代替了赫拉克里圖斯的「覺醒的人」，指的都是韋伯（Max Weber）所指帶有克里斯瑪（charisma）氣質，不同於一般大眾、天賦異稟的強人，這個面向也點出了政治生活中的一個最關鍵的問題，即對於赫拉克里圖斯等人而言，他們所關心或者注意到的現實是「誰該統治」或「誰在統治」的問題，易言之，即誰應該成為政治權威或誰是政治權威者的問題，他們也都同時領略到那個超越性的存在，但卻未利用此一存在作為政治權威的來源，而柏拉圖則將此做了完整論述並應用於政治場域。

西方文明的種源頭》（台北：新潮社文化事業有限公司，2003），28 頁。

6　巴柏，《開放社會及其敵人》（*The Open Society And Its Enemies*）（台北：桂冠，1998），莊文瑞、李英明譯，28-29 頁。

第一節　對自由民主的鄙視

柏拉圖既然反對辯士學派非道德的學說，因此，他所進行的即是將帶有道德主義色彩的自然法則，作為改善常規並成為其指導的準繩，這即是他的理型論最終目的，但欲將 Idea 引進政治社群，柏拉圖首先必須找到可以領略作為政治權威來源之 Idea 的「覺醒的人」，這個「覺醒的人」就是哲君。赫拉克里圖斯認為「覺醒的人」的特色是智慧和「理智直觀」，這個特色亦表現在哲君身上，但柏拉圖不像赫拉克里圖斯的變動理論將一切事物化約為火焰和歷程後，再從這些歷程分辨出自然法則，而是直接以哲君直觀的法則由外而內、由高而低、由大而小應用在政治社群中的個人。[7] 由此可見柏拉圖的治國方案首先必須確定意識形態的正確性，而後再以此意識形態作為政治權威的來源，接著找尋足以領受這個意識形態治國藍圖的國家領導人——哲君，哲君因有意識形態真理的加持成為權威者，但其政治權威之由建立以迄鞏固，仍須視他是否可將這套意識形態順利轉化為政治社群成員接受的治理規範，當社群成員接受了這一套意識形態，轉化工程便告完成，[8] 哲君成為理所當然

7　《理想國》第二卷中，柏拉圖與阿第曼圖（Adeimantus）討論正義之源時說：「在較大的場所，正義的數量可能較大，較易分辨，因此我建議，我們探討正義和不正義的性質的時候，先要看它們在國家裡的情形，再看它們在個人上的情形，由大而小，然後就其理念再加以比較。」（369a）

8　卡爾‧巴柏將柏拉圖思想批評為烏托邦，我認為他對柏拉圖的「烏托邦」定位並不能完全掌握柏拉圖理型論中的政治權威觀，為能清楚分析柏拉圖權威轉化的脈絡，我以「意識形態」取代巴柏對柏拉圖「烏托邦」的定位，如此定位的根據係採用裏克爾（Paul Ricoeur）在其所著《意識形態與烏托邦講演》一書中的觀點，裏克爾在該書中認為意識形態的涵義是整合化(integration)與認同化（identification），這個概念框架涵蓋意識形態的另外兩層意義，一層意義是以馬克斯為代表的扭曲化（distortion），另一層意義是韋伯代表的合法化（legitimation）。至於烏托邦也有三層涵義，第一層涵義是憧憬（fancy），第二層涵義是替代當前的權力宰制（alternate to the present power），第三層涵義則是

的統治者和權威者，政治社群成員既是被統治者，也是接受權威者統治的對象，用柏拉圖的比喻形容，統治者此時成為一位牧羊人，而被統治者則成為馴服的羊群，這一整套程式其實就是柏拉圖理型論訴求的目的，但其中卻涉及兩個決定轉化工程成敗的關鍵面向，一個面向是外來意識形態如何為擔任領導角色的哲君所領受？第二個面向則是哲君如何說服政治社群接受這套意識形態？第一個面向是哲君的「承先」角色，第二個面向是哲君的「啟後」角色，這兩個角色的扮演皆涉及哲君的統治正當性，任何一個面向的失敗，都代表轉化工程的失敗，這個情形顯示外來權威轉化的高度困難性，同時也彰顯了哲君在權威轉化工程中所占據的承先啟後關鍵性地位，本節將先探討權威轉化的第一個面向，第二個面向則留待下節探討。然而，權威轉化雖涉及兩個面向，但這兩個面向背後卻觸及柏拉圖的一個想像，即他對權威者與權威對象的不同理解，這個理解形同赫拉克里圖斯所作「睡著的人」和「覺醒的人」之對比，唯有瞭解柏拉圖對這兩個角色的理解，我們才能明白柏拉圖為何會對哲君寄予厚望，同時也可明瞭柏拉圖權威轉化工程背後的意圖，及其可能遭遇的困難。

　　柏拉圖對哲君之重視，一部分原因出於其對政治社群政治能力的看法，另一部分則出自於哲君本身的條件。就前者而言，蘇格拉底之死給

探尋可能性（exploration of the possible）。我之所以以意識形態定位柏拉圖係基於下述三點理由：一、柏拉圖並不認為他的《理想國》是一「憧憬」，或是僅存在實現的「可能性」，而是一切可行的政治方案，他的目的也不是「替代當前的權力宰制」，而是擘劃建立理想國家的藍圖，因此並非烏托邦，而係屬於意識形態的範疇；二、柏拉圖的完美國家藍圖是存在於過去，而按照裏克爾的說法，這是意識形態的主要特點，也是其與烏托邦的最大差異；三、裏克爾認為以「整合化」與「認同化」作為意識形態涵義，其表現的態度是「對話」，而此正是柏拉圖所有對話錄的最主要特色。參閱 Paul Ricoeur, *Lectures on Ideology and Utopia*, ed, G.H. Taylor. (New York: Columbia University Press,1986), pp.254-255, 265-266。

了柏拉圖自由民主政治不可信賴的結論，但是單一事件不足以構成柏拉圖輕視群眾進而反對自由民主制度的全部原因，事實上，他對民主的敵視乃是建立在一套論述上，這一套論述由兩個詭論（paradox）構成，第一個詭論是自由的詭論（paradox of freedom），此一論證指的是自由既然含有擺脫一切禁制的控制意思，則自由勢將導致極大的禁制，因為他給了野心人士奴役弱者的自由。在《理想國》中，柏拉圖對此有深刻的描述：

> 無政府狀態逐漸侵入私宅，最後到了畜牲裡面感染了它們。……
> 普遍自由的最終極端，是用錢買來的奴隸，不論男女，都和買
> 他的人一樣自由。……馬呀、驢呀，走起路來的權利與氣勢，
> 都像自由人。擋了牠們路的人，如果不趕快閃開，牠們都會撞
> 上去，一切東西，都自由得簡直要炸開了。……這一切的結果，
> 使你看到公民們變得多麼敏感，只要有一點紀律，他們都忍耐
> 不住，最後如你所知，他們連法律，成文的和不成文的，都不
> 關心了，他們不肯容許任何人在他們頭上。……這便是美麗、
> 光榮的開始，專制由焉產生。……任何事物的過度增加，往往
> 促成朝向相反的方向反動。這種情形不僅適用於季節和動植物
> 生命裡，特別適用於政府的形式上。……過度的自由很容易導
> 致過度的奴役，個人如此，國家亦復如此。……所以最嚴重的
> 專制政制與奴役的形式，生自最極端的自由形式。[9]

　　因此，對於自由的渴望造成「除非執政者從善如流（用台灣目前最善於指責政治人物的話，就是「民粹主義」（populism））擺出肉林酒池，她（民主政治）就會要他們負責，加以懲罰，將他們罵做寡頭。……她

---

[9]　Plato, *Republic*, 562e-564a.

還把忠貞的公民，辱罵做自抱枷鎖的奴隸、窩囊廢；要她的庶民像執政，執政像庶民，這種人才是她所喜歡的，私下公開都加以讚揚獎勵，在這種國家，自由還能有什麼限制？」[10]最後結果就是柏拉圖指稱的「無政府狀態」。

第二個詭論是民主的詭論（paradox of democracy），也可稱之為「多數統治的詭論」（paradox of majority rule），這種詭論認為多數決定可能造成專制，柏拉圖對民主的批評可以從這個面向作出解釋，在《理想國》中，他對此同樣也有深刻的描述：

> 任何想要建立國家的人，都應該到民主政治裡去，就好像上出賣政治的市場去一樣，挑選最合適的一種，挑選完後，就可以建立自己的國家了。……在民主政治裡，有些人雖判了死刑或放逐，卻留在原地，自在逍遙，……民主政治的寬宥精神不拘小節忽視一切我們在建國時訂下的優美原則……，民主政治，是如何雍容地把我們這些好念頭，都踐踏在腳底下，她不再肯慮及造成政治家的學問，也不肯尊崇任何為人民友人的人。……最後的總是最美麗的，人和國家都一樣，那就是專制政治和專制的人。這些與類似的特性，都是民主政治所獨有的，這種政府形式特別可愛，充滿了變化和混亂，讓平等的和不平等的，都一視同仁的平等。……專制政治起自民主政治，其情形豈不是跟民主政治起自寡頭政治相同。[11]

在闡述完自由的詭論與民主的詭論之後，柏拉圖用了父親與兒子對比的隱喻，對自由民主制度造成的惡果作了一個總結，他將民眾比喻為

10　同上註，562d-e。
11　同上註，557d-562b。

父親，而在自由民主土壤中孕育出的專制者比喻為兒子，下列對話敘述了父子關係的最終結局：

> 蘇格拉底：如果民眾勃然而怒，聲言長大了的兒子不能要父親來養，又怎麼辦呢？父親生兒子把他養大成人，並不是要兒子在成家立業之後，自己去當自己僕人的僕人，以便供養兒子和他那些賤奴與伴侶，而是為了要他的兒子保護他，由他的幫助，免於所謂的富人貴人政府。所以，他就會請他和他的朋友離開，就像任何父親，把胡作非為的兒子和他那些胡搞亂搞的朋友趕出門去一樣。
>
> 阿第曼圖（Adeimantus）：噯！到那時候，父親就會明白，他親自養育提抱了一個什麼樣的怪物，而在他要撐兒子的時候，會發覺他很軟弱而兒子十分剛強。
>
> 蘇格拉底：怎麼，你的意思是說，專制者會使用暴力？父親反對他，他就打起父視來啦？
>
> 阿第圖曼：是的，他先解除他的武裝，然後就會打。
>
> 蘇格拉底：那麼他就成了弒父的人，對老年尊親殘酷的監護人，這便是真正的專制，再也不容懷疑。[12]

柏拉圖從自由的詭論和民主的詭論出發猛烈攻擊民主政治，[13]最後以「弒父」說明民主政治的後果。「弒父」這個隱喻頗堪玩味，因為柏

---

[12] 同上註，568e-569c。

[13] 巴柏認為自由的詭論和民主的詭論是「不受限制的主權論」（theory of unchecked sovereignty）用來反對自由主義、民主及多數統治的論述，這派人士主張最好或最聰明的人應擁有至高的權力，但巴柏認為一切主權理論也都是矛盾的，例如「最聰明的人」依他的智慧來看，或許會認為應由「最好的人」來統治；同時由於「最好的人」的善良，他可能決定應由「大多數人」統治，即使要求「以法律來統治」的主權理論形式，也無法免於這類的反對，赫拉克里圖斯的評論

拉圖在《梯墨烏斯篇》中，將可感知事物所在的抽象空間描寫成一種「容器」，他將這個容器稱為「萬物之母」，將生滅事物所模仿的模型稱為「父親」，將不斷生滅的事物稱為他們的「兒子」。在這個隱喻中，「父親」即是 Idea，它是外來之哲學場域的權威，「兒子」是包含政治場域所有成員在內的萬事萬物，從這個隱喻來看，柏拉圖心目中最好的國家是兒子永遠接受父親領導的父權國家，因此，在這個國度中不可能有子弒父的事情出現。但《理想國》描述民主社會的隱喻中，最終結果卻是子弒父，然而，這裡的父子角色與《梯墨烏斯篇》中的父子角色顯然不同，這裡的父親是政治社群中除了專制者與「新公民」之外的所有成員，[14]從理想國家的角度看，他們應是服從於 Idea 父親指導的兒子，但是在民主社會，他們卻成為理所當然的父親，而這裡的兒子卻是攫取最後權力的專制者。由此衍生的一個現象是，民主社會因為「任何想要建立國家的人，都應該到民主政治裡去，就好像上出賣政治的市場去一樣，挑選最合適的一種，挑選完後，就可以建立自己的國家了」，強調自由的結果就是不存在任何為所有人接受的權威，易言之，父親的角色實際上是「出缺」了，但民主社會既然以人民為主權者，便很自然的以人民集體之名

就曾指出：「法律也可要求所有的人服從某一人的意志。」巴柏因此得出結論：唯一能免除矛盾的主權論將是：唯有決定死守其權力的人才能夠統治的理論。那些相信領袖原則的人，應該坦然面對其信條的這種邏輯結果。那就意指不是最好的人或最聰明的人之統治，而是指最強的、最有力的人來統治。參閱巴柏，《開放社會及其敵人》（*The Open Society And Its Enemies*）（台北：桂冠，1998），莊文瑞、李英明譯，287-290、312 頁。

14 柏拉圖以「雄蜂」比喻在寡頭政治中的敗家子，這些人在寡頭政治的國家裡沒有資格擔任公職，因此他們無法招兵買馬聚集力量，但在民主政治中，他們幾乎變成全部的執政力量，雄蜂先以人民保護者的姿態出現，但在清除一切政敵之後，他們逐漸轉變成絕對的專制者，專制者一定經常籌劃戰爭，因此也開始逐漸不得人心，最後他變成「每個人的仇敵」，為了保護自己，他必須招募一些狐群狗黨，這些人也就是雄蜂賴以自保的「新公民」。參閱 *Republic*, 564b-568a。

占據了父親的角色，從這個角度看，民主社會的形成事實上已經造成「弒父」的結果，這裡的父親即是 Idea，然而，因為民主社會的父親只是占據了父親的位置，其本身並不具有權威，因此，當權力集中在兒子的身上，而父親又無法駕馭時，便會導致二次「弒父」的後果，這裡的父親則係指政治社群的大部分成員。與民主社會相對，理想的國家則不允許任何人有選擇政治制度的自由，國家的體制必須由哲君依據外來的 Idea 建構，此時因為權威與權力皆集中在統治階層的哲君政權，於是，便不會發生弒父的事情，但理想國家一旦腐化墮落成民主國家，不僅將導致專制統治，作為建國藍圖的 Idea 也難逃被弒的命運。[15] 由此我們可以得出一個結論：民主意識若在政治場域中生根，也就是外來權威與哲君領導的外來政權潰敗的開始。

這也就是為何柏拉圖如此懼怕與憎惡「假哲學家」的原因。真、假哲學家的差別在於前者能夠掌握知識與真理，能夠認識永恆的絕對與不變，知道「知識」與「意見」的區別，足以分辨模仿品與真品，[16] 後者

---

[15] 雅典的「貝殼放逐法」可說明此一情形。這個號稱符合民主精神的投票方式，是雅典民主的確立者克里斯提尼（Cleisthenes）所發明，為了進一步削除貴族勢力，克利斯提尼創造出這個方法，任何一位公民可以將他認為與貴族掛勾、對民主政治不滿的人的名字寫在貝殼上，得票最多的人就被判處放逐十年。歷史上曾記載亞裏司泰提遭放逐的情形，亞裏斯泰提曾參加馬拉松戰役，因此對國家有功，他處事公正被人稱作「公正的人」，但最後卻被判放逐，有一段對話可以呈現「貝殼放逐法」的諷刺性。站在亞裏斯泰提旁的一位農民因為不識字，也不認識亞裏斯泰提，他請亞裏斯泰提幫他在貝殼上寫下名字，亞裏斯泰提問他要寫什麼人的名字，那位農夫回答「亞裏斯泰提」，他驚訝的問這名農夫是否亞裏斯泰提曾做過傷害他的事，這名農夫回答說沒有，並且表示並不認識亞裏斯泰提，他之所以寫下這個名字，完全是因為「討厭到處稱讚他公正的人」。這起事蹟與蘇格拉底之死有同樣的警世意味，皆顯示民主政治中具有的荒謬性，更能凸顯即使民主也可以利用民粹與極權的手段迫害政敵，且即使大部分人皆認「公正」精神應是一個國家的立國精神，但此一道德並不保證能夠通過多數決的考驗。參閱劉漣福、鄭樂平，2003：195-199。

[16] 對於柏拉圖來說，辨明真品與模仿品異常重要，因為他將「真品」認為是獨一

則只重視社群成員的「意見」，從柏拉圖的立場來看，這些假哲學家就是只會煽動民意的民粹主義者。「真哲學家」與「假哲學家」的同時存在，顯示柏拉圖憂慮 Idea 的混淆有可能導致理想國家的流產及顛覆。在《理想國》第五卷中，柏拉圖區分出兩種國家的形式，一種是「真實的國家」，另一種則是「實際的國家」，理想上，後者應該盡可能符合前者，但柏拉圖亦明白「實際的國家」畢竟與「真實的國家」有一段差距，為了弭平此一差距，柏拉圖提出的辦法即是讓「那些正確且真誠的遵循哲學的人獲得政治權力，或者有政治控制力量的階級因天啟而成為哲學家」，這些人才是他心目中的「真哲學家」，也就是依照 Idea 所繪製的政治藍圖依樣畫葫蘆的國家統治者。相對於「真哲學家」，柏拉圖所說的「假哲學家」是那些「哲學的模仿者」，這些人「傳授的只限於眾人的意見，也就是說，他們的集會所得的公意，便是他們的智慧……。他們（如同）養了一頭兇猛的牲畜，研究牠的脾性和欲求──研究怎樣接近、照料牠，牠在什麼情形下是危險和安全的……他們繼續如此注意，終能徹底瞭解這些之後，他們就把自己的知識稱之為智慧，把他構成體系和技藝……盡可能根據大獸的好惡和脾氣，把事務分做可敬或可恥，善的與惡的，正義的與非正義的，凡是大獸所喜的，他便尊之為善，凡是大獸所憎的，他們便貶之為惡。」[17]

　　這些「假哲學家」如同台灣國民黨威權統治時期的異議分子，柏拉圖認為他們譁眾取寵，與眾人「同流合污」，不但混淆了真理，同時也

無二的 Idea，它是事物的本質，而所有一切的模仿品皆是模仿本質而形成的表象，因此，前者是真理，後者則是贗品，這種區別之所以重要，按照柏拉圖的說法，是因為只有使用物品的人才知道物品的優劣，這些人才是具有真正的知識者，也就是柏拉圖理想的哲君角色，他們具有權威，而製造者只要對他們信仰即可，至於模仿者則只會以幻影迷惑人心，遠遠背離真理。參閱 *Republic*, 595c-605c。

[17] Plato, *Republic*, 493a-c.

將真哲學家置於遭受眾人譴責的地步。[18]因此，柏拉圖主張必須將他們逐出國家之外，除非他們回心轉意「證明他們存在秩序井然的國家裡是依恃何種權利，……他們（必須）顯示，他們不僅有趣，而且對國家人生有用」，柏拉圖才會「准許他們從放逐中歸來」而接納他們。[19]易言之，假哲學家必須向真理屈服認錯，並承認真理的存在，他們在國家之中才有立足的空間。柏拉圖區分真哲學家與假哲學家的用意，除了一方面如同前述有輕視民主政治的意涵外，更重要的是假哲學家足以威脅到哲君的統治地位，這裡間接表達的意涵是，假哲學家藉著譁眾取寵也可能取得政治權威，[20]而到了這種地步，將會危及到哲君領導的統治階級統治

---

[18] 柏拉圖將那種統治者最能諂媚人民，最能縱容、奉承人民，最擅長預料及滿足人民一時需求，且這個統治者又被人民視為偉大卓越政治家的國度，稱為秩序不良的國度。這種國度的人民彷彿病人，他們經常找醫生，病癥卻愈來愈多，病情也愈來愈重，且凡是告訴他們真相的人，都被他們視為大敵，而對那種從眾的政客，他們則報以景仰。參閱 *Republic*, 426a-d。

[19] Plato, *Republic*, 607c-d.

[20] 這裡牽涉到兩個與政治權威有關的概念，一個概念是聲稱的權利（claim rights），另一個概念是證成的權利（justification rights），前者須先預設已經建立一種機制，在對某事物的歸屬發生爭執時，可以判別此一事物的權利歸屬於何人，因此，當某人依據一套據權威性的法律機制，證明他擁有某事物的權利時，這種權利即為聲稱的權利；至於證成的權利則是雖然沒有一套事先存在的權威性法律機制，因此也無因之而來的權利義務關係，甚至行為可能違背法律與道德要求，但行為者的行動仍然可以獲得證成的權利，如緊急情況的自衛權、父母對子女管教的權利等，因此，證成的權利最大特色，在行為者不需證明他的行為未違背法律道德要求，而在於其行為的正確性表現在行為本身的正確而非前者的背書。萊登森（R. Ladenson）認為政府權威包含政府權力（govermental power）和有權統治（right to rule）兩個面向，而唯有證成的權利才使政府有權統治，因此他認為，政治權威與人民服從並無必然的關係，即使濫權的政府也擁有政治權威，雖然他亦認為權威有一定的界限，若超過這個界限，人民可以不服從政府。柏拉圖衍生自 Idea 的政治權威觀，雖然否定假哲學家擁有政治權力的可能，但在敘及其「譁眾取眾」的行為時，其實透露出他們也有取得人民自願服從的可能，從政治權威的定義來看，此已證明假哲學家也能取得政治權威，但從柏拉圖的角度看，卻不能承認他們有政治權威，但其若無政治權威，就無法如柏

地位，因此，這些能夠以不同於真哲學家的論述贏取民心的假哲學家，是哲君外來政權的一大威脅，這些人是柏拉圖口中的詭辯家，他們只有兩條路可走，一是永遠離開他們的故土，另一條路則是臣服於哲君政權鼓吹的真理，就一個堅持以純淨、絕對的意識形態統治的外來政權而言，這兩條路尚未剝奪個人生命，看來還保有些許的人道空間，但稍後我們將看到，柏拉圖並未放棄對這種最殘酷手段的運用

第二節　建立在治國知識上的統治權力

　　從柏拉圖思想的角度看，不論是要建立「新國家」或鼓吹「人民頭家」或以人民之名實欲奪取政治權力者，民主政治都是達到目標的最佳土壤，但民主政治卻是柏拉圖理想國的最大敵人，因此，理想國中不存在民主政治可能發展的空間，他必須提出另外一個統治方案，這個方案就是哲君的統治，哲君統治的正當性，一部分表現在被統治者的意見無能，終究難逃專制者的吞噬，另一個更重要的原因是哲君擁有治國的智慧和知識，哲君之所以有知識也必須擁有知識的論點，是由蘇格拉底而來，蘇格拉底將自然哲學的理性傳統引入他的人文主義中，他最具特色的學說原則有二：一是相信道德即知識，因而道德是可學可教的；二是追求正確的界說，他所使用的方法即是辯證法。蘇格拉底的這兩個原則對於政治哲學產生很大的影響，因為有了這兩者，發現行動的一般原則

拉圖所言一般，假哲學家有威脅真哲學家的可能，因此，這裡形成了一種矛盾，而只有從萊登森政治權威觀的角度解讀，才可以化解這種矛盾，因為萊登森並不像柏拉圖一般預設一如 Idea 之善的最終價值，因此，假哲學家只要取得人民的自願服從，也可以擁有政治權威，儘管這種權威不符合柏拉圖正義的要求。參閱 Ladenson, R. "In Defense of a Hobbesian Conception of Law," edited by J. Raz, *Authority*(Oxford: Basil Blackwell, 1990), pp.34-40。

就成為可能，並且也可以將這些一般原則藉由教育傳遞下去，那麼，蘇格拉底的倫理概念也就可以作科學的應用，進一步來看，用這門科學造就和維持一個可以證明的理想社會也就成為可能。這整個邏輯可以簡化為：因為道德即知識，所以掌握知識即可以建立一個道德的社會。蘇格拉底對此認知是至死不渝的，在雅典法庭判決蘇格拉底時，克理圖要求蘇格拉底逃走，但蘇格拉底以三個理由拒絕逃走：一是在對某一件事做決定時，不應該聽從大多數人的意見，而應該聽從瞭解這一事情本質，並能掌握知識的專家的意見；二是活著並不重要，活得好才重要；三是活得好與依正義而活是一而二、二而一的事情。[21]蘇格拉底在此點出了其政治哲學的三大重要面向：一般意見與專家知識的對比、活得好（善）與正義觀念。而這三大面向完全為柏拉圖所接受，並應用於哲君的統治上。

　　在許多對話錄中，柏拉圖都明示或者暗示政治的良莠取決於知識的掌握，因此自然的邏輯是政治權力應交給擁有知識的人，理想的憲法也應是賦與那些擁有知識者無限權力的憲法，從這個角度看，主張每個人享有平等權利且以人民意見為決策依據的民主政治，在柏拉圖看來是極為可笑的，但何謂知識呢？在《卡爾彌德篇》（*Charmides*, 162e-175d）、《普羅泰戈拉斯篇》（*Protagoras*, 311b-320c）、《高爾吉亞篇》（*Gorgias*, 447b-461b）及《尤西德莫斯篇》（*Euhtydemus*, 288d-292e）中，柏拉圖將政治知識與工匠的技藝作比較，並且結論說政治知識是一種可正確使用其他各種技巧（skills）的第二層次技巧（second-order skill），[22]而《理

---

[21] Plato, *Crito*, 47c-48b.

[22] 對柏拉圖而言，第一層次的知識是以亙古不變的永恆世界為對象，亦即以 Idea（Form）為對象，有了第一層次的知識後，第二層次的知識才可能，此一區分對後來的神學產生了重大影響，在神學的探討中，對本體論或認識論的探討都屬於第二個層次，傳統神學裡，神論在先人論在後，人論附屬在神論之下，

想國》一開始，柏拉圖亦以相同的態度將正義和生活中的技巧作了比較，並繼續深入解釋統治者所需的第二層次知識，其中包括統治者對於 Idea 智識的掌握，而只有受過訓練的哲學家才具有此一能力。將施政視為知識或技巧的觀點，同樣出現在《政治家》（Statesman, 293c-32b），但在這篇對話錄中，柏拉圖賦與哲君不受限制的權力立場已經有動搖的跡象。從上述可知，哲學家所具有的知識，就是他可以領會 Idea 的知識，同時又可以將其掌握的知識應用至政治場域中的知識，而賦與哲學家可以掌握這兩種知識能力的，即是哲學家的理性（reason）。德國學者貝魯琦（Amo Baruzzi）曾區分「理性的權力」和「權力的理性」，柏拉圖即係前者的代表，貝魯琦認為自阿那克薩哥拉（Anaxagoras）以來，理性即被理解為 arche，兼具「根源」與「力量」二義，理性是有「力」的，並且不單純是「在人裡面的一個東西」，它有時候會「闖入」人心中──從「外面」闖進來。柏拉圖的理型論及哲君統治權威的證成，皆是根據此一脈絡發展而出。[23]

所以在探討人論時，一定是依附在神論之下，不論是本體或知識論的探討都是如此。奧古斯丁有名的禱告：「我們的心非常的不安，直到我們在神裡找到平安。」可以顯示這個關係，人附屬在神裡才有平安，所以在神論底下探討人論才有意義。神是創造者，人是被造的，人是聽啟示的、受啟示的。人在啟示裡找到自己的定位，知識論的界定完全與啟示有關，這是傳統神學的定位。加爾文也是建立在奧古斯丁的觀念上面，他也強調人如果沒有認識神，就不可能認識自己（認識神是認識自己的開始）。因此，傳統哲學與神學都有一個共同的立場，即要掌握流變世界中的事物，必先掌握統領流變世界的對象，對柏拉圖的政治哲學而言，此一對象即是 Idea，對於神學來說即是上帝的啟示。

[23] 相對於柏拉圖代表「理性的權力」，貝魯琦認為馬基維里是「權力的理性」代表。參閱 Arno Baruzzi, Einfuhrung in die Philosophie der Neuzeit.(Karmstadt: Wissenschaftliche Buch-gesellschaft, 1993). 引自張旺山，〈馬基維里革命：『國家理性』觀念初探之一〉，陳秀容、江宜樺主編，《政治社群》（台北：中央研究院，1997），96-97 頁。

　　哲君雖擁有上述兩個面向的知識，但後者的應用又須以前者的掌握為先決條件，按巴柏的分析，Idea 在柏拉圖的哲學中至少有三種不同的功能：一、它是在方法上最重要的發明，因它能使純粹的科學知識成為可能，甚至使應用到流變世界的知識成為可能（我們不能直接獲得有關變動世界中的任何知識，所能得到的只是意見）。因此，探討有關變動社會的各種問題以及政治科學的建立，也就成為可能了；二、它提供了說明變動與衰毀理論所迫切需要的線索，提供了生成與退化理論的線索，特別是提供了說明歷史的要素；三、它在社會的領域內，打開了通往某種社會工程學的途徑；並使「阻止社會變遷的工具」逐漸強化，因為，它教人設計一個「最好的國家」，這國家極類似國家的型式或理型，因此不會衰敗。[24]這三個功能加上哲學家對真理的洞見，點出了 Idea 與哲君的關係，一方面因為 Idea 具備這三項功能，因此它可以成為哲君政治權威的來源，另一方面因為 Idea 為一抽象概念，而唯有哲學家足以領受，故「除非那些正確且真誠地遵循哲學的人獲得政治權力，或者有政治控制力量的階級因天啟而成為哲學家，否則人類將不可能目睹到較好的日子。」這些條件讓 Idea 與哲學家在進入政治場域時成了「命運共同體」，前者賦與後者權威，後者則將哲學權威轉化為政治權威，而這兩者結合的最終目的，即是要塑造一個「最好的國家」。

　　而從柏拉圖的政治分工理論來看，統治者在「最好的國家」行使統治知識，乃是直接與政治權力聯繫的。從表面上看來，統治者的政治權力來自於他是唯一能夠掌握統治意識形態的人，然而，這並非全部的原因。統治者必須掌權的另一個原因，柏拉圖是以隱晦的方式表達，在與傅拉西麻查斯及葛樂康討論正義的意義時，柏拉圖駁斥正義是強者的利

---

[24]　巴柏，《開放社會及其敵人》（*The Open Society And Its Enemies*）（台北：桂冠，1998），莊文瑞、李英明譯，57 頁。

益,他認為沒有(好)人會想要當統治者,因為統治是為了被統治者的利益,因此統治者毫無利益可圖,他接著說,要讓統治者甘心統治,只有三種方式:為了金錢、獲取榮譽、拒絕而受懲罰。但柏拉圖認為前面兩項對好的統治者不具誘惑力,只有第三種方式才可以促使好人統治,但柏拉圖對「拒絕而受懲罰」的敘述頗為特別,他說:「要讓他們(好人)服務,……非怕受罰不可,……懲罰中最嚴重的部分,在於拒絕統治的人,很可能受到遠不如他的人的統治,這種恐懼,誘使好人出任公職,並非他們願意,而是非出來不可,並非自以為可以占便宜、享神氣,而是視之為必要,因為他們無法把任務交託給比他們好,或和他們同等的人。」[25]在這一段話中,明顯可以看出統治者與被統治者在知識上是有差距的,這是統治者必須擁有政治權力的表面原因,但值得注意的是,柏拉圖認為哲學家應該統治的另外原因竟是「懼怕受到不如他的人的統治」,而從柏拉圖的菁英統治論、分工階層論來看,柏拉圖所謂不如他的人即是有別於哲君統治者的被統治者,而統治者恐懼的原因為何呢?從洞穴論述說的寓言來看,哲君恐懼的原因係受到被統治者的敵視,甚至招來殺身之禍。因此,哲君或柏拉圖所說好人應該統治,用另外一種方式表述,即是哲君無論是為了被統治者利益或自身利益,都必須緊握政治權力。這個結論可謂一語道破外來政權統治的心態,也給與了極權統治的理論基礎。

　　然而足堪探究的是,仔細研究古希臘歷史可以發覺,哲君之具有理性力量不必然須與權力產生聯繫,與柏拉圖哲君論相對的古希臘其他哲學思想,僅將哲學當作為對至高無上真理與智慧的追求,而不必以哲學所掌握之知識攫取政治權力,如艾佛索斯(Ephesus)僧侶皇室的繼承人赫拉克里圖斯,因為看到王權的腐敗,因此對繼承王位毫無興趣,他

---

[25]　Plato, *Republic*, 346e-347e.

獨自到一座廟住下，潛心研究哲學，對於他來說，哲學比政治權力還更加重要；另外一位哲學家阿那克薩哥拉（Anaxagoras），也同樣放棄城邦的官位鑽研哲學，後來成為雅典鼎盛時期統治者伯里克里斯（Pericles）的好朋友；另外最典型的例子是亞里斯多德，作為亞歷山大大帝（Alexander the Great）的老師，他與他的學生關係非常親密，但亞里斯多德只是盡自己的能力教育亞歷山大，而未讓哲學介入政治，也因為堅持兩者的界限，亞里斯多德成為古希臘最偉大的哲學家，而亞歷山大也成為古希臘最偉大的政治家。上述三人的例子顯示，柏拉圖「除非那些正確且真誠地遵循哲學的人獲得政治權力，或者有政治控制力量的階層因天啟而成為哲學家，否則人類將不可能目睹到較好的日子」說法，不是堅不可破的律令，反而，如同亞里斯多德與亞歷山大的例子，哲學與政治的區分，可能會在各自領域激發出更高的成就。且哲學家一旦擁有政治權力，可能成為殘害政治場域的專制暴君，對於哲學場域而言也不是一件好事。康德即曾言：「君王哲學化或者哲學家成為君王都不是一件可喜的事，因為權力無可避免將腐化理性的自由判斷。」[26] 這一點似乎可以給與我們啟示，若柏拉圖一生奮鬥的目標即是要將哲學權威轉化為政治權威，其結果不見得比兩個場域間涇渭分明來得好，反而可能扼殺了政治場域的生機，此亦為現代多元政治訴求的主要精神，更壞的情況是，哲學權威成為決定政治場域的教條，而當哲君的政治權威係建立在此一教條的權威上時，這種命運共同體便可能走向極權國家的封閉社會之路，哲君必須捍衛教條的權威性，教條再反過頭強化哲君的權威，這個環結只要其中一個正當性受人質疑，教條權威與哲君的政治權威，便同時面臨瓦解的命運。此一連帶關係實際上也是台灣外來政權的寫照。

---

26 Immanuel Kant, "Eternal Peace", *The Philosophy of Kant*, ed. And trans by C. J. Friedrich, Modern Library Edition, 1949, p.456.

特別是當現實政治根本找不到柏拉圖外來統治思想中那個舉足輕重的統治者哲君時，就進一步預示外來統治的脆弱性。《理想國》中列出哲君必須具備的幾個條件：一、誠實：柏拉圖與葛樂康對話時表示哲學家永遠不會接受虛偽，因為他們愛好真理，因此自然憎恨虛偽，當葛樂康表示這一點是「儘可以確定的」，為了強調哲學家的誠實性格，柏拉圖甚至回以：「『儘可以』這個字眼不恰當，該用的字眼『一定可以』，（因為）凡是本性上喜愛某一事物的，一定免不了喜愛一切屬於或有關他喜愛的對象的事物。」但諷刺的是，柏拉圖在其他地方則宣稱，為了國家的利益，統治者有說謊和欺騙的特權；二、節制：柏拉圖認為將一切欲望導向尋求知識的哲學家，一定會全神貫注在靈魂的喜悅上，因此會忘卻肉體的快樂，也就是說哲學家會深具節制。他將節制喻為貪婪的反面，原因是促使他人欲求占有、花費的動機，在哲學家的性格裡無地容身。但柏拉圖如此解釋節制將導致其邏輯的矛盾，原因是柏拉圖為了塑造各盡其職的集體主義正義觀，將「正義」解釋為「保有和使用屬於自己的東西」，[27]如此一來，占有的欲望便非應予苛責的個性了；三、心胸寬闊：哲學家因具有憧憬神及本質全貌的靈魂，因此與狹隘的心靈不相容。但很明顯這個特質不適用於對待詭辯家等假哲學家，與反對哲學真理的人；四、不怕死：哲學家洞察一切時間與生活，所以不怕死，從靈魂與肉體相對的靈魂不朽論，也可以推論出哲學家不怕死的性格；五、溫文合群：柏拉圖重視哲學的此一性格，其教育原理可以說即是以此為目的；六、學習精神：哲學家樂於學習，除此之外，柏拉圖亦將不健忘列入學習精神中，他說記不得學到東西的人是一個空瓶子，因此哲學家必須具有良好的記憶，健忘的靈魂不能列入真正的哲學天性；七、平衡優雅的心靈：真理近於平衡，只有平衡優雅的心靈才能夠接近每一

---

[27] Plato, *Republic*, 434a.

事物的本質；八、愛國情操：哲學家應接受各種苦樂的考驗，只有一切顛沛流離的困苦都不足以改變他們的愛國情操，才有資格成為治國的哲君，柏拉圖指這些人生前死後都應得享尊榮。這些條件顯示，要成為一位具備轉化外來統治意識能力的統治者，必須擁有常人幾乎無法擁有的條件，由此引申出的問題是，若哲君在外來權威的轉化過程中占據如此重要的地位，則現實世界幾乎不存在的哲君，是否已預示外來權威的轉化最後終究是春夢一場？[28]

第三節　階級統治的有機體國家

　　上述問題確實是柏拉圖外來權威轉化思想的結構性障礙，但對柏拉圖而言，其對哲君知識權威的堅持從未改變，深入分析，問題不在哲君的知識與條件，而在知識與政治的連結。從反面的角度質問：若醫生所擁有的醫學知識，並無使其擁有控制病人的權威，則為何哲學家擁有哲

---

[28] Plato, *Republic*, 485c-486e、503a. 上述這些哲君的條件，使人聯想到中國古代集法家大成者的韓非，也曾列出理想的統治者條件，包括：一、術：韓非曾以「五雍」說明權臣坐大的原因，因此呼籲君主明察臣下之姦，削減私門之勢，消極方面，君主必須無所信任，積極方面則應堅持獨斷，韓非並因此發展出駕馭臣子的「七術」；二、法：韓非說：「法者憲令著於官府，刑罰必於民心，賞存乎慎法，而罰加乎姦令者也。此臣之所師也。君無術則蔽於上，臣無法則亂於下。此不可一無，皆帝王之具也。」三、勢：韓非所謂的勢指人民承認君主地位，而君主則憑藉此一地位號令人民，為了達到統治目的，韓非如同馬基維里，亦言明道德與政治無關，一切與鞏固君主權力的道德均應排除。術法勢構成了統治者的治國條件，惟韓非的結論卻令人迷惑，因他認為具備了上述條件，則治國的統治者只要是「中材之主」即可，但這是倒果為因的說法，因為統治者若具備上述條件已可謂「天縱英明」，絕非僅只是「中材之主」所可比擬，如此說來，要達到法家的治國理想，他所需要的統治者必定是即使夢裡尋她（他）千百度，現實世界也難尋的統治者。參閱蕭公權著，《中國政治思想史》（台北：文化大學，1982），226頁-262頁。

學知識，便可擁有控制統治政治場域的權威？從意識形態的角度看，此一問題便成為：為何擁有一特定的意識形態，便使得持有此一意識形態的個人、團體或政權，擁有統治被統治者的政治權威？此外，知識與政治權威連結的另一問題是，知識權威並非如同現代國家的機制性（institutional）權威，亦即，權威者的權威並非建立在機制本身的權威上，就此而言，知識權威乃是一種個人（personal）的權威，但另一方面，知識權威的權威又係依據知識，而非依據特定個人，因此它同時也是一種非個人（impersonal）的權威。這兩個面向會造成兩個極端不同的結果，前者可能造成知識的獨裁，後者則當特定個人不再擁有這些知識時，其依據知識而擁有的政治權威便會被摧毀。此外，正如巴柏所言，道德上的主智主義是一把雙面刃，它有平等主義和民主的一面，如安提斯齊尼斯（Antisthenes）所發展的蘇格拉底面向，但它的另一面向將導致強烈反民主的傾向，由於強調需要啟發與教育，就很容易被視為主張威權主義。[29]基於這些原因，自由主義者對知識權威通常抱持輕蔑的態度，如洛克（John Locke）便認為知識權威無法增加我們的知識，他說：「在我們腦海中飄浮著的其他人意見，連一點知識都無法給與我們，即使他們的說法是真的」，他也對那些「受人尊敬的假設」（reverenced propositions）持嘲諷態度，如同密爾（John Stuart Mill）嘲諷「被接受的意見」（received opinions）一樣。[30]知識對他們而言，乃是個人獨處時所獲致的觀點，建立在知識權威之上的假設（propositions）最多僅能稱

---

[29] 巴柏，《開放社會及其敵人》（*The Open Society And Its Enemies*）（台北：桂冠，1998），莊文瑞、李英明譯，298 頁。

[30] 參閱 John Locke, *Essay Concerning Human Understanding*(London: Dent,1961), p.158；John Stuart Mill, *On Liberty II*.(London: OUP, 1960)；Maurice Cowling, *Mill and Liberalism*(Cambridge: CUP, 1963)。此外，在《克拉提樂》(*Cratylus*, 435a, 443c）中，蘇格拉底曾指出，知識一詞字根同於監督，因為監督者須憑藉知識進行監督工作，由此可見，執政者也必須具備知識。

之為真實意見（true opinion），它們並非知識。從這個觀點延伸，擁有一特定觀點的知識即使是個人成就的象徵，卻絕非應該擁有政治權威的理由。

但是對柏拉圖而言，鑑於哲君在權威轉化過程所處的關鍵性地位，他若無法捍衛哲君政權，即形同公開宣稱權威轉化的失敗，因此，必須鞏固哲君政權。為了鞏固哲君政權，柏拉圖採取了生物學上的自然主義，他說「一切原理中最大的原理，就是智者應該統領，愚者應該追隨智者……它不但不違反自然，而且是依循自然的；因為它需要的，並不是外來的強迫，而是一種法則真正自然的統治，它建立在共同的同意上。」[31]他堅稱：「無論男女，人人都應有領袖，而且任何人都不應放縱自己，隨心所欲的做事；出於熱誠不行，出於兒戲更不行。不論在戰時或和平時期，他的眼睛都要注視其領袖，並且忠實的追隨領袖，即使在最微小的問題上，他也應該接受領導。例如：只有在他被告知如何做時，他才應照著起床、動作、洗滌或用餐……。簡言之，他應依長久的習慣來教導自己的靈魂，永遠不應夢想獨立行動，終而變成完全地不能獨立行動。」[32]他還利用荷馬（雖然柏拉圖不時批評他）筆下狄奧米底的話：「朋友，靜坐聽從我的話，……希臘人向前邁進，散發著力量，……沉默地敬畏他們的領袖」，告誡年輕人行事穩健，而他對於「穩健」的定義乃是「服從領袖」。[33]

柏拉圖藉「共同同意」將強者與弱者、智者與愚者的統治與被統治關係，在符合自然主義的情形下建立起來，在這裡，柏拉圖展現了不同於近代自由主義的社會契約論，他的推論邏輯是：國家的誕生是因為無

---

[31] Plato, *Laws*, 690b-c.

[32] 巴柏，《開放社會及其敵人》（*The Open Society And Its Enemies*）（台北：桂冠，1998），莊文瑞、李英明譯，11 頁。

[33] Plato, *Republic*, 389d-e.

法滿足自足的需求，因此，為了謀自己的利益，於是決定大家聚居在一起。這個邏輯看來與近代自由主義無異，但柏拉圖卻作出了與近代自由主義相反的結論，它不是一種追求私人利益的個人主義邏輯，而是一種建立在人的天生不平等立論上，進而衍生出的政治分工集體主義邏輯，這就是為何他認為「一個國家大於一個個人」，因此「在探討正義和不正義的性質的時候，先要看它們在國家裡的情形，再看它們在個人上的情形，由大而小，然後就其觀念加以比較」的原因。[34]這種觀點成為柏拉圖最富特色的有機體的國家觀，這種有機體的國家，是以追求「全體的最大幸福」為建國目的，柏拉圖以人體形容這樣的國家，「要使五官四肢各符比例，因而使得整體都是美的。」，[35]這樣的國家就是柏拉圖所指符合正義的國家。在此一觀點下，國家的團結變成政治統治最重要也是最為優先的要務，[36]柏拉圖將此稱為最大的善（the greatest good），而相對之最大的惡（the greatest evil）則是不和諧、分歧和多元的思想，他對團結的要求頗高，必須「全體公民甘苦與共，在快樂和悲哀的場合，都表達一致的快樂或悲哀」，而他對所謂的分歧則係指「只有私人而沒有共同的情感」，當「一個國家裡，大多數的人，都以同樣的方式，對同樣的東西，使用『我的』和『不是我的』一類字眼」，這樣的國家才

34　同上註，368d-369a。

35　同上註，420d-e。

36　為了促進國家的團結，柏拉圖幾乎鉅細靡遺規定可能涉及的相關面向，包括一、控制人口：柏拉圖建議全國家庭數目維持在 5040 戶（*Laws*, 737e-738a）在《理想國》中，他曾建議多出的嬰兒送出國外，但《法律篇》中對此未再提及；二、建國地理的選擇：因為柏拉圖敵視貿易和海軍，因此他認為國家建立的地點必須遠離海岸（*Laws*, 704a-705c）；三、經濟生活：柏拉圖主張土地的分配應按比例分配，他反對公民從事商業和製造業（*Laws*, 739e-745a, 763d-737d, 849b-d, 919c-920c）；四、家庭和族群：在《理想國》中，柏拉圖反對家庭生活，主張公妻制，但在《法律篇》中，柏拉圖改變了此一想法，重視家庭和族群（tribe），認為小團體的存在可增加對國家的忠誠（Morrow, 1960:118）（*Laws*, 745b-d）。

是柏拉圖眼中團結的國家，而團結的國家也必然是「秩序井然」的國家，這種國家同時也是「最接近單一個人的情況」。[37]

　　與政治分工相結合的有機體國家觀，給與國家的階級統治堅實的理論基礎，因為其訴求的不是馬克斯（Karl Marx）的消滅階級，而是合理化階級統治，以政治分工為基礎的階級統治，既能追求全體最大的幸福，則有什麼理由不維持此一統治結構呢？在此思維下，統治者的政治權威乃得以樹立，因為統治者之擁有及行使權力，不是為了統治者一己之私，而是懷抱著一種為政治社群謀取福利的利它主義，此一論述若取得霸權，便進而為柏拉圖的階級統治藍圖奠定了合理化基礎，柏拉圖順理成章將國家區分為三個階級，分別為國家的監護人、武裝的保衛人員或戰士以及勞動階級，不過在柏拉圖的論述中，實際上只存在兩種階級，即武裝的和接受教育的統治階級，與未武裝、未受教育的被統治階級，統治階級包括監護人和戰士，但兩者的區分並不嚴格，如果統治者只有一人，那麼他就是哲君，因此，哲君在柏拉圖論述中可視為統治階級的化身，而勞動階級則泛指一般被統治者。重要的不在柏拉圖對於階級的劃分，而在於他對鞏固階級統治的論述，這一方面，柏拉圖最顯著的特色表現在其對統治階級的興趣，及相對而言對被統治階級的輕描淡寫上，對被統治者的輕描淡寫絕非無意的疏忽，而是其所流露出之對被

---

[37] Plato, *Republic*, 462a-d.柏拉圖此說實際上開啟了政治哲學史上共同體理論最早的濫觴，蕭高彥稱柏拉圖思想中的共同體為「甘苦與共的共同體」（community of pleasure and pain），由於「公共」是共同體之所以成為共同體的基本屬性，而公共與我執乃完全對立；是以最好的共同體必須完全破除我執以及由之而起的私欲，使個人以公共目的以及共善為依歸。如此最好的城邦共同體方能實現並存在下去，不至流於紛爭乃至解體。依蕭高彥見解，若柏拉圖的城邦有機體真能實現，它將是一個嚴格意義下的「共同體」，然而若它不能在現實世界中完全實踐，則《理想國》一書所據以建構理想城邦的哲學原理是否仍構成一有意義的共同體理論，便成為一爭議極大之課題。參閱蕭高彥，〈共同體的理念：一個思想史之考察〉，《台灣政治學刊》，第一期，1996，259-261 頁。

統治者的輕視，他甚至反對統治階級為被統治勞動階級及其生活中的瑣事立法，[38]他甚至說真正的統治技巧：「在使那些陷於無知與卑賤的人成為奴隸」，[39]而他通常將奴隸與勞工、商人與貿易人士不加區分，除了奴隸是「用錢買來的僕人」外，易言之，柏拉圖眼中的被統治者，都是一些「無知與卑賤的人」。

　　因此，柏拉圖論述的重心實置於統治階級上，為了完成權威的轉化，柏拉圖必須鞏固統治階級的政治權威，政治分工的有機體國家論是他鞏固統治階級政治權威精心建構的統治理論，但此一理論乃是涵蓋統治者與被統治者的全面向理論，目的在劃分統治者與被統治者之間界限，並使此一界限成為所有人一致遵守的政治行為規範。但除此之外，柏拉圖亦發現危及統治階級地位的威脅，不僅來自於被統治者，也來自於統治階級內部，禍起蕭牆的結果可能使柏拉圖的治國藍圖陷於完全潰敗的地步，因此，如何整合統治階級，避免其走向分裂，便成為柏拉圖的關注所在，此也可視為其權威轉化工程成敗的重要指標。在這一方面，他提出很多創見，為使統治階級全部感覺到真正統一在一起，感到像一個部落，亦即像在一個大家庭一樣，來自統治階級之外的外在壓力成為結合其成員的一個必要條件，而強化並加深統治階級和被統治階級之間的鴻溝，便能獲致這種壓力。統治者愈感到自己不同於較低級的被統治階級，統治者之間就愈有統一的感覺。[40]因此，不同於現代自由民

38　柏拉圖提及諸如「市場裡的事」及「人跟工匠間的契約」等事情，那些「甘心從政的政客」經常幻想能以立法的辦法，消除契約上的詐欺和其他劣行，但「卻不知道他們實在是要砍掉九頭蛇的腦袋，砍下一個又長出一個。」因此他結論說：「真正的立法者，不論是在秩序良好或欠佳的國度裡，不論是在法律或憲法上，都不會自找麻煩，擬訂這一類的規條。」見 *Republic*, 425b-427b。

39　Plato, *Statesman*, 309a.

40　巴柏，《開放社會及其敵人》（*The Open Society And Its Enemies*）（台北：桂冠，1998），莊文瑞、李英明譯，100-101 頁。

主主義的政治整合論，著重統治者與被統治者間的整合，柏拉圖選擇反
其道而行強化並加深統治階級和被統治階級之間的鴻溝，這個策略的關
鍵在於確保統治階級的純淨，各階級之間不可混雜，他說：「各階級之
間的任何相互干預或改變，都是反城邦的最大罪惡，也可以說是最卑賤
的作法。」階級的相互摻雜將導致「差異、不平和失序──孳生，而此
三者乃是憎恨與戰爭之源，……都是不和的苗裔。」[41]柏拉圖此一看法
乃是上一章所述他對變動與衰敗辯證的延伸，在《梯墨烏斯篇》中，柏
拉圖再以眼光朝後的論述模式指出，他在《理想國》中所作的階級劃分
在雅典古代歷史發展的前期階段即有相似的情形出現，而這些制度與埃
及的世襲階級統治制度極為相似，都是一種防止變動的世襲階級制，因
此柏拉圖認為，《理想國》中理想的古代和完美國家都是一世襲階級制
的國家。[42]統治階級若因其他階級的介入及摻雜，即會埋下衰敗的因數，
因此，無論是對於統治階級或是為了國家的最大福祉，保持統治階級的
純淨，都是一項極其重要的使命。

第四節　專制統治與國家清淨工程

　　階級統治加上訴求階級純淨的政治優生學，已預示政治權力集中的
趨勢，這一結論乃是強調「誰該統治」的必然邏輯，若統治者具有超凡
入聖的知識與能力，知道國家及被統治者的利益何在，則任何對其權力
的限制都是對國家及被統治者的傷害，但是如此一來，被統治者除了期
望於統治者的企圖是良善者之外，哲君與專制暴君（tyrant）兩者間事
實上毫無差異，何況，我們如何評判哲君的企圖是良善的？尤其是柏拉

41　Plato, *Republic*, 434b-c, 547a.
42　Plato, *Timaeus*, 24a-b.

圖宣稱統治者有說謊的權利,那就更令人不知哲君的真正意圖了;另一方面,就算我們知道哲君的企圖是良善的,如何得知哲君的企圖符合國家及被統治者的利益?當然,柏拉圖會宣稱 Idea 既是契合國家及被統治者利益的治國藍圖,則按照 Idea 施政也必然符合國家及被統治者的利益,但因為 Idea 是外來者,與本土政治社群無可避免存在落差,因此,當我們欲證明哲君統治符合國家及被統治者利益之前,就必須首先證明 Idea 符合國家及被統治者利益,惟只有哲學家才有能力領會 Idea,因此也就表示被統治者無法得知 Idea,那麼,其結果便是哲君施政是否符合國家及被統治者利益,只有哲君自己知道,如此結論似乎使得哲君與專制暴君的距離更加接近。[43]

　　然而,上述結論柏拉圖恐不會接受,《理想國》第九卷中,柏拉圖針對專制暴君有深入的討論,柏拉圖認為專制暴君的統治係與君主統治

---

[43] 柏拉圖的哲君與專制暴君幾乎沒有區別,此一事實早為亞里斯多德發現,在《論王權》(On Kingship)對話錄中有一句話:「國王成為哲學家不僅沒有必要,甚且可能成為其統治的阻礙;但國王聽取哲學的建議卻是有此需要。」(見 Kurt von Fritz, *The Constitution of Athens, and Related Texts*, 1950)依亞里斯多德之見,柏拉圖的哲君和古希臘專制暴君都是為了本身利益統治,對亞里斯多德來說,這即是專制暴君的最大特徵。柏拉圖並未看到二者的相似性,因為對他而言,專制暴君的主要特徵是剝奪公民參與公共領域的權利,將他們限縮在家計私領域,統治者成為統領公共事物唯一的人,即使統治者係考量被統治者的需要進行統治,柏拉圖依然認為他是專制暴君。根據希臘人的觀點,一個人若被限制於家計生活領域,即失去身為人的一切能力,易言之,柏拉圖哲君思想最具專制暴君特色之處——完全排除私領域,政治機構則無所不見——使其無法認知到哲君所含有的專制暴君特質,對於他而言,一個不僅未要求公民只能留在私領域,反而幾乎排除私領域色彩的統治者,與專制暴君是完全悖反的。此外,柏拉圖稱以法統治為「獨裁」(despotic),係強調它的非專制暴君性質,因為專制暴君統治下的被統治者,是原本享有城邦自由,卻被剝奪自由的人,因此被統治者很可能反叛;而以法統治下的獨裁,被統治者是從不知道自由也不知道如何行使自由的人,柏拉圖彷彿說:作為獨裁者的法律,不會剝奪你們享有的任何權利,它會適應你們的本性,因此你們不用反叛,正如奴隸不應反叛他們的主人一樣。引自 Hannah Arendt, *Between Past and Future*, pp.290-291。

分居兩個極端，專制者永遠不是主人就是僕人，從不會是任何人的朋友，專制者永遠嘗不到真自由與真友誼。他說：

> 專制者注定要下的監獄——他既有我們所說的那一種天性，就一定滿腹畏懼和欲念，他的靈魂嬌弱而貪婪，就城邦中所有的人來講，他是唯一從來不得旅行，不得看其他自由人願意看的東西的人，而是生活在洞穴裡，像女人躲在屋裡那樣，並且嫉妒曾到外國，見過世面的任何其他公民。……不論別人怎樣想，真正的專制者，是真正的奴隸，受迫從事最甚的諂媚和嚴屬，奉承人類中最惡毒的，他有著自己完全不能予以滿足的欲求，有著較任何人都多的願望，你如果知道怎樣觀察他靈魂的整體，會看到他是真正困窮。他一輩子受畏懼的包圍，整日動搖不安，心猿意馬，跟他所想的那個國家相同。[44]

但柏拉圖對專制者的譴責到了後期卻發生轉變。在《法律篇》中，柏拉圖採取了與先前嚴斥專制者立場完全相反的立場，他認為專制政體不一定就是歷史發展的終局，他大聲疾呼：「給我提供一個由一位專制獨裁者統治的社會，但這位統治者要年輕些，要有很強的記憶力，要能快捷的學習，要非常勇敢，要有一顆高尚的靈魂……，他們還必須與某種我們已經提到過的東西相伴，一起在這位獨裁者的靈魂中起作用，這種東西對實現善的每一個部分來說都是不可或缺的。……因緣際會將使他有幸成為當今的偉大立法者，神若要使一個國家幸福，捨此之外又能如何呢？」[45]諷刺的是，柏拉圖對於專制統治的深刻描述與對其抱持的「幻想」，竟都來自於柏拉圖在敘拉古（Syracuse）的經驗，而這些經驗

---

[44] Plato, *Republic*, 579b-e.

[45] Plato, *Laws*, 709e-714a.

從結果上來看，都是一些失敗的經驗。[46]但值得我們注意者，除了這些失敗的結果外，更包括柏拉圖對「專制者」態度的大轉折。為了實現外來權威的轉化，柏拉圖將先前對專制者的厭惡態度擺在一邊，竟然接受了專制者的統治權威，這也再次印證哲君與專制暴君只有一線之隔，從這個角度詮釋，我們似可認為柏拉圖思想中也有「只問目的，不擇手段」的成分，因此，最後可以依恃者，除了 Idea 的善，而此又僅能依靠哲君作出解釋者外，被統治者幾乎沒有任何的空間。這個結論對我們分析台灣外來政權現象極其重要，因為其中同樣存在目的與工具之別，除此之外，目的的良善不但不能保證工具的良善運用，甚至在某些情況之下反過頭來合理化工具的運用，就如同柏拉圖之接受專制者一樣。

　　深入來看，權威者可以是開明君主，也可以是專制暴君，其角色的變異，乃是立基於權威對象的相對角色扮演，亦即，專制者之所以可以成為統治者，係因被統治者的極端墮落與不足為治，從這個角度出發，我們才可以發現在《理想國》第九卷中對於專制者的描述中，被統治者的形象乃是以一種極為鄙視的文字呈現。柏拉圖說：「那些智慧與道德無所知，經常耽於饕餮與肉慾的人，上升下降，僅止於中域……，他們

---

[46] 柏拉圖經由狄昂（Dion）的引介，認識敘拉古（Syracuse）國王老戴奧尼索斯（Dionysius），他在那裡親眼目睹一位專制君主的作為，《理想國》中對專制者的敘述，都是柏拉圖的親身經驗，柏拉圖因言語肇禍，被老戴奧尼索斯交給了斯巴達，一度被拍賣為奴，最後在安立西裏斯（Anniceris）出資援救下，才得以重返雅典。獲救後的柏拉圖並未放棄將其理想實踐的機會，老戴奧尼索斯死後，其子戴奧尼索斯二世繼位，柏拉圖再受尼奧之邀重返敘拉古，柏拉圖雖然對這位年輕的君主滿懷希望，一心企盼戴奧尼索斯二世能成為他理想中的「哲君」，但柏拉圖還是失望了，並且再次差點喪失性命。西元前 357 年，尼奧得到柏拉圖弟子之助，以八百人兵力強占敘拉古，將城市恢復自由，尼奧遵從柏拉圖的意旨組織哲人政府，柏拉圖的理想終於有了實踐的機會，但諷刺的是，尼奧竟被柏拉圖的弟子加利布斯（Callipus）謀殺。從結果來看，柏拉圖的哲君理想終舊是停留在空中樓閣，而若哲君是實現外來權威轉化的重要組成關鍵，我們似乎可以推論至少從實踐的經驗上來看，外來政權的權威轉化成功率是微乎其微的。

像牲口，眼睛經常向下看，頭俯到地面上，也就是說，飯桌上，養肥、進補和繁殖，而在他們對這些樂事的過分溺愛上，他們用鐵製的角和蹄互撞互踢，並且基於他們無可滿足的欲求的理由，互相殘殺。」[47]於是，柏拉圖進一步區分了高貴與卑賤的事物，前者「以人制獸」，後者「以獸制人」，統治者的責任因此必須「以人制獸」，使國家的各部分「遵循哲學原則……各盡其責」，以達到「正義」的要求，而被統治者則在「理性與知識的導引和陪伴下」，才會「達到他們可能達到的最高程度的真正樂趣」，雖然柏拉圖認為這個國家「只存在觀念裡」，但「在天上有這個國家的典型，凡希望它的人都能看見它，看見它的，也就可以把自己的家秩序化。不論這種國家是否存在，或將來會否成為事實，都無關宏旨，人會依那座城邦的方式來生活，而不理會其他城邦。」[48]

柏拉圖在此顯示了一種外來權威轉化的獨斷性與專制性，這種性格表現在幾個方面。首先，哲君因為能與「神聖秩序交通」，因此理所當然成為型鑄一切個人及國家的統治者，柏拉圖將其稱之為「憲法的製圖者」，這些製圖者「一開始就把國家和人事拿過來，就好像拿過一塊木板，把上面的圖畫抹掉，留下乾淨的表面……，這正是他們與尋常的立法者不同的地方……」而這只是對於國家除舊與布新兩階段的第一階段，在清洗了舊國家之後，接下來「就該勾畫出締構的輪廓了……。他們填充藍圖的時候，……首先體察絕對的正義與美和節制，然後觀看人間的摹本，再把人生的各種因素，摻和調到人的意象裡面去。他們構想的這個面貌，根據的是另一個意象，而當這個意象存在人間的時候，荷馬是稱之為神祇的形象的。……他們會在這裡抹掉一樣特徵，那邊加上

---

[47]　Plato, *Republic*, 586a.
[48]　Plato, *Republic*, 586d-592b.

一樣特徵，要在可能的範圍內，使人類的行為，跟神的行為契合。」[49]易言之，柏拉圖的權威轉化進行的，是一個全國性的清淨工程，其參照的藍圖正是只有哲君才能領會的 Idea，在《理想國》第三講論宗教與文化時，柏拉圖主張國家對音樂嚴格管制，堅持「選擇阿波羅和他的樂器（七弦琴），揚棄馬塞亞和他的樂器（笛子）」，葛樂康聽到柏拉圖此一建議時驚呼「這豈非清淨了我們的城邦？」柏拉圖的回答則是「那麼就清淨到底吧！」[50]柏拉圖很傳神的將這個清洗過程以「抹掉木板圖畫」的方式表現，雖然終柏拉圖一生，並無實現這個清淨工程的機會，但現代幾個令人忧目驚心的意識形態革命，包括納粹主義的種族革命，與中國毛澤東發起的文化大革命，卻彷彿是柏拉圖國家清淨工程的現代實踐版本。[51]

第五節　統治結構的靜止與統治者的流動

柏拉圖對統治者的陳述，還有值得我們注意的地方。柏拉圖在《理想國》第七卷訴說洞穴寓言時，將洞穴人比喻為囚犯，將他們所居住的洞穴比喻為監獄，當有一個人走出洞穴看到外面的世界，再返回洞穴時，還留在洞穴中的人對他抱持高度敵意，甚至要將他處死。拿洞穴寓

---

[49]　同上註，500d-501c。
[50]　同上註，398c-400a。
[51]　為了防止亞利安血統的混雜，希特勒要求在德國境內推動淨化工程，他強調：「淨化吾人的文化必須擴及至幾乎包括所有活動範圍。劇院、藝術、文學、電影、新聞、海報與櫥窗擺飾，必須掃除所有腐化的表現，而為一道德、政治與文化觀念提供助力。……個人自由的權利次於維護種族的職責。」由此可見，希特勒揭櫫的正是全面控制與清洗的型式。見希特勒著，《我的奮鬥》（*My Struggle*）（Boston: Houghton Mifflin,1962），255 頁。而毛澤東與希特勒相同，均堅持「領袖原則」和對國家全方位的清淨。

與前述「生活在洞穴裡」的專制者描述比較，可以發現柏拉圖將專制者所居住的地方也比喻為監獄，同時專制者也嫉妒曾到外國，見過世面的人。在這兩個場景的背後，凸出了兩個重要意涵，一、留在洞穴中的人不可能成為哲學家，也就不可能成為理想的統治者；二、因此，「最好國家」的關鍵是外在於洞穴的 Idea，哲學家之所以能夠成為擁有政治權威的哲君，是因為具有認識 Idea 的能力，留在洞穴中的專制者因為不具有此一能力，雖然擁有統治權力，但永遠不會有政治權威。這兩個面向引出了一個外來權威轉化的重要關鍵，即相對於 Idea 處在永遠不變的位置，領受 Idea 哲學權威的政治權威者是可以改變的，實際上，從柏拉圖的許多言論來看，他也的確有此意。

在《政治家》所作的政體區分中，他承認除了君主政體外，貴族政體和溫和的民主政體也屬於合法的國家，易言之，合法的統治者已不僅限於一人或少數人，必要時也可以落實為真正的多數統治，雖然比起君主和貴族政體，民主政體較不受柏拉圖青睞，但卻已經開啟了一道承認多數人也可以具備統治理性的視窗。但值得注意的是，相對於以人數多寡決定的政體型式，柏拉圖更在意的是「好的」政體，雖然他所區分的六種國家型態，包括一人統治、少數統治及多數統治三種類型，但其中每一種類型又都可區分為好的及壞的統治，其標準在於政體是否複製及保留其古代法律而模仿「唯一真正的原本」。[52] 由此可見，柏拉圖在意的

---

[52] 柏拉圖在此表示的法律不是有法律或無法律的區別，而是是否保存古代原本的或完美的國家制度，這才是對政體加以分類的標準，這裡的意旨回復到上一章所指由 Idea 導引出柏拉圖眼光向後的歷史目的論，在許多對話錄中，柏拉圖都表示出相同的傾向，如在《饗宴篇》中，亞裏士多芬尼斯（Aristophanes）將熱戀說成是思鄉之情所推動，才能解釋熱戀的衝動與痛苦；同樣的，性愛的滿足之感也能解釋為思鄉之情的滿足之感。因此，柏拉圖提到愛神 Eros 時說：「祂將恢復我們最初的天性，使我們得以和諧、快樂和幸福。」（Symposion,193b）在《菲力浦斯篇》中，柏拉圖明白的表示他對過去的評價：「過去的人……比我們

還是心中所屬的治國藍圖，這才是權威之所繫，而政治統治者只是達成此一目的的工具，雖然對柏拉圖而言，這個工具乃是實現權威轉化最為重要的工具。

在這裡，我們看到堅持意識形態純潔性的極權政府最殘酷的一面，柏拉圖一方面強調：「如果我所提到的政府是唯一真正最初的政府，則其餘的（摹本）政府就必須使用該政府之法律，並制訂這些法律，這是保存這些法律的唯一途徑。」「從這些較低形式的政府達到真正政府之最近途徑……是依循這些成文法與慣例……當富人統治並模仿真正的理型時，其政府即是貴族政治的政府；當他們不注重（古代的）法律時，其政府即為寡頭的政府。」另一方面，當統治者及被統治者顯示出背離「真正的原本」傾向時，柏拉圖也毫不猶豫的以人類肉體最嚴厲的懲罰遏止對 Idea 的反叛，他說：「任何違反這些法律的人都應該接受最嚴厲的制裁——處死，這是非常正當的好事情。」[53]由此可見，柏拉圖對統治者條件唯一限制即是必須接受 Idea 的統治權威，從這一個角度出發，我們才能發現柏拉圖對於統治形態的巨大轉折，亦即：外來意識是不可改變的（靜止），而為了權威轉化的需要與必要，統治者是可以改變的（變動）。

現在的人要好得多……他們的生活比我們更接近神。」（*Philebus*,16c）在《法律篇》中，柏拉圖將靈魂說成為「一切運行的起點，是靜止的事物中首先產生的東西……是最古老和最有力的運行。」（*Laws*,895b）「一切事物中最古老和最神聖的」，（*Laws*,906e）所有這些都指出一個共同的觀點，即我們的不快樂和不幸福，是由於我們的發展與我們最初的性質 Idea 背道而馳，他的「回憶理論」（theory of *anamineis*）即是建立在此一認知：過去不但包含著善、高貴與美，而且也包含所有的智慧。柏拉圖對政體的區分標準明顯與亞里斯多德不同，因為後者對政體的區分主要是在是否做到「法律至上」，或只是烏合之眾而已。

53　Plato, *Statesman*, 297c-d, 300e-301f.

這種對於統治結構的「以靜制動」思想，明顯表現在柏拉圖階級統治的描述。在《理想國》中，他將國家內部三個階級分別賦與金、銀及銅三種金屬符號的身分，柏拉圖說：

> 這種門類，一般都保留遺傳在其子女身上，但由於人人本屬同種，金父有時會生銀兒子，銀父有時會生金兒子，神祇對執政頒布的首項至高原則，便是他們應該兢兢業業保衛著的，應當是民族的純粹性。他們應當注意，他們的子孫身上，摻雜了些什麼元素，假使金父或銀父的兒子，居然混得有銅鐵，那就表示大自然定下了階級的轉移，則身為執政者的，必不能因為這個兒子要降低其階級，成為農夫工匠，而對他加以憐憫。這情形尤之於工匠之子，身上混有金銀的時候，一定要提高其榮譽地位，使他們成為衛士或輔佐。」[54]

在談到戰場表現的時候，柏拉圖強調一個脫離隊伍，或放下武器，或犯下其他怯懦行為的士兵，應該降級成農夫工匠，而當士兵在作戰中光榮殉身，則可將其歸諸於金的種族。[55]在這裡，柏拉圖表現出似乎支持階級的上下流動，與上述堅持統治階級純淨性的柏拉圖，彷彿判若兩人，若柏拉圖持此一見解，則對於柏拉圖思想持極權主義的詮釋，及認為其思想反映出反自由主義的「封閉社會」心態者，都將面臨解構的命運，柏拉圖的統治階級非但不是世襲的統治小團體，而是向被統治者開放的流動性階層，從此一角度進一步推論，我們似可將柏拉圖的統治結構描述為一如同現代的功績制社會，每個人都可以在公平的立足點上爭取向上流動，其結果是由此觀點構思出的柏拉圖統治理論，離民主社會似乎僅有一步之遙，若如此，則之前建立在 Idea 之上的所有權威轉化論

---

[54]　Plato, *Republic*, 415a-c.
[55]　同上註，468a-e。

述，也似乎有被顛覆的可能，答案是否如此？下文將予探討，但柏拉圖的統治理論確實與封建社會的統治階級世襲制有相當出入。

除了階級的上下流動外，另外迥異於封建世襲制的論點，係來自柏拉圖對統治者「輪流統治」及「任期制」的論述，柏拉圖在《理想國》中談論「洞穴」時，對年輕人學習辯證，有以下的敘述：

> 五年過後，要把這些學生再送回洞穴，強制他們擔任青年適任的軍事或其他職務。……（葛樂康：這一階段的生活要持續多久呢？）十五年，他們到了五十歲，這些通過考驗並在各種行動和各門學問上都有卓越表現的人，終於達到事業的顛峰。這個時候，他們必須將靈魂的眼光，舉向照耀一切事物的普遍之光，好體察絕對的善，那才是他們據以治國以及其餘生的典範，他們要以哲學為他們的主要鵠的，但在輪到他們的時候，一定要為政治盡力，為公共的福祉執政，他們做這些事，不可好像在締造什麼英雄式的偉績，而只單純視為義務，他們在他們下面的一代又一代裡，培育出和他們相同的人，讓這些人輪流出任政府艱任，他們自己就可以撒手塵寰，往居極樂之島。城邦會為他們建立公共紀念與祭享，如果神識認可的，就把他們列為半神，否則也總要把他們視為聖哲如神。[56]

除此之外，柏拉圖在與傅拉西麻查斯討論正義概念時，為了反駁傅拉西麻查斯堅持「正義是強者的權益」，柏拉圖強調統治者也會犯錯，當「統治者無意之間發令執行對他們有害的事的時候，正義可就並不符合強者的權益了。」[57]柏拉圖支持階級流動，到主張統治者的輪流統治

---

[56]　同上註，540a-c。
[57]　同上註，338c-339e。

和任期制，再到統治者也有犯錯的可能，柏拉圖思想中的統治者形象，似乎讓人備感困惑，若如前文所言，哲君在柏拉圖的權威轉化工程中居於關鍵地位，另一方面哲君又不一定屬於特定階級，且其統治權力受到任期制及輪流統治的制約，另一方面，哲君似乎又不是如前談及其應具條件時那般天縱英明，則哲君在柏拉圖權威轉化工程中，究竟扮演什麼樣的角色？發揮什麼樣的功能？是否與柏拉圖在其他地方論及哲君時的敘述產生衝突？

　　這些問題只要從一個核心切入便可迎刃而解，這個核心即是從上一章至此一再強調的柏拉圖靜止與變動的辯證，靜止的是外來的 Idea 治國意識形態，變動的是人世間包括政治社群的更動，對於柏拉圖來說，前者才是他關注的對象，而後者的價值端視其與前者的距離而定，這一點如同黑格爾個體（individual）與總體結局（total outcome）、分殊（particular）與普遍（general）、政治天才（political genius）與原則（principle）、民族精神（national spirit）與世界精神（world spirit）的關係，而絕對與永恆的不變性，只有在 Idea 才看得到。因此，所有社會與政治場域皆無法避免變動，在此一情形下，能夠遏制政治社群變動唯一的方式，便是以 Idea 的靜止性約制政治社群的變動性，易言之，Idea 是主，政治社群的變動是從，即使無法確保政治社群不變，也要使其變動以靜止的 Idea 為主軸，方能使變動不致逸脫靜止的範圍。

　　從這個角度便能解釋柏拉圖對於統治者看似矛盾的敘述。一國之內的階級雖然有上下流動的可能，但金、銀、銅的階級結構卻不會改變，而此不變的結構，目的即在藉金質的哲君統治體現靜止的 Idea，因此，階級的開放是變動的部分，它讓可以體現 Idea 的非金質階級，也有進入統治階級的可能，金、銀、銅的階級結構和 Idea 都是靜止的部分，但此一統治結構又以體現 Idea 為目的。柏拉圖對統治階級輪流統治和任期制的敘述也是同樣的道理，輪流統治和任期制都是變動的部分，但哲君統

治的最後目的則是靜止的部分，因此柏拉圖要求統治者眼光舉向照耀一切事物的普遍之光，體察絕對的善，統治者並非在締造英雄式的偉績，而只是一種「義務」，就好像在黑格爾理性的狡獪（cunning of reason）下，偉大人物既不能創造歷史，也不能指導歷史，而只能配合世界理性的腳步，與「原則」保持一致，讓形上的治理藍圖藉由統治人物的手展開自身。從這個角度詮釋，哲君之所以在柏拉圖的權威轉化工程居於關鍵地位，並不是因為他有什麼高瞻遠矚的視野與能力，而是透過他對 Idea 的分受，讓外來的 Idea 能在本土政治社群展開自身，哲君之所以重要，是因為不經過他的仲介，Idea 的外來權威無法轉化，但相對於 Idea，哲君充其量只是重要的「工具」，只有 Idea 才是「目的」，只有 Idea 是不可變的，哲君領導的統治政權則是可以變動的。由此即可知為何柏拉圖說統治者也有犯錯的可能，因為他們最多只是「半神」，只有 Idea 才可以與神居於平等的地位，哲君因此即使是最高權力的執掌者，但卻是 Idea 的從屬。

　　令人不解的是，柏拉圖的此一論述無異宣告統治政權隨時有裂解的可能，統治政權既無一固定對象，其政治權威完全依附於 Idea 的授與，則若有其他對象更能實踐外來意識形態，則原有的統治政權即有被更迭的可能。由此一角度看，柏拉圖雖念茲在茲維護統治階級的統一，但若意識形態的「純淨性」成為統治者資格的甄補標準，此舉極有可能導致統治階級的內部分裂；另一方面，若被統治階級中有人也具有分受外來意識形態的能力，也就對現有統治政權構成挑戰，如此看來，柏拉圖思想中的統治階級不僅面臨權威轉化的挑戰，同時還面臨來自內外威脅之政權保衛戰的挑戰，但處於此一危機四伏的環境中，柏拉圖竟從未設想過統治階級是否有反叛 Idea 外來意識形態的可能，畢竟這個「舶來品」起初並不受本土社群歡迎，那麼哲君為了鞏固權力，是否也有迎合民意轉變為「詭辯家」建立「本土政權」的可能呢？也許柏拉圖從未想過此

一可能，因為其外來權威轉化的論述係奠其於 Idea 的靜止、絕對與完美上，若 Idea 被棄絕，這套論述即失去成立的條件，哲君政權也就失去統治正當性與政治權威，因此，我們可以得出一個結論：哲君政治權威及其領導的外來政權正當性基礎，完全繫於 Idea 的絕對存在，從另一個角度言，Idea 若發生變化，從柏拉圖變動即是腐敗的邏輯來看，即表示哲君政治權威及外來政權的基礎已經崩解，易言之，哲君再也不是高高在上的政治權力獨占者，外來政權再也不是外來政權，而哲君既然在權威轉化中居於關鍵地位，則柏拉圖的首要之務自然在確保哲君權力的鞏固。

　　如何確保哲君權力的鞏固呢？首先即要確定對哲君權力產生威脅的面向，從柏拉圖的上述分析，明顯指出了挑戰哲君權力的兩個面向，一個是統治階級的內部分裂，另一個則是由下而上的民主反撲，如何處理這兩個面向的挑戰，直接關係到統治政權的鞏固，間接關係到權威轉化的成敗，對於為確保外來意識形態在本土社群建立灘頭堡而建構堅實理論基礎的柏拉圖而言，自然也設想到因應上述兩個面向挑戰的方法，針對第一個面向的挑戰，他提出的因應之道是從教育著手凝聚統治階級向心；針對第二個面向的挑戰，柏拉圖則可謂是政治思想史上首先利用神話維護階級統治的西方思想家。這兩種確保統治階級權力的途徑，建構了柏拉圖心目中的權力金字塔，也成為外來權威轉化成敗最關鍵的指標。

第三章　教育與神話

　　柏拉圖既然將政治統治的重心置於「誰該統治」的問題上，因此，對他而言，所謂的政治即是探究統治者如何統治的一門學問，政治哲人要傳授的正是這門學問，他的《理想國》是要塑造一個「秩序井然的國家」，而要達到這個目的，必須統治者能夠認識正義與真理，並將真理向下傳授落實於政治社群，而權力的角色，乃是為達到此一目的服務，故在柏拉圖看來，政治的本質就是教育，這與現代將政治視為權力鬥爭有相當落差，權力不是政治的直接目的，而是政治的工具，就此而言，《理想國》不僅是一個政治學系統，也是一部教育的著作。施特勞斯從古典政治哲學家的角度指出，古典政治哲學家的政治貢獻主要是教育立法者認識國家政治的不完善，教育立法者追求更佳政治，因此，他認為柏拉圖的《理想國》和《法律篇》是兩類政治教育的典範。《理想國》是政治哲學家教育未來的立法者，這種教育是在當政者不在場的情形下進行，因此留下的空間較大；《法律篇》則是政治哲學家教育當政的成人政治家，這種教育相較於前者困難度較大，受到的政治限制也比較多。施特勞斯受到古典哲學的影響，認為政治哲學的目的即在落實教育，用現代的眼光看，即通過大學中的自由教育，影響未來公民和立法者，所以，他常常引用柏拉圖的話：「教育在其最高的意義上即是哲學」（education in the highest sense is philosophy）。[1]雖然對於柏拉圖哲學的

---

[1]　施特勞斯認為古典政治哲學家有三種身分：一、政治哲學家首先以好公民的面

真正特徵迄今尚有爭論，[2]但柏拉圖對統治者教育的重視，及認為統治者教育影響政治穩定的看法，應是毋庸置疑的。

第一節　凝聚統治階級馴化被統治階級的教育功能

因此，從柏拉圖的觀點看，教育並不是一門獨立的學科，而是自始與政治脫離不了關係，更進一步說，教育不僅與政治有關，實際上是處於政治場域的從屬地位，這一點在其權威轉化的論述中亦居於關鍵地位。由此亦可知，任何對外來政權論述教育的指責，或謂其失去自主性，或謂其已成為意識形態工具，即使言之成理，亦只不過是此一論述的必然結果，而從權威轉化的構成原理來看，一個外來意識形態欲在本土社群建立權威，捨教育之途，又有何其它更便利的方法能夠長期、穩定的

貌出現；二、政治哲學家的目標是最高的政治知識，即：立法的知識，獲得這種知識的政治哲學家是立法者的導師；三、政治哲學家認識到政治生活的最高目標不是政治本身所能達成，而只有哲學才能理解，因此他是獻身哲學沉思的哲人。他在〈論古典政治哲人〉（On Classical Political Philosophy）一文中提到：「政治哲學就是試圖引導資質較好的公民，或不如說是引導這些公民的資質較好的子弟，從政治生活走向哲學生活。」所謂「引導資質較好的公民」，即是指《法律篇》的教育，而「引導資質較好的子弟」，則是指《理想國》式的教育。參閱 Leo Strauss, *Liberalism Ancient and Modern*(Cornell University Press, 1989b), p.6.；"On Classical Political Philosophy" in *What is Political Philosophy?* (Chicago: The University of Chicago Press,1959), p.94。

2　有一派學者認為，柏拉圖首先是一個形而上學家和一個辯證法家，他們把柏拉圖邏輯學作為中心，即作為柏拉圖體系的核心；另一派學者則認為從發端的意義上講，柏拉圖對政治和教育的興趣是他哲學主要動機和偉大的建造力量，沃勒‧耶格在他的《教育》（紐約，牛津大學出版社，1943 年）中，批判了前一種觀點，耶格認為，既不是邏輯學，也不是知識學，而只有政治學和教育學，才應當作柏拉圖著作的兩個聚焦點。耶格說，教育學不僅是聯結柏拉圖著作的外在鏈條，還構成了柏拉圖著作的真正內在統一。參閱恩斯特‧卡希爾著，《國家的神話》（北京：華夏出版社，2003），范進等譯，74-75 頁。

建立外來政權的文化霸權呢？接下來，引發我們興趣的是，柏拉圖如何看待教育培養統治者的角色，在《理想國》中，柏拉圖強調城邦有良好開始的重要，他將此比喻為車輪的滾動，若有良好的開始，國家就能加速運行，接著，他將一個國家良好的開始奠基在良好的天性和教育上，而教育更能培養出良好的天性。敘述至此，柏拉圖與其他的教育學家觀點似無二致，因為即使自由主義的教育學家，也會有相同看法，但值得注意的是，柏拉圖竟將教育與優生學連結，他說：「（教育對身心的）這種改善，會跟其他動物的品種改良一樣，影響到人種。」[3]前文提及，柏拉圖教育的主要對象是統治階級，因此很自然的，他亦將統治階級作為教育優生學的主要對象，他將統治階級形容為「品種優良的狗」，更重要的是他對這些狗統治階級的功能描述，他說：「（品種優良的狗）需要眼明手快，在看到敵人的時候，追了上去；他們還要強壯，好在追上的時候跟他搏鬥。……他們應扮演的是對敵人凶猛，對自己人溫和。」[4]這段敘述清楚描繪了統治階級在鞏固統治政權時應扮演的角色與應發揮的功能，即是對統治階級本身及其同路人，應持溫和態度，但對反對統治階級的「敵人」，統治者則應兇猛與其搏鬥。

柏拉圖在以「狗」形容統治階級的對話中，歸納了統治者必須具有的兩種特質，一是天性溫和，另一則是對敵人凶猛的大無畏精神，但葛樂康提了一個發人深省的疑問，他質疑這兩種精神是矛盾的，又如何找到同時具有這兩種氣質的人？柏拉圖在回答此一問題前，也以問答的方式表示，具有這種大無畏精神的人，很容易相互間和對別人表現出野蠻。若柏拉圖與葛樂康對統治階級氣質的探討至此為止，相當程度符合人類歷史政治場域的描述，因為確實很難找到一個具有大無畏精神同時

---

[3] Plato, *Republic*, 424a.
[4] 同上註，375a-e。

又對其他人溫和的人，這個問題可以分兩個層面探討，一個層面是統治階級內部的關係，如上一節所言，柏拉圖認為一切變動是社會趨向腐敗的根源，而統治階級內部的分裂則是造成政治社會變動的最主要原因，他說：

> 在任何政體中，變動毫無例外的都是起於統治階級本身之中，並且，唯有當統治階級成了分裂的態勢時，才會產生變動。[5]

柏拉圖這個《理想國》中敘述的公式，同樣也出現在《法律篇》中，他說：

> 除了統治者自身之外，又有誰能夠把一個王權或任何其他政府形式推翻呢？當我們處理這個問題時，我們可曾像以前一樣，忘記了剛剛說過的一切？[6]

柏拉圖變動來自於統治階級分裂的公式，一定程度上為盧梭所接收，他在《社會契約論》（*The Social Contract*）第三冊第十章論及〈論政府的濫用職權及其退化的傾向〉時，指出兩種政府退化的形式，一個是政府的收縮（Government undergoes contraction），另一個是國家解體（the State is dissolved），前者係指政府由多數過渡到少數，他認為這是「政府的天然傾向」，而少數退回到多數的「逆轉過程是不可能的」；國家解體係經由兩種方式出現，一種是君主不再按照法律管理國家而篡奪了主權權力，第二種是當政府的成員們分別地篡奪那種只能由他們集體加以行使的權力。政府收縮的原因可以說是一種權力鬥爭的結果，它出自人為掠奪資源而攫取權力的慾望，因此，權力會逐漸收縮在少數人、

5　同上註，545d。
6　Plato, *Laws*, 683e.

甚至是單獨個人的手中,而從現代不論是民主、威權或極權國家,權力都有集中的情形來看,柏拉圖與盧梭的論證確實頗有道理。盧梭將經由權力鬥爭而非法奪取政權的人稱之為暴君(tyrant),將國家解體而篡奪主權權力的人稱之為專制者(despot)。國家解體的第二種方式實際上與政府收縮相同,皆係部分人奪取了他人的權力,只不過後者並無篡奪主權權力,而前者則在奪取其他政府成員權力時,也篡奪了主權權力。因此,在盧梭看來,統治者的權力鬥爭根本是「天然的傾向」,統治階級的分裂也是此一鬥爭必然的結果。

　　惟柏拉圖上述兩段話尚有值得注意之處,因為這兩段話極為貼近台灣外來政權現象,統治台灣五十餘年的國民黨政權,在全球第三波民主化浪潮初期,並未如同其他向民主政治轉型的威權國家一般,為反對勢力推翻,在解除黨禁、報禁及戒嚴之後,仍在一定時間內固守統治權力,直到 2000 年民進黨總統選舉勝選之後,才產生中華民國有史以來首度的政黨輪替。值得注意的是,大陸時期的國民黨政權因為內部分裂,方才為中國共產黨擊敗,不得不東渡來台,台灣時期的國民黨統治初期即使是以高壓進行統治,但因為內部未分裂,故得以維持政權統治,直到發生三次較大規模的內部分裂後,最後才敗給民進黨,與國民黨丟掉大陸的情形如出一轍。[7]從事後之明的角度看,可以提出一個合理的懷疑:若國民黨不出現分裂,政黨輪替是否即無可能出現?國民黨外來政權是否即可維持統治的地位?進一步的問題是:從許多威權國家民主轉型過程中出現統治政權鬆手,反而促成反對勢力的力量增加,進而導致統治

---

[7]　台灣時期的國民黨三次主要的分裂包括第一次的主流與非主流之爭,導致部分國民黨出走成立新黨;第二次的分裂是 1996 年總統大選前夕,林洋港與郝柏村堅持參選,被國民黨開除黨籍,而以獨立候選人資格參選;第三次分裂則是 2000 年總統大選,時任台灣省長的宋楚瑜堅持參選,被國民黨開除黨籍,後來組織親民黨。

政權瓦解的情形來看，是否統治政權採取暴力措施較有助於維護政權？進而也可以鞏固統治階級內部的團結？而這個結果是否也可說明國民黨外來政權初期統治採取暴力的原因？[8]這些問題仍待進一步的驗證，但統治階級的內部關係確實已成為影響統治權力能否持續的重要變數。

　　由此可見，即使是屬於同一階級，但利益取向的不同，使得統治階級內部也會出現裂痕，此即是柏拉圖所謂「我的」和「不是我的」、「他的」和「不是他的」之間的鬥爭，在此情形下，一部分的統治階級便不會對「氣味不相投」的另一部分統治階級溫和相待，結果便是中外歷史常常上演的慘烈政治鬥爭和宮廷鬥爭。柏拉圖的見解獨到之處，便在發現了這個歷史中的恆常現象，而他最大的雄心即是提出一套逆轉此一現象的論述，而要提出解決問題的方法，就必須如同醫生一般先診斷出病因，他提出導致統治階級內部分裂的主要原因有二：財產和家庭。柏拉圖相信財產上的差異將導致分裂，此一想法實際上為古希臘人的共同想法，在柏拉圖撰寫《理想國》之前，歐裏庇德斯（Euripides）就已將公民分為三個等級：貪得無厭的無益富人、一無所有充滿嫉妒的窮人及自由思想的中間等級。希臘人對於政體的區分也是以經濟利益為標準，寡頭政體謀取少數人的經濟利益，而民主政體則是謀取大多數人的經濟利

8　事實上，部分革命理論確實認為只要國家擁有強制權力就可維持政治控制與實施控制的政治意志，而且還能承受內部的政治壓力。史卡波爾（Theda Skocpol）在一項針對法國大革命、俄國革命與中國革命的比較分析中，提出一項革命的社會結構解釋觀，強調政權的瓦解係出自國際上的弱點與國內的無效能，在國內政治方面，當國家不再能憑恃武裝力量的忠貞度，或不再擁有決心與意志以實行廣泛的鎮壓時，便容易受到革命的傷害。例如1989年6月，中國天安門廣場的學生民主運動遭受到中共成功鎮壓，而同年秋天，東歐共產政權則在不流血的情形下垮台，兩者對比，似可顯示中國的使用武力，成功維護了政權，並避免了內部的分裂。參閱 Theda Skocpol 著，劉北成譯，《國家與社會革命》（*State and Social Revolutions*）（台北：桂冠，2003）。轉引自 Andrew Heywood 著，《政治學新論》（*Politics*）（台北：韋伯，1999），楊日青等譯，343-344 頁。

益，此一想法也見於柏拉圖對政體的劃分，惟柏拉圖更加堅信財產對統治階級有不良影響，除非廢除財富，就無法消除分裂統治階級的弊端。柏拉圖對家庭的想法也出自同樣的脈絡，他認為家庭的感情是針對個人，較之於統治階級的內部團結來說，家庭是一個強有力的競爭對手，對孩子的掛念是一種比謀求財產更為隱晦有害的追求私利方式，而對婚姻的不加管制，則會破壞統治階級的純淨性，所以柏拉圖主張統治階級「妻室應為共有，他們的子女也應為共有，父母不得知道何者為其子，子女不得知道何者為其父母。」[9]柏拉圖關於財產和家庭將導致統治階級分裂的論點，可以歸納為統治階級的私心將導致其內部分裂，雖然他提出的解決途徑，使他成為共產主義的最早倡導者之一，其有效性也被亞里斯多德一針見血戳破，亞里斯多德認為，柏拉圖的共產公妻理論將使國家統一到不再是一個國家的程度，但柏拉圖指出統治階級成員的私心將導致統治階級出現分裂的見解，卻已被千百年的政治演進歷史所證明，由此亦顯示，所有政權，無論是外來政權或是本土政權，即使在無外力干擾下，也會自我走向分裂，台灣的情況也不脫此一邏輯。國民黨外來政權已數度出現此一現象，民進黨政權並無可信理由可以排除此一歷史定律，若如此，區分外來政權與本土政權已無意義，因為政權的自我削弱若係無可逃避的現實，則可能出現的情況即是政黨政治的鐘擺定律，外來政權與本土政權的輪流執政可能是台灣政治發展的常態，即使外來與本土之爭仍持續，但主導政治發展的最終來源，永遠是始終抱持「換人做做看」心理的被統治者。

　　然而，即使被統治者的地位已提升至「主權在民」的地位，並不表示統治者會對被統治者「溫和」，這觸及到我們要討論的第二個層面，即統治階級與被統治階級間關係的層面。以階級政治的角度觀察，確實

---

[9]　Plato, *Republic*, 457d.

可以發現統治階級對被統治階級溫和的情形，甚至可以說這乃是階級政治的常態，無論統治者是否具有大無畏的精神，為了統治的需要，統治者需要被統治者的自願服從，以建立政權的統治正當性及統治者的政治權威。但值得深入討論的是，此一基於統治需要的階級統治，是否即能證明統治者必定對被統治者溫和？當然，與暴君政治相較，任何採用非暴力統治的統治者都可謂之「溫和」，但當暴力統治手段在現代社會不具統治正當性已被廣泛接受時，即使是殘虐的統治者也盡可能不使用肉體的暴力，在此情形下，值得注意的是統治者的非暴力統治方式及其統治結果，此即是文化霸權與階級意識消失的問題。

從現代眼光來看，探討此一問題最深入者應是馬克斯主義者，馬克斯認為階級是政治發展階段的主要行為者，他們也有創造歷史的能力，據此觀點，他斷定只要無產階級形成本身的階級意識，瞭解到他們真正的階級利益，也就是清楚知道他們被統治者剝削的事實，從「在己階級」（class in self）的經濟性團體轉變為「為己階級」（class for self）的革命力量時，無產階級就會成為資本主義的掘墓人（grave digger）。然而馬克斯兩階級模式的解釋效力似乎隨著資本主義的發展而逐漸削弱，1960年代以來，一些新馬克斯主義者如馬庫色（Herbert Marcuse）已發現一些城市無產階級安於現狀的非激進化現實，社會主義和勞工階級的連結關係被一些著作如葛茲（Andre Gorz）的《勞工階級，再會吧！》（Farewell to the Working Class,1982）正式放棄了，同時，有關選舉行為的研究也注意到階級認同的解組（dealignment），亦即社會階級與政黨支持間關係的弱化，這顯示投票漸漸變成反映個人對其自身利益的計算，而非出於任何階級凝聚（class solidarity）的知覺。這個被統治者階級意識逐漸侵蝕的過程，即是葛蘭西（Antonio Gramsci）所謂統治階級運用「霸權」（hegemony）的結果，「霸權」意謂著支配階級在公民社會對從屬者的意識形態優勢，也即是馬克斯和恩格斯在《德意志意識形態》中所說：

「在社會中某階級享有統治的物質力量，同時也享有其統治的精神力量。擁有物質生產工具以供其支配的階級，同時亦支配著精神生產的工具，因此，一般來說，那些缺乏精神生產工具的人，其思想就是從屬於支配階級。」[10]從表面來看，統治者的霸權並無身體強制性，但仍不能改變其強制的本質，如同布切－格魯克斯曼（Buci-Glucksmann）所言：「實際上，就成功的霸權而言，一個階級是試圖改進整個社會（國家的功能）。它對於同盟階級（而且也包括敵人）的吸引力，並不是消極的，而是積極的。它不僅不會簡單地放鬆行政的強制機制，而且也不會在『強加意識形態的嚴格意識形態機制』（阿圖塞語）或是在符號暴力（symbolic violence）的合法化中，使自己筋疲力竭。」[11]統治階級對被統治階級的馴服將焦點帶到葛蘭西（Antonio Gramsci）的「消極革命」（passive revolution）概念，葛蘭西用此一概念表示國家權力的不斷改組，以及統治階級與被統治階級的關係，統治階級為了保有霸權，不准被統治階級對政治和經濟有影響力，因此，面對潛在的活躍群眾，統治階級遂利用國家實行消極革命，這種消極革命的主要目的乃是「透過根除革命對手的革命潛能，而且阻止這個對手的發展。」[12]

此一情勢的發展顯示，統治者對被統治者的統治心態根本未變，改變的是統治的方式和技巧，這種方式和技巧表面上看不出壓迫的事實，但卻從身體的壓迫轉進至精神心理層面的壓迫。雖然葛蘭西發展霸權和消極革命概念，主要是解釋資本主義國家中的資產階級如何在政治和經

[10] Robert C. Tucker, *The Marx-Engels Reader* (New York: W. W. Norton, 1978), 2d ed., p.172.

[11] Buci-Glucksmann, *Gramsci and the state* (Paris: Feyard, 1974), p.81.

[12] Anne Showstack Sassoon, "Passive Revolution and the Politics of Reform" in *Approaches to Gramsci* (London: Writers and Readers Publishing Cooperative, 1982), p.133.

濟危機下仍能苟延殘喘，他發現統治階級會接受來自下層社會的某些要求，同時促使工人階級將其鬥爭侷限於經濟團體範圍之內，這乃是針對生產領域發生變化時，阻止統治階級霸權受到挑戰的新型態權力。因此，葛蘭西極為重視意識形態的鬥爭，他認為「人們的信念以及類似的思想，其本身就是物質的力量。」[13]國家作為資產階級的統治工具，作為公民社會的組成部分，必須是意識形態鬥爭的直接參與者，實現資產階級的發展，不僅要透過生產力的發展，而且要透過在意識形態鬥爭的霸權。葛蘭西認為，沒有意識形態鬥爭的權力控制，資產階級就會求助於國家的強制性權力以充當它的主要統治工具。在其他情況下，強制性力量是在幕後，是作為執行和威脅的一種體系。

　　葛蘭西與柏拉圖有一個共同點，他們兩人都看出經濟下層結構對政治上層結構的影響，但前者將此一影響表現在以經濟差異界定階級關係，後者則表現在以經濟因素的控制確保統治階級的團結，然而，他們兩人還有一個更為接近的共同點，即以意識形態的鬥爭作為政治鬥爭的決定性因素，因此，從葛蘭西的觀點看，統治的資產階級要確保統治權，就必須將被統治卻對自己的階級地位沒有意識的勞動階級，併入統治階級的意識之中。從柏拉圖的觀點看，統治階級必須產生對於本身階級的意識形態，藉此凝聚統治階級內部的向心力，再將固定的階級結構，推展成為被統治者視為理所當然的意識形態。易言之，在葛蘭西那裡，意識形態的鬥爭是統治階級與被統治階級間的鬥爭，但在柏拉圖那裡，卻首先是統治階級內部的鬥爭，然後才是統治階級與被統治階級的鬥爭，鬥爭針對的對象也許有異，但將國家視為「教育者」則為同一。

---

[13]　Antonio Gramsci, *Selections From Prison Notebooks* (New York: International Publishers, 1971), p.165.

第二節　統治階級的教育與說謊權利

　　柏拉圖思想中教育的首要之務在確保統治階級的純淨與統一，進而以此意識形態統一的階級防止社會的變動，柏拉圖以禽畜的交配和育種比喻維持統治者血統的重要，柏拉圖對統治階級純淨性的重視幾乎到了匪夷所思的地步，為了達到純淨性目的，所有的統治者都應被傳授優生學的祕密，他並列出教養的理論、數的理論以及人墮落的理論，[14]經由此一教育的灌輸，一個「最永恆的、最強壯的，是在最可能限度內，具有最完美形式……出生高貴，具有令人敬畏特質」的統治階級即能被塑造出來，[15]他們能夠複製神聖的原始城邦和具有神性的原使人類，也是唯一能夠在個人和城邦中實現天國景象者。為了防止這個階級的分裂，消極的方式是前述之共產公妻，積極的方式則是嚴格管制教育的內容，以型塑一個柏拉圖心目中的統治階級形象，為了達到此一目的，柏拉圖強調教育必須從小扎根。值得注意的是，柏拉圖不贊成以強制方式推動孩童教育，因為「自由人不可以在求取知識上當奴隸。肉體的操練縱然是強制的，不會對身體有害，強制而來的知識，卻不會在心靈裡生根。」[16]因此，他主張以遊戲等非強迫的方法，使孩童發現天生的性向。就此而言，柏拉圖所強調的教育方式，實際上即是葛蘭西的霸權概念，要讓受教育者在不知不覺中接受教育者傳達的觀念。同時，為了使教育

---

[14] 柏拉圖認為要培養最好的統治者，就必須和所有的動植物一樣，按照一定的時間養育，但柏拉圖又認為這種養育的方式是建立在知覺之上，因此無法確保教養的純淨，針對此，他提出了一種培育統治者的「柏拉圖之數」（Platonic number），一種決定人種之真正時期和帶有神秘色彩，卻被認為是純粹理性數學計算的數，古時候的國家因為不知道畢達哥拉斯的「數的神秘主義」，因此才會衰敗。參閱 *Republic*, 546a-e。

[15] Plato, *Republic*, 535a-b.

[16] 同上註，536e。

的效果完全實現，統治者必須採取教育內容的審查制度，必須檢查說給孩童聽的故事作者，即使故事是虛構的，只要內容符合統治者要求，便可以被接納，而一切不符合統治者要求者必須擯除，一切的家庭教育，也只能教導孩童那些被許可的內容，目的在「陶鑄孩子們的思想」，這些「比用他們的手，培育他們的身體，更為熱切。」[17]

在柏拉圖闡釋其教育理論時，出現一個令人混淆的巨大落差。他從荷馬（Homer）、希西阿（Hesiod）和其他的「大故事家」開始說起，認為他們犯了一個很嚴重的錯誤，即是「說謊」，因為他們將神祇、英雄的本性做了錯誤的表現，但緊接著，柏拉圖旋以希西阿說的攸侖納斯和克朗納斯的故事為例指出，這些故事縱然是真的，也絕對不應輕易告訴年輕、無思想的人，可能的話，這類故事不當提及，即使有需要提及他們，也只有經過嚴格篩選的少數人在祕密宗教儀式中聽，舉凡神話故事中神祇口角、爭吵甚或戰爭，都不能出現在教育過程中。

> 年輕人只要肯相信我們，我們就要告訴他們，吵架是醜事，而自古到今，公民間是向來不吵架的，……小孩子最先聽到的，一定要是道德思想的楷模，……創國的人，應該知道詩人應當填進故事的一般模式，和他們應當遵守的限度是什麼，……只有善事才應當歸諸神的意旨，至於惡事，它們的成因應當在它處尋求，……我們一定要有力的拒斥那種明明知道神祇既是善的，卻竟會對任何人降禍的話。這種話在秩序井然的共和國裡，不論老幼、不論詩歌散文，都不可說、不可唱、不可聽。這類的無稽之談是自殺性的、毀滅性的、褻瀆而不虔誠的。[18]

17　同上註，377c。
18　同上註，378c-380b。

在此標準下，柏拉圖指責荷馬的神話「犯了愚蠢的過失」，也不許年輕人聽依思其洛斯（Aeschylus）所講神祇會散播罪惡的事。值得注意的是，柏拉圖在此展開了一項大規模的「造神運動」，這個造神的政治工程，首先必須形塑一個永恆不變的善的神祇形象，這個形象是一切是非善惡的標準，按照柏拉圖的說法，「一切處於最完美情況的東西，一定最不致有所改變或崩解」，於是，柏拉圖使用了一個巧妙的乞題手法，他所提出的命題結構為：因為神祇是善的，所以他們不可能自我改變。於是一切改變神祇的作法都是一種罪惡，因為其改變了神的善的本質。[19]在這種套套邏輯的包裝下，柏拉圖建立了一種鞏固意識形態，進而鞏固統治者權力的教育體系，而此教育體系的最大功能與目的即是將與天神同等地位的外來意識形態，藉由代理的統治者之手，一代一代傳遞下去，並且義正嚴詞的告訴包括統治者在內的所有人，這一套價值是不容許改變的，因為改變本身就是一種罪惡。柏拉圖的教育理論及霸權思想若被接受，其結果便是即使政權更迭，仍能將外來統治意識形態維持在萬歲萬歲萬萬歲位置，而不用擔心外來挑戰的狀態，從這個角度進一步觀看，我們便可合理解釋為何柏拉圖一方面指責荷馬等「大故事家」說謊，另一方面又認為教育者（統治者的另一身分）有說謊的權利，至少有不說實話的權利，因為，是否說謊的判準是維持統治者權力的意識形態，這套意識形態有自己的生命，同時也是為統治階級量身訂做，易言之，是否說謊的標準在於說「故事」的人是否遵守了這一套意識形態，及是鞏固了還是危害了統治階級的統治地位。

---

[19]　柏拉圖對阿第曼圖說一切好的東西不論其產自技藝或天然，都很少能因為外在的因素而改變，如果發生改變，一定是向壞的方向而改變，所以神不可能願意變形，這種事也不可能發生，每位神祇都是想像得到的至善至美，所以他會絕對而永遠的保持他本來的形象。參閱 *Republic*, 381a-c。

　　在此情形下，柏拉圖遂義正嚴詞的指出，為了「人民的利益」，執政者有合法運用「謊言和欺騙」的權利，不論在婚姻或生育等方面，統治者皆可使用這種「特權」。值得注意的是，統治者欺騙的對象，不僅包括被統治者及對統治階級有威脅的敵人，也包括接班的統治階級。在與阿第圖曼的對話中，柏拉圖指出：「語言的謊在有些情形下，是有用而並不可恨的，如應付敵人的時候。」「為了應付敵人或城邦的公民，他們（城邦的執政者）可以受容許為公益說謊。」在與葛樂康的對話中，柏拉圖則表示對於統治者婚姻狀態的支配，須在祕密狀態下進行，也就是要在欺騙的情況下進行，否則屬於統治階級的衛士便有「發生叛變的危險」。[20]這裡再一次顯示出柏拉圖以意識形態掛帥的特質，無論統治者或被統治者，都不能悖離此一意識形態。在此同時，統治者還要防止被統治者對統治者說謊的一切可能，「統治者雖有這種（說謊）的特權，私人如果對他們說謊，可就是嚴重的罪行，其嚴重性超過病人對醫生謊報自己的病情，學校的學生對教練謊報自己的健康，或是水手不肯把船或全船水手的情形，以及他自己和別的水手的情形，告訴船長。……執政者一旦發現他以外的國內任何人說謊，他就應該懲罰他們，罪名是他引來一種習尚，對船隻或邦國都同樣具有顛覆性和破壞性。」[21]

　　在這裡，柏拉圖似乎提出了兩種不同且相互衝突的道德價值，深入來看，此兩種價值不僅不衝突，且在此之上，還存在一個更高的價值目的。此一連結為施特勞斯首先發現，施特勞斯發現一種從柏拉圖及色諾芬開始而被現代人遺忘的寫作方式，他認為古典政治哲人通常會在同一個文本裡用兩種不同的教育，一套是對社會有用的教育（the socially useful teaching），即所謂俗白教育（the exoteric teaching），另一套則是

---

[20]　同上註，382c-d, 389b-c, 459d-e。
[21]　同上註，389c-d。

政治上有忌諱而不宜直言的真正的教育（the true teaching），即所謂隱蔽教育（the esoteric teaching）。古典政治哲人之所以區分不同的教育，是因為深刻認識到哲學場域與政治場域的衝突，因為哲學是一種力圖以「真理」取代「意見」的知性活動，但任何政治社會的存在卻離不開該社會的意見，即該社會的主流道德和宗教信念，以及這些主流道德和宗教為基礎制定的法律，如果這些意見被哲學顛覆，就可能導致政治社會的瓦解。為了達到真理與維護政治社會存在間的平衡，哲學的真正教育必須限於少數人知道，而俗白教育的最主要功用即在維護社會穩定。從柏拉圖的角度看，維持真理與政治社會的同時存在是最高的價值，雖然政治社會須服從真理，但不表示可以為了真理摧毀政治社會，在此情形下，柏拉圖的兩套教育因此具有重要的工具價值，政治施教者（政治哲學家），一方面要教育統治者少數認識真理，另一方面則要以「高貴的謊言」確保政治社會的穩定。[22]

於是，柏拉圖的教育政策，一言以蔽之，即是要確保統治者說謊的權利，和防止被統治者說謊的可能，前者的目的在維護統治意識型態和統治階級的統治權，後者則在根除一切違反統治意識形態與危及統治階級地位的言論出現。但須注意的是，柏拉圖如此的教育設計，並不是針對有利於統治者私利的原因，而是他不斷強調的「公共利益」，此形同

---

[22] 施特勞斯因此歸結出，現代政治哲學與古代政治哲學的衝突表現在現代政治哲人拒絕了古代政治哲人對哲學與政治關係的深刻認識，現代政治哲人堅決相信可以用哲學的知識取代政治社會的意見，他們欲以知性的真誠（intellectual probity）取代高貴的謊言（noble lie），這種觀點無異指向以哲學和科學取消政治社會，最終達到普世國家（universal state）的目標。施特勞斯因此結論：政治哲學乃以政治社會的存在為前提，但普世社會則以政治社會的消失為前提。如果這種全球性善世化國家是可能的，那麼政治哲學就成為不可能。參閱 Leo Strauss, "On a Forgotten Kind of Writing", in *What is Political Philosophy?*, pp.221-232；*Natural Right and History*, p.169；The City and Man, p.1-12；*Liberalism Ancient and Modern*, pp.vii-xi。

盧梭的「普遍意志」雖然也會發展出維護統治者權力的結果，但兩者最後追求的都是「公共利益」，這也是我們在批判柏拉圖偏向維護統治階級言論時，應注意的一點。易言之，其心目中以外來意識形態為最終權威的外來政權統治者，其最終使命是追求「公共利益」，柏拉圖欲鞏固統治階級地位，亦緣於此有利於「公共利益」的追求，而占據最終權威者地位的意識形態，也是以「公共利益」為主要訴求及內涵，因此，柏拉圖思想中，外來權威的轉化，乃是一種公共道德的訴求，絕非一種權力的宰制與壓迫，這是我們以柏拉圖思想探討台灣外來政權現象時，應注意的一點。[23]

因為重視教育形塑人格及鞏固統治階級地位的功能，因此，柏拉圖極端重視典範的塑造與效法，他告誡統治者要以獻身國家自由的維護，作為他們終身的唯一職志，為了達到此一目的，統治者的教育不應該包括與此無關的項目，他們只能仿效施教者為他們定下的榜樣，只能模仿那些符合他們專業的人，為了「雕刻」出完美的執政者，柏拉圖要求國家之內十歲以下的兒童全部送往鄉下，避免受到父母不良習慣的影響，國家「要用自己的法律⋯⋯去訓練這些孩子，這樣我們所講的城邦和建構，就可以最快速、最容易地得到成功，而具有這種建構的國家，也必收益最大。」如此培養出的執政者，必然會蔑視「現實世界」（the present

---

[23] 柏拉圖此處的說法似乎與馬基維里有極大的相似，馬基維里在《君王論》中教導君主應該效法亞歷山大六世，成為一名既要威嚇懾人又得狡猾奸詐，如獅似狐的撒謊高手。他說：「人人都知道，言而有信、開誠布公、不施詭計的君主是多麼值得讚美。然而，我們這個時代的經驗表明，那些建立豐功偉業的君主們卻極少重諾守信，他們懂得怎樣玩弄詭計把人民搞得昏頭轉向，最後擊敗那些誠實無欺的對手而成為勝利者。」（Prince, ch.18）然而深入來看，柏拉圖雖同意統治者有說謊的特權，出發點卻不同於馬基維里，因為他是從共同體及公共利益的角度，同意統治者有此權利，而馬基維里則是從統治者及政治權力的角度，鼓吹統治者必須懂得欺騙。

world）裡的尊榮，當他們在「本土城邦」（their state）建立秩序的時候，就會把（外來）正義的原則加以發揚光大。[24]為了達成教育統治者的目標，柏拉圖對教育題材的選擇做了嚴格的限定，對音樂要進行管制，一切悲傷、悠閒的曲調皆應禁止，至於體育，則應施以自制和勇敢精神的軍人體育。除了言教之外，柏拉圖也重視身教，為了使子女從小習於戰爭，鍛鍊作戰技巧，柏拉圖要求父母參戰時須帶著子女在旁觀戰，從中習得父母戰時的典範，柏拉圖在此顯示其激進的軍國主義色彩。

　　這些教育措施還不足以保證產生適當的統治者，於是，柏拉圖還加上後續的考驗，這個考驗分兩個步驟，第一個步驟是辯證法的考驗，柏拉圖此一設計的目的在探知外來政權接班人的意識形態是否純正，辯證法在此有一體兩面的雙面刃效果，一方面它是教育的技巧，從中使受教者認知並接受統治的意識形態，另一方面，「隨辯證而來的，是龐大的邪惡，……這種藝術的學習者，總是無法無天的。」[25]雖然受教者從小受意識形態的灌輸，但這些「從小在父母般威權下長大的人」，不見得會堅守他們所習得的意識形態至死不渝，柏拉圖以小孩與「假父母」的例子說明此一情形：

> 設想生長在席豐履厚之家的兒子，……等到他長大成人，聽說他的父母其實並非他的父母，……在他對真相無知的時候，他可能尊敬他的父母和所謂的親戚，……但在他知道真相後，……就再不會理會他的父母、親戚，……當他的疑問精神問他什麼是正當有恥的時候，……各種論辯和反駁都出來了，馴致他受迫相信，一切可敬事物與可恥並無兩樣，正義與善良與其反面

---

[24]　Plato, *Republic*, 540d-541a.
[25]　同上註，537e。

> 也無差別，乃至一切他最珍視的觀念，莫不如是，你想，他還
> 會跟以前一樣地尊敬和服從他們嗎？[26]

　　柏拉圖此一比喻對於外來政權的轉化有其重要性，在前一章曾指出，柏拉圖將 Idea 比作父親，將容受 Idea 的空間場域比作母親，此一父、母角色的暗寓，給予台灣外來政權現象重要啟示。柏拉圖明顯揭露了外來政權教育政策面臨的困境，一方面，統治者教育機器教給受教者認識真理的方法，但受教者在接受此一方法時，也同時發展出認識「真相」的方法，當受教者明白養育他們，目的在獲得尊敬與服從的「假父母」，並不是受教者的真父母時，這些受教者自然要尋求他們意識形態的真父親，與空間場域的真母親，就台灣外來政權現象而言，其結果便是發展出本土意識形態與對台灣地理場域的重新認同。但柏拉圖並無因此放棄他的霸權式教育，反之，他預見了此一可能，而欲在此一問題未形成大患前即予根除，所以，此時的辯證法也是發覺問題徵兆的政治工具，雖然他口說攻哲學的人「從守法變成犯法」值得原諒和憐憫，但從他對待違背意識形態的詭辯家態度，即可得知這些意識形態不忠的人，不可能有好下場。對統治者的另一個考驗是，柏拉圖要求將受教的學生重新送回洞穴，強制他們擔任軍事或其他職務，如此作法，一方面要這些政權接班人及早汲取經驗，另一方面則在藉機考驗他們，在受到各種引誘的時候，是否能屹立不搖。只有那些同時通過這兩個階段考驗的人，才有資格成為統治者，這顯示，柏拉圖對於領受外來意識形態的統治階層，有極高的思想與道德要求，此固然係針對統治政權在外來權威轉化過程中所占據的關鍵地位，但同時也成為權威轉化能否成功的一大指標。

---

[26]　同上註，538a-e。

值得注意的是，在觸及教育題材的話題時，柏拉圖使用了統治者形象的善惡對比，他以壞醫生和好醫生、律師與法官的對比，來說明一個好的統治者應有的作為。他說一個人之所以生病求助於醫生，乃是懶惰和不好的生活習慣使然，不好的醫生不分對象治療病人，而使所有人養成依賴的性格，好的醫生區分病人對象，「對原來身體健康，習慣良好，而染患明確疾病的人，顯露他（醫生）的本領，像這類的人，他用瀉藥和開刀診療，再要他們照常生活，因此也就不害顧及邦國利益。但對疾病叢生的身體，……他不願意延長無用的生命，也不願意留下孱弱的父親，生下孱弱的孩子，一個人不能以一般方式活著，他就沒有治療他的必要，這種療法對病人對城邦都沒有什麼用處。」談到律師與法官的對比，他將前者形容為「卑賤」，他們使人畢生打官司，將時間耗費在法庭裡，以擅打官司為樂，至於法官則是以心智治理心智的人，他們以知識為嚮導。醫生的職責在治療身體的疾病，而法官的職責則在判斷靈魂的良窳，柏拉圖進一步結論說，一個國家所需要的醫藥和法律是那些「俾益善良天性，使靈魂身體都能健康」的醫藥和法律，「至於身體有疾病的，他們就讓他死；靈魂之腐敗而沒有救的，他們就親自結束他。」這種令人不寒而慄的冷酷統治在柏拉圖與葛樂康討論音樂教育時有最精簡的陳述，柏拉圖藉蘇格拉底之口表示「我們豈不在無意間清淨了我們的城邦，……那麼我們就要清淨到底了吧！」[27]

第三節　被統治階級的教育與「自主性」的塑造

柏拉圖教育政策的主要用意，既是在維護統治階級及意識形態的穩定，則除了必須對居於權威轉化關鍵地位的統治者灌輸正確觀念外，亦

---

[27]　同上註，395c-410a。

不得不將其部分焦點轉移至被統治者身上。從柏拉圖教育藍圖可看出，他把國家教育區分成兩個部分：初等教育和高等教育，初等教育是對所有二十歲以前的青年、幼兒進行的教育，上述音樂與體育課程，是這個階段教育的主要內容，到了二十至三十歲這個階段，國家必須成立一個「特別小組」，由這個特別小組挑選出統治者接班的預備隊，此時進入高等教育，教育的宗旨是專業性教育，課程包括數學、天文學與邏輯學，藉由這些學科的訓練，使這些準接班人瞭解善的觀念，最後當他們通過兩個階段的考驗，約在五十歲的時候，便可晉身為國家的統治者。

這個循序漸進的教育階梯，直接目的在培養國家統治者，但藉由初等教育與高等教育的整合，柏拉圖試圖將統治者與被統治者納入一個同一的文化霸權體系，這個體系最主要的功能，便是維護國家的階級統治，這個邏輯形同近代新馬克斯主義者強調國家的相對自主性（the relative autonomy of the state），[28]不同的是，柏拉圖在此強調的是意識形態的相對自主性。藉由意識形態的統一，柏拉圖的政治分工設計便可防止他最不希望看見的「變動」，他在語及音樂教育時表示，音樂的任何創新對整個國家都充滿了危險，因為當音樂格調改變的時候，國家的基本法律也會跟著改變，因此，對於一個將政權鞏固視為最高要務的統治政權，教育體制最不該出現的現象就是創新。在凍結了教育體制的變動後，整個階級體系便可按照政治分工「各盡所能」，這一方面，柏拉圖

---

[28] 新馬克斯主義的功能主義途徑（functionalist approaches），認為國家組織和決策的形成，是來自於維持資本主義發展的基本命令（fundamental imperatives），他們承認國家中有一獨立的意識形態結構存在，國家官員只是扮演既定的角色，他們的行為大部分是被結構的力量（structural forces）預先決定，而結構的力量與資本主義的生產方式的功能指令是一致的。新馬克斯主義者強調的「結構的力量」，可以比擬為柏拉圖思想的外來意識形態力量，此一力量旨在支撐國家階級統治的結構。參閱 Patrick Dunleavy 與 Brendan O'Leary 合著，《國家論》（Theories of the State）（台北：五南，1994），羅慎平譯，273-284 頁。

發揮了高度「因材施教」的創意，他由分析個體性格的差異著手，而將結論應用於階級的集體性格上。他說人有三個組成部分，包括：慾情因素（concupiscible elements）、感情因素（irascible elements）與理性因素（rational elements）。接著柏拉圖將這三個因素放大到國家的階級結構，相當於慾情部分的是大多數被統治的下層階級，相當於感情因素的是統治階層中的軍人或護國者，相當於理性因素的是國家最重要的統治者。統治者應有的德行是智慧及明智，但柏拉圖竟奇怪的界定睿智為接納忠言，這與一般認知統治者按意識形態治國的印象似有所出入，但只要瞭解柏拉圖所謂的忠言是關於國家整體的知識，而此一知識只有在統治者身上才找得到，此一認知差距即可弭平；護國者應有的德行是勇敢，柏拉圖界定勇敢為知道應該害怕和不應害怕事物的本質，而這種德行的取得乃是經由教育而來；然而，最值得重視的是柏拉圖對於被統治階級性格的描述。

　　柏拉圖認為被統治階級應有的德性是節制，柏拉圖將節制界定為：

> 某些快感和秩序的秩序化或控制，……這一點在常言所說的『自為主宰』（a man being his own master）裡，已經暗示出來，……『自為主宰』這句話頗有荒謬之處，因為主人同時也是僕人，僕人也是主人，而在這種說法裡頭，所指的都是同一個人，……這句話的本意是，人的靈魂裡頭，有著較善和較惡的兩種原則。較善的原則控制了較惡的原則時，這個人可說是自己的主宰，……但由於教育不良，或誤交惡友，則較善同時也是較小的原則，就受到較大同時也較惡原則的壓抑，在這種原則下，他就受到責備，被稱為『自我的奴隸』（the slave of self）和沒有

　　原則的人。……「節制」、「自主」等字詞，如果能表示較善部
　　分控制了較惡部分，則國家便可正確的稱之為自己的主宰。[29]

　　對於外來政權現象的探討言，上述界說最值得重視之處在柏拉圖對
於「自我主宰」及「自主」意義的詮釋，柏拉圖的「自我主宰」與「自
主」與本土政權視為最高價值的「自主」、「自決」、「主體性」等概念若
合符節，但意義卻大相逕庭。後者視這些概念為自己決定自己的命運，
易言之，主體是自己。但在柏拉圖眼中，社群的共善才具有最終主體性，
而個人角色是依達成共善目的所處的分工位置決定的，因此，任何個人
包括統治者在內，都是被決定的。既然社群決定個人的角色和價值，被
統治者欲達到「自我主宰」及「自主」目的，就必須在德行上、在社群
中由善的原則控制惡的原則。但這個目標並非百分之百能夠達成，柏拉
圖提出兩個未能達成目標的主要原因：教育不良和誤交惡友，進一步
看，個人之所以會誤交惡友乃是缺乏對於良友的知識，因此，誤交惡友
的原因仍舊是教育不良，故只有從教育方面改善，才能到達善的原則控
制惡的原則的境界，易言之，才能達至個人及社群「自我主宰」及「自
主」的目的。

　　當社群能夠「自我主宰」及「自主」時，依柏拉圖之見，即是少數
人統治多數人，強者統治弱者、最上乘的人統治自由人，當一個國家「產
生出協合弱者、強者及中層的諧調」時，此時便到達柏拉圖所指稱的第
四種德行，即：正義。柏拉圖將正義視為「國家的基石」、「一切德行的
終極原因和存在條件」、另外三種德行的「防腐劑」，可見其對正義德行
的重視，而在其眼中，個人的正義是指「從事一種最合他的天性的事
業」、「做自己的事，不要管閒事」；國家的正義是「當國內的三個階層

---

[29]　Plato, *Republic*, 430e-431b.

各盡其分的時候，那個國家就是合於正義的」。[30]於是，當一個國家達到正義時，便是國家能夠「自我主宰」及「自主」之時，此時國家的每一份子，都按照天性要求做好自己的本分，應該作統治者的應成為永久的統治者，應該受統治的也應永久接受被統治者的位置，當每個人各安其位時，國家便是正義的國家，也是一個「自我主宰」和「自主」的國家。巴柏雖然將柏拉圖樹立的此一正義國家形象稱之為「極權主義的正義」，但與其將此一國家歸類為極權主義的國家，不如歸類為階級的國家，因為如前所言，柏拉圖國家藍圖中的統治者地位也是被決定的，因此深入來看，統治者並不擁有統治的無限權力，其權力反而受限於先於其存在的意識形態，這套意識形態決定了所有人的位置，亦即決定了所有人在國家中的階級，但此一意識形態無法自行運作，其存在基礎在於教育機制能夠將此意識形態永久傳承下去，於是我們可以發現，雖然柏拉圖的教育理論主要針對的對象是統治者，但為維護統治階級的統治地位，教育者在統治者身上貼上統治標籤的同時，也藉由同樣的教育機制在統治者與被統治者間築起柵欄。

　　基於柏拉圖對國家教育的重視，我們有理由相信柏拉圖主要用意在視國家控制教育為傳播意識形態的主要工具，因此，似可推論國家取得文化霸權的程度，其主要指標正是國家控制教育的程度。鑑於外來意識形態所具有的外來性，必定因場域的差異招致本土社群的巨大抵抗，因此，掌握教育權力藉以馴化本土社群，便成為外來政權的優先統治選項，而其掌握此一權力的程度，便成為外來政權進行權威轉化工程的另一重要指標。因此之故，國家必定重視公共教育，即使有留給私人教育的空間，也必定是在國家巨靈的監視之下，盧梭用了極為類似柏拉圖的口吻對此有深入描述，他說：「由於不允許每個人的理智成為自己義務

---

[30]　同上註，431-435b。

的唯一仲裁者，所以任憑兒童的教育受父輩的啟蒙和偏見之影響就更不恰當了，……因此，在君主委任的政府和行政長官規定的規則之下，公共教育只是民眾或合法政府的基本準則之一。如果兒童共同平等地接受啟蒙，如果他們接受國家的法律和公共意志準則之灌輸，如果他們首先受到的教誨是自重，如果他們受典範和楷模的影響，……毫無疑問，他們的報答是，像兄弟那樣互愛，要社會之所要，以善良公民的行為取代詭辯論者貧瘠和空洞的胡言亂語，有朝一日，成為祖國的保衛者和長者，他們永遠是『祖國之子』。」[31]柏拉圖教育藍圖的最後畫面，正是要將社群中的所有個人塑造為「祖國之子」，在父權威權體制之下，此一目標可藉由教育的洗腦工程達成，但此一政治工程絕非僅出現在極權及威權社會，自由民主體制國家同樣重視教育的馴化功能，只不過在對教育控制不及前者的情形下，國家的思想馴化不及極權及威權主義國家來得既深且廣，因此其培育「祖國之子」的教育生產也就不及前者有效。基於此一原因，我們有理由相信，雖然台灣本土政權亦循外來政權模式，先塑造一「台灣之父」，再以此為典範複製大量「台灣之子」，但能否達到預期目的令人存疑。

第四節　藉政治神話進行意識形態的轉化

　　然而，這並非表示柏拉圖的教育策略是一戰無不勝攻無不克、本身毫無瑕疵的意識形態統治工具，正如柏拉圖自己預見的，對於統治者的培育可能成之於教育，但也可能敗之於教育，其中關鍵就在教育者身分，或是國家能否完全控制教育來源，而可能禍起蕭牆的禍首便是柏拉

---

[31] Jean Jacques Rousseau, *On the Social Contract with Gevena Manuscript and Policical Economy* (New York: St. Martin's Press, 1978), p.223.

圈口中的詭辯家，這些詭辯家能夠使青年腐化，造成國家的大災難。[32]由此顯示，柏拉圖對於國家教育機器也沒有百分之百的信心，畢竟教育是一「百年樹人」的工程，而統治政權隨時可能會在教育的整合功能尚未發揮前便面臨統治危機，因此，在以教育作為權威轉化的治本工具同時，也必須輔之治標工具，此一治標工具便是柏拉圖在政治哲學上的重大發現：政治神話的統治功能。

　　對於柏拉圖而言，政治神話也是屬於廣大教育系統的一環，實際上，柏拉圖述及兒童教育時，便是從神話故事切入，但與國家主導的教育體制不同，它並非如同音樂、體育等係教育的正式課目，甚至難登大雅之堂，故柏拉圖在述及政治神話時，亦顯示出躊躇與尷尬的態度，而與其對話的葛樂康在聽聞其「謊言」後，也直指柏拉圖「有理由感覺羞恥」。惟因柏拉圖體認到政治神話對確保政治權威所具有的巨大影響力，且又將政治權威的維持與國家整體利益畫上等號，因此仍決定設計「大膽的虛構之詞」，並將其稱之為「高貴的謊言」。另一方面，雖然如同國家教育一般，政治神話的對象亦包括統治者與被統治者，但與前者主要針對統治者不同，後者主要針對的對象則為被統治者，這當然是針對古希臘社會而發的一種政治技藝，易言之，乃是針對權威場域所構思的政治設計。古希臘社會可以被形容為一神話社會，神話是古希臘人認識世界和自我認識的一種方式，神話同時衍生出一切知識，因此，神話成為一切文化形式的中心和發源地，即因神話對希臘人的生活和思想有如此巨大影響，掌握了神話的詮釋權即掌握了主導意識形態的制高點，而此一攻勢所收割的戰果，也遠比教育慢工出細活來得快速。神話在古

---

[32]　值得注意的是，柏拉圖亦稱這些詭辯家為「老師」，只不過柏拉圖認為他們傳授的是「眾人的意見」，而此舉將使得接受教育的年輕人接受一般公眾的是非善惡觀念，與公眾同流合污。參閱 *Republic*, 492a-493d。

希臘社會究竟占據何種地位，這只要從柏拉圖時代的希臘學校，將伊索寓言列入教育內容，並放在突出的地位，人們把沒有鑽研伊索寓言的人稱作無知者和孤陋寡聞者即可顯見。另外一個例子是，被部分人視為唯物主義者和無神論的古希臘哲學家德謨克里特斯（Demokritos）利用人的迷信心理為自己脫罪，並為他的行為辯護說：「真理只能對智慧的人發生作用，愚蠢的人只能用荒唐的辦法對付。」[33]亦足見神話在決定人們信仰及行為上所扮演的重要角色與功能。

因此，柏拉圖的理論中明顯出現一種斷裂，一個是「愛真理」的哲學家，另一個則是「為了城邦利益」有權欺騙敵人與百姓的哲學家，在《法律篇》中，他明言若民眾缺乏教育，則統治者可偶爾使用兩種工具：武力和說服。[34]值得注意的是，希臘字的說服（Peitho）通常同時包括以公正和不公正的方法說服他人的意思。按照巴柏的詮釋，柏拉圖所謂「說服群眾」主要指的是謊言宣傳，[35]柏拉圖以醫術比喻，好的統治者應像好的醫生只為增進國家利益行醫，謊言和欺騙則可以「當作藥來用」。政治神話所具有維護階級統治之宣傳功能，及相對於教育的速效效果，是柏拉圖之所以選擇將其納入統治意識形態工具的主要原因，而柏拉圖之所以重視政治神話的這兩種功能，在於外來意識形態及外來政權所面臨的危險處境。在洞穴寓言中，柏拉圖形容一個發現真理的哲學家重新

---

[33]　德謨克里特斯因鑽研動物解剖，被鄰人認為瘋了，當鄰人對請來的醫生指證時，天上掉下一隻烏龜正好打在頭上，而此時天上也飛過被希臘人視為天神宙斯傳信鳥的老鷹。德謨克里特斯後來被法院傳喚，無論怎麼解釋都無法讓法官信服，最後德謨克里特斯利用迷信心理，舉了烏龜打中鄰人的例子表示，這是鄰人咒罵他而受到天神懲罰的結果，法官聽了之後果真判德謨克里特斯無罪。參閱劉潼福、鄭樂平著，《古希臘的智慧》，255-256 頁。

[34]　Plato, *Laws*, 722b-c.

[35]　巴柏，《開放社會及其敵人》（*The Open Society And Its Enemies*）（台北：桂冠，1998），莊文瑞、李英明譯，346、348-350 頁。

回到洞穴時所面臨的來自本土社群的敵意，類似的描述，也出現在其他地方。在《理想國》第六卷中，柏拉圖說了一個船長與叛變水手的寓言，柏拉圖指出，船長必須注意一年的季節、天空、星辰（古希臘研究星象是重罪，因為天文學家常是無神論者，蘇格拉底後來也因此被判罪），但在叛變的水手眼中，船長卻被視為夢想家與窩囊廢，他們會圍住船長，要求他將船交給他們，甚至殺死那些受船長之命駛船的人，柏拉圖藉此寓言說明哲學家與被統治者間的緊張關係。[36]在《法律篇》中，記錄的是一位雅典哲人跑到克里特島，與兩位長老討論法律起源的問題，一位是克里特人，一位是斯巴達人，他們觸及的問題是誰是立法者，因為克里特和斯巴達的法律是神授的，因此便與雅典哲人出現價值衝突。按施特勞斯的說法，蘇格拉底是哲學家的榜樣，在雅典做一個哲人必須懷疑祖先的神聖性，凡事不是訴諸於祖先的權威，而是訴諸於自然，生活在黑暗的洞穴中對於哲人來說就是生活在祖先的神聖法律中，對於克里特人來說，順從祖先的法律就是美德，但在哲人眼裡卻是罪惡，雅典哲人所持的政治哲學觀因此意謂著與神的對立，施特勞斯由此論證蘇格拉底之死，實際上即緣自哲人的哲學思考與社群價值的對立。[37]

在此危殆的環境下，柏拉圖構思出政治神話的統治技藝，值得注意的是，哲學與神學原本是不同且相互衝突的思想場域，但柏拉圖卻成功的將此兩種場域結合，若後來的基督教世界是用哲學來為神學服務，則柏拉圖顯然是用神學來為哲學服務，表面上他訴求將社群的行為規範制定為符合神的尺度，但實際上他的目的在使社群的行為規範塑造為符合哲學的尺度。一個明顯的操作技巧凸出他這一部分的意圖，鄂蘭發現，

36　Plato, *Republic*, 488a-489b.

37　Leo Strauss, *History of Political Philosophy* (Chicago: The University of Chicago Press, 1987), pp.4-5；*What is Political Philosophy?* (Chicago: The University of Chicago Press, 1959), pp.78-81.

世界各國的神祇大都是世界的「奠基者」（creat the world），但古希臘奧林匹亞諸神則是世界的征服者（conquer the world），柏拉圖的神祇既非奠基者亦非征服者，乃是世界的建築者（demiurge or world-builder），不同於奠基者之處在於，後者無中生有，前者則是利用既存物質建立世界，除此之外，柏拉圖所敘述的神話是他自己創造出來的，而非在敘述一真理。[38]德國學者卡西爾（Ernst Cassirer）也指出，柏拉圖是以一種完全自由的精神創造了神話，而不是受神話力量的支配，他是根據自己的意圖，即辯證的和倫理思想的意圖，來指導它們。當中的差異，卡西爾敘述得很清楚，真正的神話並不具備柏拉圖那種哲學的自由，因為關於神話賴以生存的基礎的想像，就其為想像而言是不可知的，它們不是被看作符號，而是被看作現實，這種現實是不能夠拒斥或批判的。[39]由此更加證明柏拉圖的政治神話乃是一刻意塑造的統治技藝，而且是用現成材料加工改造製作出來的統治技藝，故在《理想國》中可以發現，哲君在締造國家的所有立法行為中，關於禮敬神祇的儀節，是柏拉圖唯一未曾立法的事項，因為只要善用既有神話體系，加上符合其統治目的的說詞，便可達大強化政權統治正當性的基礎，統治者不用再費力製造新的神話體系。

因此，只要製造出政治場域與神話的連結，統治者便能輕易取得被統治者的信服，柏拉圖因此稱哲學家為「與神靈溝通者」，他像製圖者或畫家一樣，「有神物做他的範本」，使他能夠將天國的理想城邦複製到人世間實現。為了使國家共善的意識形態，取得道德的正當性，他嚴厲駁斥古希臘詩人和「大故事家」對神祇的污蔑，並力圖將古希臘神祇塑

---

[38]　Hannah Arendt, *Between Past and future* (New York: Penguin Books, 1977), p.285.

[39]　卡西爾，《國家的神話》（*The Myth of The Staee*）（北京：華夏出版社，2003），范進等譯，57 頁。

造出完美無缺的道德形象，再以此形象強化其政治論述，並以此約束統治者，他清楚指明神學的原則是：學生自幼至長，必須尊敬神祇父母，珍重相互間的友誼。為確保此一目的達成，必須對所有的故事作篩選，不許有描述陰間可怕的故事，這會使衛士怕死，還要刪掉哭叫的名人，使他們的死亡不至使衛士哀悼，不應描述神祇笑得不能自禁，也不能破壞神的穩健與節制形象，不可以將神描寫為愛金錢、犯罪。[40]這一切作為，目的皆在以哲學的神話體系塑造一符合統治要求的宗教與文化意識，故當柏拉圖強調必須使衛國之士真心敬愛神祇之時，他言語中未言明的乃是統治者必須真心敬愛與神祇位於同一地位的外來意識形態。他強調神是一切的尺度，神只會眷顧那些與之相似者，因此人要做的是儘可能集道德於一身，所以柏拉圖強調人生最主要的任務是德行的完成，[41]易言之，每個人各安其位，便符合神的尺度，而符合神的尺度的國家，即是一各盡所能的階級國家。

柏拉圖無疑是西方政治思想史中將政治與神話成功融合的最偉大思想家，這從他對古希臘神話所進行的轉化工程即可看出，而此一神話的轉化工程，實際上即是意識形態的轉化工程。在《理想國》第二卷中對於正義之源的辯論中，葛樂康引用吉哲斯取得魔法戒指的神話，證明人遵行正義並非志願，而是為勢所逼，非正義的頂點是在行不正義之時，被他人認為是正義的。阿第圖曼也引用「大故事家」希西阿和荷馬的話、宙斯和他兒子及繆塞阿斯（Musaeus）與奧菲阿斯（Orpueus）的神話，指陳普遍存在古希臘一般人心中的觀念，即神祇是可以賄賂的，人盡可以行不正義，但只要表面裝作正義，並向神祇祭獻即可。蘇格拉底在聽他們陳述之時，先是表示這些說法使他難以招架，幾乎剝奪他為

40　Plato, *Republic*, 383c-390d.
41　Plato, *Laws*, 716c, 803c-807d.

正義辯護的能力，顯示神話及一般人對神話的觀念所具有的強大影響力，但是他對於此一與其正義觀相互衝突的神話體系，並非由正面進攻極力駁斥，而是由「觀念國家」及與人切身相關的「生活需要」切入，在塑造符合其意旨的正義觀之後，進而以此為標竿，引申出需對不符合此一正義觀的神話進行檢查的結論，此一過程中，柏拉圖並未根本否定神話的角色，而是衍生出一個符合統治需要的新的神話體系。在《政治家》中，柏拉圖敘述的克魯倫（Cronos）黃金時代，是人從地球誕生的時期，諸神後來遺棄了這個時代，神將在世界腐化到最低點時，再度掌起宇宙船之舵，屆時萬物將重新開始進化；在《梯墨烏斯篇》中，柏拉圖也提到物種的起源，同樣表示人是神所造的最高級動物；而在敘及Idea時，柏拉圖強調Idea不是被創造出來的，而是不朽的，不能由任何感官看到與知覺到，只能由純粹思想來凝想，同時將生滅事物模仿的模型比作父親，將可感事物存在的空間比作母親，將他們的產物比作兒子，此一比喻與赫希奧的混沌神話（Hesiod's Myth of Chaos）非常類似，但更為重要的是，柏拉圖在此做了一個嫁接和轉化，目的在將Idea提升到神的不朽地位，成為一切可感事物包括社群規範的準繩，於是柏拉圖的神話與意識形態轉化工程至此獲得初步的成功。

第五節　神話的統治功能與暴力性格

　　包裹於神話體系內的意識形態卡位成功後，柏拉圖繼而利用另一個神話，強化統治者政治權威及統治結構的正當性。在《理想國》第三卷中，柏拉圖說了一個前曾提到過的地生人神話：

> 我們要告訴他們……國土是他們的生母乳娘，所以他們有責任
> 為她的福祉盡力，並且保衛她不受攻擊……你們是兄弟，但神

祇把你們造得頗不相同，你們之間有的有指揮能力，神祇在這
種人的體格裡摻進了金子，因此他們還具有最高榮耀。他用銀
子造了另一種人，是為輔佐；至於要做農夫工匠的人，他則用
銅鐵構成。這種門類，一般都保留遺傳在其子女身上，但由於
人人本屬同種，金父有時會生銀兒子，銀父有時會生金兒子，
神祇對執政頒布的首項至高原則，便是他們最應該兢兢業業保
衛的，而且做他的稱職的保衛者的，應當是民族的純粹性，他
們應當注意，他們的子孫身上，摻雜了些什麼元素，假使金父
或銀父的兒子，居然混得有銅鐵，那就表示大自然定下了階級
的轉移，則身為執政者的，必不能因為這個兒子要降低其階級，
成為農夫工匠，而對他加以憐憫，這情形尤之於工匠之子，身
上混有金銀的時候，一定要提高其榮譽地位，使他們成為衛士
或輔佐。[42]

　　在這則神話中，有三方面值得注意。首先，柏拉圖明顯訴諸以地域
為邊界的民族主義，柏拉圖利用人對土地的情感，作為凝聚國家不同階
級向心的工具，這對台灣的外來政權現象並不陌生，不同的是，台灣以
土地感情作為鬥爭工具者，主要是持本土政權理念者，早期外來與本土
的對立，以台灣海峽為區隔的土地劃分，是最簡易的敵我區分標準，中
土與本土不僅是地理上的不同空間，更是心理上的不同空間，對外來政
權的戰鬥，即是要將本土歸之於本土政權，而將外來政權趕回中土的戰
鬥，晚期外來與本土的對立，地理界限雖已不復如同早期那麼劇烈，但
「台灣之子」標示的台灣母親土地呼喚，仍舊是足以動員本土政權與外
來政權進行「不斷革命」的原生感情。對於柏拉圖而言，其外來特色乃

---

[42]　Plato, *Republic*, 414d-415c.

是表現在意識形態的外來性，因此沒有土地對立的問題，這就易於柏拉圖利用土地原生感情遂行統治需要，然而，民族主義的動員，是任何形態政權都會運用的統治工具，從古至今皆不例外，無論是外來或本土政權，都不會忽視它的統治效用。

　　其次，柏拉圖明顯欲利用血緣鞏固統治結構，但此處的血緣是階級的血緣，而非人類學上種族的血緣，金銀銅鐵的階級結構是不可改變的，但此一結構中的階級身分則可以改變，柏拉圖將此形容為「民族的純粹性」，從階級政治的角度看，柏拉圖將階級結構與「民族」連結非常矛盾，柏拉圖之後幾千年的馬克斯大倡「工人無祖國」，揭示「階級」與「民族」的衝突關係，但只要從柏拉圖的階級政治本身不為目的，以階級政治鞏固統治結構，進而實現意識形態統一下的國家利益才是目的，便可明瞭柏拉圖將「階級」與「民族」聯繫的原因。鞏固統治結構之所以必要，係在消極方面可避免柏拉圖所謂的腐敗趨勢繼續蔓延，積極方面則是實現意識形態治國藍圖的必要條件，於是為了鞏固統治結構，柏拉圖訴諸「高貴謊言」，惟值得注意的不是柏拉圖使用欺騙的手段，因為「政治是高明的騙術」似乎是古來中西統治者都有的共同經驗，不同的是，柏拉圖公開將此做為統治工具，強調要將地生人的神話「儘可能乘謠言之翼傳達」。神話當然不是真的，但卻有利於統治，特別是在外來政權面對來自於本土社群的威脅時，神話即使無法增加統治者的政治權威，卻可以嚇阻被統治者對權力的踰越，柏拉圖相當瞭解神話的此一功用，後來的哲學家亞當（Adam）即認為「無此神話，國家的輪廓就不完整，我們需要某種城邦永存的保證……應從信仰而非從理性找到保證，這最能充分顯露出柏拉圖教育的觀點中所充滿的道德和宗教精神。」另外，對宗教有所懷疑的霍布斯也認為，宗教的教義即使不是真

實的，但卻是一種最方便、最不可或缺的政治工具，無怪乎馬克斯會指稱「宗教是人民的鴉片煙」。[43]

但柏拉圖似乎認為「高貴的謊言」不足以完全達到鞏固統治結構的目的，因此在講完地生人神話之後，他緊接著表示：「在我們裝備大地所生的英雄，領導他們在執政之下出現的時候，……假使國內有桀驁不馴的，讓這些英雄尋覓擇取他們最能壓制反叛的場所，再讓他們抗禦敵人。」[44]於是，神話與武力的二合一運用，在柏拉圖身上一覽無餘。葛蘭西在《獄中札記》（*Prison Notebooks*）中曾指出：「有關國家的一般概念包括這樣的因素，它們需要回過頭來論及公民社會的概念，在這個意義上人們可以說：國家＝政治社會＋公民社會，換言之，霸權受到強制甲冑的保護。」[45]在葛蘭西看來，國家之統治既包含弱化和鬆懈從屬群體的意識形態力量，也包含了強制性力量的擴張，[46]而這一點在幾千年

---

43 引自巴柏，1998：326-328、352。柏拉圖對神話的政治運用，似乎受到其舅舅也是三十僭主領袖的克裏底亞斯影響，克裏底亞斯在其詩文中將首創諸神威嚇的人稱之為聰明狡猾人士，是最早稱讚宣傳謊言者。巴柏將柏拉圖對謊言的運用，指其為約定主義者，認為柏拉圖將宗教的基礎建立在他所建構的「約定」或「發明」上，這種建構並非旨為宗教的興趣，而是基於國家的利益。

44 Plato, *Republic*, 415d.

45 Antonio Gramsci, *Selections From Prison Notebooks* (New York: International Publishers,1971), p.263.

46 對於葛蘭西霸權與武力的關係，安德森（Perry Anderson）有三種解讀，第一種是霸權屬於公民社會，而武力屬於國家；第二種是霸權不是同意與武力兩個極端的對照，而是同意與武力的綜合，因此霸權不再限於公民社會之中，它亦作為同「公民霸權」相對照的「政治霸權」置身於國家之中；第三種是國家與公民社會是齊一的，這樣，同意和強制就變成與國家相依相偎，而且霸權與國家機制本身無法區分。與上述第一種關係相較，第二種關係是國家和公民社會包含於霸權之中，第三種則是霸權包含於國家之中。若將這三種關係與柏拉圖謊言與武力的說法比較，第二種關係顯然較符合柏拉圖本意，因為從現代觀點看，柏拉圖的整個政治思想可以說即是以意識形態治國，國家與社會都融於此一意識形態，無論是謊言或是神話的運用，也是此一意識形態彰顯自身的工具。參閱 Perry Anderson, "The Antimonies of Antonio Gramsci", *New Left Review*,

前的柏拉圖那裡早有清楚的描述，更甚者，在柏拉圖思想中，謊言與武力之間絕非涇渭分明，反而是相互連結的兩個相伴相生的元素。

柏拉圖在《理想國》最後一卷講了一個阿爾辛諾（Alcinous）的神話，神話中的主角厄爾死後復活告訴別人他所見到的一切，他說看到四個洞穴，兩個是正義的人走的（上天堂），另兩個是不正義的人走的（下地獄），兩個洞穴之間有一個判官，不義的人要在地下受苦，人有生死循環，命運女神會散發命運的籤，命運和道德是可以自己選擇的，不過這些都無確定的性格，為了可以謹慎抉擇，人要學習分辨善惡，以便可以在機會允許下做最好的選擇。於是柏拉圖在這一則神話的結尾，也是《理想國》的結尾呼籲：「我們要永遠遵從天道，永遠履行正義和道德，認靈魂為不死有能耐忍受一切美的和惡的事物，那樣，我們就可以活得為人所愛，為神所喜，我們活在世上的時候如此……，在此生也好，在我們描述到的千年行旅也好，我們必能一切順遂無恙。」[47]在這個故事中，表面上和地生人的神話一樣，目的都在鞏固意識形態領導下的國家統治結構，以神話維護政治權威，只不過地生人神話訴求的重點在階級統治結構，而阿爾辛諾神話訴求的重點則在以「善」及「好」為名而欲彰顯的統治意識形態。值得注意的是，這兩則神話中，都凸出了一個相同的現象，即柏拉圖對武力使用的強調，在地生人神話中，此一強調是出現在柏拉圖講完此一神話之後，為使神話為人確信，他直接挑明必須以謊言和武力為工具，在阿爾辛諾神話中，柏拉圖沒有直接提到武力的運用，但武力卻間接貫穿於整個神話之中，表現的形式則為精神暴力。

上一章提及，鄂蘭強調政治權威與武力是相斥的兩種元素，但鄂蘭卻也表示，從政治權威的孕育時期古希臘時期開始，武力與政治權威便

---

no.100,1977, pp.5-78。

[47] Plato, *Republic*, 621c-d.

已如影隨形了，鄂蘭認為柏拉圖思想中的哲君，用以作為洞穴社群行為規範的 Idea 並非社群固有的產物，而是哲學家自外帶入社群之內，這就必然產生哲學家與社群成員的衝突，為了完成 Idea 的轉化，柏拉圖必須構思解決此一衝突的方法，蘇格拉底之死，使柏拉圖認知單靠說服並無法取得被統治者的服從，他發現唯有讓自明的真理深植於每個人心中，才能在不使用武力的情形下，取得被統治者的服從，但問題是只有少數人才具有認識此一自明真理的理性，要如何使此一真理亦為大多數的被統治者接受呢？此一困境在《理想國》中獲得瞭解決，柏拉圖利用上述神話所描述的地獄獎懲為工具，要求人們永遠遵從天道，履行正義。值得注意的是，這則神話完全是柏拉圖的政治設計，目的是在藉地獄神話使人產生的恐懼與強制心理取得被統治者的服從。在其他場合，同樣出自取得被統治者服從目的，柏拉圖引用了許多為一般人認為想當然耳的例子形容統治者與被統治者間的關係，如將統治者比喻為牧羊人、掌舵者、醫生、主人等，而將被統治者比喻為羊群、乘客、病人及奴隸等，所有這些比喻都凸出了柏拉圖所欲訴求的專家政治原理。柏拉圖並以類比的方式指出，所有的工藝均接受 Idea 的指導，而工匠則可經由模倣製造器具，製作器具需要專家，政治當然也需要專家，鄂蘭由此一類比導出重要發現，她說所有的人類「製造活動」（making process）都與自然相對，也都具有暴力的成分，在柏拉圖所舉形容統治者與被統治者關係的例子中，柏拉圖實際上已顯露其傾向獨裁國家的傾向，實際上他也公開認為要建立一個新的國家，最方便的途徑便是由獨裁者執政，而若一個國家的統治者必須具備的條件與工匠相同，那麼工匠在製作器具時顯露的暴力特質，必然也會出現在統治者身上，從這個角度而言，獨裁者確實適合占據統治者的位置。[48]

---

[48] 關於柏拉圖利用神話進行統治，及神話與暴力的關係，參閱 Arendt, 1977:

　　為了將外來意識形態成功移植到洞穴社群，柏拉圖確實用心良苦，他將統治意識形態提升到真理的位置，但卻沒有把握被統治者會接受此一意識形態，甚至他也懷疑統治者是否會始終一貫堅守此一意識形態。於是柏拉圖廣闢戰場，將打擊層面深入到幾乎每一個領域，為了使統治意識形態定於一尊，他必須力斥自由主義先驅的詭辯家散播的「眾人意見」，柏拉圖的霸權論述即使結構完整，卻也顯示反霸權論述對柏拉圖訴求的意識形態構成嚴重威脅，並隨時伺機推翻柏拉圖塑造的「真理」。另一方面，為了維持權威轉化樞紐的統治者能有一致的純淨思想，柏拉圖強調必須以教育及考驗過濾統治者人選，但他對於理想中集大權於一身的統治者角色卻拿捏不定，他一方面嚴斥獨裁者，另一方面卻宣揚獨裁者在建立一個理想城邦中所具有的功能性角色，這種角色的混亂使人想起阿克頓爵士（Lord Acton）所言：「一切權力都會腐化，絕對的權力造成絕對的腐化。」柏拉圖的出發點即使是欲塑造一「開明君主」，但權力的發酵卻易使統治者走向獨裁之路，這從柏拉圖教育的學生當中，有許多人竟都成為獨裁者的事實，即足以顯示若非柏拉圖的教育失敗，便是權力誘惑及腐化人心的力量確實無法抵擋。二者無論何者為真，都預示柏拉圖的權威轉化工程勢必遭遇難以跨越的內部障礙。最後，為了取得被統治者的服從，柏拉圖訴諸了神話政治設計，但是正如《費德魯斯篇》（Phaedrus）中的蘇格拉底所言，神話只是「一個非常機智勤勉，但又不值得羨慕的虛構故事」，他正確指出為了描述一個神話，就必須不斷解釋「眾多陌生而荒誕的東西」，對於如同蘇格拉底的哲學家而言，他認為要解釋這些東西，必須有充分的閒暇，而他（們）最缺乏的就是

107-112；關於柏拉圖認為要建立新國家最好由獨裁者執政的說法，參閱 *Laws*, 709e-711e。

閒暇。[49]但對於客觀看待編撰政治神話背後的政治目的者而言，須對神話不斷提出解釋，即表示需要對謊話不斷提出謊話，才能達到圓謊的目的，而這也是政治神話最脆弱之處，因為每一次的圓謊，就增加了謊言的被打擊面，最後的結果是謊言終有被拆穿的一天，若拆穿必定是「高貴的謊言」必然結局，則建立在此一基礎之上的外來權威轉化工程，在「開工」的第一天實際上也就預見了神話大廈傾圮的結果。

　　柏拉圖的政治神話構想主要出現在《理想國》中，在此一對話錄中，柏拉圖顯然對其建國治國理想抱持極為樂觀的態度，此一態度使他不可能察覺欲將外來意識形態轉化入本土政治社群中可能遭遇的理論障礙。此一樂觀想法的背景來自於柏拉圖將權威轉化工程繫於哲君領導的統治階級上，因此，只要能夠掌握哲君的培育及統治，便能間接掌握權威轉化的順利推展，在此一思維中，遺漏了柏拉圖所處古希臘時代一個極為重要的整合工具，即法律的統治功能，但此一刻意的忽視到了柏拉圖晚年撰寫《法律篇》時，終於重新恢復法律無可取代的統治地位。

---

[49]　Plato, *Phaedrus*, 229c.

第四章　以法統治

　　柏拉圖由過去以哲君為主導、強調「誰該統治」的想法，一變而為重視法律統治功能、轉向尋求「如何統治」的改變，這與他試圖參與敘拉古事務遭受失敗有關，此一失敗使他瞭解到理論與實踐間的差距，因此決定減少意識形態色彩，增加對實際環境需求的回應。亦即，柏拉圖已體認到政治權威的維持無法單靠意識形態及統治者的單一面向，也必須考量權威場域的配合問題，在《法律篇》中，當雅典人被要求為一個新城邦提出新憲法時，他首先提出的問題是：城邦的位置是海上還是內陸？有無港口、相鄰的城市、平原、山脈與森林？[1]他重視的是與法律相適應的場域問題，按照他的看法，一個最適合治理的國家是沒有國際貿易與海軍的國家，雖然這凸顯出柏拉圖的鎖國心態，但值得我們重視的是他瞭解法律必須與環境配套，這無異是柏拉圖思想中的一個大轉折。因為《理想國》所欲建構的國家，是不需要考量這些本土因素的，由此也凸顯《理想國》的外來特質，故《理想國》的權威轉化工程，係強調哲君角色與鞏固統治階級的教育與神話工具，但在《法律篇》中，權威轉化工程的關鍵角色已為法律所取代，兩者間最最大的差異，從下面這一段話可充分彰顯：

> 　　不要讓西西里，也不要讓任何地方的任何城邦屈服於人類的主
> 子──這就是我的教條──而應該服從於法律。不論對統治

---

[1]　Plato, *Laws*, 704a-c.

者、或對臣民、對他們自己、對他們子女的子女，甚至對所有
後代而言，服從於人總是不好的。[2]

　　至此，我們可將柏拉圖外來權威的轉化工程分為兩個階段，第一個
階段以外來意識形態及哲君統治者為主導，第二個階段則以強調權威場
域的法律制度性因素主導。

　　這雖然是柏拉圖思想的大轉折，但卻非柏拉圖的新發明，事實上，
古希臘城邦即是一依照本土獨特經驗而發展出獨特法律體系的民族，這
一點也是古希臘人與其他世界大多數文明最大差異之一，蓋世界大多數
地區偉大文明的發皇率皆由官僚體系造成，但在古希臘卻是在社群的基
礎上發展出高度文明。因此，從一開始，古希臘生活的決定性問題都是
由下而上的政治問題，而非統治階層領導的行政問題，由於城邦是公民
組成的社群，因此首要之務便是維持有效的社群精神（communal
spirit），因此古希臘政治的關鍵問題便是如何建立和諧的群體行動基
礎。為瞭解決此一問題，古希臘人認為法律乃是團結城邦社群的唯一力
量，在此背景下，形成古希臘人對習慣法（customary law）的絕對尊敬，
並認為習慣法乃是一切合法權力的源頭，《德拉寇法典》（*The Draconian
Law*）便是這樣產生的。另一方面，古希臘社會絕非是靜態社會，相反，
古希臘人積極參與殖民，從事貿易，並且和經常變化的地中海生活潮流
有各種接觸，於是內部也有不同意見與階級對立，在此情形下，隨場域
變化而制定的法律也成為動態的概念，必須靠富創意的政治手腕才能制
定出符合環境需求又能取得公民服從的法律。因此，立法、執法成為古
希臘公民的責任與權利，也成就了西方最早的民主思想。伯裏克裏斯時
代的雅典人，大部分的時間即在從事立法大會（legislative assemblies）

---

[2]　同上註，334c-d。

或公民陪審團的工作，就某一程度而言，甚至政黨競爭也披上法律的外衣，此一體制培養了西方早期的公民自由思想，公民可在法律訂定的已知和可預測範圍內自由追求他們心目中的幸福生活，伯裏克裏斯的葬禮講詞便是此一精神的動人表白。[3]

　　古希臘人「法律之下的自由」思想並未能維持下去，其最後失敗的原因可歸咎於兩個因素，第一個因素是古希臘人未能提供建立有效的國際秩序的基礎。對古希臘人而言，法律全然是內政事務，只有本土社群的公民才能享受法律賦與的自由，即使某一城邦建立新的殖民地，希臘人也很少將公民權賦與殖民地的人民，因此唯有依靠武力來維持霸權，使臣屬的社會淪於次等法律地位，就此而言，古希臘人的殖民統治流露出很強烈的外來政權色彩，這種統治最終招致普遍的不滿與叛亂，古希臘的歷史遂化為一場敵對帝國主義者間的徒勞鬥爭，直到希臘人耗盡了所有的精神財力為止。第二個原因是即使是在城邦的範圍內，法律問題也未完全解決，因為一旦某一利益團體掌握了城邦的運作，就無法阻止他們為了維護自己權力而打擊對手，在面對無限制的階級立法（class legislation）時，爭奪立法權便成為所有階級生死攸關的大事，結果便演變為無止境的內戰。這兩個因素破壞了古希臘法治自由思想的威望，反動的情緒也因而在古希臘社會滋生，其中一種是道德的犬儒主義（moral cynicism），但對於柏拉圖而言，卻獲得一個與犬儒主義完全相反的結

3　在此可引述伯裏克裏斯葬禮講詞的部分內容以為佐證：「法律對所有私人的爭論提供同樣平等公正的服務，……我們所享受的自由也引申到日常生活上，我們彼此互不猜疑，如果鄰人要自行其道，我們也不會苛責他們，……但這種自由並不會使我們漫無法紀。我們養成尊重司法官和法律，……我們隨心所欲自由生活，不過對任何危險我們總是有以待之，……雖然只有少數人參與創設政策，但每個人都能對政策作判斷，……我們相信幸福乃自由的果實，而自由則是勇氣的果實。」引自巴柏，《開放社會及其敵人》（The Open Society And Its Enemies）（台北：桂冠，1998），莊文瑞、李英明譯，430-431頁。

論，他認為唯有在倫理的基礎上才能創造美好生活，因此柏拉圖早期投注全副心力尋找一些未受既存制度汙損的普遍道德標準，這就是其理型論思想的由來。但是柏拉圖片面忠實於單一意識形態的理想，並無法與本土政治生活相契合，這一點也是造成他日後思想反轉的原因，《法律篇》的撰寫，雖然仍有濃厚的《理想國》色彩，但明顯看得出來，他已將其視為一個理想城邦的模型，現在，他要回歸到其一度取消但後來發現有利於政治權威的以法治國道路。

第一節　本土經驗與外來意識的結合

從結果來看，古希臘人的法治並未為國家帶來長治久安的局面，但這一點不能否定法律在鞏固政治權威方面的價值，因為表面上法律的失敗，實則是人的野心超越法律權威所造成，因此，古希臘政治的無以為繼，是統治的失敗而非法律的失敗。在《第七封信》中，柏拉圖一方面指出雅典統治的失敗在於其法律和傳統的腐敗，另一方面卻表明他之所以要到敘拉古，即是要實踐法律和憲政的理想，兩者之間的落差從他所說「不要讓任何地方的任何城邦屈服於人類的主子，而應該服從於法律」即可看得出來。法律之所以會腐敗，是因為法律成為專制君主的奴僕，而一個真正的法治和憲政國家，是一個所有人臣服於法律的國家。古希臘的法律之所以有鞏固政治權威的效果，在其衍生自古希臘人的 Nomos，Nomos 泛指一切秩序的形式（form of order），這些秩序是為所有社會團體所接受或應該接受的，易言之，它的最主要特性就是貼近於本土社群的本土性，Nomos 之所以具備了初期法律的屬性，原因便在它是具有拘束力之本土約定（convention）與習俗（custom）的最初樣態，而這些約定與習俗乃是先祖一代一代傳遞下來的。因此，若深入追究，此一產生自本土社群的權威，正處於柏拉圖早期哲學思想的對立面，因

為柏拉圖改變了最好的權威是祖傳的觀念，經由一種真實存在的 Idea 或自然的發現，基於祖傳而來的權威根基被連根拔起，而柏拉圖致力完成的，便是以外來的意識形態權威，取代這個本土的權威，只不過到了後期，柏拉圖終於認清了它的窒礙難行。

　　柏拉圖必須返回到本土社群的經驗，從與土地的貼近性尋求政治權威的來源，此一思維的改變從其對話錄取向的差異明顯可見。在《理想國》及其他同時期的對話錄中，柏拉圖仍然堅持理型論，置重於普遍與特殊的關係，柏拉圖強調特殊必須與普遍相同或由後者分受，才能具備真實性，Idea 因此是不完美經驗世界的典範，哲學家的形象則是背對於經驗世界而將其注意力集中於探索 Idea 的追尋者。但到了後期的《泰提特斯篇》（*Theaetetus*）、《辯士篇》（*Sophist*）和《政治家》，柏拉圖注意力開始轉移至許多特殊概念如辯士（sophist）、政治家（statesman），甚至是釣者（angler）及織衣者（weaver），柏拉圖專注於對這些特定概念而非普遍概念的探討，代表一種政治思維的改變，顯示其關心的重點已轉移至經驗現實，這可以解釋為何柏拉圖後期不再談論只存在於理想中的城邦典範，而是將他的注意力置於現實世界，柏拉圖顯然體認到與理想國家相較，現實國家是一不完美的存在，他終於接受了場域的差異性，因此必須另外構思一套權威建立的基礎。

　　此一想法也可從其對政體的分類看得出來，在《理想國》中，柏拉圖並不在意政體的差異，將注意力完全集中在理想國上，現實的國家則是以墮落的形式出現，榮譽政治成為理想國家的墮落，寡頭政治成為榮譽政治的墮落，民主政治成為寡頭政治的墮落，暴君政治成為民主政治的墮落。在《政治家》中，柏拉圖以一種更為詳盡的方式進行政體的分類，理想中由哲君統治的君主政治被作為安置於天國的樣板（model fixed in the Heaven）而束之高閣，對於現實的國家，柏拉圖則透過有無法律及統治者人數加以分類，而得出兩種類別的國家，一是有法律的國

家，一是無法律的國家，前者包括君主政治、貴族政治和溫和型民主政治，後者包括暴君政治、寡頭政治和極端型民主政治，後來亞里斯多德在其《政治學》中亦採取了此一分類法。值得注意的是，即使民主政治居於法律國家的最後一位，但柏拉圖已承認它亦勝於無法律的國家，柏拉圖此時已顯現出日後在《法律篇》中採取的立場，即將次好的國家視為一種揉合好的元素形成的混合國家，也就默認了在現實國家中，被統治者的同意和參加是不容忽視的，因此對其要求的回應亦是鞏固政治權威的要務。

　　現實國家中的人並非各安其位，而是相互衝突，政治的功用便在於使這些互相衝突的需求能夠整合在一起，《法律篇》的主旨便是在現實國家的基礎上整合這些相互衝突的利益，故在《法律篇》中，可發現柏拉圖對一些影響社群規範的約定與習俗非常重視，包括憲法體現的基本原則；法律防制的犯罪如殺人、竊盜等；規範農業與商業行為的規定；宗教進行的儀式；養育孩童的方式；甚至性行為等。但柏拉圖在進行權威的轉化時，利用了一個巧妙的方式，即將得自於本土經驗的法律與外來意識形態相結合，並聲稱二者同樣是神聖理性的產物，並包含在同樣的秩序之中，此一途徑來自於兩個假設：一、能夠維持國家穩定與安全的事務都是好的；二、傳統習俗必須獲得保障。柏拉圖要做的即是將前者所代表的神聖真理與後者習俗的律令結合，如此，便可無損於其先前立場。問題是雖然柏拉圖宣稱本土社群的法律與天體運行的秩序是出於同樣的原理，仍舊無法解決外在於社群之外的自然並未直接教授人們行為規範的問題，人們實際生活的體驗也絕對無法領受到外在其經驗之外的「真理」，柏拉圖的立場似乎認為只要具有足以認識第一原理的能力，即可解決二者的衝突，這仍然是一種專家政治的統治思維，但柏拉圖實際上已承認古希臘人對從生活中所累積經驗而非專家的信賴，這從其讚揚克里特及斯巴達的既有法典及對老年人所顯示的尊崇即可看出，以柏

拉圖在《理想國》中非常重視的教育為例，在《法律篇》中，教育不再
只是哲學家的專門領域，而是除「最優秀的人」之外，加上「最年長的
人」的一致經驗，甚至在其為克里特所訂憲法中，重要官員也都是必須
超過五十歲以上者。[4]

　　即因《法律篇》重視本土經驗，因此對於法律的屬性也呈現出不同
於《理想國》的特質。柏拉圖在《理想國》對話錄中，強調秩序的穩定，
認為一切最完美的東西一定不會改變，包括法律在內，在論及音樂格調
不可改變時，他所持的觀點即是音樂格調的改變會導致法律的改變，而
法律的改變將危及國家的穩定與安全，柏拉圖的主要目的即是將此一萬
世不變的法律或是建國藍圖，永遠作為統治的規範。相對於柏拉圖此一
「烏托邦社會工程學」（utopia social engineering），巴柏提出了「漸進社
會工程學」（piecemeal social engineering）的構想，但至少在《法律篇》，
巴柏對柏拉圖的批評並不見得公允。雖然柏拉圖仍認為法律的制定應從
美德開始，所有的立法應是系統性的而非片斷的，但他確實認為法律應
有與時俱進、因應不同時空環境需要而變化的空間，同時他也認為立法
者面對特殊處境時應發揮判斷力，他並承認在許多場合中，循序漸進的
改變才是唯一可行的立法途徑。巴柏將柏拉圖與馬克斯並列，認為兩人
都是大型社會工程學的支持者，且都認為歷史有本身的運行定律，而此
一定律規範人類社會的發展，巴柏對柏拉圖的評定主要依據《理想國》
的理論，但在《法律篇》中，雖然也有談到世界歷史的趨向，但此一歷

---

[4]　《法律篇》中的雅典人認為必須超過五十歲者才能擔任的職位，包括負責登記
公民財產的執法官，若其發現任何人隱匿超過規定數額的財產，可以將其財產
充公，並公布於眾，對他進行起訴；負責男女教育的教育總監，柏拉圖認為此
一職位是國家所有官職中最重要的；全體公民每年祭拜太陽神和阿波羅神時選
出的三位監察官，監察官的職責是維持政府體制的正常運作；國家外派考察其
他民族的使者，他們的職責是宣揚國家的威望，並以他國法律彌補本國法律的
缺陷。參閱 Laws, 754e-755a, 765d-767b, 945e-946b, 950d- 951b。

史不再是回溯式的由過去歷史傳統中引申出未來的行為規範，理想中的新國家不是既定歷史發展的產物，而是人的有意創造，易言之，柏拉圖已給與人的主體性更多的尊重。

因此，《法律篇》中的法律思想採取了古希臘立法精神的一大特色，即是民主精神的體現，*Nomos* 雖是不須經過立法機構同意的約定與習俗，就此而言，*Nomos* 實係取得了與自然等同的地位，但如前言所說，自然無法予人類社群一個明確的行為規範，而這些行為規範對於社群秩序的維護又非常重要，因此，*Nomos* 必須轉化為成文法，在此，法律呈現出一種對比，一方是不須立法機構通過卻為所有人謹守的法律，這是一種不成文法；另一方則是經由立法機構通過的成文法，在《理想國》中，對於後者並不重視，但它卻是古希臘政治生活最主要也是影響後世最重要的精神遺產，表現於外者即是一民主生活。[5]但在深入探討柏拉圖後期體現的民主精神前，有必要將《法律篇》體現的成文法與不成文法對比做進一步的說明，因為這關係到前述柏拉圖將本土經驗的法律與外來意識形態相結合的政治技巧。

《法律篇》一開始即問到法律的來源問題，雅典人問克里特人和斯巴達人：「你們所說的這些法的確立應當歸功於誰？歸功於某位神，還是歸功於某位人？」[6]由此顯示，法律問題首要面對的即是神與人的對比、外來神聖權威與本土政治社群的對比，也是不成文法律與成文法律

5　在《法律篇》中，成文法與不成文法的對比，至少出現在三個脈絡中：一、柏拉圖似乎認為成文法律不必涵蓋所有的生活細節，如家庭生活及狩獵等；（788b, 790a-b, 822d-823a）二、柏拉圖似乎認為成文法律系統需要一套人所共守的道德規範、習俗與傳統支持，這些道德規範、習俗與傳統雖然不見得納入成文法律，但成文法律若沒有它們的支持就無法運作；（793-d）三、柏拉圖也提到一些性行為的禁忌，這些禁忌是一種「公共輿論」，足以比任何成文法律更能夠約制人們的行為。（838a-841b）

6　Plato, *Laws*, 624a.

的對比，而克里特人和斯巴達人都將其歸功於外來神聖之神的權威。從此一角度看，這與《理想國》中強調與神祇位於同一位階的外來 Idea 主導角色觀念並無不同，而雅典人確實也於稍後表示同意法律具有宗教的特性，但他並未在此一論點上停留太久，旋即改變話題的方向，他問克里特人和斯巴達人他們城邦制定法律的目的為何？由此，雅典人為三人的對話設定了基調，焦點此時轉移到法律的目的（end or purpose）而非來源，這也是《法律篇》一開始即顯示與《理想國》不同的意旨所在。不像《理想國》中的外來 Idea 是一不容批評的完美意識形態，成文法律是可以批評的，而其被評判的標準是有無達到法律制定的目的，在巴柏所作的開放社會與封閉社會區分中，可否接受公評即是一主要的判準。

　　值得注意的是，在克里特人對克里特法律的說明中，體現一種就現代法學而言屬於一種實證法（positive law）的特質。他聲稱克里特的立法目的在使公私領域都能為戰爭服務，因此打贏戰爭即是法律的最後目的，他並引申法律為戰爭服務的概念表示，戰爭不僅發生在城邦與城邦間，也發生在村落與村落間、家庭與家庭間，甚至個人與個人間，最後結論說：「人類處於一個公開的戰爭狀態，每一個人都與其他人為敵；人類同時也處於一種秘密的戰爭狀態，每個人都與自己為敵。」[7]此一對人類社群本質的描述已超越後來霍布斯對人類原初自然狀態的描述，霍布斯在描述完人的自然狀態後，得出要以一個集大權於一身的利維坦（Leviathan）作為遏制人類戰爭狀態的解決方法，柏拉圖則提出不同於霍布斯式論證的方式。在聽完克里特人的陳述之後，雅典人使克里特人同意，一個城邦若不正義的人占多數且統治正義的少數人，則這個城邦就會潰敗，也是一個被自己奴役的城邦，反之，若正義者統治不正義者，這個城邦就是一個好城邦，也是一個自主的城邦。在這裡，柏拉

---

[7]　同上註，626d。

圖再度呈現了「主體性」的意義，雖然與《理想國》中強調每個人各安其位的說法不同，但強調善與正義的目的則同一。接著，雅典人問了一個凸顯與外來意識形態主導之政治統治大異其趣的問題及解答，他問：「那麼誰是較好的裁判者呢？是把那些壞兄弟全部芟除，命令好兄弟進行統治的那個人？還是把統治權交到好人手裡，但寬恕了壞人的生命，使他們自願服從這種統治的那個人？如果我們能夠發現一個人能夠通過制定規則使一個家庭的多種成員調和，使他們永遠和睦相處，而又不至於死人，那麼還可以有第三種裁判者嗎？」[8]此時，克里特人說出了雅典人也同意的解答，也就是第三種裁判者，亦即是以法律作為獲取社群和平的裁判者。此再度呈現《法律篇》不同於《理想國》的思維所在，相較於《理想國》中違背意識形態真理者不是遭到放逐便是被殺死的肅殺，法律的最主要精神與整合功能便在於「永遠和睦相處」和「不死人」，且能獲得被統治者的自願服從。

雅典人隨後婉轉的批評克里特只重視「部分美德」的法律觀念，他先說克里特的法律擁有非常崇高的名聲，並有正確的目的，但隨之強調法律所賦與的美好事物有兩種，一種是凡俗的，另一種則是神聖的，前者是後者的結果，後者才是法律的最後目的，此一目的涵蓋所有個別的美好事物，因為它能給與所有公民福祉和快樂。因此，此一神聖的目的實際上是所有公民的共善，克里特和斯巴達的法律目雖然不是錯的，但卻過於狹隘。此一強調國家共善德行是立法主旨的觀點充斥在《法律篇》的對話中，在為新國家制定新憲法的制度考量中，雅典人再度提醒克里特人，國家體制除了考量軍事的目的外，「善」也完全應當成為體制的目的，而此一思維最強烈的表達顯現在對夜間委員會（nocturnal council）的說明中。在《法律篇》第八卷中，雅典人對此做了清楚的說

8　同上註，627e-628a。

明，他說：「幸福生活不可缺少的前提條件首先就是我們自己不犯罪，同時也不因他人的錯誤行為而受苦。要滿足第一個條件不難，但要同時有力量避免傷害卻非常難，確實，只有一個辦法可以滿足這些前提條件，這就是變成全善。」[9]柏拉圖在此繞了一個彎，雖然他重視法律無可置疑，但仍將法律作為實踐共善的手段，這也是《法律篇》思想與《理想國》思想並非完全斷裂的證明之一，因此，柏拉圖的權威轉化工程並非是一種對立觀念的完全取代，而是一種基於達成政治設計目的的一種觀念補充，用政治權威的語言解釋即是，柏拉圖絕非欲以本土經驗建立的法律權威取代外來的 Idea 權威，而是以法律權威補充外來意識形態權威之不足，這也是我們看待柏拉圖由外來意識形態權威轉向本土法律權威時，首先必須釐清的觀念。

第二節　個人地位的提高與法律權威的強化

此一非斷裂的轉向立刻牽涉到兩個關鍵問題，一是個人與社群的關係，二是法律的權威性問題。這兩個問題關係到柏拉圖的權威轉化工程究竟是換湯不換藥的形式改變，還是其本質已有變化。就第一個問題言，柏拉圖的法律思想似乎是一種法律道德主義（legal moralism），亦即認為法律的主旨在尋求改善全體公民的道德，對於自由主義思想家如米爾（J. S. Mill）等人而言，通常會對法律道德主義抱持疑慮的態度，因為其內容無異強調國家有權採取任何可以改善人的道德生活所有必要的立法作為，如此，便排除了個人選擇的空間，窒息了個體性，而這也正是柏拉圖在《高爾吉亞篇》及《理想國》中所持的觀點。因此，《法律篇》中的立法者角色，形同是《理想國》中的哲君，立法者的任務既

9　同上註，829a-b。

是立法改善公民的道德生活，那麼暗示的也就是他具備認識道德的能力，但是此一主觀主義（objectivism）的推論不見得是最後結論，因為從自由主義者的觀點解讀，道德價值並不一定須與主觀主義聯繫，它也可能是個人或團體所表達的一種偏好，就此而言，一種限制柏拉圖主觀主義的另類思維也因之浮現。

在《法律篇》中，至少有兩處可以顯示柏拉圖對個人的角色有較以往更大的重視，一是他對個人追求愉悅（pleasure）態度的轉向，在《理想國》中，柏拉圖強調追求德行的生活符合個人利益，此一論點同樣出現在《法律篇》中，但是《法律篇》中的雅典人在敘及個人德行時，卻將注意力置於個人可因此獲得愉悅上。對許多研究《法律篇》者而言，此一觀點已帶有享樂主義（hedonism）的色彩，在強調社群生活集體主義色彩濃厚的《理想國》中，雖然柏拉圖認為好的生活可以使個人愉悅，卻堅持追求個人愉悅並非好的生活，在《高爾吉亞篇》及《費多篇》（Phaedo）中也有同樣的立場，時間上接近《法律篇》的《菲力帕斯篇》（Philebus）中，將愉悅視為好的生活組成部分，雖然並不認為是最主要部分，在《法律篇》中，柏拉圖對此的態度看似複雜，[10]但卻可以理出頭緒，第五卷中雅典人說了下述一段話：

> 神對這種必須建立的體制會說些什麼，以及所有人必須追求什麼樣的個人品性，這些問題我們已經說完了，然而我們還沒有談到純粹出自人的考慮，但我們必須涉及這一點，所以我們下面的話是對人說的，不是對諸神說的。對人來說，沒有比愉悅、

---

[10]　在《法律篇》第一卷中，愉悅顯然是一個必須予以拒絕和克服的欲望，第二卷中，雅典人強調必須教育年輕人追求愉悅的正當方法，並表示正義的生活即是使人愉悅的生活，第五卷中，雅典人表示我們應該追求那些可使人愉悅的事物。上述這些對於「愉悅」定位的不同論點，很容易讓人對柏拉圖的真意產生混淆。

痛苦、欲望更自然的事，所以人們說這些東西是任何可朽事物不可避免、絕對依賴的定律，……如果人們在年輕時品嘗它，而不是拒絕它，那麼我們的一生占主導地位的是壓倒痛苦的快樂。（Laws, 722e-733a）

這裡再度出現神與人的對立，但與柏拉圖早期對話錄結論卻有所不同。柏拉圖早期強調靈魂的神聖性，而靈魂中不朽的元素是理性，一切有朽的元素包括情感與欲望都不存在靈魂之中，人必須以拒絕愉悅及忍受痛苦的方式，表示對靈魂的尊崇，因此，從靈魂神聖性的角度來看，柏拉圖絕非是個享樂主義者，反而強調個人要臣服於理性。若人類真的是如同神一般理性的存有，我們當然毫無問題會遵循理性的律令，但問題我們不是神，因此也會臣服於非理性的力量、欲望、愉悅、痛苦、憤怒、懼怕等人類感情，故若堅持個人可以過道德的生活，就必須承認道德是令人愉悅的，這正是《法律篇》中雅典人的論點。更進一步，因為正是愉悅與憤怒等人類感情，最能影響社群生活，所以對於這些個人情感的規範，便成為法律的主要目的之一，也就是在此一論證下，強調法律也等同是強調個人的重要性，特別是個人對群體的重要性。

《法律篇》中另一個置重個人的地方，是在對懲罰的探討方面。柏拉圖在《普羅塔哥拉斯篇》（*Protagoras*）中藉著普羅塔哥拉斯的口說：「沒有人只是因為一個人的過去作為而施與懲罰，如此行為與一隻野獸的盲目報復無異；一個理性的人施與懲罰的目的，在避免犯錯者與那些知道這些懲罰的人將來犯罪的可能。」[11]在普羅塔哥拉斯講話的另外部分中，他允許一個城市藉由死刑或放逐清除那些有邪惡性格的人，總而言之，普羅塔哥拉斯認為懲罰的目的在使所有人符合社會規範（social

---

[11]　Plato, *Protagoras*, 324a-c.

rules），並由此獲得整體社群的善。在《高爾吉亞篇》及《理想國》中，焦點變得與《普羅塔哥拉斯篇》不同，懲罰的目的不僅是為了社會整體，同時也是為了不正義的個人，此一個人如同一個病患，而懲罰則是醫治的手段，但若深究，上面三篇對話錄的差異性並不大，因為其出發點都是懲罰醫治了個人，因此有益於個人，同時社會將規範藉懲罰加在犯罪者個人身上　，因此也有益於社會。但是到了《法律篇》，對於個人角色的認知更前進了一步，對於懲罰的看法是從「沒有人會自願成為一個犯錯者」（no one is voluntarily a wrongdoer）的角度出發，因為沒有人願意自己的靈魂附著邪惡。在第五卷中，雅典人區分一種能夠行善的真正審判（judgement）和一種無益於善的懲罰，他認為懲罰是一種報復，接下來，雅典人口中的立法者提出對待不正義者的建議，他說對那些能夠治癒的人的不正義應該溫和以待和施與同情，只有對那些無可救藥的人，才考慮施與懲罰。[12]雖然《法律篇》中對犯罪者仍以病患看待，但可以看得出較之前的對話錄，柏拉圖展現更多的人道主義及個人主義色彩，也就是在此氛圍中，過去重視集體主義與集權主義的傾向，漸漸被沖淡了。

　　但個人地位的提高絕非意謂個人取代了共善與社群，然而，與《理想國》中柏拉圖有意以人治完全取代法治，以實現社群集體和諧目標不同的是，《法律篇》以法律權威取代了統治者的權威，統治者與被統治者皆須服從法律，此時，外來權威的轉化不再寄望於人，而是寄望於法，因為如前所言，法律貼近社群的本土經驗，因此是政治整合最有效的工具，但若欲使法律達到整合目的，首先就必須確立法律的權威，但此將

---

[12] 在《法律篇》的其他章節中，雅典人對於懲罰表達了同樣的態度，參閱735d-e, 843d, 854d-855b, 862d-863c, 933e-934c, 941d, 957e。特別是在三處地方有完整的說明，包括 854b-855a 雅典人討論如何處置搶劫祭壇的人；862d-863c 對治療過錯的討論；933c-934c 雅典人堅持懲罰與損害必須有比例關係的說明。

會遭遇一種權威的競合問題。外來權威轉化的特色及目的，係在藉本土化達到外來權威（意識形態）轉移的目的，因此，本土化本身絕非權威轉化的歸宿，而是權威轉化的過程，故本土化不能作為權威轉化成敗的判準，真正的判準是外來權威在本土化過程中，究竟是否達到在本土社群生根的結果。從此一角度看，對外來政權而言，強化法律權威面對的最大挑戰是，在強化法律權威同時，本土經驗也隨著法律的載體受到強化，而隨著本土經驗強化而增長的本土意識，勢必威脅到外來權威，於是，外來權威藉法律進行權威轉化時，即可能面對外來權威與法律權威的衝突，若讓位與後者，無異宣告外來權威轉化的失敗，因為此時再也沒有外來權威了，自然也就無轉化的問題；但若堅持前者，就等於放棄了政治整合最有力的武器，[13]柏拉圖究竟如何處理此一競合的關係呢？

　　《法律篇》的主軸按照施特勞斯的說法，是柏拉圖藉著雅典人之口意圖向克里特引進雅典式的立法，這意味著，雅典人想向克里特灌輸「應該如何生活」的道理，也就是將來自雅典法律思想的外來權威移植入克里特島。前面言及克里特法律具有實證法的色彩，而柏拉圖的法律思想則具有法律道德主義的傾向，這兩種法律屬性有一明顯區別，即雖然兩者都承認法律應有其目的，但前者雖主張法律「應該」追求法律制定的目的，但對那些不具有此一目的的法律，仍然承認其是法律。就克里特

---

[13]　此處說明以台灣現狀作為比照可以清楚呈現。台灣本土政權捍衛者將台灣「正名」與「制憲」視為本土政權鬥爭的兩大目標，但這兩者有先後的邏輯關係，亦即後者是手段，前者是目的，只有後者成功，前者才能成功。本土政權此一策略已獲得初步成功，台灣進行的七次修憲即是本土政權藉由法律載體強化本土意識的成果，但此初步成功絕非本土政權一己之功，而是在時機上正值外來政權亦擬藉由修憲的法治化工程進行權威轉化，因此兩者一拍即合，但這一時的結合證明只是同床異夢，因為在觸及外來政權的核心價值，亦即以統一及法統等概念連結的外來意識形態時，雙方的衝突便立即出現，這也是台灣欲以修憲方式進行民主化時，一個不易克服的重大難題。

而言，法律的目的雖是戰爭，但非以戰爭為目的的法律，在克里特仍然是法律，即使其是一種壞的法律。舉例而言，邊沁（Jeremy Bentham）和奧斯丁（John Austin）兩人都認為法律是一種主權者意志的產物，並應以追求最大多數的最大幸福為目的，但如果一個邪惡或者被誤導的主權者，制定出一部違背最大多數最大幸福目的的法律，就他們而言，這部法律雖然是一部壞的法律，但仍然是法律。相對於此，法律道德主義是一種自然法體系的法律觀，[14]此一觀點認為法律有其內在目的，違背此一目的的法律即不是法律，如阿奎納（Thomas Aquinas）即堅持所有的法律應追求共善，包括使每一位公民過著道德生活，一部專制的法律不是一部法律，而是一種法律的扭曲。因此從第二種法律觀來看，沒有所謂「不正義的法律」存在。就柏拉圖的外來權威轉化工程而言，第二種法律觀似乎較符合其政治目的，因為它可以確保藉法律轉化外來權威時，外來權威的核心價值仍舊可以化身法律「內在目的」不斷傳遞下去，並宣告那些違背此一目的的法律為無效，然而，若柏拉圖堅持此一法律見解，便會遭遇到上述外來權威與法律權威衝突的難題，柏拉圖必須解決此一困境。

---

[14] 柏拉圖是西方自然法體系的奠基者之一，阿奎那（Thomas Aquinas）則是此一體系最主要的推廣者（Maguire, 1947:157-178；Hall,1956:171-206），柏拉圖和自然法哲學家的共同點是相信有客觀的道德法則存在，且此一法則亙古長存，並適用於所有人，這些法則經由人的理性可被發掘；此外，他們也都認為真正的法律是追求共善的法律，這些法律的目的在使人們過有德行的生活。但有兩點須特別注意，一是柏拉圖並非直接影響自然法體系的形成，而是經由亞里斯多德的中介；二是對於自然法的形成，斯多噶思想及基督教教義也居關鍵地位。上述這些思想及學派都認為人的理性可以領悟到自然法，但柏拉圖雖然相信所有人皆有理性，卻堅持只有少部分人可以分辨最真實和最好的法律，就此而言，其理論缺乏人文主義的思想，也因此使他對奴隸及外國人等缺乏同情。

在《彌諾斯篇》中，柏拉圖堅持沒有所謂的壞的法律，[15]柏拉圖在此採取的是自然法立場，在《希比亞篇》中，柏拉圖重申此一立場，[16]但在《法律篇》中，柏拉圖的態度不是很明確，在一些地方，雅典人似乎認為法律必須是好的，並且須依據理性，彷彿認為立法者必須具備正確的理性，[17]但在另一些地方，他又將法律分為正確的與不正確的，[18]對於此一問題最充分的說明是在《法律篇》712b 至 715d 之間，雅典人討論新的克里特城應採取什麼形式的憲法時，他區分真的和假的憲法，克里特和斯巴達擁有真的憲法，因為其法律指向共善，其它城市的憲法則只是一個派系將其意志強加於其它人的一套機制罷了，在此一過程中，雅典人將話題帶到克魯倫黃金時代，並得出結論說，遵守法律就是遵守存在自身中的不朽理性。因此，在雅典人看來，真正的憲法是那些服務於城邦共善的憲法，反之，若認為法律係隨場域而移轉，或是服務於強者利益，都是假的憲法。雅典人的說明很容易使人認為奠基在共善基礎上的才是法律，其餘則不是法律，易言之，這個抽象的和容易隨個人定義的共善，乃是判別法律能否成為法律的基準，到這裡為止，我們看不出柏拉圖對法律的看法有迥異於《理想國》之處，法律仍是從屬於意識形態的統治工具。

但值得注意的是，《法律篇》中的雅典人雖然強調一些城邦沒有「真正的」和「正確的」法律，但他從未說這些國家沒有法律，雅典人從未懷疑既有法律的有效性，即使這些法律如此不同，而他的主要興趣所在便是發掘這些法律的好壞，[19]此一態度在其對待克里特和斯巴達的法律

---

[15] Plato, *Minos*, 314e.

[16] Plato, *Hippias Major*, 284a-285b.

[17] Plato, *Laws*, 644c-d，645a，659d，714a，715d，728a.

[18] 同上註，627d，705e，707b，715b。

[19] Plato, *Laws*, 634c，635a，683b，708c，770e，962b-c.

明顯可見，這兩個城邦的法律並不合乎他的理想，但他仍承認法律的有效性，甚至他為新的克里特城提出立法建議的時候，他也表示既有的法律和道德是神聖理性的反映，並將其提升至與永恆真理等同的地位，由此得出的結論是：即使是被誤導的法律仍舊是法律。這裡似乎又重回上述的困境，若《理想國》中外來權威的 Idea 欲藉由《法律篇》中強調共善的方式還魂，便不能承認不符共善的假法律存在，但偏偏雅典人承認惡法亦法的有效性，原先外來權威與法律權威的衝突，只不過轉換為兩種權威關係的混淆。但進一步分析，我們可以為此一混淆作出合理的解釋，在《費多篇》和《理想國》中，柏拉圖表示我們若欲瞭解萬事萬物，首先必須瞭解其與善的關係，[20]易言之，我們必須先瞭解事物的目的為何。以刀子作比喻，若不能先瞭解刀子的功用和目的，就無法瞭解何謂刀子，因此，刀子乃是由其功能所界定，此一邏輯性使得「好」事物和「壞」事物間的界限變得不再那麼清楚，因為我們可以將一把切得不利的刀子稱作是「壞」刀子，即使它不是把「好」刀子，「切」這個功能的由好至壞乃是一延續的狀態，易言之，除了「非」刀子之外，所有的刀子都是刀子，即使有好壞之別。

　　將此一道理應用在法律上，柏拉圖顯然認為尋求共善是法律的本質，易言之，共善是法律制定的目的和功用，但在好的法律至非法律之間所構成的好、壞法律乃是一延續狀態，一個未能完全符合共善目的的法律仍舊是法律，即使不是一「好的」法律，而法律之好壞，端視其距離這個共善目的的遠近而定，[21]從這個角度來看，柏拉圖沒有必要清楚

---

[20] Plato, *Phaedo*, 97c. *Republic*, 508b-509b.

[21] 此一對法律的見解阿奎那有清楚的闡釋，阿奎那將法律分為四種：永恆之法（Eternal Law）、自然之法（Natural Law）、神授之法（Divine Law）與人類之法（Human Law）。永恆之法實際上等同上帝的理性，自然之法為神聖理性在受造物中的一種體現，神授之法實質上是一種啟示，是上帝賦與作為選民的猶太人

交代被誤導的法律究竟是否為法律，因為法律在他的眼中已內在有好壞的區分標準，他只要知道法律的好壞即可，「真」法律與「假」法律不是非黑即白涇渭分明，因此，即使是被誤導的法律仍舊是有效的法律。此一立場當然是從原先堅持單一判準的退卻，但卻給了柏拉圖更大的迴旋空間，他不需要再以意識形態的外來權威，否定未符合意識形態要求的法律權威，雖然他仍堅持此一意識形態為法律應否、善惡的最終判準，但並不以此否定法律的有效性，此毋寧是說，法律應該服務於意識形態的權威來源，能夠實踐外來意識形態權威的法律是好法律，反之則否，但壞的法律仍是法律，仍應獲得所有人的服從。表面上看，柏拉圖並未改變原先立場，但政治權威的最主要特色即是獲得被統治者的自願服從，就此而言，柏拉圖的外來權威實際上已讓位於本土的法律權威，法律也已由原先的工具性，逐漸取得目的性價值，雖然柏拉圖仍將原先高懸的 Idea 作為政治共同體的未來歸宿，但為了統治需要，權威者不得不向本土的法律權威低頭，此一場景實際上也就是外來權威藉由法律轉化的困境，從外來權威角度看，其轉化工程的原始目的只是以本土的皮包裝外來的骨，但這一層皮卻可能反過頭來主導骨的發展，在法律權威逐漸凌駕原先外來意識形態取得主導優勢的情形下，外來權威能否始終維持其堅持的外來特質已是未定之天。

的特殊法律準則。這三種法律確立了人類行為的準則，雖然它們有時適用於人類，但並非專用於人類或是特別從人類的本性而來，而專門為人類擬定的法律是人類之法，可分為萬民法（ius gentium）和市民法（ius civile），人類之法係由自然之法衍生而來，它的準則是普遍利益，阿奎那認為只有符合公共利益的法律才是「真的法律」，但在「真的法律」和非法律之間的法律即使未完全符合公共利益的要求，仍然必須獲得遵守。參閱阿奎那著《神學全集》（Summa Theologiae），1a 2ae，96, 4。

第三節　統治者自由與專制的平衡

　　在此一過程中值得注意的一個現象是，柏拉圖重新重視法律的功能與權威，等於重新評價以法統治觀念產生的古希臘政治生活，而古希臘政治生活的最主要特色便是民主的政治體制，在《理想國》中柏拉圖對於民主政治體制持極端輕蔑態度，但隨著對法律觀點的轉變，古希臘政治將 Nomos 轉化為成文法所體現的民主精神，也流露於柏拉圖後期的思想中，而隨此一改變而來的，是法律成為政治權威來源同時，整個政治體制的改變。

　　在《法律篇》第四卷，雅典人與其他兩人討論新城市應採用何種體制的問題時，斯巴達人麥吉盧（Megillus）承認他無法以傳統的政治理論指明斯巴達的政治體制為何，斯巴達既非獨裁政體，也非貴族、民主或王治政體，確切來說，它擁有上述各種政體的元素。雅典人則將麥吉盧的困惑歸因於斯巴達有一個「真正的憲政體制」，而其他國家的體制則是以政治社群中的某一部分支配其他部分。[22]接著雅典人談到遠古的克魯倫時代，這個時代是神靈直接統治人類的時代，雅典人藉此一寓言結論說，我們應依據存在自身中的不朽成分，亦即是理性，規範私人家庭和公共社會，由此所創造出的秩序即是法律，他接著批評其他國家所謂的法律只是強者的利益，而真正的法律應是尋求城邦的共同利益，領導者也應由競爭的程序產生。

> 一個國家的領導者若僅是因財富、力量、體力、出生等因素產生，這種政府不值得托負，絕對服從法律的人才有資格取得政府職位，在競爭過程中贏得最大勝利者，應賦與最高的職位，

---

[22]　Plato., *Laws*, 712e-713a.

次一勝利者應賦與次一等的職位，其餘依此類推，我之所以說統治者是法律的臣僕，並非是標新立異，而是因為我認為社會的生存或毀滅主要取決於這一點，而非取決於其他事情。法律一旦被利用或廢除，共同體的毀滅也就不遠了，但若法律支配著權力，權力成為法律馴服的奴僕，那麼人類的拯救和上蒼對社會的賜福也就到來了。[23]

　　雅典人的這一段話，包含了許多足以作為柏拉圖法律觀點的代表思想。首先，柏拉圖強調權力必須為法律奴僕的論點，可將其視之為近代法律主權論的先河，法律主權的要旨即是以法律為最終權威的法律主治（rule of law），但此一精神卻可能衍生出三種不同的解釋，包括：一、政府必須承認法律的權威，此一觀點認為政府係依法律的規定進行統治，由此延伸的見解是，即使是一君主極權政體，若其統治係依照法律「服從君主」的授權，也是一種法律主權的表現。但此一解釋的問題是，一位擁有無限權力的君主不可能再是法律的奴僕；二、若一個國家的政府承認「法律主治」精神，即是一法治的國家，亦即：政府必須依法統治，法律必須公布週知並對所有人一視同仁，所有爭議必須不受人為影響依照一定的程序解決。法治下的政府權力當然受限，但是若政府擁有改變法律的最終權力，仍然不可能成為法律的奴僕；三、因此，欲使權力成為法律奴僕真正成為法律主治的實質精神，就必須加上兩個要件，其一是法律必須真正成為限制政府的充分要件，其二是政府不能夠隨意改變法律。[24]上述三個解釋區分出兩種不同的法律精神，一個是以統治者為最後權威的以法統治（rule by law），另一個則是以法律為最終權威

---

[23]　同上註，715b-d。
[24]　R. F. Stalley, *An introduction to Plato's Laws* (Oxford: B. Blackwell, 1982), p.81.

的法律主治，當柏拉圖強調權力及統治者必須為法律奴僕的時候，其精神乃是趨近於後者，但若以此為柏拉圖法律思想的結論不僅大有問題，亦非《法律篇》中的意旨所在。事實上，蘊藏於柏拉圖政治思想中的雙面性格足以表現出所有統治者的通病，即是：說一套做一套，既有真實的想法，也有因應統治需要所做的妥協。就柏拉圖而言，前者顯示其思想中有始終不變的意識形態主導成分，即欲以外來思想成為政治社群的最終權威者，後者則是因應權威場域流變環境需要所做的「次好國家」選擇。也許對柏拉圖來說，這只是一種權威的轉化，無關於立場的轉變，但對於現實的政治社群統治者而言，雖然也有其統治表象後的真實想法，但若無權力這些想法即無實現的可能，因此，柏拉圖思想中作為意識形態統治中介的統治者，對來自權威場域的改變感受更為敏感，妥協的程度也會超過柏拉圖的紙上談兵，但是，當妥協成為政治社群常態，對現實的回應超過對意識形態理想的堅持時，前者便可能反噬意識形態的權威者角色，此一情況其實也就是民主政治下外來權威轉化所面臨的困境。

　　在此暫不論柏拉圖思想中法律主治與以法統治的衝突，繼續延伸出現在柏拉圖法律觀中濃厚的法律主治色彩，也就是上述第三種解釋中的兩個延伸觀點，為了達到以法律限制政府的目的，柏拉圖提出了現代民主政治最主要特色的權力制衡原則。在《第三封信》中，柏拉圖告訴狄昂（Dion）的朋友法治的重要性，他認為狄昂及其追隨者的權力不應建立在本身的利益上，而應建立在憲政和法律之上，為了達到此一目的，柏拉圖提出一個具體的建議，即從希臘各地找來五十個智者，他們的任務是起草一份對所有人均公平的法律，這個建議類似於當代的制憲會議，但對柏拉圖的《理想國》思想卻十足有反叛的意味，因為此舉形同放棄了外來意識形態的統治主導權，及依此意識形態選擇統治者，再據以制定法律的權力，而將政治權威賦與了本土社群的菁英，柏拉圖也許

不曾想過這些智者會制定出一部違反柏拉圖理想國的法律，但當此一法律的宗旨乃是符合所有人的公平需求時，便很難從意識形態及統治者角度制定法律，但這正是法治的精神所在。

柏拉圖提出的革命性建議尚不僅此，在《第八封信》中，他進一步要求狄昂的跟從者建立一個類似法律主權（supremacy of law）的國家，並建立憲政君主政體（constitutional monarchy），他建議這個政體應有三個國王（包括敘拉古國王老戴奧尼索斯、老戴奧尼索斯的同父異母弟弟希培利諾斯（Hipparinus）及狄昂的兒子），按柏拉圖的看法似乎認為這些國王的功能主要是儀式性和宗教性的，真正的權力則由卅五位護法者（guardians of the laws）和公民大會（assembly）及議會（council）共同行使，除此之外，還要設置一些處理大案的特別法庭。三個國王的政體明顯是要解決敘拉古的派系鬥爭問題，其它的建議及對初具模型的制衡理論（checks and balances）進一步說明，在《法律篇》中則有完整的闡述。

在《法律篇》第三卷中，雅典人探討由多利安人（Dorian）建立的三個城邦：斯巴達、墨西涅（Mennene）及阿耳戈斯（Argos），這三個城邦中只有斯巴達建立了良好的秩序，而斯巴達良好秩序的原因主要來自於三個結構性的因素，一是同時設立兩位國王而非一位，從而使他們的權力擁有更合乎比例的限制；二是由廿八位長老構成的議會，使其能夠限制國王的專橫；三是數位由抽籤任命的執政官（ephor）。這三種制度性因素構成了互相制約的政治體系，雅典人並強調：「考慮到一個共同體應當是自由的、明智的、和平的，立法者在制定法律時必須著眼於此，所以建立一個過分強大的，或純粹的王權肯定是錯的。」[25]在這裡，柏拉圖提出了混合憲法（mixed constitution）的思考，而混合憲法的主

---

[25] Plato, *Laws*, 693b.

要精神則是適當比例（due measure）的權力，雖然柏拉圖的混合憲法概念並非一完全新的概念，在梭倫（Solon）和塞拉梅涅（Theramenes）所提憲法中，也曾提到富人和窮人、寡頭和民主平衡的觀念，但柏拉圖的混合憲法卻是特別針對個人權力的限制，此在他探討君主制和民主制這兩個母憲法（mother constitutions）時即能充分顯現，[26]柏拉圖將波斯視為極端君主制憲法的代表，雅典則是極端民主制憲法的代表，他認為其他國家的憲法都是這兩種憲法的綜合，波斯的失敗在於極端專制的君主及奴隸制，而雅典的失敗則在於只有自由而無權威，相對於這兩者，斯巴達和克里特憲法的成功便在於能夠避免極端。柏拉圖的用意在提出一種比較性的理念型模，而值得注意的是，表面上柏拉圖看似重視憲政形式（constitution form），由此一角度很自然的會認為他所謂的極端君主制是單一統治者權力毫不受限的體制，而極端民主制則是多數人權力毫不受限的體制，但文中的雅典人在敘及兩者的比較及歷史時，並未置重在政府體制的問題，而是置重在自由（liberty）與專制（despotism）的調和問題，因此，雅典人認為波斯在居留士（Cyrus）和大流士（Darius）的統治之下，曾出現平衡的政體，同樣的，雅典在馬拉松（Marathon）和薩拉米（Salamis）戰役時代，也維持平衡的政體，但當時的波斯並無民主的機制，雅典也無君主的機制，可見柏拉圖強調的不是政府權力機構的平衡，而是統治者兼顧自由與專制的統治平衡，也就是如同柏拉圖在《政治家》中所說，統治者是少數人或多數人並無關緊要，重要的是統治者（們）是否擁有平衡的統治知識（science of ruling）。[27]而如果這種條件的統治者無法獲得，則要做的不是在統治者的人數上斤斤計較，而是他們是否能依據法律統治。

---

[26] 同上註，693d。
[27] Plato, *Statesman*, 292c.

　　柏拉圖此一見解有三個方面值得注意，第一個方面是此一論點無異為外來政權的權威轉化作瞭解套，因為重要的不是本土社群的被統治者取得實質的政治權力，而是實際的統治者是否能夠在極端的專制與極端的自由間尋求平衡。因此，與民主相對的君主制也可以是平衡的政體，重要的是其是否能對統治權力自我設限。由波斯的例子看，在其最腐敗的時期，被統治者完全覆蓋於統治者的極權統治之下，統治者的統治完全以自我利益為考量，絲毫不考慮權力行使的對錯或者被統治者的利益，但在居留士與大流士統治時期，卻考量到被統治者的利益，並願意聽取意見，結果是，正如雅典人願意臣服於法律的領導一樣，波斯人也願意臣服於君主的領導。在此再次凸顯了一個最重要的問題，關鍵的不是統治者的人數，而是統治者可否做到統治的平衡，進而受到被統治者的擁護，從這個角度出發，可以推衍出一個結論：若統治的核心是專制與自由的平衡，則政權是外來或本土根本無關緊要，重要的是統治者能否對其統治權力自我設限，施政考量到被統治者的利益，若統治者能夠被被統治者接受，就具有了政治的權威。因此，無論是君主的開明專制，或者是一人或一黨的威權統治，都可以取得政治權威，因為政治權威的關鍵性議題，本就是以時空為決定性因素的權威場域，統治只需考量到與時空環境能否結合，與時空環境可以結合的統治，即是人民可以接受的統治，也就是能夠取得政治權威的統治。

　　由此延伸第二個值得注意的面向是，政治統治絕無法以一特定政體作為善惡的評判標準，台灣外來政權現象的一個重要發展是，本土政權以民主政治的標準否定外來政權威權統治的合理與合法性，但站在柏拉圖的角度，本土政權以民主為武器站不住腳，因為民主政體也有不平衡的傾向，此一傾向也可能導致極端。正如柏拉圖對雅典民主政體所作的描述，希波戰爭時，雅典人之所以能夠戰勝波斯人，靠的是害怕失去法治的生活，他們不願意由原本的臣服於法律，變為臣服於統治者一人，

此一恐懼加上對入侵者的反抗，強化了社群的歸屬感。此一雅典人形容為「法律自願的僕人」，特別表現在對音樂的管制上，但是詩人的出現，將原先「最優者的統治者」，讓位給「聽眾的統治者」，過去對於法律的自願服從，如今被感官的愉悅所取代，聽眾的掌聲也取代了善惡的判斷，這是一種雅典人口中的民主制，而從音樂的失序開始，全體社群的生活也受到感染，人們自覺無所不知，於是表現出法律的失序狀態，他們完全依靠本身的智慧，因此變得毫無畏懼，毫無畏懼產生了魯莽的生活，也就產生了毫無顧忌的過分自由，人們再也不願意服從權威和法律，終於導致人們退回到地獄般的處境。[28]

　　柏拉圖對於民主政治的描述被後來許多政治哲學家所證實，托克維爾（Alexis de Tocqueville）在《論美國的民主》（*Democracy in America*）中懷抱對民主新體制到來的戒慎恐懼，他指出「隨著我們將要建立的是民主的自由還是民主的專制，世界的命運將會有所不同。」[29] 這種恐懼來自於其對法國大革命的分析，當時人們滿腦子充滿自由平等的幻想，可是這些觀念卻是由一群沒有實際政治經驗的文人知識分子所灌輸，於是某種「民主專制制度」逐漸形成：社會中不再有等級，人民彼此平等而相像，在所有人民之上有一個代理人以他們的名義處理一切事務，法律上，這個領袖是人民的公僕，實際上他是主人。[30]密爾（John Stuart Mill）則將托克維爾擔心的「多數專制」（the tyranny of the majority）描述得更為深刻，密爾說：「……民主共和國，占據著地球上面很大的一塊，表現為國族群體中最有力量的成員之一。……這時人們就察覺出來，原來

---

[28] Plato, *Laws*, 698c-701d.

[29] 托克維爾，《論美國的民主》（*De la democratie en Amerique*）（北京：商務，1991），董果良譯，1-2、8頁。

[30] 托克維爾，《舊制度與大革命》（*L'Ancien Regime et la Revolution*）（香港：牛津大學出版社，1994），馮棠譯，139、157-158頁。

所謂『自治政府』和所謂『人民施用於自身的權力』等類詞句，並不表述事實的真實情況。運用權力的『人民』與權力所加的人民並不永遠是同一的；而所說的『自治政府』亦非每人管自己的政府，而是每人都被所有其餘的人管制的政府。至於所謂的人民意志，實際上只是最多的或者最活躍的一部分人民的意志，亦即多數或者那些能使自己被承認為多數的人們的意志。於是結果是，人民會要壓迫其自己數目中的一部分；而此種妄用權力之需加防止正不亞於任何他種。」[31] 從柏拉圖到托克維爾再到密爾，都證實了民主政治絕非任何統治者合理及合法化其政治權威的萬靈丹，外來政權固可因對人民自由的壓制受到唾棄，但本土政權若以空洞的民主口號作為號召，實際上只是以多數人意志壓迫少數人意志。這些情況都可納入柏拉圖所謂的「極端」範疇，既然統治者及統治者人數並非確保統治平衡的保證，依柏拉圖之見，便只能回歸到依據法律來統治，此一見解帶領我們注意到柏拉圖法律觀第三個值得注意的面向，也是柏拉圖所表現的法律主權精神中第二個必須做到的要件。

　　回歸法律才是避免極端的有效之途，是柏拉圖合適或有節制憲法（moderate or measured constitution）的主要精神，也是他後期學說的主要重點所在，在《政治家》中，他區分出兩種準繩（measurement），一種是事務相對性比較的準繩，另一種是依照適當規範（due measure）或正確標準（the right standard）的準繩，柏拉圖認為一切可以產生好和美結果的工藝來都可歸於依照適當的規範。[32] 在《菲力帕斯篇》（Philebus）中，柏拉圖將現實事物區分為無限的、有限的、這兩種的混合、及混合之因四種，將有限加在無限上則可產生秩序及諧調，所以包括健康、音樂及氣候等都是有限與無限的混合，好的生活也因此是將法律和秩序的

---

[31]　密爾，《論自由》（On Liberty）（台北：唐山，1986），程崇華譯，4 頁。

[32]　Plato, Statesman, 283c-284b.

有限性加諸無限追求愉悅及欲望滿足的結果。[33]柏拉圖所謂的合適憲法強調者即是上述的執兩用中精神，無論是專制或自由都是無限的延伸，而在一個有序的國家中，執兩用中的主要工具即是法律，易言之，好的憲法即是避免極端的憲法，也就是能夠制衡個人權力及調合衝突的憲法。柏拉圖的此一論點使其成為現代憲政制衡理論的先驅，[34]但柏拉圖清楚看出維持合適憲法精神的關鍵，在於法律不受國家中的黨派影響，《法律篇》的雅典人說：

> 競爭職位以後，勝利的一方以協定的方式規定了公共事務的運作，把權力歸於自己，不讓失敗者分擔任何工作，甚至也不讓他們的後裔參與。一個黨派監視著其他黨派因妒忌而策劃的叛亂，因為叛亂者認為取得職位的那些人過去作惡多端。這樣的社會，我們當然不會把它視為法治國家，就好像法律若不是為了整個共同體的共同利益，就不是真正的法律一樣。[35]

第四節　法律是意識形態隱身的工具

　　上述這段話中描述的情形非常適合批判現代民主政治中的「肉桶政治」（pork barrel），對於台灣藍綠、統獨涇渭分明的政黨敵我政治也有很大的啟示，然而，柏拉圖在此所欲凸顯的是法律主權與服務於黨派之私的「法律」對比，真正的法治在提升政治共同體的全體利益，而非是

---

[33]　Plato, *Philebus*, 23c-26d.

[34]　現代憲政制衡理論的思想家代表為孟德斯鳩（Montesquieu），柏拉圖的權力制衡觀念在一點上與孟德斯鳩有很大的不同，即柏拉圖並未區分行政權與司法權，國家中大部分的官員都同時擁有此兩種權力。

[35]　Plato, *Laws*, 715a-b.

黨派的一己之私,由此更進一步,柏拉圖設想到使法律免於被黨派操縱的方式是,法律必須有其固定性,不隨統治者的意志而隨意移轉。在此,柏拉圖似乎遇到了一個難題,如前所述,柏拉圖同意法律應與時俱進,但柏拉圖卻同時堅持法律不應隨統治者意志而轉移的固定性,其實,這兩者之間很容易作連結,在《法律篇》第八卷中,雅典人在談論亂倫與同性戀的問題時指出,要以法律限制這樣的行為只要得到「公共輿論」批准就可以,而這些法律的永久性和有效性乃是建立在其合乎「自然」及「人的本性」。他接著指出,普遍的罪惡使人停滯不前,而「法律最簡單的義務就是繼續前進」,只有在公民受到壞榜樣的影響變得腐敗時,執政官和立法者才可以用法律來對付他們。[36]在另一部分,雅典人將立法家與畫家的工作做了一個對比,他說立法家就像畫家一樣想要制定一套接近絕對完美的法律,然後隨著這些法律的付諸實施,接受「時間的考驗」,這些法律隨時間的演進一定會出現缺陷,因此,正如畫家的繼承人會修補時間給這些畫造成的損壞一樣,後來的立法家也應修補法律出現的缺陷,以確保社會體制可以「逐步完善」。[37]在《法律篇》的許多段落中,雅典人提到對於法律的增補必須是細節部分,而此一工作是任何有能力者或既有法律已有規範的事,[38]但值得注意的是,雅典人從未說過要大幅更改既有的法律體系,此外,他認為法律應有一段禁止增修的時期,如對於宗教節慶的法律規範應有十年的觀察期,在這一段時間,在各部門工作的行政官可以向護法者報告原有法律疏略的地方,

---

[36] 同上註,838b-840e。

[37] 在此也可將柏拉圖《法律篇》思想與《理想國》思想再度做個比照。前文提及柏拉圖在《理想國》中也曾提出立法家與畫家的對比,但意涵卻完全不同,柏拉圖在此要求立法家把原有的國家和人事完全推翻,「就好像拿過一塊木板,把上面的圖畫抹掉,留下乾淨的表面」,然後重新制定治國的藍圖;但在《法律篇》中,柏拉圖顯然是採取維護現狀,循序漸進的改革。參閱 *Laws*, 769a-d。

[38] Plato, *Laws*, 772-c, 843e, 846b, 957a.

提出補充，直到各項法規都臻於完善，然後向民眾宣布他們有能力修法，雅典人並強調，行政官一定不要故意另立新法，如果有必要這麼做，應徵求所有行政官、全體公民議事會成員、所有神諭的意見，在這些權柄的批准下方能制定新法，沒有它們的批准，無論任何改變都不被允許，「因為法律總是需要有反對的意見」。[39] 上述這些說明顯示，法律是可以更改的，但更改的標準是公共輿論、自然及人性，且法律的修改應是在既有基礎上循序漸進、逐步的修改，即使有必要另訂新法，也必須經過所有人的同意。易言之，法律是一種公共財，只有整個社群授權才可取得修法的權力，任何人包括黨派及統治者，都不能隨一己之意擅自修改法律。

　　無論是對法律時間或是對法律規範對象修改的設限，雅典人的聲明似乎已有現代憲法與法律區分的影子，事實上，在《法律篇》第六卷一開頭雅典人為克里特提出的法制建議，其規範內容即是現代國家憲法的規範事項，[40] 這些包含行政官員任命、職務分工、選舉、公民財產及政府體制等國家重要法制事項的說明，雅典人將其視為「新的立法的起點」，與其對話的克里特人則將其稱之為「準備階段」，實際上即類似現代國家的制憲內容，待這些內容確定之後，接下來的工作即是一般的立法事項，雖然事實上柏拉圖不可能對憲法與法律有所區分，但他對法律不可隨意變更的堅持，卻顯示現代剛性憲法的特質，更重要的是，此舉可使隱身在本土社群中的外來權威核心價值，不因權власт 時空場域的變異能夠繼續維持下去，這一點從他對選任官員的重視便可看出。

　　《法律篇》中雅典人將選任官員設立職位作為憲政實施的第一步，這些官員和職位和希臘世界特別是雅典的官員和職位大同小異，但卻有

---

[39]　同上註，772a-d。
[40]　同上註，751a-768e。

一根本的不同，在雅典，最後的政治權威在公民大會及法庭，但雅典人所提的新憲法中，最後的政治權威卻在這些被選任的行政官員，特別是護法者（guardians of the laws），他們的主要任務如其頭銜所指係在捍衛法律，此一任務無異使護法者取得監督政府各部門及懲處那些踰越法律界限官員的權力，他們同時也具有立法者的身分，以補充原始立法者的法律疏漏及必要時所作的法律更改，其結果是在由選舉方式產生官員的表面民主下，權力由直接行使民權的機構轉移到行政官員的身上，柏拉圖此一政治設計的目的為何呢？事實上，柏拉圖承續了《理想國》的觀點，認為希臘民主是不理性的，此一觀點在雅典人討論審判程序時明顯可見，他間接指出民主法庭中法官吼叫的亂象、陪審員質問當事人及證人顯示的無能、缺乏調查的足夠時間等，[41]他認為最適合的法庭是一個擁有適中人數，能在冷靜的情形下進行審訊的法庭。柏拉圖對於審判程序的看法同樣適用於政治程序，公民大會很難進行客觀、仔細的審議，但柏拉圖同樣反對將權力交予一人，雅典人在敘及護法者的工作時，通常是採合議制，此一觀點也適用於其他行政官員，易言之，他理想中的行政官員並非獨任制，而是共同分享權力、承擔責任，雖然《法律篇》中的官員持有與《理想國》中將政治視為由專家執掌的理性過程，但前者卻係由一群教育良好的公民所選任，正是此點，加上雅典人賦與公民擔任陪審員的權利、選舉中採用抽籤的方式等，使《法律篇》中的柏拉圖透露出與其思想軌道頗有出入的民主色彩，但由於最後的權力是在行政官員，且這些官員主要是透過統治階級的選舉產生，故實際上構不上希臘民主的要件。進一步看，柏拉圖對於選舉官員的讓步，並非是現代民主國家代表民意的體現，而係在以選舉方式確保出線的官員都是具有統治所需特質的人才，之後再以制衡方式，防止這些人成為獨裁者，其

41　同上註，766a-767a, 855c-856a, 876a-e。

目的仍舊是《理想國》中強調的維持政治與社會的穩定，就此而言，柏拉圖究竟對民主做出多大的讓步令人存疑，以現代民主理論的角度看，他絕對稱不上是位參與型的民主主義者，最多只能稱之為菁英民主論者。

　　由此延伸亦可得出對於柏拉圖法律觀的確實理解，在看似「法律主權論」的表象下，柏拉圖仍然不脫人治色彩。這一點在《法律篇》中夜間委員會（nocturnal council）此一特殊機制的成立上特別明顯。按照柏拉圖對於法律的理解，法律是一種理性的表達和知識的產物，經由理性判斷的結晶即為法律，所以服從法律即為服從理性的律令，在此一思維下，柏拉圖創造了一種不能以任何方式與國家其他機構結合的怪異機制──夜間委員會。此一機制是由三十七位監護人包括十位最年長的護法者與具有美德而被挑選的祭司所組成，夜間委員會的首要職責是重新教育無神論的異端者，柏拉圖對這些國家中的異議分子異常嚴苛，除了要求監禁，判處不少於五年的徒刑，在監禁期間內也不能與任何公民交談，夜間委員會將對這些人實施如同洗腦工程的教育，直到他們的「靈魂得到拯救」，監禁期滿後，如果他們的思想回到「正確的觀念」，就可以恢復正常生活，若仍舊不思悔改，就要再次被定罪，處以死刑。此一敘述不啻又回到《理想國》中對異議分子的殘酷統治，也不禁使人與極權國家及台灣外來政權統治時期的白色恐怖聯想在一起；其次，這個委員會也有權聽取國外的考察報告，如前所述，奉派到國外考察的人必須以宣揚國威為己志，並以他國法律之長補自己國家法律之短，考察完畢之後，須立即向夜間委員會報告，與會委員將針對這些報告的內容進行優劣及採行與否的評鑑，及批准是否成為法律，易言之，對這些少數可接收國外資訊的人，夜間委員會扮演了訊息過濾的重要角色。夜間委員會的第三種功能是防止法律的變動，此一功能與護法者的職權重疊，事實上，柏拉圖對於這兩種機構的分際說明並不清楚，但他似認為護法者

職責在審查每日的法律執行狀況，而夜間委員會則形同台灣的「大法官會議」，主要在做法律原理的審查，最後再將法律執行交由其他部門。

依柏拉圖觀點，夜間委員會可謂是國家的理性，為了落實此一職能，這個委員會必須很清楚國家的目標，然後才能決定達到此一目標的方法及治理國家的人，[42]然而國家的目標為何呢？雅典人在與克里特人對話中列出了許多相互衝突的立法目標及個人認為的「正義標準」，包括：約束某些群體的權力、獲得財富、自由及上述這些目標的總合，但國家的目標卻必須是：「適當的、具體的、可以為之獻身的、以作為其他一切追求目標的目標。」最後，藉由克里特人之口，雅典人指出這個目標就是「德行」（virtue），德行分為四個部分──勇氣、智慧、正義和節制，但「德行」將它們「統一」了起來，而夜間委員會的主要職責便是實踐這個「統一」，要達到此一目的，夜間委員會便需具備可以界定一切活動與構成德行元素的知識與權力，他們也就可以憑藉此一知識和權力對於政治社群進行教育，至此，這個委員會顯然已是《理想國》中哲君的翻版，而且地位也如同《理想國》中哲君位於法律之上，但進一步深究，夜間委員會與哲君仍有部分差異，其中最大的分野在於《理想國》中的哲君，憑藉對善的知識即可提供一切現實世界的指導，因此哲君不須接觸經驗世界，只要專注於理型的真實存在即可，但在《法律篇》中，夜間委員會為了要賦與道德與政治指導，必須獲得經驗世界的確實資訊，提供這些資訊的人正是每一資深委員帶入委員會中的年輕接班人，易言之，此一差異再度回到本節先前所強調者，柏拉圖後期權威轉化與《理想國》意識形態治國的最大不同之一，即是以法律所表現出對社群經驗的重視。但無論如何，夜間委員會仍是高踞於法律之上集大權於一身的機制，由此體現出，柏拉圖絕無法律主權的想法，反之，其有

---

[42]　同上註，962b。

的只是在「次好國家」狀態下，委曲求全將意識形態目標融於法律之中，即以法律為工具實踐意識形態目的的以法治國理念。

　　但也絕不能因此否定柏拉圖晚期變化的影響，柏拉圖對國家及歷史觀點的變化，對政治權威的理解皆可推衍出不同的視野，在《理想國》中，柏拉圖認為原始的國家才是理想的國家，但在《法律篇》中，則認為文明社會才是人類發展的自然目的。而隨此一進程而來的政治結構變化是，早期的父權政治也逐漸讓位給選出的一些立法者和統治者。[43]此一文明和政治的變化，一方面顯示柏拉圖不再以眼光回溯的意識形態作為政治權威的來源及依據，反之，促進政治社會的演進，同時進行政治結構的轉化，才是政治權威得以奠定的基礎，此一面向無異顯示，外來意識形態及依此一意識形態進行統治的外來政權，必須向本土價值靠攏，且眼光不能再停留在與本土價值無涉的理念，而須轉向到當下的政治場域。另一方面，隨著政治場域時空環境的轉變，政治權力也不能再定於一尊，釋出權力給被統治者已是無可逆轉的歷史趨勢。

　　柏拉圖何以有此一轉變無由得知，一個說法是柏拉圖的哲學思想隨著時間的演進而逐漸改變，持此一觀點的學者認為柏拉圖由強調人的理性力量的智識主義（intellectualism），逐漸轉化為對靈魂中較低階層元素的重視，《法律篇》即是此一轉化的最後歸宿。另一種觀點則認為《法律篇》的寫作有不同的目的且是給不同於《理想國》的讀者看的，就前者而言，《法律篇》關切的是實際經驗而非哲學導向，因此在此一對話篇中詳細記述了立法的建議，而此是《理想國》中所無的現象；就後者而言，與雅典人對話的二人對哲學並無深厚造詣，且其關注重點在於法律問題，柏拉圖有可能將此一對話篇作為對哲學無深厚素養者的教科

---

[43]　同上註，677b-678c, 681c-d。

書。[44]無論何者解釋較合理，柏拉圖思想的轉變無可置疑，且在此一轉化中，柏拉圖將其眼界由孤懸於經驗世界之外的自成體系意識形態轉向實際的政治社群。一個明顯可見的變化是，他不再對統治者採取異常高的道德訴求，因此，出現在《理想國》的共產、公妻主張到了後期已不復見。對於被統治者，柏拉圖也表達不同於以往的善意，即使授與人民的權力有限，但已有人民主權的傾向，政府職位不再僅侷限於一少部分人，而是開放給所有公民。過去要求所有統治者必須接受哲學意識形態洗禮和試煉，如今也不再堅持。這一切無不顯示政治場域的改變，致使柏拉圖權威觀念也需隨之移轉，但這絕非意味柏拉圖思想產生斷裂式的革命，因為如前所言，柏拉圖只是欲將其理想國家的藍圖移入次好國家中實踐，變的是手段，目的依然未改。

然而，目的與手段改變造成的矛盾，也彰顯在柏拉圖權威轉化的思想中，柏拉圖雖然欲以法律權威取代統治者的權威，但其原先所持意識形態的廣泛性及含糊性也出現在其法律觀念中，他既藉客觀法律存在的自然法角度，批評克里特和斯巴達的既有法律及建立在派系之上的假憲法，但在為新的克里特城制定新法時，卻又認為既有法律包含了神聖的理性法則，此無異造成一種權威優位性的矛盾，究竟是超出本土社群之外的自然法（意識形態）體系具有優位性，抑或是來自本土經驗的實證法具有優位性？此一矛盾在論及柏拉圖自然法觀念中究包括哪些實質內容時，變得更為曖昧。易言之，柏拉圖從未結合兩者間的差距，甚或根本無意於此，也許，這只是他將外來權威轉化為本土權威時的一種無奈心境。此外，《法律篇》中的柏拉圖，固然呈現了較多的個人色彩，但對國家統一及秩序的要求，從來未脫離其意旨，雖然柏拉圖以治療的

---

[44] R. F. Stalley, *An introduction to Plato's Laws* (Oxford, England: B. Blackwell, 1982), pp.9-10.

觀點看待個人犯罪，由此凸顯其對拯救個人靈魂的重視，但深入觀察，拯救個人究為手段或目的令人存疑，這從雅典人口中所說須予處罰的行為，包括音樂的創新及無神論的異端，皆與個人關係不大，更多的是對社會秩序及國家統一的傷害，可見，柏拉圖對個人「犯罪行為」的「治療」，目的是將個人形鑄為一預先設定的模子，從這個角度來看，視個人的懲罰為治療，只是一種社會控制的機制，與《理想國》對個人的看法，似乎只有手段的不同，而無目的的不同。

　　再從統治者的角度來看，雖然《法律篇》中的統治者仍是一位教育者的角色，但較之於統治的強制性，卻出現更多的「說服」色彩。柏拉圖以兩種醫生形容此一差異，一種是為奴隸看病本身也是奴隸的醫生，這種醫生憑自己經驗開處方，從不聽病人的病情，另一種醫生是醫治自由人的醫生，這種醫生在開處方前會回應病人的疑問並向病人解說病情，並在病人同意後才開具處方。相對於這兩種醫生形象的是兩種立法方式，一種是直接制定各種法律而不詢問任何意見的單一立法過程，另一種則是在針對各種犯罪行為制定法律之前，會先說明這些行為之所以不對的原因，並說服民眾不要去做，之後再立法的雙重過程。《法律篇》中的雅典人認為立法者應採第二種途徑，因此立法者應以說服取代威脅，[45]具體作為表現在雅典人認為在制定所有的法律系統及個別法律之前，都應訂定說明此一法律精神的前言。[46]就此而言，統治者制定法律既然必須以說服被統治者為要件，無形中強化了統治的民主色彩，若將焦點置於被統治者的「同意」之上，似乎可以得出先前以外來政權統治者為中心的統治關係，必須讓位給本土社群被統治者為中心的統治關係，但問題沒有這麼簡單，關鍵之處在於柏拉圖所謂的「說服」分為兩

45　Plato, *Laws*, 719e-723d.
46　同上註，726a-734e。

種，一種是使被說服者產生信仰的說服，另一種則是能夠產生真正知識的說服，[47]若從民主政治真理愈辯愈明的樂觀角度看，大可將柏拉圖的說服歸類於後者，但情形並非如此，從三個地方可看出，柏拉圖的說服乃是一種勸誡（exhortations）而非一種論辯（arguments）。一是《法律篇》中對於個人感情正確訓練的強調，二是認為只有少數人才具有理性理解的能力，三是柏拉圖認為宣傳可以擴展至以懲罰手段無法產生效果的生活領域，他認為社會壓力的效果和制裁一樣大。基於上述原因，柏拉圖絕對不會接受當今民主政治的那種說服概念，易言之，其所謂的說服仍是以統治者為中心，其結果非但不是被統治者權利的擴張，反而是緊縮統治者言論自由的另一種隱晦形式。[48]

第五節　法律是一種權宜之計

深入來看，柏拉圖《法律篇》中的想法與《理想國》差異並不大，兩者皆將國家置於理性的統治之下，而以國家的統一與和諧為追求的目標，然而，此一理性卻非被統治者所擁有。《理想國》中的理性體現在以外來意識形態為鵠的的外來統治階級身上，《法律篇》則從平凡人中無法產生真正的智者觀點出發，而將理性寄望於由本土社群經驗產生的法律上，但即使法律能夠取代統治者的統治，也必須具有符合法律統治的適合條件，亦即權威關係須與權威場域相配合，其中最主要的要件即是有一位智德兼備的立法者，同時具備將想法付諸施行的權力。《法律篇》中的雅典人將此一國家稱為「次好的國家」，而「最好的國家」即

---

[47] Plato, *Gorgias*, 454b-455d.

[48] R. F. Stalley, *An introduction to Plato's Laws* (Oxford, England : B. Blackwell, 1982), p.43.

是一個口令一個動作，一切財產共有，一切行為劃一的國家，在現實環境下，「最好的國家」只能被當成典範，但即使無法企及，可行的統治仍要以此為目標。然而值得注意的是，除了最好、次好的國家外，雅典人還提出了第三好的國家，雖然他對此一國家沒有完整的敘述，但不難想像他為何要提出這樣的國家，因為權威關係既然須與權威場域配合，則在最好的國家無法企及，次好的國家要件可能一時也未具備的情形下，便只能再退而求其次，這個過程透露了外來政權進入本土社群進行權威轉化的一個重要統治手段，即「循序漸進」改革的重要性。

雅典人在談到社會淨化的問題時，提出了兩種社會淨化的方法，一是統治者同時為獨裁者和立法者的情形下，可採取激烈的途徑；另一則是在創建新社會和新法律時，擁有較少獨裁權力的統治者，可採取溫和的途徑。他認為前者是最好的方法，但卻是痛苦的方法，因此他認為此一途徑應用來處理那種無可救藥的重大罪犯，接著，他指出：「在一個古老的、已經建立起來的社會中，一旦必須創立新法，那麼革新和守舊都以某種方式證明了這樣做實際上是不可能的，剩下來可以做的事情只是抱著虔誠的意願對既有法律作緩慢的、小心翼翼的修正。」[49]統治者當然希望能將理想盡速實現，但客觀環境的變化卻為人力所不能控制，因此因地制宜，循序漸進便成為最好的統治策略。故雅典人在敘及人口控制時，認為一個國家的人口總數控制在5040人是最適合的數目，在最好的狀況下這些人都是素質最高的人，但若「連神也沒有辦法」，也必須吸收教育程度低劣的人為公民。另所有公民的財產在最理想的狀況下應該平等，但雅典人亦認為這是不可能的事，因此，立法者只能「盡可能」做到最好的程度，他說：

---

[49] Plato, *Laws*, 736c-d.

我們剛才提出來的整個綱領中的所有安排並非都像是能夠找到
完全實現的條件。……儘管這位立法者好像是在講述他的美
夢，或者是在蠟板上塑造他的城市和居民，當然了，整個綱領
並沒有錯，但是它的作者需要再次考慮它的後果。……在考量
未來的行動計畫時，勿刪除最真實和最好的部分當然是對的，
但這些建議如果無法實現，就不應該試圖實現它，相反的，應
該就其餘與所提模型最相關且又能實現的事，盡力將其完成。[50]

就是在這種理想與實際的擺盪間，柏拉圖展現了其外來權威轉化的
最務實一面，但可以看得出來，這終究是權宜之計，並非是他的最後目
標，因此，正如巴伯所言，《法律篇》是柏拉圖完全放棄實現其政治理
念希望後的產物，即使已對統治者權力有所約制，但仍留存封閉社會的
特質，包括個人自由的嚴格受限，如禁止貿易、對音樂與藝術的控管及
剝奪無神論者的權利等，同時國家與外國所訂定的契約也須減少到最少
程度。[51]國家雖由法律統治，但除了特定人士外，不允許對法律有所批
評，對法律的更改也限制在最小幅度，只有護法者和夜間委員會才有權
力對法律進行解釋。從這些言論看得出來，柏拉圖仍企圖在現實環境
中，盡力保留外來意識形態主導的美麗新世界，但政治的標的若是眾人
之事，便無異宣告一切與本土經驗不符的思想及作為很難就地生根，進
而開花結果，柏拉圖最後選擇由出世轉為入世，即使眼光不時掃向他的
洄瀾夢土，但傳統理念的「雕樓玉砌」已經因為讓位給本土經驗而變得
「朱顏改」。但柏拉圖以法律取代 Idea 時，即使其出發點是欲以法律形

---

[50] 同上註，746a-c。
[51] 同上註，704d-705b, 950d-953e。

式實踐 Idea 實質，但以本土經驗為出發點的「以法統治」，終將隨時間流轉，逐漸淡化其原本的外來意識色彩，相對之本土色彩則會益加濃厚。

易言之，柏拉圖的權威轉化是一條不歸路，最後只會呈現三種結果，第一種結果是外來權威堅持轉化過程中的統治主體性，但此勢必與立基於本土經驗的本土主體性產生扞格與衝突，若兩造各不相讓，最後結果將如同美國獨立戰爭一般，被殖民者將向外來統治者發動全面叛亂；第二種結果是順著本土化邏輯順勢發展下去，最後是外來政權完全轉化為本土政權，由此一角度看，柏拉圖的外來權威轉化一開始就已注定外來政權在此揚棄過程中的自我否定，其成功與否的程度端視其自我否定的程度；第三種結果是外來權威在轉化過程中仍保留自身，但不以暴力方式強迫被統治者服從，柏拉圖的《法律篇》顯然即包含此一意旨，然而，這是一種精密的正、反、合辯證工程，藉由縝密的政治操作，最後結果是既否定又肯定了自身，柏拉圖顯然認為此一途徑可行，但對後人而言最大的問題是，柏拉圖只不過再提出了另一張不同於絕對外來權威統治的政治藍圖，他放棄了第一個實驗，改作第二個實驗，但終究是實驗，最後成敗仍在未定之天，這也是今日台灣外來政權可能面對的難題。

第五章　馬基維里的革命性理據

　　政治權威及其來源的外來性、靜止性、回溯性、統一性等，構成了柏拉圖證成政治權威的論據，但柏拉圖依此所建立的政治權威觀念並未完整傳遞下去，而是隨時間演進不斷被後來者修正，從辯證法的角度看，即是一由正、反至合的不斷反復過程。但基本上而言，一直到中世紀基督教神學統治時期，柏拉圖的政治權威觀只有量的改變，還不到質變的程度，一直到馬基維里（Niccolo Machiavelli），柏拉圖的政治權威觀才遭到徹底的反轉，即產生一種傳統政治權威觀念的革命性變化，這些變化內容構成了馬基維里不同於以往的政治權威觀，但馬基維里的革命性理據又不僅表現在與傳統觀念的割裂，同時也表現在其對後世革命（revolution）精神及革命事件的啟發，因此，之所以稱馬基維里的政治權威理據具有「革命性」（revolutionary），乃是因為他的思想同時對過去與未來都產生了革命性影響，這些重要的革命性影響在分析外來政權現象時，將可提供有用的分析工具。然而，要清楚瞭解馬基維里的政治權威觀念與其所具有的革命性內涵，唯有從柏拉圖以來的政治權威觀念演變出發，才可以看出全貌。

　　柏拉圖的洞穴寓言以哲學家對 Idea 的發現與轉化，建立了 Idea 與哲君的政治權威性，但這個論點到了亞里斯多德（Aristotle）即受到了挑戰。亞里斯多德拒斥了柏拉圖的 Idea 和理想國（ideal state）想像，對於政治社群的評價，亞里斯多德也明顯與柏拉圖背道而馳，他說：「我們觀察到每個城邦都是某種社群組合，而每個社群的建立都是為了某種善（因為

人們總是為了某種他們認為是善的結果而有所作為）。因此顯然所有社群都在追求某種善，而其中地位最高、包含最廣的社群當然就會追求最高最廣的善，這個社群即所謂城邦，也可稱為政治社群。」[1]亞里斯多德也同樣強調了人的理性言說（rational speech）能力，易言之，希臘城邦兼具統治者與被統治者身分的公民已取得了能動性，藉由政治參與，本身即可建構政治社群的政治規範，因此，柏拉圖政治社群必須經由外來於社群之外的 Idea 為人群建立準繩的想法，已被亞里斯多德拒絕。

但若因此認為亞里斯多德完全與柏拉圖相反背，可能得出錯誤的結論，即使亞里斯多德不再依恃外來權威作為統治者的統治基礎，但柏拉圖的權威轉化觀念及權威來源位於權力結構之外的觀點仍被亞里斯多德所接收，因為他同樣區分了「理論的生活」（theoretical way of life）和「奉獻人群事物的生活」（a life devoted to human affairs）兩種生活方式，[2]而前者即是一種哲學的生活。此一區分隱含了柏拉圖「思想（thought）領導行動（action）」的觀點，並由此再次展現了權威的階層性結構，雖然亞里斯多德的權威觀念中不再有 Idea 和哲君的角色，但少數人才可以看到事物真正本質，及這些人才有資格統治的菁英色彩並未改變。但相較於柏拉圖，亞里斯多德有一個根本困難必須解決，這個困難是他強調城邦乃是由平等的人所構成的社群，[3]故不能如同柏拉圖一般公開訴諸階級及血緣的不同以建立統治理論，他因此另闢蹊徑，從自然（nature）的角度著手，而將統治與被統治的區分條件置於年齡這個因素上，強調老年人應該統治年輕人，[4]此一強調對於政治權威理論產

---

[1]　Plato, *Politics*, 1252a1-6.

[2]　Hannah Arendt, *Between Past and future* (New York: Penguin Books, 1977), p.115.

[3]　Plato, *Politics*, 1328b35.

[4]　參閱《政治學》1332b12 及 1332b36，以老人與年輕人作為統治的區分標準可以推溯至柏拉圖，但訴諸「自然」則完全是亞里斯多德的觀點。

生了深遠的影響，因為亞里斯多德原欲以老年人對年輕人的「教育」關係取代統治者與被統治者間的「統治」關係，但無形中卻形鑄了統治者也是教育者的觀念，其結果是亞里斯多德思想中間接負有統治責任的老人教育者，實際上與柏拉圖思想中的哲君已相差無幾。

　　政治權威觀念經由柏拉圖與亞里斯多德，到了古羅馬時期方才具體成形，但卻呈現出不同於柏拉圖與亞里斯多德的面貌，而古羅馬人對於政治權威的概念，也深深影響後來的馬基維里。按鄂蘭的解釋，古羅馬人所謂的權威（*auctoritas*）乃是集合宗教、傳統與權威的三合一概念，從字源上來看，*auctoritas* 來自於拉丁字的 *augere*，*augere* 代表擴張（augment），權威或者居權威地位者欲擴張的是羅馬的根源（foundation），「根源」的概念非常重要，因為馬基維里也是從這個概念出發探討權威，對於古羅馬人而言，「根源」表示一旦某一事物被建立起來，它就對後來的世世代代產生約束，從事政治的第一要務就是要確保羅馬建立起的根源，而古羅馬政治中擁有權威的是元老院的元老，他們的權威來源則是源自於對祖先功業所建立之根源的繼承，因此對所有活著的人而言，其擁有的權威都是派生的（derivative），是建立在創建者（founder）的權威上，其與權力的最大不同，在於權威是指向過去（past），而權力則是面對當下。[5] 權威重要面向之一的宗教也同樣具有這種指向過去的性質，從字根上解析，religion 即是拉丁字的 *re-ligare*，亦即與過去聯繫（tied to the past），羅馬宗教中的重要神祇，都體現了

5　權威因係藉由傳統而逐漸積累，因此與透過活生生的人所行使的權力相較，亦少出現在人的實際生活中，權威的此一性質亦可透過字源的對比說明，創建者（founder）的拉丁字源是帶有奠基者意涵的 *auctores*，*auctores* 表示作者（author），係與建築者（builders）與製作者（makers)的拉丁字源 *artifices* 相對，以建物為例，*auctores* 是那些啟發建物設計的人，較之建築者，他們更能表現建物的精神，也是建物真正的奠基者，因此才是「擴張」整個城市的靈魂人物。

這種指向過去的意涵，如羅馬守護神傑納斯（Janus），即是起源之神（the god of beginning），智慧女神米奈娃（Minerva）是記憶之神（the goddess of remembrance），古羅馬宗教對人的權威則表現在對人所做決策是否應允的啟示上（auspices），由此可見，古羅馬時期的宗教和政治活動幾乎可視為同一，都是對於過去的傳承。[6]

　　先例和祖先事蹟因為擁有權威而具有約束性，所以古羅馬政治中有一個與希臘完全不同的現象，即他們表現出對於故土情懷的絕對堅持，不像希臘人可以隨時建立新的城邦，羅馬共和及帝政時期雖然不斷向外擴張，但羅馬並未在其占領的殖民地上建立新的國家，反而是藉由軍事占領將羅馬的根源不斷擴張，彷彿這些地區都是羅馬的後院（hinterland），所以不像希臘人無故土觀念，羅馬人係將其根源牢牢建立在羅馬的土地上，祖國（patria）這個字也是從羅馬歷史才取得其充分的內涵，古羅馬時期雖然尚無現代民族國家觀念，但實際上已孕育了此一觀念，這個觀念後來到了馬基維里被大幅擴張，成了馬基維里主義最主要的特色之一。這種對傳統權威的忠誠被進一步轉化為道德性的政治準繩，此所以古羅馬政治老人對於年輕人有權威性，因為在羅馬人看來，老人接近祖先和過去，也就較年輕人接近權威的來源，這種關係類似於亞里斯多德，但其權威來源則超越了哲學場域，而涵蓋所有祖先的基業，由此也顯示了具羅馬特色的階層性權威結構，其權威來源不是如柏拉圖所想的在洞穴之外的理型天空，也不是如基督教時期滾滾紅塵之外的上帝，而是在國家遙遠的過去。

---

[6]　鄂蘭認為宗教的字源起源於西塞羅（Cicero），西塞羅在《論國家》（de re publica）中曾描述羅馬政治與宗教的緊密關係，他說：「人類沒有任何其他地方可以如建立新事物和維持已經建立起的社群一般，彰顯其如此靠近神的道路」，（de re publica, 1,7）這句話亦表明根源的權威性，其實也是一種宗教的力量。參閱 Arendt, 1977:120-124。

國家遙遠的過去藉由傳統一代一代的傳遞下去，此一傳承過程同時也完成了權威場域轉化的工程，因為祖先的傳統同樣包含了思想與精神的層面，因此，羅馬人對於希臘偉大哲人的思想同樣也傳承了下來，但羅馬的權威轉化工程較之柏拉圖思想的權威轉化工程，體現了兩個不同的特色，一是這個轉化是由政治場域主動傳承，沒有任何的反抗與阻力。就政治場域的能動性而言，古羅馬的政治權威觀與亞里斯多德政治權威的觀念，在這個面向取得了一致，因此，在柏拉圖思想中，哲學家將 Idea 引入洞穴時所遭遇的困難並未出現在古羅馬，此一情形顯示，傳統在權威轉化過程所具有的關鍵性與功能性，易言之，只要建立了傳統的聯繫，兩種不同場域的權威轉化便能夠順利進行。[7]另一個特色是，柏拉圖必須透過哲君藉由權力的掌控方能完成權威的轉化，但羅馬時期的權威概念則與權力概念完全背反，西塞羅在《法律篇》（De Legibus）中的名言：「權力在於人民，權威在於元老院」，最足以顯示此一精神，因此，柏拉圖的權威轉化工程帶有強迫性，古羅馬的權威轉化則是自然而然進行。這兩個特色對於解釋台灣的外來政權現象很有啟發性，因為外來政權與本土政權的衝突，核心問題之一即是外來（中國）場域與本土（台灣）場域無法建立起傳統的聯繫，亦即對於傳統的認定，外來者與台灣本土人士產生了斷裂，因此外來者無法取得傳統之助，便更加依恃統治權力，按鄂蘭對於西方世界政治權威觀念演進的觀察，發現西方國家對於權威觀念日益模糊，最後甚至將權力與權威視為一物，遂導致以強制力取代及維持權威的情形，這種情形也出現在台灣的外來政權現象。

7　羅馬人由於重視傳統，因此柏拉圖與亞里斯多德等希臘哲學思想，在古羅馬社會都具有權威的地位，此一重視傳統的精神是羅馬人的獨特風格之一，因為在古希臘社會，敬重傳統的精神似乎並不強烈，這從柏拉圖以及許多哲學家對待「希臘人的導師」（the educator of all Hellas）荷馬的態度即可看得出來，柏拉圖在《辯士篇》（Sophistes）中甚至公開反對他的精神領袖巴曼尼德斯（Parmenides）。

　　古羅馬對根源的重視以及宗教、傳統與權威所構成的三合一權威概念，被基督教所接收，但卻被賦與了新的詮釋，如同柏拉圖將哲學政治化，因而改變了哲學性質，基督教也將神學政治化，也改變了神學的性質。其作法是，基督教會更改了古羅馬「根源」的內涵，不再是一個政治共同體的起源，而是耶穌基督的死及復活，耶穌的生、死與復活也成為權威的來源，而親眼見證到這個事件的使徒便成為教會的奠基者（founding father），藉由傳統他們將其見證一代一代的傳遞下去，因此，一個以「根源」為中心，結合宗教、傳統與權威的新權威模式，遂重新出現在基督教會，雖然權威結構未變，權威與權力聯結兩端的主體卻發生了改變。當康士坦丁大帝（Constantine the Great）要求教會擔負拯救帝國的責任時，原來具有反政治與反俗世機制的教會，也必須涉足政治與世俗，因此而來的重要轉變是，羅馬時期元老院擁有的政治權威角色，也逐漸移轉到教會身上。這種情勢的變化，有兩個重要意義，一個重要意義是，雖然形式上權威與權力二分不變，但權威則轉移到教會，權力也從羅馬人民轉移到世俗統治者手中，教皇吉拉休斯一世（Gelasius I）寫給羅馬皇帝阿納斯塔修斯一世的（Anastasius I）信中，表明世界主要是由兩種事物統治，一個是教皇的神聖權威，另一個則是王權，最能表達基督教權威與權力的二分概念，在此情形下，不僅統治結構中扮演制衡角色的元老院功能消失了，被認為權力最終來源的人民也被剝奪了權力，而完全集中在王室的手中，後者隨時間的演變，終於成為政治場域的主宰者，並成為馬基維里革命中的主角。但當時這種權威在教會與權力在王室的二分形態，再度顯示了一種權威場域的轉化，然而在此轉化過程中，政治場域再度失去了能動性，這也是古羅馬權威觀念轉變的第二個重要意義。[8]

---

[8]　促成基督教神學轉化的關鍵人物非奧古斯丁(Augustine)莫屬，他的神學將俗世劃

　　值得注意的是，羅馬權威觀念轉化為基督教色彩的過程，帶有濃厚的柏拉圖遺緒，可以這麼說，柏拉圖思想中那個成為洞穴人群行為準繩的 Idea 到了基督教被具體化了，而柏拉圖思想則扮演了重要的轉化中介角色，其原因是，雖然基督教神學與柏拉圖哲學都具有「外來」權威的特質，但前者較後者的外來性更加強烈，不像柏拉圖思想中的 Idea 是散布在人群洞穴外的天際，基督教由上帝啟示的戒律（commandments）根本是在塵世之外，因此離人群更加遙遠。因此，神學場域轉化入政治場域，必須借用柏拉圖思想，亦即，基督教會必須引用柏拉圖哲學權威轉化為政治權威的經驗，以便將神學轉化為規範人群事物的政治準繩，由此顯示，無論是哲學或神學這兩個外來權威的轉化，都源於相同的模式，然而，雖然這兩種權威思想中被統治的權威對象不變，權威者的角色卻被替換了，柏拉圖思想中權威來源的 Idea，在基督教中被上帝的角

分為兩個截然不同的領域，一個是崇奉上帝的「上帝之城」（the city of God），一個是貪戀塵世，罪人聚集的「塵世之國」（the earthly kingdom），奧古斯丁認為一個真正的共和國必須體現正義，而所謂正義必須體現在對上帝的尊敬與上帝的恩賜，因此所有的正義國家都必須是基督教共和國，這種國度有兩種不同的權威系統，一個是屬世的（secular）的統治者，一個是屬靈的（spiritual）教會，前者是對人類墮落的一種懲罰和矯正機制，後者則有雙重功能，一是在信仰問題上開啟一扇通向救贖之門，另一個功能則是憑藉精神秩序（spiritual order）建立起一個真正的世俗秩序（earthly order），雖然奧古斯丁認為這兩個權威系統同樣重要，但按其邏輯推演，教會的權威性角色勢必凌駕在世俗統治者之上，後來教會國家的發展正是此一傾向發展的結果，即使在奧古斯丁神學中，此一傾向也非常強烈，奧古斯丁主張為減輕「塵世之國」的缺失，可以進行「政治的基督教化」，亦即基督徒中如有人有治國之才，便應參與政治服務社會，他必須運用國家權力消滅異端，必要時還要參與和發動戰爭。由此可見，奧古斯丁的神學已脫離原屬反政治的神學領域，而與政治相結合，但此一結合乃是以外來的屬靈權威作為世俗統治的最後權威指導。參閱陳思賢，〈理（Logos）與法（Nomos）的對立：柏拉圖與奧古斯丁政體建構理論的一個透視方式〉，《政治科學論叢》，第二期，1991，168-176 頁。另關於吉拉休斯的統治二元論，參閱 A. J. Carlyle, *A History of Mediaeval Political Theory in the West*(Edinburgh, London: W. Blackwood & Sons Ltd., 1928-1936), pp. I .187, 190-191。

色所取代；將哲學權威轉化入政治場域的重要中介哲君，在基督教中則被教會的角色所取代。但深入來看，無論是柏拉圖思想中的哲君，或是基督教的教會，都是將外來權威帶進本土的代理人（從台灣本土政權的角度看，這些代理人也都是外來者），也都帶有強烈的教化性質，同時也必須以權力為手段才能達到教化的目的。因此，所有的外來者最終都將成為「外來政權」，他們的「本土化」目的並非融入本土，而是要將本土塑造為其理想中的形體，而在推動教化的過程中，這些外來政權也都扮演了主動以及核心的角色。

由上述可知，基督教的權威觀念結合了羅馬以及柏拉圖的權威觀，亦即結合了前者的根源、三合一權威與後者的超越性準繩與治理，但從權威來源的角度看，歸結到最後，基督教的權威觀念如同柏拉圖的權威觀念，都屬於彼岸而非本土的權威觀念，只有羅馬的權威觀才是本土的權威觀。因此，我們很容易得出一個目前為止粗淺的結論：若欲打破以外來權威為中心，而代之以本土權威為政治權威者的統治模式，古羅馬經驗是一個可以援引的對象。但進一步看，如前所述，古羅馬權威觀念包含對傳統的尊重，因此，對於那些亟欲切斷與傳統聯繫的本土派（如台灣的本土政權派），古羅馬經驗便不是一個值得參酌的對象，對於這一派人而言，他們追求的是一種革命式的憧景，即塗掉所有外來權威的色彩，而完全以本土權威的政治藍圖取代，而這正就是馬基維里推動的政治革命工程最主要精神。

第一節　馬基維里的時代背景

柏拉圖欲塑造一以外來權威主導的政治格局，馬基維里則處於對立面，欲以立基於本土經驗的思維，創建一完完全全的本土政權，正如柏拉圖的政治藍圖係根據所處背景、親身見聞及深刻反思後所得的見解，

馬基維里的政治思想亦出自三個面向，包括馬基維里所處時代義大利的社會歷史條件；馬基維里個人的知識、經驗和智慧；以及他對歷史上成功君主經驗的借鑑。從第一個面向言，馬基維里如同柏拉圖，雖然他的思想具有原創性，但完全是一種對於場域客觀環境的反應，這一點給我們的啟發是，任何思想及看法皆非絕對，必須視當時的時空環境而定，這當然也適用於對外來與本土的評價。其次，從第二和第三個面向言，顯示任何政治見解都是主觀及片面的，因此，出自特定人物之口的「意見」，絕不能將其視為「真理」，此點無論對柏拉圖或者對馬基維里都一體適用，然而這些依當時時空場域提出的見解，一方面足以顯示那個時代的獨特景觀，另一方面亦可作為後來者借鑑。[9]

　　馬基維里時期的義大利分別由五個較大的王國所統治，包括南方的那不勒斯（Naples）王國、西北部的米蘭（Milan）公國、東北部的威尼斯（Venice）貴族共和國、佛羅倫薩共和國和位於中心的教皇國，同時還有一些較小的諸侯國。儘管當時歐洲的民族國家已成為一種趨勢，然而正如馬基維里所看到的，在義大利，並沒有一種力量足以統一整個半島的國家，各國之間你爭我奪相互戰爭，這些主權者只關心兩件事，一是不能讓任何一個外國人武裝入侵義大利；二是他們當中誰都不能奪取比現在更多的領土。[10]後者給了法國，西班牙和日爾曼等外來勢力上下

---

[9]　從國家認同的角度看柏拉圖所處的古希臘及馬基維里所處的義大利，可凸顯此種意識依場域轉移的歷史特殊性。代近所謂的政治認同若非指國家認同，即為民族認同，但國家與民族界限往往隨不同時代而轉移，如古希臘人的認同標的顯然是自己的「城邦」，今人將雅典或斯巴達稱為「國家」，這是因為伯里克里斯（Pelicles），或者修昔底德斯（Thucidides）及其他雅典作家、歷史家、劇作家或思想家，都是以雅典作為他們認同的對象。相對的，希臘反而只是一個地理名詞。這種情形在中古以降的義大利也是如此，所以梅特涅（Clemens Metternich）才會譏笑說義大利只是一個地理名詞而已。

[10]　Niccolo Machiavelli, *The Prince* (Chicago: University of Chicago Press,1985), translated by Harvey C. Mansfield, ch.11.

其手的空間，也讓前者的目的無法達成。在這種諸國爭雄的情形下，義大利內縱橫捭闔的外交活動空前激烈，國際間戰爭、結盟、詐欺，甚至暗殺的情事亦不斷發生，分裂的結果同時招引了外國勢力的趁隙介入。1494 年，爆發歷時半個世紀的戰爭，西班牙、法國，甚至北方的日爾曼人不斷出兵干預義大利，那不勒斯成為西班牙的勢力範圍，法國亦曾二度占領米蘭。當時馬基維里眼中的義大利悲情，正如同今日台灣本土政權表現出的祖國大地不斷被外來政權侵凌的悲情，馬基維里訴說當時義大利的悲慘遭遇，認為義大利人比希伯來人更受奴役，比波斯人更受壓迫，比雅典人更顛沛流離，既沒有首領，也談不上秩序，屢受打擊，任人劫掠，分崩離析，慘遭蹂躪，備嘗國破家亡之苦。[11]相對於政治上的分裂，隨著新航路的發現，為貿易和市場的擴張準備了條件，因此，與政治上分裂相對的是經濟驅動的整合，當時的歐洲包括義大利，原受限於交通限制，貿易僅侷限於地方層面，商品運輸和銷售都有固定的路線和市場，這些利益牢牢控制在城市的同業行會手中，而城市則是最大的貿易單位，由於交通不便同樣限制各國政府權力的滲透，因此建立於下層經濟基礎之上的政治結構是一種封建性的聯邦治理模式。這一切隨著交通的擴大產生了變化，受限於政治分裂狀態及僵化行會制度而無法擴大利益的商人，益欲感到對時局的不滿，改變現狀的心態因此格外強烈，他們的力量愈大，益發體認打破行會與地方限制，建立統一市場的必要，反映在政治上，即是建立強大而統一國家的需求。

　　因外來政權蹂躪及政治分裂而興起的民族統一渴望，加上經貿受阻導致物質利益損失而興起的大一統政府渴望，促成了富深厚民族主義意涵的「新秩序」意識，自然產生了一種新的政治哲學核心價值。中世紀的憲政主義因限制了統治者權力，因此呈現了自由主義的制衡價值，但

---

[11]　同上註，ch.26。

場域的改變促使有遠見的政治哲學家提出不同的思維，在當時的義大利，這個思維便是為了促進國家的統一，寧可生活在專橫君主下，也不願停留在自由的無序中，於是，政治權力開始往統治的君主集中，對外，如同馬基維里在《君王論》一書中顯示的意旨，這些思想家及政治實踐者希望能「將野蠻人趕出義大利」，並建立一個統一的民族國家；對內，一切妨礙國家統一的建制，包括教會、封建主、行會等，都是必須掃除的對象。

在這個特殊的時代場域中，馬基維里無疑是此一新興思潮的代表，賦與他典範地位的原因，除了來自於他與同時代持有相同看法思想家的敏銳嗅覺，更在於他有第一手的政治實務經驗。1498 年起，馬基維里即擔任佛羅倫薩的國務祕書長達十四年之久，在這段時間，他負責佛羅倫薩的國防和外交事務，並前往包括法國、日爾曼，以及義大利大小邦國進行外交工作共三十三次，從實際外交經驗中，他產生許多感想，而這一時期的歐洲正是民族國家成形的時刻，他見識到了神聖羅馬帝國、西班牙與法國等統一大國在國際外交上所發揮的驚人威力，也體會到小邦林立、政治立場分歧的義大利所處的危機，這些政治場域實際發生的景象促使他思考，什麼是新國家的理想和有效運作模式？如何應對外來強權勢力的挑戰？為瞭解決這些問題，馬基維里從歷史和當代成功統治者的統治之道中尋找答案，他讚賞古羅馬時代的德行及光榮，認為在他那個時代，前人所留下的典範已經蕩然無存，但他並未因此灰心，因為整個馬基維里主義的信仰核心即在確認人可以改變自己生於其中的制度環境，這由他所讚賞的幾位統治者，包括馬其頓國王亞歷山大大帝（Alexander）、西班牙國王費迪南（Ferdinand）、羅馬教皇尤利烏斯二世（Julius II），特別是推崇契沙雷・鮑吉亞（Cesare Borgia）及其父教皇亞歷山大六世即羅特裏・鮑吉亞（Roderigo Borgia）的統治技巧即可看

出，而這幾位統治者在馬基維里眼中多少都流露出「兇猛如獅，狡詐如狐」的一面，由此也展現了他與中世紀政治思想的一大絕裂。

　　中世紀思想家重視的是定義問題，並以演繹方式推導出人的權利和義務，以當時基督教思想言，他們關注的定義問題是：什麼是教會？什麼是世俗權力？什麼是人性？什麼是上帝的目的？此一思想體系基本上亦為馬基維里之後的思想家傳承，如布丹、霍布斯、胡克及洛克等，雖然他們與中世紀思想家的理論體系有不同結論，但基本上他們都關注定義問題。就此而言，馬基維里的思想體系可謂非常特殊，既不同於之前的思想，亦不同於其後的思想，他不關心政治義務，反而著重現實問題，他感興趣的是國家如何才能長治久安？統治者如何奪取及確保權力？他在尋求答案時，訴諸的是經驗和歷史，因此他的思想體系如前所言，是一場道道地地的「革命」，從他以權力出發倡議的另類道德觀迄今仍為人所批判來看，他的革命思維影響迄今仍然非常強大，他之所以被認為是西方現實主義的開山始祖，亦在於從實然而非應然，從現實而非理想看問題，因此得出不為主流道德思想見容的觀點。

　　值得注意的是，立足於現實探討義大利當時境況者，絕非僅馬基維里一人而已，[12]許多佛羅倫薩和威尼斯的政治思想家常聚集在一起對國家政治體制和政治運作（如議會設置、軍隊構成、公民社會組織等）方面進行討論，交換看法，他們之中許多人同樣以現實的眼光看待義大利

---

[12]　十五至十六世紀許多具遠見的義大利政治家和思想家，都從現實觀點討論義大利面臨的問題，並試圖在古典的和中世紀的現實社會中尋找摹本。這種情況在克爾希（J. Kirshner）主編的《義大利國家的起源：1300-1600》（*The Origins of the State in Italy, 1300-1600*, the University of Chicago Press, 1995）一書中有詳盡闡述；高德曼（P. Godman）《從波里奇阿諾到馬基維里：文藝復興極盛期的人文主義》（*From Poliziano to Machiavelli: Florentine Humanism in the High Renaissance*, Princeton University Press, 1998）一書，亦生動的介紹馬基維里與文藝復興時期義大利人文主義者共同感受到的時代變化。

的政治走向，注重從國家權力自身的特點設計政治行為。此外，還可以從當時的外交活動中看到此一取向，如米蘭駐外大使安基羅（Angelo）在處理當時義大利城邦共和國之間、義大利與法國等外來強權關係時施展的策略、手段，對照馬基維里的外交實踐，難有高下之分；教皇亞歷山大六世的宮廷禮儀官伯恰德（J. Burchard）在其《在波吉亞教廷——教皇亞歷山大六世施政紀事》（*At the Court of the Borgia : bei ng an Account of the Reign of Pope Alexander VI*）中，將鮑吉亞如何為達到自己控制義大利的政治目的而不惜與法國、西班牙結盟分割那不勒斯和科羅那情景予以記載和分析，其筆觸客觀而冷靜，與馬基維里對鮑吉亞政治生涯、政治見地和政治手段的分析針砭相對照，可謂相得益彰。從這些政治實踐及文書記載中，可感受在當時權力、力量征服一切的時代，社會和政界的政治倫理態度已經開始出現變化，人們不僅以平靜的態度面對那些反映強權的言辭，還對統治者異於以往的鞏固政治權威途徑大加讚賞，甚至以政治利益取代古典政治哲學對道德權威的追求，[13]從這裡也再次顯示權威場域對政治權威觀念的形成具有絕對性的影響，馬基維里對政治的見解絕非超越時空限制得出的獨創真理。

　　但馬基維里超越當代其他思想家之處，在於他將當時浮現的革命性思維以極為完整的體系表達了出來。1532 年馬基維里去世五年後，《君

---

[13] 後世對馬基維里的最大批評，即是他從根本推翻了古希臘及古羅馬以來的道德觀念，但在馬基維里時代的義大利，從利益觀點出發對道德的反轉解釋已是一普遍現象，《韋斯巴西阿諾回憶錄：15 世紀著名人物傳》（*The Vespasiano Memoirs : L ives of Ill ust rious Men of the XV th Cent ury*, Univesity of Toronto Press, 1997, p. 214.），常見以平靜語調陳述政治上爾虞我詐的情形，其中對柯西莫‧美第奇（Cosimo de' Medici）利用出訪應付國內勢力的敘述，全然不具道德評論的色彩；此外，稍早的十四世紀回憶錄《文藝復興佛羅倫薩回憶錄兩篇：彼梯和達梯的日記》（*Two Memoi rs of Renaissance Florence: The Diaries of B uonaccorso Pitti & Gregorio Dati*, Waveland Press, Inc., 1991.），則以商人的世俗利益眼光記錄當時佛羅倫薩政治鬥爭。

王論》正式發表，但對馬基維里的道德非難早已在宗教界和文藝界傳播
開來。1529 年，當時英王亨利八世委任的駐教廷大使湯瑪斯‧克倫威爾
（Thomas Cromwell）向紅衣主教波爾（Reginald Pole）推薦了一本義大
利文的政治著作（是否為馬基維里的《君王論》尚待考證），十年後，
波爾感嘆道，讀過此書的克倫威爾想必是撒旦的代表。這就是後來用
「Old Nick」（惡魔）一詞攻擊馬基維里的由來。值得注意的 ，自此之
後批判馬基維里者來自兩大陣營，一是以基督教為道德標準的宗教人
士，二是以西方傳統自然權利為道德標準的人文主義者。前者如法國胡
格諾教派的金蒂利（I. Gentillet），在其所著〈反駁馬基維里〉（*Machiavelli
- Cynic , Pat riot , or Political Scientist*）一文中，即大肆抨擊馬基維里所
言君主只有讓人民懼怕才能使他們服從的觀點；[14]後者如伏爾泰
（Voltaire）曾用道德至善主義對馬基維里進行批評、拒斥。受伏爾泰的
影響，普魯士國王腓特烈二世（Friedrich II）也撰文〈批駁馬基維里〉，
他以君王的名義再次將道德合理性問題提到至高無上的地位，認為正
義、善良和誠心等是君主維繫社會，臣民遵紀守法的必備條件。[15]然而
也有啟蒙思想家對馬基維里思想重新做了詮釋，企圖調和馬基維里的國
家權力合法性和道德合理性，其中最值得注意者是黑格爾所進行的形而
上學詮釋。黑格爾一方面認為事物只有在整體中才能體現其合理性，另
一方面認為任何抽象的理論只有在現實的個體性中才有其真實的存在
意義，由此一角度出發，黑格爾指出國家和道德的關係：兩者間雖然都
有終極意義上的存在一致性，但就現實而言，國家權力又有自己特定的

---

[14]　I. Gentillet., "Contre Nicolas Machiavel Florentin", from De Jensen , L. , ed. ,
　　　Machiavelli - Cynic , Pat riot , or Political Scientist (Boston : D. C. Heath and
　　　Company, 1960), pp. 1-4.
[15]　De Jensen Jenson , ed. , *Machiavelli: Cynic , Patriot , or Political Scientist* (Boston :
　　　D. C. Heath and Company, 1960), pp.5-8.

意義標準，與通常認可的形而上學道德理念並非完全一致。黑格爾進一步說，任何理念都有優先的地位，都是自成一體的和諧整體，國家、國家權力及其運作，就是形而上學理念的具體體現，這就是哲學上所說的「真」，如果「真」與「善」、「美」相關聯，國家的存在和國家權力的有效運作也就稱得上是「善」。以此為理論出發點，黑格爾肯定了馬基維里對建立國家必要性的認識。然而，雖然黑格爾讚賞馬基維里從現實出發的國家及國家權力思考，但卻認為他沒有達到傳統形而上學的程度，因此馬基維里的國家理論只是在偶然情況下所意識到的。[16]相對於馬基維里，黑格爾則用「世界精神」、「絕對理念」等，描述國家權力的運作，此也證明黑格爾的國家思想終究脫離不了柏拉圖以來的外來意識領導框架。

　　上述對馬基維里思想及其影響簡介，有兩方面值得注意，一是後世對馬基維里最大的批駁來自於基督教思想和承襲自柏拉圖以來的自然權利道德思想，而如第一章所言，立足於本土場域和現實環境必要性之上的馬基維里，在開展其本土權威建立的思想體系時，首先必須革命的目標即是這兩種思想。就此而言，外來意識形態與本土權威的建立，是站在完全敵對的對立基礎上，而馬基維里首先欲做的即是革除此一外來意識形態，在重新樹立政治權威新的立論堡壘後，繼而開創「新國家」的美麗新世界，此即是馬基維里由破到立的建國、治國論。在第一章中，我們已闡釋了馬基維里「破」的過程，接下來在本章中，我們將繼續追索馬基維里建立本土政治權威「立」的論述。另外一個值得注意的面向是，相對於外來意識形態與本土權威建立絕對對立的觀點，黑格爾調合

16　周春生，〈道德的合理性與國家權力的合法性——西方馬基雅維裡思想批評史尋
　　跡〉，《史學理論研究第三期》（北京：中國社會科學院世界歷史研究所、近代史
　　研究所、歷史研究所，2005），103-107 頁。

道德合理性與國家權力合法性所呈現的新馬基維里面貌，無異提供了接合外來意識形態與本土權威建立的可能性，黑格爾的調合是否成功頗令人質疑，但至少明示了此一可能性，雖然吾人認為黑格爾仍不脫柏拉圖的 Idea 框架，然而無論是黑格爾或提出由意見到達真理，由部分到達統一由下而上理念觀的施特勞斯，都為我們點出了有別於外來權威與本土權威論述的「第三條路」，此一面向也為深入探討台灣「外來政權」現象，指出了另一條出路。

第二節　以本土觀點向傳統的反叛

馬基維里的革命主張表現在許多方面，因其思想呈現得與傳統巨大斷裂，後代很難將他做一個適當的歸類，有人認為他是現實主義（realism）的開山祖師，但他卻有濃烈的理想主義色彩；有人認為他開創了政治科學的典範，但至少鄂蘭不這麼認為。[17]然而確切的是，馬基維里所處的時代經驗，使他發展出對古希臘政治哲學和基督教傳統的強烈輕視，也因為其不同於傳統的風格，使他位於歷史發展分水嶺的獨特位置，他雖然從未使用過「革命」字眼，但卻是最早擁有「革命」觀念的人，他的革命性主張，也使他的政治權威觀念形同對傳統宣戰，若傳統是自古羅馬以來權威的重要組成部分，則馬基維里無異宣告，他要重新塑造一個新的權威模式。

---

[17]　鄂蘭認為從政治理論的角度來看，真正的政治科學開創者是柏拉圖，若從政治科學強調的科學性質觀察，則政治科學的出現不可能早於現代科學的興起，也就是不可能早於十六、七世紀，因此鄂蘭認為將馬基維里說成是政治科學之父（the father of political science），是一種誇大的說辭。參閱 Hannah Arendt, *Between Past and future*（New York: Penguin Books,1977），pp.136-137。

　　馬基維里的革命精神首先表現在對西方古典道德傳統的反叛上，無論是柏拉圖或是亞里斯多德，都認為具有德行的活動，對於個人和社會而言，都構成幸福的核心。德行或者人類天性的完美化，有維繫社會的功用，而政治社會的存在目的，則是為了追求善的（good）生活，為了以最佳方式履行政治社會的功能，一個政治共同體必須具有某種秩序和某種特定的政體，這種秩序和政體具有固定的模式，或者是柏拉圖的哲君統治，或者是亞里斯多德的混合體制，但一個顯明的事實是，柏拉圖與亞里斯多德所構想的最佳政體，都不存在當時的社會。從馬基維里的觀點看，他們構想的那一種最佳政體，根本就是一個想像中的君主國或共和國，它們的前提是：統治者對於道德德行必須身體力行，這種德行也必須表現在統治活動中。這個前提背後其實有一個深層的支撐，即它隱含了所有的被統治者或者大部分的被統治者都是好人的論點，否則一個好的統治者便不可能對他們進行統治，正是上述這些論點導致馬基維里與古典學說的決裂。

　　對於柏拉圖和亞里斯多德而言，無論對政治社群與個人，宇宙間皆存有一個可以作為典範的好的本質，馬基維里並不否認「本質」的存在，在《君王論》（The Prince）的獻辭中，馬基維里指出存在一個「君主的本質」和一個「人民的本質」，這些本質長存不變，所以君主才能知曉「人民的本質」，而人民也才能知曉「君主的本質」。事實上，在《君王論》及《李維羅馬史疏義》（Discourses on the First Ten books of Titus Livy）中，馬基維里指出各個民族，都具有本質特徵、本質傾向和本質必然性，人類事物的研究者，必須對此有深入的瞭解，就超自然奇蹟的政治涵義而言，他特別期待政治家或是政治家的導師成為通曉自然事物（understand natural things）的人，也就是通曉那些與人的特殊本質不一

定有關的自然事物，[18]可見馬基維里對於守恆世界的事也賦與關注，但值得注意的是，他對這些事的「本身」並無興趣，在《李維羅馬史疏義》第二篇第五章，馬基維里一開始即表示：「對於寧可相信世界是永恆的那些哲學家，我相信可以這麼答覆：如果古史可信，可以合理推知（歷史）有超過五千年的記憶，奈何時代的紀錄備受摧殘，原因不一而足，部分出於人事，部分出自天意。」他用了幾行即打發了這個問題，他對這個問題的確實態度也非常曖昧，可以推測，馬基維里是以沉默表達他對這些問題的不關心，甚或是不贊同，那麼，馬基維里關心什麼呢？答案是他只關心「世界上的事」（wordly things），在《君王論》第十五章，馬基維里說：

> 我的目的是寫一些東西，即對於那些通曉他的人是有用的東西，我覺得最好論述一下事物在實際上的真實情況，而不是論述事物的想像方面。許多人曾經幻想那些從來沒有人見過或者知道在實際上存在過的共和國和君主國，可是人們實際上怎樣生活同人們應當怎樣生活，其距離是如此之大，以致一個人要是為了應該怎麼樣辦而把實際上是怎麼回事置諸腦後，那麼他不但不能保存自己，反而會導致自我滅亡。因為一個人如果在一切事情上都想發誓以善良自持，那麼，他側身於許多不善良的人當中定會遭到毀滅。

　　若柏拉圖的政治權威觀係建立在以外來的思想作為政治權威來源，以 Idea 主導「實際事物」，以外來哲學場域的主動性，克服政治場

---

[18] 馬基維里雖然多次談到人的「本質」問題，但在《君王論》與《李維羅馬史疏義》這兩本書中，只有在《李維羅馬史疏義》第三篇第四十三章的標題使用過「本質」（nature）這個概念，這一章的標題是「在同一個地區出生的人幾乎永遠展現相同的本質」，內文則探討了法國人、日耳曼人的民族性。

域的被動性，則馬基維里不僅顛倒了這種次序，而且幾乎取消了傳統哲學德行的重要性，他將它們視為「想像的事物」，並將目光焦點轉移到「世界上的事」，這種強烈的此岸性格，使培根（Francis Bacon）成為第一位反轉對馬基維里印象的哲學家，他說：「我們非常感謝馬基維里和與他同屬一個階層的其他作家，他們開誠布公地宣布或描述人們在做什麼，以及人們不應做什麼。」[19]從權威場域的角度看，外來場域的權威在人間蒸發了，馬基維里成了道道地地的本土權威場域捍衛者，他要從本土的立場看問題，以柏拉圖的洞穴（政治場域）人觀點作為衡量事物的準繩。因此，他的思想中，古典哲學傳統的道德觀是被評判的，被評判的標準則在其是否「有用的東西」，而因為人所具有的本質是壞的，因此，若抱持傳統的道德觀，統治者就會自陷絕境，馬基維里故而強調：「所以，一個君主要保持自己的地位，就必須知道怎樣做不好的事情，並且必須知道視必要性的需要，決定是否使用不好的手段。」[20]從建立政治權威的方式來看，馬基維里的思維是非常革命性的。

　　從這樣的思維出發，馬基維里因此反對與傳統的善（good）相關的觀念，無論是希臘時期的「有益」（good for）或合適（fitness），還是基督教的絕對善（absolute goodness），這些觀念即使有用，也是在私領域，在政治的公共領域，它們絕對比不上它們的反面，亦即不合適（unfitness）或邪惡（evil），馬基維里因此發展出他獨特的德行（virtue）觀念。德行是一種獨有的政治人格特質，它不同於羅馬時期含有濃厚道德色彩的德行（virtus），也和希臘的道德觀念不同，馬基維里的德行一方面是人面對飄忽不定的命運（fortune）時所展現之克服環境必要性（necessity）

---

[19]　Francis Bacon, *The Advancement of Learning* (London: Dent & Sons, 1915), ed. by GWKitchin, VII. ch.2.10.

[20]　Niccolo Machiavelli, *The Prince* (Chicago: University of Chicago Press, 1985), translated by Harvey C. Mansfield, ch.15.

的氣質，包括上述所指的為惡能力，另一方面是基於對人類邪惡本性的獨到觀察。古典政治哲學使政治服從於道德德行，更服從理論德行（作為人的目或人的靈魂之完善），而馬基維里開創的現代政治哲學，則是將道德德行服從於政治（看成只是政治上有用的東西）。施特勞斯之所以認為馬基維里開創了現代性的第一次浪潮，原因即在於他全面拒斥西方傳統思想，[21]而他對現代性本質的界定則是「青年造反運動」，亦即是「現代反對古代」，因此，他稱呼馬基維里是近代以來一切「青年運動」的鼻祖。[22]馬基維里「造反」的重要意義及影響，不僅表現在其思想的反叛上，稍後我們將會發現，此一思潮也促動了對於既有政治體制的造反（革命）運動。

　　馬基維里因為強調人們實際上如何生活，而不是以人們應該如何生活為原則，這種思維下的本土性格充分顯露在他的著作之中。馬基維里對於柏拉圖、亞里斯多德及西塞羅等政治哲學家幾乎絕口不提，[23]但值得注意的是，他卻多次提到色諾芬（Xenophon），他提到色諾芬著述的

---

[21] 馬基維里是否全面拒斥西方傳統古典思想，在西方政治思想仍有疑義，以波卡（J. G. A. Pocock）和史金納（Quentin Skinner）為首的劍橋學派或共和主義史學派，因為著重文藝復興到美國革命這一段「共和主義傳統的復興」歷史，因此傾向將馬基維里看作是古典共和主義的現代復興者，但施特勞斯卻凸出強調馬基維里是西方現代性的奠基者，亦即是對西方古典傳統的全面反叛。雙方論點的比較，請參閱 Pocock, *The Machiavellian Moment: Florentine Political Thought ad the Atlantic Republican Tradition* (Princeton University Press, 1975)；Skinner, *Machiavelli* (Oxford: Oxford Univ. Press, 1981)，以及 Strauss, *Thoughts on Machiavelli* (The University of Chicago Press, 1958)。

[22] Leo Strauss, *Thoughts on Machiavell i* (Chicago: The University of Chicago Press,1958), pp.126-127.

[23] 馬基維里在《李維羅馬史疏義》卷首的地方，幾乎逐字逐句抄錄了歷史學家波利比烏斯（Polybius）關於斯巴達混合憲法的觀點，但是他在此及其他地方都未提及波利比烏斯的名字，此外，他實際上對波利比烏斯的這些論點作出了巨大的改變，但此一改變卻直到全書卷尾他的猛烈抨擊中釋放出來，由此可見馬基維里雖然對古典哲學抱持敵意，但卻不願將此一立場張揚的態度。

次數比他提到柏拉圖、亞里斯多德與西塞羅的次數總和還要多，同時也比除李維以外的任何作者的提及更為頻繁，色諾芬的《居魯士之教育》（*Cyropaedia──Education of Cyrus*），是對於想像中的理想君主的經典表述，該書描述一個貴族集團如何能夠通過降低道德標準，被改造成為一個統治巨大帝國的絕對君主政體，在馬基維里心目中，色諾芬已為他鋪奠了質疑想像中君主的道路；色諾芬的《阿格西勞傳》（*Agesilaus*），則是一個智者為僭主暴政所提供的經典辯護；此外，色諾芬的《家政論》（*Oeconomicus*）提出一個貴族紳士的生財之道，在於對土地家產實行穩當經營，而不在於擴充發展；色諾芬對於馬基維里所謂「自然的和尋常的攫取欲望」，也遠較其他古典哲學家更能容忍，這些觀點也幾乎被馬基維里接收，這些都是色諾芬在馬基維里著作中一枝獨秀的主要原因。由此亦可見，馬基維里並非全盤拒斥古典哲學，而是在這些舊傳統中，爬梳那些可為其所用者，這也可從色諾芬雖同時討論居魯士（Cyrus）與蘇格拉底兩個主題，但馬基維里卻對前者予以極大關注，但對後者卻刻意漠視看出。

　　至此，我們可以歸納出馬基維里與柏拉圖政治權威觀的一個初步對比，柏拉圖以外來哲學為政治權威的來源，對於本土洞穴而言，它的價值表現在洞穴社群對於哲學外來權威的虛位以待及崇敬恭候，洞穴中的被統治者，因為不具備分辨善惡的能力，所以必須接受政治權威者（哲君）的教化，而統治者的政治權威即建立在被統治者對其所持外來 Idea 的接受上。相對於此，馬基維里則是向外來的哲學權威關閉了洞穴的大門，在他看來，政治權威者（君王）的權威性係建立在本土洞穴的現實生活上，從本土場域出發，馬基維里勾勒了被統治者與統治者的輪廓及圖像，人性是壞的和自私的，但這不帶有任何道德意涵，而是自然和現實的存在，因此，要凝結被統治者，不能訴諸一個想像的烏托邦，而必須是現實的利益，包括社群中每個成員舒適安逸的自我保存，而統治者

面對一個人性本惡的政治場域，他必須具備半人半獸的特質，必要時更必須毫不遲疑的使用武力，以便將腐化的民眾和質料，改造成一個好的人。馬基維里幾乎顛覆了柏拉圖的政治權威觀念，此一顛覆同時導致了一個訴諸本土權威帶來的後果，柏拉圖設計的道德政治，不自覺預設了被統治者是好人的前提，但他卻極端仇視民主政治，而馬基維里雖然指陳人性的黑暗面，但由於其論述係從本土政治場域出發，反而間接使得被統治者在權力天秤上取得了前所未有的分量。施特勞斯認為，馬基維里揭下古典學說貴族特徵的面紗，暴露出它的寡頭統治面貌，必將導致對於普通民眾作出更為有利的判斷，因此，揭下擁有道德身分人們的統治面紗，也構成了對於道德的價值所作的毀滅性分析的一個組成部分，施特勞斯因而得出結論：「馬基維里對於所有作者們（古典政治哲學家）的最為著重強調的抨擊，其矛頭所向，並非是針對傳統學說對於僭主暴政的譴責，而是針對傳統學說對於大眾的蔑視，這一點可以使我們傾向於相信，他就是開創了民主思想傳統的那個始作俑者和哲學家，於是，古典政治哲學無可否認的不民主特徵，就似乎在某種程度上，可能為馬基維里的反叛提供了辯解的依據，而他的這個反叛，通過盧梭（Jean Jacques Rousseau）和史賓諾沙（Baruch Spinoza），導致了民主理論本身的最終形成。」[24]從這個角度來看，我們可以理解為何許多學者將馬基維里視為堅定的共和主義支持者，雖然其與柏拉圖都有從被統治者出發的統治論點，但後者顯然不像前者具有如此的民享與民治色彩，這一點也是馬基維里思想中的革命特色之一，在往後的分析中，我們也會將其視為探討本土政權論述的重要指標之一。

---

[24] Leo Strauss, *Thoughts on Machiavelli* (Chicago: The University of Chicago Press, 1958), pp.293-294.

第三節　以此岸性格向基督教外來神學的反叛

馬基維里對傳統的反叛，也直接投射在基督教身上，除了因為基督是直接導致義大利遭到外來政權蹂躪的主因外，從思想的角度看，基督教較之古典政治哲學更應予以排除，這個道理很容易理解，基督教發源於處於奴役狀態的東方世界，更具體的說，它發源於一個本身帶有重大缺陷的猶太民族，這個民族從一個強大的國家埃及出走，但他們的力量卻不足以征服巴勒斯坦，以建立自己的國家，迫於情勢，猶太人只好與那些他們無力驅逐的巴勒斯坦人共處。馬基維里雖然指稱摩西通過將猶太人帶出埃及「贖救了他的家園故土」、「使他的祖國獲得了尊嚴」，但「祖國」實際上並未存在當時的時空，事實上，猶太人一直在流亡，在長期的流落異鄉及悲情背後，猶太人一直企盼的是得到曾經屬於他們父兄並被允諾給他們的那片土地，但他們並沒有真正擁有過那片土地，這個渴望預示了基督教徒們對於彼岸世界的祖國所懷有的渴望，或者預示了基督教關於彼岸世界與此岸塵世的祖國所主張的二元論。對於一個真正的基督教徒來說，真正實際聽到、看到、感受到的凡塵世界，只不過是他出走流亡的異鄉而已，他生活在信仰與希望之中，並且在他人心中喚發出這些激情。因此，基督教的「外來」特質更超出了古典政治哲學，它不僅表現在思想的外來上，也表現在對本土政治社群的輕視上，這種對彼岸世界的強調，對於抱持濃厚本土情懷的馬基維里是可忍孰不可忍。這種對本土的輕視與對虛幻故土的嚮往，正是台灣社會對外來政權的觀感，而對「外來」承諾國度心之所往的憎恨心態，也充分顯露在本土政權者的言行之中，外來政權將台灣視為「跳板」，是一個不得不暫時駐足的「基地」，並且將台灣未來希望寄託在那個被應允的三民主義統一的中國上，凡此種種，對於堅持本土政權才具統治正當性者而言，外來政權不就如同基督教思想，是一種自絕於本土社會的彼岸世界心態？

　　馬基維里對於基督教憑藉外來教義遂行統治的後果，同樣抱持高度
警戒，按照他的看法，基督教之所以攫取到權力，是仰仗一個千載難逢
的機會，一方面，羅馬本身業已腐化，羅馬公民不再擁有政治權力，因
此基督教的簡單信念能夠輕而易舉獲得羅馬人民的接受，它通過要求人
們謙卑順從，向社會的卑微階層發出訴求，並賦與他們力量，於是，基
督教就得以將整個羅馬帝國繼承接收過來。從基督教的起源本身出發，
馬基維里敏銳的觀察到，基督教之所以可以站穩腳跟，與羅馬社會的混
亂與羅馬人民失去政治權力有極為密切的關係。因此，基督教的興起可
以為外來政權建立統治權威提供前提與要件，即當一個社群愈是陷入混
亂，人民愈失去權力，外來政權愈能取得其生存的土壤，但這個權威的
維持，仍需要其他條件的配合。按馬基維里的看法，基督教尊崇彼岸世
界，並塑造此一意識的合理性，導致人們對於此岸事物的冷漠與鄙視，
人們態度的冷漠與基督教建立的體制，導致了高級教士的道德敗壞，但
這種道德敗壞卻未造成基督教的毀滅，關鍵即在於基督教「使民眾懂
得，對邪惡者加以惡語謗議，本身就是邪惡的行為，而恰當的作法，則
是忍受他們，遷就他們，順從他們，讓上帝去懲罰他們的過錯，這樣一
來，他們就壞事做絕，肆意為虐，因為他們對於自己所看不到的懲罰，
對於他們所不相信的懲罰，並無顧忌懼怕。」[25]於是，基督教成功地塑
造民眾的無權抵抗意識，這種對於邪惡的不抵抗政策，使得基督教對於
世俗的統治得以持續，更重要的是此一外來政權的統治帶有殘暴與專斷
的性質。施特勞斯清楚闡釋：

---

[25]　Niccolo Machiavelli, *Discourses on Livy* (Chicago: University of Chicago Press,1996), translated by Harvey C. Mansfield and Nathan Tarcov, Ⅲ. ch.1.

馬基維里之所以反對由教士直接或間接統治，首要原因是這種
統治在本質上屬於僭主暴君的統治，而在原則上則甚至比任何
其他政權都更為暴戾。據稱是來自神諭權威的指令，或者以神
諭權威的名義所發出的指令，無論多麼睿智，多麼賢德，都絕
無可能去接受城邦公民以整體之名所作的核准，由教士組成的
政權，無論多麼優異，都不可能對城邦公民的整體負責，因此
基督教教會君主國，甚於其他政權形式，更能夠在不具備德行
才能的情形，得以締造，得以維繫。如果一個政權是建立在神
諭權威的基礎上，那麼原則上對祂的抵抗將是不可能的，不存
在任何制約能夠使祂的統治者有所敬畏，有所懼怕。[26]

　　此外，基督教義也使世俗統治變為一種孱弱的狀態，馬基維里談到
現代世界的孱弱狀態時，他心目中想到的是當時共和國的孱弱，而在古
典的上古時代，只要是處在尚未經過腐蝕的狀態，西方世界乃是共和政
體處於壓倒性的優勢，但他所處時代的西方世界，即基督教共和國的體
制，則主要實行君主政體，馬基維里所想到的，是雅典與斯巴達，是羅
馬以及哺育漢尼拔（Hannibal）的那個共和國，他甚至是想到古代腓尼
基的推羅城邦，但他想到的絕不是耶路撒冷。這種強弱的對比，主要關
鍵在於是否擁有武力，古代共和國擁有武力，他所處時代的共和國則不
具備武力，[27]馬基維里因此說：「在人們不是枕戈寢甲以衛社稷的那些地

26　Leo Strauss, *Thoughts on Machiavelli*(Chicago: The University of Chicago Press,1958), p.185.

27　《李維羅馬史疏義》第二篇以超過其他兩篇的規模和深度，分析存在於擁有武
力的古代國家與不擁有武力的現代國家之間的區別，存在於現代的「孱弱世界」
與古代的強健世界之間的區別，存在於「不具備武力的天國」與具備武力的天
國之間的區別，在第十八章探討「義大利君主們的罪孽」時，馬基維里將那些
君主們稱為「不具備武力的」。

方，我們就要歸咎於君主的過錯，這比任何其他真理都更為真實。」[28]馬基維里在此所謂之「其他真理」，當然也包括了基督教教義，基督教既然降低了此岸世界的價值，自然對於古代以武力攫取尊嚴榮耀的事蹟不屑一顧，同時，基督教既然憑藉其教義取得權威，因此對於擁有武力似乎並不感迫切，[29]但對於馬基維里而言，這卻是造成當時世俗統治積弱不振的主因，進一步言，基督教之不重視武力，也係因其對於世俗統治的權威並不依恃武力，這種取向符合了前述鄂蘭對於權威的界定，但對於視擁有武力較其他真理更具優位性的馬基維里，斷然無法接受基督教的此一主張，由此亦展現了馬基維里權威觀念革命性主張的另一面，但在此引申出來的另一個問題是，若神權統治接受了武力，亦即將吉拉休斯一世（Gelasius I）以來上帝和君王各自擁有的那把劍二合一於神權政治的統治者身上，馬基維里又如何看待？

　　事實上，馬基維里是第一個看到世界上可以存在尚武好戰、具備武力的神權政體統治者，在《李維羅馬史疏義》第一篇第二十六章中，馬基維里唯一引用一次聖經的話評論耶穌的祖先大衛王：「他使飢餓的人飽餐美食，叫富足的人空手而回」，他的意思係謂包括基督教君主國在內的所有政權的新君主在占領一個城市時一定要全面「除舊布新」，他形容此一模式「很殘忍，是在跟每一種生活方式為敵」，此外，他亦認為基督教廷得以擁有武裝，是憑藉教皇亞歷山大六世（Alexander VI）

---

[28] Niccolo Machiavelli, *Discourses on Livy* (Chicago: University of Chicago Press,1996), translated by Harvey C. Mansfield and Nathan Tarcov, I . ch.21.

[29] 馬基維里在《君王論》第十一章「論教會的君主國」中表示，教會的君主國「自己擁有國家而不加以防衛，他們擁有臣民而不加以治理；但是，其國家雖然沒有防衛卻沒有被奪取，其臣民雖然沒有受到治理卻毫不介意，並且既沒有意思也沒有能力背棄君主。」馬基維里稱這種國家由於是「依靠人類智力所不能達到的更高的力量支持的」，所以他「不再談論它了」，但馬基維里雖然口說不談論它，事實上卻對此一情形甚為重視。

的努力，但第一個具備武力的教皇卻無賢無德，乏善可陳。按施特勞斯對馬基維里關於基督教統治的詮釋，對於《聖經》指令的接受不是以理性為基礎，而是以權威為基礎，如果權威不能夠動用強制手段使人接受其指令，那麼權威就不可能長期被人所接受，因為《聖經》指令要求人類必須相信那些未經論證的指令，這種要求意謂勸誘人們在口頭上承認他們內心深處並不相信的信念，因此這一指令非常難以付諸實施，「而最為千真萬確的法則莫過於，當難以付諸實施的事被指令要求付諸實施的時候，為了使人們順從馴服，所需要的就是嚴厲苛刻，而不是溫柔愜意。」[30]因此，從馬基維里的觀點看基督教的世俗統治，其宣揚的是一種對統治者的完全服從，即使有懲罰統治者的需要，也必須交給上帝執行，被統治者是斷然無此權利的，而為了統治的需要，基督教運用了兩種手段，一種是灌輸不抵抗的理念，另一種則是運用強制力，後者特別值得注意，因為此一以武力為後盾的強制力運用，並非直接得自基督教教義，而是一種事實的發展，與柏拉圖的理型論比較，基督教的世俗統治除了對精神的強制外，更進一步增加了身體的強制，易言之，雖然同樣屬於外來政權的性質，但一個擁有武力的外來政權，將更能貫徹精神上的強制。

　　對於一心要在此岸世界建立政治權威統治理論的馬基維里，其所面臨的第一個挑戰即是如何掃除外來權威的阻礙，上述的古典政治哲學與基督教思想，即是他欲掃除的兩個目標。易言之，馬基維里所設想的政治權威建立路徑包含了兩個階段，第一個階段是推翻外來權威（政權），第二個階段才是建立政治權威，前者是破，後者是立，前者也是達到後者目的的前提及必要條件。第二個階段關於政治權威建立的途徑，將於

---

[30] Leo Strauss, *Thoughts on Machiavelli* (Chicago: The University of Chicago Press,1958), p.188.

第三章探討，在本節中我們關注的是馬基維里推翻外來權威（政權）的方式。

第四節　建設性破壞　開創面向未來的「新」歷史觀

　　首先值得注意的是，馬基維里並未根本否定外來權威的價值。事實上，其對外來權威的態度是選擇性地接收部分觀點，同時選擇性地排除部分觀點，前文提及馬基維里處理古典政治哲學的問題時，選擇性地詮釋色諾芬思想，即是例證之一，同樣的模式亦出現在馬基維里對基督教思想的處理上，這一部分主要表現在馬基維里對於基督教史觀的接收上。在基督教之前，古希臘與古羅馬的史觀是一種「循環史觀」，宇宙萬物無論是自然物還是人為物都在循環往復，萬物有生長和死亡，城邦有興起和毀朽，一切進步都伴隨著衰敗，[31]基督教史觀的興起徹底摧毀了古人對於歷史的理解，與古代的循環史觀不同，基督教的歷史觀是一種「救贖史觀」（Redemption of history），它有絕對的起點和終點，起點是上帝的創世（Creation），終點則是上帝的末日審判。馬基維里對於這兩種史觀的差別非常清楚，在《佛羅倫薩史》（History of Florence）第五卷開頭，馬基維里表示：「可以看得出來，在興衰變化規律支配下，各個地區常常由治到亂，然後再由亂到治。因為人世間事情的性質不允

---

[31] 關於古代循環史觀的描述，可參閱 Alfred Stern, *Philosophy of History and the Problem of values* (the Hague: Mounton & Co. Publishers, 1962), p.39-70; Rolf grunter, *Philosophy of History: A Critical Essay* (Gower House, Gower Publishing Company Limited, 1985), p.5-18; Micrea Eliade, *The Myth of Eternal Return, or Cosmos and History* (Princeton University Press, 1974), trans. by Willard R. Tarsk; Paul Avis, *Foundation of Modern Historical Thought: From Machiavelli to Vico* (Croom Helm, Ltd. Provident House, Brurrell Row, 1986); Arendt, Hannah, *Between Past and Future* (Penguin Books, 1977), p.41-90。

許各地在一條平坦的道路上一直走下去；當他們到達極盡完美的境況時，很快就會衰落；同樣，到它們已經變得混亂不堪、陷於極度沮喪之中，不可能再往下降時，就又必然開始回升，就是這樣，由好逐漸變壞，然後又由壞變好。究其原因，不外是英雄的行為創造和平，和平使人得到安寧，安寧又生混亂，混亂導致覆亡。」[32]

　　乍看之下，馬基維里似乎是重復古代循環史觀的論點，但若歷史就是永遠的輪迴，政治永遠是「由治到亂，然後再由亂到治」的過程，則馬基維里鼓吹君主從事「偉大的事業和做出卓越的範例」將缺乏足夠的說服力。馬基維里不可能採取循環史觀的原因，在於此一史觀是以模倣自然的不朽性克服人的有朽性，但馬基維里始終認為人本身即可創造不朽，歷史的動因（agent）不在自然，而在人本身，在這樣的思考下，基督教將希臘自然的創造（creation）轉變成無中生有的創世（Creation）神學，正好可以為馬基維里所用。基督教的歷史觀產生了兩個革命性的變化，一個革命性的變化是它帶來了一個面向未來的向度，也就是基督重臨或末日審判。古代的循環史觀認為未來不過是過去的循環，任何「新」都是「舊」的重複，基督教史觀的未來向度則表明，歷史總是蘊含著「新」啟示、「新」創造的可能，「新」不再是重復著「舊」，而是中斷了「舊」的循環。儘管馬基維里認為基督教敗壞了古代的政治德性，但他同時也看到正是在對古代循環史觀的摧毀上，基督教取得了史無前例的成功，在《君王論》第六章，馬基維里說：「所有武裝的先知都獲得了成功，所有非武裝的先知都失敗了」，但有一個非武裝的先知獲得了成功，那就是耶穌，耶穌成功地把人們的目光從過去轉向未來，並且在死後統治了整個世界。從此，歷史不再是服從於永恆的輪迴，而是擁有一個明確的未來，而且任何未來都不是過去的重複和輪迴，因此根本

---

[32] 馬基維里，《佛羅倫薩史》（台北：台灣商務印書館，1998），李活譯，234 頁。

上是全新的（novel），要想成就一個締造「新秩序」的新君主，馬基維里也就必須將歷史的目光由過去移向未來。[33]

　　馬基維里在此做了一個一百八十度的轉折，並且再一次體現其政治權威觀念的革命性。上節論及柏拉圖歷史主義時曾提到，柏拉圖的歷史目的是一個不斷回溯的過程，靜止的歷史目的及人類的黃金時代是存在於過去，柏拉圖社會工程所要做的是要盡量使得所有的制度設計模仿那個存在於過去的完美原型，柏拉圖的政治權威觀正是建立在存在於過去的歷史目的不斷回溯上。此一思維到了古羅馬時代依舊未變，鄂蘭指出古羅馬時代的權威概念是權威、宗教與傳統的三合一概念，而這三個彼此緊密相連的要素都有一個共同的特性，即它們都指向過去（past）。因此，無論是柏拉圖或是古羅馬的歷史主義，其眼光全都聚焦於歷史之鏈的開端，而且此一開端是一個存在的客體，就此一角度言，歷史循環的過程可謂是一不斷連接過去的過程，而過去乃是屬於「舊」的範疇。馬基維里既欲打破傳統，當然不願為傳統所束縛，因此，他必須「破舊」，此時，基督教歷史觀正好給了他「破舊」的理論工具，使他可以追求一個新的時代和新的可能，由此也衍生出馬基維里的政治權威觀點，君主的政治權威不是建立在過去或傳統的基礎上，而是要塑造一個全新的歷史目的，因此一國君主應是一個「新君主」，一國尋求建立的政治秩序應是一個「新秩序」，一國的體制應是「新體制」，內容更新的國家則為「新國家」。易言之，馬基維里發起的消滅外來權威（政權）思想運動，

---

[33]　關於馬基維里的歷史觀，參閱 Harvey C. Mansfield, Harvey C. Mansfield, "Machiavelli and the Idea of Progress", in *History and the Idea of Progress* (Ithaca and London: Cornell University Press,1995), edited by Arthur M. Melzer, Jerry Weinberger and M. Richard Zinman, pp.69-81; Paul Avis, *Foundations of Modern Historical Thought: From Machiavelli to Vico* (Croom Helm, Ltd. Provident House, Brurrell Row, 1986), pp.30-51。

就是要消滅存在於這些外來權威中的舊因子，「破舊立新」則是這場思想運動的最終目的和歸宿。

　　基督教歷史觀導致的第二個革命性變化，是基督教賦與個體的人和個別歷史事件以超越歷史的意義，如耶穌的誕生、被釘十字架死亡和最後的復活等，這種看法的直接影響是使古代不朽的自然和有朽的歷史區分失去了意義，因為無論是自然和歷史都變成有朽的，它們都是被創造出來的受造物（creature），都屬於有限的此岸世界和塵世。馬基維里接收了基督教提高個體和自然有朽的結論，但卻捨棄其提高個體地位的論據，按基督教的個人乃是一「非政治化」的個人，古希臘與古羅馬時代認為人唯有獻身城邦才能模仿自然的不朽，但在基督教看來，此岸世界包括城邦生活皆毫無意義，只有個體的靈魂、信仰、自由意志和上帝之城才具有不朽的意義，因此，人不再是城邦的動物。馬基維里則把個體追求不朽重新倒轉了回去，但不是所有人皆可創造不朽，而是將追求不朽的權利賦與了「新君主」，為了完成此一扭轉，馬基維里甚至對基督教做了重新的詮釋，《君王論》第六章論述「依靠自己的武力和能力獲得的新君主國」中，摩西（Moses）與居魯士（Cyrus）、羅慕勒斯（Romulus）、提修斯（Theseus）等並列，都是屬於「依靠本人的能力而不是依靠幸運崛起成為君主」，馬基維里接著說，如果考慮居魯士和其他獲得或者創建王國的人們，就會發現他們的特殊行為與情況（particular actions and orders）與摩西並無二致。而依照《聖經》，摩西與居魯士等人當然是有差異的，此一差異存在於摩西只是「上帝託付給他的事務的執行者」，上帝才是摩西世俗成就的背後擘劃者，但在馬基維里看來，摩西和其他君主一樣都是以純粹人為特質而成為一個新國家的創建者（founder），因此，按照馬基維里的說法，《聖經》基督教與他鍾情的異教之間實際上存在著一個共同點，亦即它們的起源都是人類的此岸行為，它們之間的差異在於前者不重視武力，而後者則重視武力；

前者對於此岸世界懷抱著鄙視的態度，而後者則尋求此岸世界的尊嚴與榮耀。

　　馬基維里對於基督教另一論點的接收是關於自然有朽論，按照古希臘與古羅馬的歷史觀，自然是不朽的，人要追求歷史的地位，唯一途徑便是模仿自然，西方從歷史學之父希羅多德（Herodotus）開始，都是如此詮釋人類歷史。人類使自己不朽的方法是追求偉大的功業，而偉大功業只有投身城邦和政治共同體才可以創造，因此古代歷史和政治哲學，幾乎都圍繞著城邦和政治共同體論述，希羅多德想要記錄的是城邦間戰爭中的偉大事蹟，修息底德斯（Thucydides）亦出於同樣的原因描述伯羅奔尼撒戰爭（The Peloponnesian War），柏拉圖與亞里斯多德的政治哲學也以城邦為對象，前者追求知識與權力結合的城邦，後者則強調唯有在城邦中才可以獲得最高的善，一直到羅馬時期的西塞羅，仍強調只有建立和保護政治共同體，人的德行才能接近不朽。在這種對比中，一個是不朽的自然，一個是有朽的歷史，前者是模仿或膜拜的對象，後者則是盡可能的朝不朽自然的目標邁進，柏拉圖的理型論正是此一對比的典型。但基督教的創世思想一舉搗毀了此一區分，因為兩者都是受造物，因此都是有朽的，馬基維里接收了此一革命性的破壞，惟值得注意的是他在以基督教思想作為破壞古代思想的工具時，同時也在進行對基督教思想的破壞。

　　馬基維里所採用的方法是一方面用基督教歷史觀破壞古代的永恆自然觀，另一方面他同時也借用了古代思想破壞了基督教的彼岸思想，易言之，馬基維里巧妙的以一個外來權威破壞另一個外來權威，在建立其政治權威論據之前，馬基維里排除路障的方式即是「以夷制夷」式的相互破壞，曼斯菲爾德（Harvey C. Mansfield）將此描述為「馬基維里

讓古代和基督教相互廝打」，[34]我們可將此稱之為「建設性的破壞」。破壞古代自然觀與相應的歷史觀之目的，在於此一觀點將人的眼光聚焦在過去，阻礙了人的創新，而建設的目的則在發現政治哲學的「新」大陸，藉「新」君主之手塑造「新」的秩序和政治制度，締造「新」的共和國。通過基督教的創世觀，馬基維里將自然貶低為機遇或命運（fortune），君主要實現不朽的政體意謂必須征服自然、改造命運，從而克服政體或政治的興衰輪迴，「因為命運之神是一個女子，你想要壓倒她，就必須打她、衝擊她。」[35]馬基維里由此扭轉了古典政治哲學的方向，為一個新的政治哲學開創了一片天空，有朽的人不應是模仿或追尋永恆的不朽，而是要在有朽的世界中實現不朽，不朽不再意味自然和德性的圓滿實現，而是單純的政治榮耀（glory），不朽的城邦不再是古人言說的城邦（city in speech），而是變成了「長治久安的共和國」（perpetual republic），亦即從「符合自然的城邦」降低為「人的城邦」（The City of Man）。[36]

　　另一方面，馬基維里在去掉古典哲學永恆不朽的成分同時，卻保留了古代思想中人獻身城邦的意義，並以這一部分的古代思想作為反擊基督教的利器，易言之，馬基維里所返回的古代是一個「單向度」的古代，

[34] Harvey C. Mansfield, "Machiavelli and the Idea of Progress", in *History and the Idea of Progress* (Ithaca and London: Cornell University Press,1995), edited by Arthur M. Melzer, Jerry Weinberger and M. Richard Zinman, p.69.

[35] Niccolo Machiavelli, *The Prince* (Chicago: University of Chicago Press, 1985), translated by Harvey C. Mansfield, ch.25.

[36] 「人的城邦」（The City of Man）出自施特勞斯的《自然權利與歷史》（*Natural Right and History*）一書，為施特勞斯對於霍布斯政治哲學的論述，法國天主教哲學家馬南（Pierre Manent）後來以此為名，發表了一部政治思想著作《人的城邦》，參見 Strauss, Leo, *Natural Right and History* (Chicago and London: University of Chicago Press, 1965), p.175 及 Manent, Pierre, *The City of Man* (Princeton University Press,1998), trans. by Marc A. LePain。

以羅森（Stanley Rosen）的話形容：「馬基維里開創現代政治哲學的途徑是區分古代的理論與實踐，前者錯誤百出，後者則值得稱道。」[37]此同於馬基維里選擇性排除色諾芬觀點的作法，馬基維里保留的正是其所需要的政治德行，而他所要打擊的則是基督教的彼岸性和非政治性，因此，他通過古代來打擊基督教，是帶有濃厚的政治意圖，他要打掉基督教的彼岸世界信仰，使人們關心祖國的拯救而非靈魂的拯救，由此恢復政治和此岸世界的正當性。馬基維里說：「世上沒有任何事情比得上偉大的事業和做出卓越的範例，能夠使君主贏得人們更大的尊敬。」[38]通過獻身於城邦和政治事業獲得偉大和不朽，正是自希羅多德至西塞羅以來的整個古代政治傳統，但是基督教的非政治化卻使人們遺忘了這一古老的傳統，所以，馬基維里必須通過返回古代恢復人們的記憶，而在恢復此一古代傳統的同時，實際也隱含了馬基維里在「舊瓶」中裝「新酒」的意圖。

相較於馬基維里以古代破壞基督教的方式，馬基維里以基督教破壞古代的方式較不為人所察覺，此係因馬基維里予人的崇古感覺。從表面上看，馬基維里的崇古言論是與他的求新求變訴求反悖的，在許多今古對比的文字中，馬基維里通常以現代稱呼他那個時代的基督教，他多次援引古羅馬的例子，目的是在以古代事例解放那時的基督教束縛，乍看之下，馬基維里只是保守陣營的一員，但深入觀察可發現，馬基維里對於傳統的反叛乃是以對更為古老的羅馬權威的暫時臣服跨出第一步，這一點也是他以古代權威對抗基督權威最聰明的策略，因為要擺脫幾世紀以來宗教的束縛，最佳的策略莫過於提出一個具說服力的普遍觀點，按

---

[37] Stanley Rosen, *Nihilism: A philosophical Essay* (New Haven: Yale University Press, 2000), p.61.

[38] Niccolo Machiavelli, *The Prince* (Chicago: University of Chicago Press, 1985), translated by Harvey C. Mansfield, ch.21.

照馬基維里的時代，這個普遍觀點莫過於存在於一般人心中將好的事物與古老事物相提並論的想法，於是，只要能喚起人心對古老權威的記憶，就可以解除糾纏在當時的基督教神學魔咒。因此，我們可以在馬基維里言論中，到處看到古羅馬的影子，但在《李維羅馬史疏義》中，我們發現他從盛讚羅馬的語調中逐漸轉為對羅馬的批評，[39]按施特勞斯的觀察，馬基維里在此使用了一種策略，即他採取了兩類說法，在第一類說法中，馬基維里將普遍接受的觀點再現出來，而第二類說法中有一種隱祕的背景，他所表達的觀點也因此與第一類說法不同，施特勞斯因此從馬基維里的轉變得出結論：「按照馬基維里的看法，我們有必要超越古代的體制和秩序，或者說，我們必須探尋的，不僅是相對而言的新的體制和秩序，而且是絕對意義上全新的體制和秩序。」他因此認為《君王論》是關於社會奠基的全新學說，而《李維羅馬史疏義》則是關於社會結構的全新學說。[40]而按施特勞斯對於「革命者」的定義：「一位革命者，顧名思義是這樣一個人，他觸犯法律，觸犯作為整體的法律，以改用一個新的法律，一個他確信比舊的法律更好的新法律，來取而代之。」[41]從這個標準來看，馬基維里已是道道地地的「革命者」，即使他採取的是一種隱祕的自保途徑來推銷他的革命思想。

　　馬基維里意在言外的革命式看法，使得他可以利用兩種傳統權威的廝殺，取得他所想要的理論高地，他破壞了基督教權威，從中顛倒了基督教自奧古斯丁以來的等級秩序，亦即將好基督徒高於好公民轉變成為

---

[39]　第一篇第卅一章，馬基維里提到兩位羅馬將領寧願讓自己的祖國蒙受恥辱，也不肯在自己的虛榮自尊方面作出稍許讓步；第卅七章馬基維里談到羅馬土地法的缺失；在第二篇卷首，馬基維里更進一步指責人們自然而然且非理性的推崇古老的時代，並指「這樣的看法在絕大多數情況下是不對的」。

[40]　Leo Strauss, *Natural Right and History* (Chicago: The University of Chicago Press,1953)，pp.116-117, 231.

[41]　同上註，62 頁。

好公民高於好基督徒，施特勞斯因此認為馬基維里是現代自由主義的先驅；另一方面，自柏拉圖以來以迄羅馬教會的權威結構也受到改造，他建立了一個新的君主專制統治典型，他坦率地承認，如果必須找到一個新的國家，他將永遠仿效鮑吉亞（Cesare Borgia），但是從鮑吉亞的背景來看，會得到一個頗堪玩味的結論，鮑吉亞具有主教身分，他比任何人都傾向擴大教會的世俗統治權，而鮑吉亞的勝利將意味馬基維里的祖國佛羅倫薩的毀滅。但儘管如此，馬基維里在談論這個祖國的敵人時，仍然懷抱著強烈的敬畏之情，從表面上看，這個馬基維里所欲效法的典範根本違反了馬基維里打擊教會權威的目的，但若從馬基維里敬畏鮑吉亞的真正根源探討，將發現馬基維里真正敬畏的不是鮑吉亞這個人，而在於鮑吉亞所創立的新興國家結構，馬基維里是完全意識到這種新興政治結構的第一位思想家，這種政治結構不再需要外來權威的加持，新君主統治的政治結構本身即是政治權威的最後來源，這種以權力基座取代超越性權威來源的變化，無異是對鄂蘭以古羅馬為典範描述之權威結構的革命性改變，雖然由上而下的順序並未更改，但權力與權威的界限卻因而變得模糊。

第五節　創建新國家　製造新根源

這種以傳統權威對抗傳統權威的策略，結果是馬基維里依其理論需要對於傳統的重新詮釋，為了奠定新政治結構的權威性，馬基維里除了改變政治權威結構，排除外來權威的角色外，同時也對權威內涵作了重大更改。按鄂蘭，賦與政治權威具體概念內容及實際政治經驗的是古羅馬人對於「根源」的重視，但此一意義在羅馬時期之後逐漸為人遺忘而瀕於散失，致使在提到權威一詞時，因為沒有實際的政治經驗及一致同意的定義參照，因此常變得空泛與抽象，政治權威的歷史意義彷彿已從

政治運作中蒸發，然而，鄂蘭指出，兩件事態的發展使得上述說法未必完全正確，一件事態是後古羅馬時期出現了一位強調「根源」（foundation）概念的思想家，即馬基維里；另一件事態則是後古羅馬時期的政治史，出現了一種強調創建（founding）的事件，即現代的革命事件，而馬基維里雖然從未使用過「革命」一詞，卻是最早提出革命觀念的思想家。[42]

　　鄂蘭認為馬基維里重新發現古羅馬政治經驗的最偉大之處，在於他闡述出連羅馬人本身都未形成概念但卻在闡釋希臘哲學時所表達的思想，馬基維里認為整個羅馬史和羅馬人精神都集中在對於「根源」的重視，而他希望做的即是將羅馬的此一經驗移植到他那個時代去。值得注意的是，馬基維里雖然使用了羅馬的「根源」概念，但對此一概念的訴求卻採取一個相反的方向，前文曾提及，對於古羅馬人而言，「根源」表示一旦某一事物被建立起來，它就對後來的世世代代產生約束，從事政治的第一要務就是要確保羅馬建立起的根源，因此，羅馬的「根源」概念是指向過去的，其所表達的是一種對於傳統權威的尊敬與維護，而傳統也就成為政治權威的最主要來源。但對於馬基維里而言，其對「根源」概念的使用，並非回復古羅馬的傳統意義，而係意指義大利的統一，此一目標在當時是一個未來完成式，因此，馬基維里心目中的「根源」係指向未來，但如同古羅馬將羅馬城這個永恆城市（Eternal City）的建立視為羅馬的神聖根基一般，義大利的統一也被馬基維里視為建立義大利民族國家的神聖根基，這個事實顯示馬基維里已經看到現代民族國家誕生的曙光，也因為這個原因，他才會積極鼓吹一個全新的共同體政治（body politic），他使用了一個很難予以解釋的名詞 *lo stato* 描述這種新的歷史發展，馬基維里也因此被後世廣泛視作「現代民族國家之父」（the

---

[42]　Hannah Arendt, *Between Past and future* (New York: Penguin Books,1977), p.136.

father of the modern nation-state）及「國家理性」（reason of state）這個
概念的代言人。[43]

　　若謂馬基維里將政治場域從哲學與神學的場域中抽離，而賦與這個
場域主體性，是馬基維里本土傾向的第一個指標，則其追求民族國家統
一，賦與民族國家歷史目的性則是其本土性的第二個指標。值得我們注
意的是馬基維里探究國家的方法及對後世的影響，從柏拉圖時代起，一
切偉大的政治思想家都強調必定存在一個指導我們政治行動的確定規
則和理論，柏拉圖在《高爾吉亞篇》（Gorgias）的對話中，將他自己的
國家理論與普羅泰戈拉斯（Protagoras）、普羅底庫斯（Prodikos）與高
爾吉亞（Gorgias）等智者派的觀點相對立，他認為這些智者雖然已經對
我們的政治行為提供了許多規則，但是所有的這些規則都沒有任何的哲
學目的與價值，因為他們沒有能看到基本點，它們缺少「理論」的特質
與特徵，即普遍性的特徵，柏拉圖及其追隨者欲以這種普遍性的特徵作
為賦與國家政治權威的理論。但馬基維里卻是第一個試圖以另外一個理
論消除柏拉圖訴求普遍性原則的人，他開創了一種「國家的藝術」，這
種藝術對合法國家和不合法國家都等同適用，政治智慧的太陽照著合法
的君主，也照耀著篡位者和專制者；照耀著公正的統治者，也照耀著不
公正的統治者，「國家的藝術」實際上就是使國家和統治者得以持盈保
泰的政治技術，政治家的藝術如同醫生的技術，「在患病初期，是治療
容易而診斷困難，但是日月荏苒，在初期沒有檢查出來也沒有治療，這
樣就變成診斷容易而治療困難了。國家事務也是這樣，如果對於潛伏中
的禍患能夠察於幽微（這只有審慎的人才做得到），就能夠迅速加以挽

---

[43]　同上註，138-139 頁。

回，但是如果不曾察覺，讓禍患得以發展直至任何人都能夠看到的時候，那就無法挽救了。」[44]

　　馬基維里將國家從傳統的價值中解放出來，使國家自身成為最後的價值，國家雖然贏得完全自治，但卻是以高額代價獲得這個結果，國家是完全獨立了，但同時卻也是完全孤立的，馬基維里像快刀斬亂麻，割斷了前人將國家拴繫在人類存在的有機整體之上的麻繩，國家不僅擺脫了與宗教、形而上學的聯繫，而且也擺脫了與人的道德生活和文化生活的一切其他形式的聯繫。我們不知道馬基維里有無預見其後果，但以其思想為依據而產生的馬基維里主義（Machiavellism）卻成為影響後世歷史發展的巨大浪潮。就馬基維里的時代來看，他的講話和判斷乃是作為一個佛羅倫薩書記官的個人經驗，他的興趣所在也只不過是處於分崩離析、疆土有限的義大利君主國和共和國，因此，他言論中的破壞與革命性影響的範圍並不大。但當馬基維里的原則後來被用於更大的場景和全新的政治條件時，它的巨大破壞性便顯現出來了。十七、八世紀時，他的學說在實際的政治生活中已經發揮了重要的作用，但是從理論上說，還有很大的理智力量和道德力量抗衡它的影響。這個時期的政治思想家除了霍布斯外，都是國家的自然權利理論的堅決擁護者，格老秀斯（Hugo Grotius）、普芬道夫（Samuel A. Pufendorf）、盧梭、洛克（John Locke）都把國家看作是一種手段，而不是看作自在的目的。這些思想家還不知道極權主義（totalitarianism）國家的概念。國家和主權一般來說是「合法的事情」，這意味著它們是出自法律強制的自由。但到了十九世紀以後，所有這一切開始發生了變化，浪漫主義（Romanticism）對自然權利理論發起了猛烈的攻擊，到了十九世紀，唯心主義（idealism）的思

---

[44] Niccolo Machiavelli, *The Prince* (Chicago: University of Chicago Press, 1985), translated by Harvey C. Mansfield, ch.3.

想家黑格爾和費希特（J. G. Fichte）成為馬基維里的鼓吹者和捍衛者，在自然權利論失勢後，馬基維里主義似乎也掃除了邁向勝利的最後一道障礙。

　　黑格爾在一篇寫於 1801 年未發表的論文〈論德國制度〉中，發現十九世紀德國的政治生活與馬基維里時期的義大利國家生活甚為類似，一種新的興趣和抱負在他的心頭油然而生，他夢想成為馬基維里第二，他說：「在一個不幸的年代，當義大利匆匆走向它的毀滅和成為由外邦君主所挑起戰禍的戰場時，當她為這些戰爭提供手段同時成為它們的戰利品時，當德國人、西班牙人、法國人和瑞士人蹂躪她，以及外來政府主宰這個民族的命運時，在一片悲慘、仇恨、混亂、迷茫的普遍而深沉的情感中，一個義大利政治家以一種冷峻的審慎，設想著一種必然的觀念：義大利的拯救只能通過它的統一。……一個人在閱讀《君王論》時，必須既要考慮馬基維里以前的若干世紀的歷史，也要考慮他所處時代的義大利歷史，這樣，這部著作就不僅僅被看作是合理的，而且還表明它是一部極為壯觀而真實的思想傑作，它是一個真正的政治天才所作的最偉大高貴的精神創造。」費希特的政治哲學也展現了同樣的趨向，在 1807 年發表的〈論馬基維里〉文章中，費希特讚揚馬基維里的政治現實主義，並試圖為他開脫所有的道德罪責，他承認馬基維里是個堅決的異教徒，但是所有這些並不能改變他的評判，也不能削弱他對作為一個政治思想家的馬基維里的崇敬。[45]

　　這種對馬基維里的理解自十九世紀起即盛行於西方世界，但國家的崇拜加上對武力的崇拜，使得馬基維里取自於古羅馬時期「根源」概念的政治權威內涵產生了質變，對於馬基維里而言，要將義大利從蠻族外

---

[45]　轉引自恩斯特・卡西爾（Ernst Cassirer），《國家的神話》（*The Myth of the Staee*）（北京：華夏出版社，2003），范進等譯，151-152 頁。

來政權手中解放出來，意味著要統一義大利全境，而統一義大利全境，則意味著要征服義大利全國，因此，他必須推行一個殘酷暴戾、陰險毒辣、刀光劍影、背信忘義的鐵血政策，對義大利各個王室家族趕盡殺絕，將義大利各個城邦夷為平地，在任何時候，只要這種行動有助於達到目的，他就絕對不能心慈手軟，畏縮不前，解放義大利因此即意味著全面革命，這種革命的觀念在近代並不陌生，法國大革命的要角羅伯斯比爾（Maximillien Robespierre）也講過相同的語言，當他以「自由對抗暴政的專制主義」（the despotism of liberty against tyranny）合法化暴力革命時，聽起來就像馬基維里所說為了建立政治共同體和革除腐敗，必要時可以使用暴力。

　　但無論是馬基維里或是受馬基維里主義影響的羅伯斯比爾，他們心中所想明顯不同於古羅馬人心中對於「根源」的想法，雖然古羅馬時期獨裁與根源確實有所聯繫，例如西塞羅便曾引證西皮歐（Scipio）的例子，認為必要時獨裁也可以拯救共和國，雖然馬基維里和羅伯斯比爾如同古羅馬人，都將「創建」視為政治行動的關鍵，其所代表的意義都是藉偉大言行以建立政治權威，但不同的是，羅馬人將根源視為面向過去，馬基維里與羅伯斯比爾則將根源視為一個最高目的（supreme end），為了達到這個目的，所有的方法（means）都可以使用，其中包括暴力在內。鄂蘭對此評論說，馬基維里和羅伯斯比爾完全是以「製造」（making）的形象來瞭解創建的行動，對於他們而言，問題是如何「製造」一個統一的義大利或是一個法蘭西共和國，他們對於暴力的合法化是受一種內在的邏輯所驅動，這個邏輯是：要做一張桌子不得不砍樹；要做蛋捲不得不打蛋；要建立一個共和國也不得不殺人。[46]這幾乎就是

---

[46]　鄂蘭採用維科（Vico）對歷史的看法，維科認為歷史是人製造出來的，如同自然是上帝製造出來的，人之所以自認為能夠知道歷史，正因他製造了歷史；如同

革命的自然發展，就此而言，馬基維里和羅伯斯比爾與羅馬人迥異，他們所訴求的權威觀念也不是羅馬的權威觀念，反而較適用柏拉圖的權威觀點，因為柏拉圖曾經建議以暴君統治達到快速改變的目的。[47]

　　重新發現古羅馬根源的意義，並將它重新詮釋以合法化達到最高目的的暴力手段，這兩個面向使馬基維里成為現代革命的最早奠基者。馬克斯對法國大革命曾有一個很貼切的形容，他說法國大革命是披著古羅馬的外衣站到歷史的舞台上，這個形容貼切地將這兩個面向表達了出來。鄂蘭表示，除非我們承認古羅馬根源的概念激發了現代革命，否則現代西方國家革命的雄偉和悲劇便沒有辦法獲得理解，她認為現代世界的危機主要是政治危機，而所謂「西方的沒落」（decline of the West）主要指的是古羅馬宗教、傳統和權威三合一觀念的沒落，與古羅馬政治領域根源思想的削弱。在此情形下，現代革命彷彿是一個亟欲修補消失的根源觀念的重大嘗試，和一種重新拉起傳統斷裂的線，並且透過政治共同體的肇建，以重新恢復人群事物應有之尊嚴與偉大的嘗試。而在這些嘗試之中，鄂蘭認為只有美國獨立革命是成功的，因為美國的創建者（the founding fathers）藉由憲法而非武力創建了一個新的政治共同體，且這個共同體雖然經歷多次社會動亂，依然維持了相當的穩定，鄂蘭認為造成這個結果的原因主要有三，第一個原因是美國獨立革命相對而言較不具暴力的特質，武力手段僅侷限在戰爭中使用；第二個原因是美國的建國者因為並未經歷歐洲民族國家發展的過程，因此較接近於古羅馬的精神；第三個原因是美國這個國家的「根源」，亦即美洲大陸的殖民，是在美國獨立宣言之前，所以美國憲法乃可以依據既有的憲章和協議制

上帝之所以可以知道自然，是因為上帝製造了自然。參閱 Arendt, 1977:51。
[47]　馬基維里、羅伯斯比爾與古羅馬政治權威觀點的比較，參閱 Arendt, 1977: 139。柏拉圖對於暴君統治達到快速改變目的的說法，見《法律篇》（Laws），711a，以下《法律篇》的註釋以 Laws 標示。

定，因此進一步鞏固和合法化了既存的政治共同體，而非重新建立一個新的共同體。上述這些原因使美國獨立革命得以避免「創建新秩序」（initiating a new order of things）的過程，[48]亦即得以避免馬基維里所說的「再沒有比著手率先採取新的制度更加困難的事，再沒有比此事的成敗更加不確定，執行起來更加危險的事。」[49]可見馬基維里對追求「新秩序」可能導致的結果心知肚明，但儘管如此，無論是馬基維里，或者被他啟發的羅伯斯比爾、列寧（Vladimir Lenin）等革命家，積極尋求的仍舊是「創建新秩序」的夢想。

革命，這個鄂蘭形容為一方面與傳統斷裂，另一方面又自傳統取得靈感和激勵的手段，本身因此具有曖昧不明的性質。對於古羅馬以迄西方傳統而言，革命行動似乎是唯一在危機時可以拯救傳統的手段，如對於柏克（Edmund Burke）這個保守主義的巨擘而言，英國1688年的光榮革命及美國獨立革命，都是旨在維護傳統的革命，他對這兩個革命的支持，即是出自這個原因，相對的，他對法國大革命的反對，即是因為他認為法國大革命乃是訴求與傳統的完全斷裂。但事實上，自法國大革命以來現代革命的發展卻是，它可以回復傳統，但更多的是以暴政告終，如希特勒的納粹德國，以承繼鄂圖大帝的「神聖羅馬帝國」與普魯士威廉一世的「德意志帝國」理想自居，故自稱為「第三帝國」，但納粹進行的所謂「國民革命」，乃是通過「授權法」要求獨裁權、禁止另結新黨、確立一黨獨裁的極權革命，其結果並非是回復帝國傳統，而是以此為號召再建一個新的帝國。由此可見，「革命」這個可以作為拯救傳統亦可作為破舊立新的手段，並無具備一種固定不變的性質。

---

[48]　Hannah Arendt, *Between Past and future* (New York: Penguin Books,1977), pp.139-141.

[49]　Niccolo Machiavelli, *The Prince* (Chicago: University of Chicago Press, 1985), translated by Harvey C. Mansfield, ch.6.

　　同樣的情形也出現在權威的建立上，藉由革命取得的權力最後仍須依靠政治權威維繫，同時也須依靠權威進行革命所宣示的社會變革，發人深省的是，許多革命雖然打著向傳統宣戰的旗號，但革命成功後卻仍舊依靠傳統的方式維繫權威，如俄羅斯的布爾什維克（Bolsheviks）革命取得政權後，依然複製了沙皇時代專制獨裁的統治方式。值得注意的是，觀察現代所有的革命政權，可以發現其政治權威的最主要來源乃是革命本身，無論這個政權從傳統繼承了多少遺緒，它們一無例外都會設計一套象徵符號、儀式及神話，以紀念及喚起革命肇建的行動及記憶，革命事件本身已經成為新政權的「根源」，因此，革命行動後常見到的一些情形是：國號、國旗、國歌被改變；政府機關及建築的名稱被改變；城市以及街道的名稱被改變；新的國定假日被訂定以賦與特定的政治意涵。所有這些都指向一個目的：清算舊的記憶，並賦與新國家及其創建者崇隆的地位，同時為了使革命的目的及本身形塑的根源可以永續傳承，所有革命政權也一無例外會透過教育機制將其理念一代傳一代。這全部的手段構成了一套政治神話（political myth），從抒發大眾情感及擴展革命精神的角度看，政治神話可視為一自然的過程，但問題是許多革命政權以政治神話取代或扭曲了歷史事實，並藉以賦與統治者絕對的政治權威與不可挑戰的權力，結果是，政治神話成了柏拉圖所謂的高貴謊言（noble lie），並成為正當化統治者濫權的政治工具。由此也可以看出，無論是亟欲以外來 Idea 取代本土價值的外來政權，或是尋求以革命手段根除外來理念的本土政權，其奪取政權的方式或有別，但形塑一套足以鞏固政治權力的政治神話，卻是殊無二致。

　　由繼承傳統的權威觀念發展到孕育革命種籽的權威觀念，不能不說是政治思想史上的重大變化，此一變化的結果是利是弊殊難預料，對於鄂蘭而言，源自於希臘政治哲學及羅馬根源觀念的政治權威，無論是經由革命手段或恢復傳統的方式，已經注定沒有辦法重建，雖然保守主義

者試圖力挽狂瀾，但也改變不了這個結果。其所衍生的後果是，當政治場域失去了政治權威，同時政治社群成員也喪失對權威係超越權力及統治者的正確體認，即表示政治場域退化成了政治叢林，其中再也不存在對神聖創建根源的崇敬，也不存在傳統的保障和自明的行為規範，所有這些構成了一個嚴重問題，即失去了政治權威，人們就必須重新面對如何一起生活的問題。[50]雖然對於政治權威是否已從現代社會消逝的問題，我們不必一定要接受鄂蘭的悲觀觀點，[51]但鄂蘭所說「沒有政治權威，人們就必須重新面對如何一起生活的問題」，卻值得我們重視，從這個結論推導出的問題是：若馬基維里眼光向前的根源概念，導出的是革命的結論，則要解決的問題已經不再是重拾傳統，恢復舊有的政治權威，而是如何妥善處理革命的問題，進一步看，這個問題就是如何平衡政治權威與革命的問題，就此而言，我們雖然不必對革命抱持消極的抵制態度，但必須審慎面對革命的可能後果。事實上，鄂蘭對此已提出瞭解答，她認為美國獨立革命是一個成功的革命，原因之一即係其採取了最少的武力，因此，或許可以提出這樣的問題：革命是否可以不須採取武力？若這個問題的答案是肯定的，則便同時解決了革命與政治權威的問題，易言之，便不用擔心革命剝奪政治權威，致使人們沒有辦法再生

---

[50] Hannah Arendt, *Between Past and future* (New York: Penguin Books,1977), p.141.

[51] 對於政治權威是否消逝，政治學者有不同的看法，對於鄂蘭和德邁斯特（De Maistre）而言，他們重視的是武力與政治權威的區別，在他們的眼中，權威與武力乃是不相容的兩極，有武力即無權威，反之亦是，鄂蘭慨嘆權威消逝，主要原因即在於現代國家的統治愈來愈依靠武力，但萊德森（Robert Ladenson）與威爾登（T. D. Weldon）等人則認為權威與武力是可以相容的，此派觀點的代表人物是韋伯（Max Weber），韋伯界定權威為「合法使用武力」（legitimate use of physical force）及合法暴力（legitimate violence），對於此派學者而言，武力並非決定政治權威的必要條件，武力的行使是否具有合法性才是最主要關鍵。由此可知，權威與武力的關係並無定論，同樣的，政治權威是否消逝，也有很大的討論空間。

活在一起的問題，而這個問題其實已由現代社會的民主憲政機制部分解決了，因為透過民主憲政進行的政權更替與社會改造並不需要流血，而民主憲政透過民主機制進行的政經與社會結構改變幅度並不遜於一場革命，就此而言，我們似乎並不需要妖魔化馬基維里主義可能導致的革命後果，畢竟馬基維里的《李維羅馬史疏義》同樣鼓吹共和思想與制度化，亦即預設了將革命目標置於和平情境中實踐的可能，雖然問題並不這麼單純，民主與共和不見得能夠消滅武裝革命的火種，馬基維里必要時返回「初始狀態」的說法，即隱含了君主運用武力的空間，同時，馬基維里的政治權威觀也絕非在為民主立言，但即因這中間留下了大片空白及灰色地帶，才使我們有進一步討論的空間。

第六章　根源創建的國家理性

　　鄂蘭在敘述政治社群政治權威的演變時，以古羅馬的政治權威運作為典範，但如同許多政治思想家將人類歷史視為一不斷墮落的過程，鄂蘭也將古羅馬以後政治權威的演化視為一墮落的過程，然而，在此一過程中，一個人的出現給了她回復古羅馬政治權威典範的一道曙光，這個人即是馬基維里。她之所以在馬基維里身上發現古羅馬的影子，關鍵在於馬基維里發現了古羅馬政治權威的一個重要元素——根源（foundation），關於他對根源的界定，稍後將會深入探討，此處值得重視的是，依鄂蘭的解讀，馬基維里的革命思想之所以體現了政治權威的內涵，在於他即使實質上改變了根源的古典內容，但在形式上卻保留了政治權威的最主要精神，而此一轉折精確抓住了當時醞釀的思維轉變。馬基維里在此展現了一種獨特的歷史觀，一方面遵循傳統的歷史方法大量援引過去的事證，但他的目的卻是在用歷史證明他所發現的觀點，而這些觀點是完全在不涉及歷史的情況下所作出的結論，他在《李維羅馬史疏義》中對此表示：

　　　　人總是讚美古代——不見得有理——而挑剔當今，……這樣的
　　　　看法在絕大多數的情況是不對的，……絕大多數的情形是敗壞
　　　　時代名聲的事遭到隱瞞，其他會帶來榮耀的事則被說得天花亂
　　　　墜。作家大多數順從成王敗寇的鐵律，為了使他們的勝利更顯
　　　　榮耀，不只是在他們有功可表的事蹟上錦上添花，而且還誇大
　　　　敵人的所作所為。他們這麼做為的是讓後來出生的人，不論是

　　　勝利的一方或是被打敗的一方，有理由驚嘆那些人和那個時
　　代，然後情不自禁讚美並且敬愛他們到無以復加。[1]

　　馬基維里這段話顯示從某一面向言，他的歷史觀是非歷史取向的
（unhistory），他的非歷史取向來自於其強烈的此岸現實感，但他對古代
歷史詮釋的理解卻可以給與我們兩點重要的啟示，一是歷史發展從來不
是客觀的真實存在，我們常遇到一種境況，當特定人物及事件爭議性太
大，以致於無法以當下標準給與適當的評價時，通常作法即委由未來的
歷史作為這些爭議性人物及事件的裁判者，因此我們常會聽到「未來的
歷史會作出最後的評判」等之類的言詞，此一情形在台灣外來政權現象
中極為普遍，因為無論是外來政權或本土政權，都力圖從歷史中找尋素
材作為支撐本身論據，或是駁斥敵對陣營的工具，但馬基維里直接點明
歷史向來是「順從成王敗寇的鐵律」，不僅揭露歷史乃是權力政治的產
物，亦揭示歷示並不具客觀性，既然如此，便不能以其標準作為「最後
的評判」。基於此一對歷史的認識所得出的另一啟示是，既然歷史不會
是一客觀的真實存在，則其動因絕非是歷史本身，那麼其動因為何呢？
馬基維里給了一個最真實的答案，歷史的動因正是人自身。

　　與上述歷史「順從成王敗寇鐵律」相應的是，「世上沒有任何事情
比得上偉大的事業和做出卓越的範例，能夠使君主贏得人們更大的尊
敬。」[2]在馬基維里心目中，君主是推動歷史的最主要動因，而君主之
所以推動歷史，一方面在模仿自然，以偉大事業成就不朽，另一方面則
是在贏得被統治者的尊敬，建立統治的政治權威。如第一章所言，從希

---

[1]　Niccolo Machiavelli, *Discourses on Livy* (Chicago: University of Chicago Press, 1996), translated by Harvey C. Mansfield and Nathan Tarcov, Ⅱ, preface.

[2]　Niccolo Machiavelli, *The Prince* (Chicago: University of Chicago Press,1985), translated by Harvey C. Mansfield, ch.21.

羅多德、修昔底德斯到柏拉圖、亞里斯多德，從古希臘到羅馬，對歷史的看法基本上乃保持著一致性，即認為人類使自己不朽的方法是追求偉大的功業，而偉大功業莫過於建立偉大的城邦（polis）和政治共同體，馬基維里借用了此一古代之有朽的人藉由獻身城邦追求不朽的歷史觀，但卻斷然排拒古典政治思想將共同體視為追求共善的有機體，亦即，馬基維里拒絕將國家視為追求共善的工具，因為從本土場域的現實主義觀點看來，國家本身即是目的，在此，形式上馬基維里繼承了傳統的歷史觀，但在實質上完全顛覆了其意義，他將「國家」視為最高價值，打破了中世紀長久以來以基督教信仰與自然法傳統為基礎的統一的、和諧的價值世界，也成為開創近代「國家理性」（reason of state）思潮的先河。[3]國家既成為最高的目的與價值，則其餘價值即淪為成就此一目的的工具價值，其中包含了對歷史的詮釋，因此，馬基維里思想中明顯可見的一個情形是，當他強調勿為歷史蒙蔽時，本身實際上也在以他的主觀論點形塑他所需要的歷史，對於一個極欲擺脫外來思想與政權加諸於祖國大地枷鎖的愛國思想家而言，這麼做有其必要性（necessity），但頗堪玩味的是，上一章論述柏拉圖思想時曾指出，柏拉圖認為為了國家的

---

[3]　馬基維里從未使用過「國家理性」一詞，這個概念最早出現在十六世紀中葉 Giovanni della Casa（1503-1556）的著作，但十六世紀末馬基維里的名字開始與「國家理性」概念等同起來，促成此一事實的最重要人物是 Giovanni Botero（1540-1617），他在 1589 出版的著作《論國家理性》（Della ragion di Stato）一開頭就說：「我很驚訝，竟然每天都聽到人們談『國家理性』，並引經據典的援引馬基維里與 Tacitus……我實在搞不懂，為什麼一個這麼不信神的作者……會被捧得這麼高……；但我更氣憤的是，人們竟然將這麼野蠻的一種統治方式高高抬起、忝不知恥的想與神的法律相提並論，竟連『有些事的被容許是透過國家理性，另一些則是透過良心』這樣的話都說得出來。」由此可見，馬基維里是第一個使政治突破神學規範與傳統實踐哲學束縛的人，而唯有如此，「國家理性」才可能成為政治理論的問題。參閱張旺山撰，〈馬基維理革命：「國家理性」觀念初探之一〉，陳秀容、江宜樺主編，《政治社群》（台北：中央研究院，1995），77-81 頁。

利益，統治者有說謊和欺騙的特權，其中當然包括對政治社群歷史的詮釋，如此看來，符合統治需要才是歷史存在的理由，無論這個統治政權是極權或是民主、是君主政體或共和政體，是外來政權還是本土政權，此即如同馬克斯在〈德意志意識形態〉中所說：「統治階級的思想在每一時代都是占統治地位的思想」。[4]

第一節　非道德的權力國家形象

值得進一步探討的是馬基維里匯聚的「國家理性」思潮，給與了政治權威一個新的定位，鄂蘭指出，馬基維里發現整個古羅馬歷史和精神都建立在古羅馬的「根源」上，這個「根源」正是政治權威之所繫，他相信他那個時代可以複製古羅馬時代的「根源」，而他所欲創造的「根源」即是義大利的統一。此一事實開啟了近代民族國家誕生的序幕，配合馬基維里的「國家理性」觀念，賦與了民族國家前所未有的崇高地位，馬基維里之所以有此一革命性的想法，自然與當時義大利受外來勢力與意識宰制的場域有關，但要充分闡釋他對「國家理性」的看法，必須先釐清其思想中的國家意指為何，這一點由他催生的民族國家思想演變，可以看出輪廓。

現代國家觀念自馬基維里起至十六世紀末基本完成，主要特徵在於以理性和經驗為基礎，擺脫中世紀神權及君權神授的觀念，認為國家是根據需要創立的，武力才是國家法律的基礎，這種觀念在馬基維里的《君王論》中表現得非常清楚，但集大成者卻是十六世紀法國思想家布丹（Jean Bodin），布丹認為國家是家庭聯合而成的集合體，促使家庭聯合

4　馬克斯，〈德意志意識形態〉，《馬克思恩格斯選集》（北京：人民出版社，1995），第 1 卷，98 頁。

的要素主要有二：暴力和契約，前者依恃戰爭，後者則是各個家庭為了共同利益，透過簽定契約共同承認一個主權者而成立國家。布丹最重要的貢獻是將馬基維里將民族國家抬至最高地位的那種思想，融會在其提出的主權論（sovereignty）中，國家主權是超越一切公民和居民之上，不受法律限制的最高權力，主權是絕對的和永久的，具有統一性和不可分割性，是國家的最高權力，也是國家的本質特徵，而掌握國家主權的人就是主權者。他雖然將政體分為三種：民主政體、貴族政體和君主政體，卻認為君主政體是最好的政體，因此他擁護君主集權，為絕對王權辯護，並以此反對教會特權和貴族封建。但值得注意的是，布丹卻同時認為主權必須受到限制，他認為公民的權利應得到尊重，其中最重要的是自由和私有財產權，二者是先於國家的自然權利，而不遵守自然法的君主則是可以被推翻的暴君，正是在這一點上，布丹改變了馬基維里關於民族國家的思路方向。

　　布丹之後的英國思想家霍布斯，提出了更為完整的社會契約論，雖然他和布丹、馬基維里相同，皆主張絕對的君主專制，從人的眼光而不是從神的眼光看待國家，將國家看作是實現純粹世俗目的的純粹世俗政權，消除了國家的宗教外來意識形態性，但社會契約論的提出，卻將民族國家導向主權在民的國家。洛克的國家理論認為，國家的根本目的在保護人民生命、自由和財產不受侵犯的自然權利，被授予權力的統治者也是契約的參加者，也要受契約束縛，如其違約，也要受懲罰，人們有權反抗，甚至重新訂約，另立新的統治者。依據自然權利論的思維邏輯發展，伏爾泰也提出「人人自由，人人平等」理論。盧梭的社會契約論亦明確提出國家主權應該永遠屬於人民。康德則提出國家應建立在三個理性原則之上：每個社會成員作為人都是自由的，作為臣民彼此是平等的，作為公民是獨立的；自由、平等、獨立三原則因此成為公民承擔國家政治義務的根本依據，也是統治者行使統治權力的範圍。從此一發展

趨勢可以看出，自馬基維里以來，西方對於民族國家的思考乃是轉向從被統治者的角度出發，國家合法性及統治者的政治權威，不再是以民族國家統一本身及統治者為國家建立的偉大功業為根源，「主權在民」才是國家合法性和統治者政治權威的根源。

與後來這種「主權在民」的民族國家發展趨勢相反，馬基維理的民族國家乃是從統治者角度出發的君主民族國家，因此，「國家理性」中的「理性」主體，並非是契約論國家堅持的自然權利。因為如前所言，契約論國家有濃厚的柏拉圖式自然法色彩，因此不脫傳統的道德理論，而不論是古典的政治社群論或是近代契約國家論，國家之存在乃在於實現共善，亦即國家乃是一種工具性的集合體，這一點正是馬基維里反對的。因為在他看來，這個國度乃是一種想像的國度，因為必須預設被統治者都是好人，統治者的統治活動方才須符合道德需要，從另一個角度看，若被統治者是邪惡的，則統治者的道德統治絕無可能，從此一點出發，馬基維里不相信古典政治哲學，甚且認為訴求最終道德價值的國家，無論是古典的共善或是基督教宣揚的上帝律令，都有害於國家的建立及存在，甚至根本是弱化國家的外來意識形態，而馬基維里正是從指出被統治者具有邪惡本質的這個事實出發，得出道德並非自然存在，而是被創造出來的。因此，不可能憑藉道德創造道德，道德所賴以立足生存的基礎，就必須是遵守道德的人們視為不道德的那種基礎，[5]任何時候，只要社會作為一個整體，面臨來自內部或外部的嚴重威脅時，原始

5　這並不表示柏拉圖與亞里斯多德等古典政治哲學家主張人性本善，事實上，他們亦指出存在於人性格中的惡劣本質，並得出最為優異的人們應該通過外在約束對人的惡劣性格予以限制的結論。柏拉圖認為應以知識帶領人的靈魂，亞里斯多德強調必須憑藉法律，但馬基維里看出古典政治哲學的人性論與其結論的不一致性，並順其人性惡的邏輯得出不同於古典政治哲學的結論。參閱 *Prince*, ch.15, 25；*Republic*, 408e-410a；亞里斯多德 *Politics*, 1311a30 -31、*Nicomachean Ethics*, 1168b15-28。

的國家創建行為所曾經面臨的那種情勢就會重新出現，在這種情勢下，社會及其產物包括道德在內若須獲得維繫，就必須重新採用國家創建者所曾使用過的那些體制外手段，這種手段常是非道德的，亦即是一種無涉於傳統道德的權力運用，故馬基維里思想中的國家，不僅是君主的國家，也是一種權力的國家。由此也展現馬基維里所強調的「國家『理性』」是一種「權力的理性」，君主必須如尼采在《偶像的黃昏》中所說的，必須具有一種「不受任何欺瞞而在現實中——而不是在『理性』中，更不是在『道德』中——看理性的絕對意志。」而所謂「在現實中看理性」絕不只是接受權力的現狀，而是「就在權力的現實中看到了理性的統治」，這個「權力現實」是理性的，權力本身就是理性的，不需要另一種理性。[6]

　　為擺脫外來政權及意識形態加諸於義大利所受凌辱的宿命，馬基維里一心建立的「新國家」，當然必須打破舊思維及舊勢力的束縛，這意謂著全面的革命，除了意識上的革命，也是對現存政治權力狀態的全面更新，此時馬基維里心中解放義大利的意象，乃是創造一如同摩西帶領以色列人脫離外來政權控制，創建本土政權的形象，但是馬基維里在敘述建立「新國家」途徑時，採用了一種看似怪誕的方式，在《君王論》第三章分析外來政權征服義大利所遭遇的困難障礙時，馬基維里是透過法王路易十二試圖永久征服義大利過程中所犯的錯誤進行分析。表面上看，馬基維里很容易讓人造成錯覺，認為他是站在敵人的立場替外來政權籌謀統治義大利的對策，但深入分析，馬基維里在此採用了一種反面敘述，他的目的是要藉著對敵人失敗原因的探討，凸顯本土政權成功的要訣，此一論述途徑給與我們的重要啟示是揭示外來政權與本土政權的

---

[6]　張旺山，〈馬基維里革命：『國家理性』觀念初探之一〉，陳秀容、江宜樺主編，《政治社群》（台北：中央研究院，1995），97 頁。

對偶性，亦即外來政權與本土政權乃是一對偶概念，形式上它們處於對立位置，實質上它們具有統一性，在此一情形下，欲明白其中之一的意義，就必須明白其對立概念的意義。易言之，欲明白本土政權的意義，就必須先明白外來政權的意義，欲明白本土政權如何成功，就必先明白外來政權如何失敗。馬基維里運用了此一方法進行對義大利創建根源的細部分析，他認為路易十二的最大錯誤是任憑義大利各個地方勢力遭到毀滅，卻使其中一主要勢力得以強化，從這個分析中可以得出一個結論，義大利的根源創建欲成功，就必須有一主要勢力，並進而摧毀阻礙義大利統一的地方勢力。

　　沿著相同的論述模式，馬基維里在《君王論》第四章中採用了兩種不同的統治模式，進一步說明一個國家如何免於被征服。馬基維里所舉的兩個統治模式，分別是君主君臨天下，其餘全部為被統治者的波斯，另一則是各股勢力各自為政，並非單純依賴君主的法蘭西。馬基維里認為征服前者很困難，但在那裡要維持征服成果卻比較容易；征服後者很容易，但在那裡要維持征服成果較為困難。在此，馬基維里從兩種不同的角度探討了統治的問題，一是從外來政權的角度，一是從本土政權的角度。就前者而言，外來統治者應盡力使欲征服的國家派系林立，但在征服之後，應立刻進行對各山頭勢力的清除；就後者而言，本土政權的統治者首要之務在掃除分裂勢力，將權力定於一尊，若能達此目標即能免於外力的侵略。就當時義大利的情景而言，無疑是類似法蘭西的例子，因此其避免為外來政權侵犯的首務自然是掃除境內各個勢力，定權力於一尊，形成一主要勢力，而馬基維里心目中這個主要勢力的典範即是契沙雷‧鮑吉亞。進一步，在《君王論》第五章探討征服問題的時候，馬基維里表示，一位君主或者一個共和國，要想在一個具有悠久自治傳統的共和政體城邦中確保效忠，唯一的途徑就是徹底毀滅這個城邦，並且驅散它的居民，無論征服者與被征服者是不是同一個種族，這就是

說，無論是外來政權欲占領一個國家，或者是本土政權想要統一一個國家，若這個被征服者原享有極高的主體性，則為統治的需要，唯一之途即是消滅被征服者。由此再次顯現，以統治者為中心的統治觀只有統治的需要而無統治手段的考量，無論外來政權或本土政權都係如此。[7]

故對於馬基維里而言，國家之建立既係最高價值，愛國心的驅使便賦與統治者一切達成國家建立手段最神聖崇高的性質，也是統治者建立政治權威的最終權威來源，這個道理並沒有外來政權與本土政權的區分，對於所有欲建立「新國家」者一體適用。黑格爾撰寫《論德國制度》的時代，正是拿破侖戰爭，德意志弗蘭西斯二世（Franz II）放棄神聖羅馬帝國皇位的時代，德意志政治的崩潰幾乎是一件既定事實，黑格爾發現德意志面臨的情境正如同馬基維里時代的義大利，因此極為推崇馬基維里的國家建立思想，在第一次介紹道德和倫理間明顯差別的著作《倫理體系》時，黑格爾說：「國家是自我肯定的絕對精神，它不承認任何善與惡、可恥和卑鄙、詭計和欺騙的抽象規則。」因此，如同馬基維里，黑格爾認為「真理就在權力之中」，在此一情形下，推動國家建立的力量是一種「不捲入對立和戰鬥當中，……它始終留在後方、在背景裡，不受騷擾，也不受侵犯，它驅使熱情去為它自己工作，熱情從這樣的推動裡發展了它的存在。」[8]黑格爾將這種推動的力量稱之為上帝在地上

---

[7] 馬基維里在此舉了兩種統治的模式，一是斯巴達的模式，一是羅馬的模式，前者以建立寡頭政府方式統治雅典和底比斯，但卻失去了它們；羅馬在占領卡普阿、迦太基和努曼齊阿之後消滅了它們，也保有了它們，但當羅馬人占領希臘，讓它享有自由並且允許他們保存法律時，最後卻未獲得成功。馬基維里在此先是肯定了羅馬的「斬草除根」統治模式，後又否定了羅馬對共和城邦採取結盟的統治模式，與斯巴達的例子對照，無論採取什麼樣的統治形式，只要不徹底消滅被征服的共和國，「就是坐待自己被消滅」。對馬基維里這樣一位亟盼義大利統一的思想家及歷史學家而言，允許可能的分裂因子存在是他斷然不能接受的。
[8] 參閱黑格爾著，王造時譯，《歷史哲學》（北京：三聯書店，1956），62 頁。

行進的「理性的狡獪」，馬基維里則稱之為「國家理性」。馬基維里的愛
國思想被施特勞斯稱之為「類型獨特的愛國者」，因為馬基維里對於拯
救他的祖國比對於拯救他自己的靈魂更為牽腸掛肚，這種馬基維里理解
的愛國主義，施特勞斯形容為是「一個族群的集體自私自利」，這種愛
國主義對於是非善惡的界限視若無睹，置若罔聞，因此，對於後世乞靈
於馬基維里愛國主義者而言，意謂著在看到了此一愛國主義的同時，對
於高於愛國主義的事務視而不見，或者對既使愛國主義成為神聖又對愛
國主義加以限定的事物視而不見。結果造成「訴諸馬基維里的愛國主義
無法使我們妥當的處理一個只是貌似邪惡的事物，這樣做只會使我們混
淆是非，看不清真正的邪惡。」[9]從義大利當時所處場域及現實主義的
角度看，或許不能給與馬基維里國家觀念的最後評判，但施特勞斯對馬
基維里愛國主義衍生後果的結論，卻值得我們重視。

第二節　不斷自我更新　朝向虛擬國家

　　馬基維里將義大利民族國家的統一取代古羅馬時期權威、宗教與傳
統三合一的根源概念，從而成為統治者政治權威的最主要來源，另一方
面，如同古羅馬時期的根源包括權威等三面向的內容，馬基維里追求民
族國家統一的根源概念亦包含若干面向。在《李維羅馬史疏義》第一篇
第一章中，馬基維里表示，無論是君主國或是共和國，當要放棄祖先的
疆域而找尋新的根據地時，城市的創建者是自由的，從城市的肇建中即
可發現創建者的德行以及所建之城的機運，而創建者的德行可以從兩個
面向加以辨認，第一個是地點的選擇，第二個是法律的制度，從這裡看

---

[9]　Leo Strauss, *Thoughts on Machiavelli* (Chicago: The University of Chicago Press,1958), pp.10-11.

得出，一個新城邦的根源包含了城邦建立的地點與法律。在同篇第二章中，馬基維里繼續說道，無論任何政體的國家，其起源都不相同，接著他舉出四種模式，第一種模式是萊克葛斯（Lycurgus）為斯巴達人創設的制度，這些制度經過八百年竟無敗壞，也無發生險象環生的動亂，馬基維里指出這種共和國是幸福的；第二種模式是佛羅倫薩的模式，因為沒有智慮周詳的創建者，這種城市在沒有危險的時候永遠不會自我整頓，因此毫無制度可言，因為大多數人不會同意將這個城市導向新的制度和法律，除非形勢逼得他們這麼做，然而，既然沒有危險就不可能有新的形勢，於是這個城市有可能在危險發生時在尚未導向新制度前就滅亡了；第三種模式是雅典的模式，雖然梭倫（Solon）為雅典訂定了民主政體，但結果卻壽命短暫，雅典人在推翻派西礎特斯（Pesistratus）的專制政體後，重新實施民主政體，根據的是梭倫的制度，但仍持續不到一百年，馬基維里的結論是，由於沒有利用君主和貴族的力量調和，所以雅典不像斯巴達那麼國祚長久；第四個模式是羅馬的模式，雖然羅馬不像斯巴達有一個萊克葛斯為它制定長治久安的制度，但隨著時間演進，機緣卻幫它做到了，最初的法規雖然有缺點，但因羅馬採用混合政體，終能使它成為「完美的共和國」。從馬基維里對這四種奠基模式的探討，可知一國的開端或起源，創建者占了重要的主動地位，但並非根源創建的充分條件，因為即使沒有一個好的創建者，若制度的更新足以滿足場域的必要性，也可以使一個國家繁榮壯大。由此顯示，一國之根源，人治與法治皆占了重要地位，但從馬基維里稱羨斯巴達的「幸福」來看，他著重的仍然是人治，另一方面，馬基維里在這裡顯然指出，一國之根源並非是完美的典型，上述的佛羅倫薩與雅典模式，即不為他所稱道，在這裡，我們發現了一種根源的對比，上述四種模式都是眼光向後的古代模式，而馬基維里為義大利塑造的根源則是眼光向前的民族國家統一，馬基維里彷彿是在說，古代國家的根源有好有壞，馬基維里欲

做的主要在兩方面，一是取古代模式之長，補他要為義大利所形塑的根源之短，二是以古代典範批評他那個時代的腐敗，這只要從他對佛羅倫薩的說明，乃是四種模式當中最壞的一種模式即可看出，而他所要形塑的根源，就其未實現而言，形同天邊的彩霞，雖然觸摸不到，但他的完美性卻可以鼓動大家向其方向邁進。在同一篇第廿八章中，馬基維里將派西礎特斯那個時期稱為雅典的「全盛時代」，然後在後一頁中，又將它稱為雅典的「初期時代，雅典的成長壯大之前」。由此可見，一個城邦的「全盛時期」，亦即它成長壯大之前的那個時期，也就是它的開端和根源，這個看法，與他此前關於當一個共和國誕生的時候，情況與其後的各個時期不同，「人們都是好人」的這個說法彼此一致，也與他在第一章中對埃及諸王所作的推崇一致，在這裡，馬基維里再次展現借古諷今，向當下制度挑戰的背後用意，但其以古代打當代，目的仍是欲將國家根源導向未來，而非返回古代，這只要從他對古代典範的褒貶不一及對「新君主」創建「新國家」的置重即看得出來。

　　值得注意的是，馬基維里用了一種類似柏拉圖式的譬寓說明古代與現代關係，柏拉圖曾以好醫生和律師的對比說明統治者應有的作為，馬基維里則以法學家和醫生的對比說明古今關係，他說法學家的執法依據的是根據古代法學家所制定的裁決，因此法學家在處理公民間的法律糾紛時，總是求助於古人。醫學雖然也是古代醫生施行的經驗，當前的醫生再據以判斷他們的診斷，但在馬基維里眼中，現代的醫生較之現代的法學家更能說明問題，他們與古代醫生之所以不同，不是如同法學家一般將古代醫術歸納提煉成規則，而是他們除了借助古代醫生留下的記載外，無從接觸到某些經驗或觀察，這大概是因為當時解剖術已經過時，不再為人所讚許的緣故，馬基維里因此指出現代醫生實際上不是真正在效仿古代醫生。馬基維里實際上想要效法醫生的解剖術，醫生對於複合體的分析解剖正是他解剖共和國的範例樣本。對於複合體的分析解剖本

身，乃是一全新的事務，現代法學家歸納提煉古代法學家裁決，並不需要作出相應的分析解剖，法學家執法量刑必須沿襲舊俗，但馬基維里欲效法醫生之處，實際上在效法醫生所面臨的全新體驗，因此他不能完全依賴古人的記憶，就像現代醫生也不是真正在效仿古代醫生，對他而言，一個優異的共和國不可能在手頭現成的材料基礎上作出分析解剖，因為一個優異的共和國並不存在現在，而是存在於未來，易言之，馬基維里的「理想國」乃是一個尚未實現的虛擬國家。[10]

　　從上述說明也清楚呈現，較之鄂蘭賦與古羅馬根源的神聖性，馬基維里對古代與他那個時代國家根源卻有不同的評價，可以說，他有意作出了區分，將合於其建國、治國目的的部分保留了下來，而將其餘有害於此一目的者排除出去，於是在他的思想中，有一個完美無瑕的部分存在於根源之中，也有一個不完美的部分也存於其中，而這個不完美的部分隨著時間的推移將會益形腐化。他將祖國佛羅倫薩作為後者最顯著的代表，他說佛羅倫薩起初隸屬於羅馬帝國，一直生活在外來政權統治之下，等到它有機會可以規劃自己的法制時，卻因為是拼湊不理想的古代法制而不可能完善，就這樣持續了兩百年。馬基維里指佛羅倫薩從未出

---

[10]　同上註，87-88 頁。馬基維里藉由重返古羅馬根源概念，強調一個國家創建者創建良好根源的重要，並以醫生的例子說明統治者對複合體所面臨全新形勢的處置。惟這些觀點絕非馬基維里所獨有，與馬基維里同時代的貴奇狄尼（Francesco Guicciardini）同樣採取柏拉圖式的歷史退化論，他也以醫生的例子說明面對此一情勢應採取的途徑，他表示，當醫生面對一個為多種病症所苦的病人，而不能以單純的手術方式醫治時，通常會配合藥物將此病人導入一種新的狀態。貴奇狄尼的意思是許多情況常常無法為人掌控，而醫生會發現醫治年輕人較醫治老年人更為容易。將此比喻應用在政治上，佛羅倫薩是個老舊的城邦，他不認為此一城邦可以修補的方式恢復秩序，因此，欲使佛羅倫薩進行一種全面性的重建，即意謂此一途徑不為公眾所認可，他進一步認為，若一個城邦有一個好的起源（dare principio），則城邦便可順利運作。參閱 J. G. A. Pocock, *The Machiavellian Moment* (Princeton: Princeton University Press, 1975), pp.122-124。

現真正的共和政體，雖然佛羅倫薩居民透過自由且公開的投票選出統治者，好讓他們進行大刀闊斧的改革，統治者卻不曾因此為公益制定規章，反而總是結黨營私，結果非但未帶來秩序，反而是更嚴重的脫序。[11] 為了國家的長治久安，馬基維里必須針對此一必然的腐敗提出解決之道，他的解決辦法即是區分出好的根源與不好的根源，再以「不斷返回初始狀態」（turning back to original principles）的「自我更新」（renewing），排除壞的根源形成的腐敗現象重新返回好的根源。他說：

> 自我更新之道，就像前面說過的，在於返回初始的狀態。一切教派、共和國與王國的起源必定擁有他們賴以獲得名望與成長的某些善。因為那種善在時間推移的過程中腐敗了，除非發生什麼事情把他引回初始的狀態，主體必然滅亡。[12]

　　複合體就像人的身體，「天天累積，到了一段時間就需要治療」。對於共和國而言，只有在經常更新的條件下，才可能得到保存維繫，一個複合體的更新構成一種再生，並且通過這種再生，構成朝著新的生命與新的德行的恢復或回歸，獲得更新的複合體，既是原始狀態的複合體，同時又不是原始狀態的複合體。馬基維里就這個問題所分析的經典例證，是在他述及返回初始狀態兩種途徑的其中一種，亦即透過外在事故進行更新時的說明。他指出羅馬人被法國人攻占後所進行的更新，一方面「恢復了對於正義與宗教的遵循」，但在此同時也「更新了他們的古代宗教的全部秩序」。[13] 在這裡，馬基維里點出了外來政權對於本土政權體制更新的正面價值，雖然本土政權所受的衝擊性極大，但在羅馬未遭

---

[11]　Niccolo Machiavelli, *Discourses on Livy* (Chicago: University of Chicago Press, 1996), translated by Harvey C. Mansfield and Nathan Tarcov, I, ch.49.

[12]　同上註，III, ch.1。

[13]　同上註。

法國人占領前，其體制乃是朝向腐化的方向發展，馬基維里因此極為罕見的指稱：「羅馬有必要被法國人占領，假如它寄望重生，並且藉著重生重新獲取新生命與新德行，進而重新獲取開始受到玷污的宗教和正義的禮法。」[14]馬基維里之意似乎是指在政體尚未完全腐化到無可救藥之前，外來政權的衝擊無異是一種震盪療法，足以喚起本土政權做出必要的更新；另一方面由此亦可見，返回初始狀態的自我更新絕非是返古，而是一種不斷朝向未來對初始狀態的根源既肯定又否定的過程，此一過程實際上即是黑格爾所謂的「揚棄」，相同過程也適用在宗教，馬基維里說聖方濟和聖多明若沒有這種更新的過程，早就被淘汰了，由此也顯示馬基維里的「不斷革命」思維。

　　另一種返回初始狀態的途徑是「內在的智慮」，馬基維里將此闡釋為由某個法律經常檢視對於團體裡面的人所作的紀錄，不然就是這個團體出現某個善人，他的榜樣和有德可表的作為產生像法制那樣的效果，歸結起來也就是某個人的德行或某個制度的德行。但緊接著他又說後者須藉由前者起死回生，接著他列舉了七個例證，其中五個涉及對傑出的羅馬公民所公開執行的壯觀處決，第六個例證探討的是帕皮瑞烏斯‧庫爾索對付他的騎兵隊統領法畢烏斯所採取的行動，第七個例證是西比奧兄弟受到的控告。[15]由這些例證顯示，複合體的更新，涉及在這些複合體的成員心靈中，重新喚起恐懼，或是將原始創建者們曾經置於他們的追隨者們心中的那種恐懼，重新置於人們的心中。施特勞斯因此得出結論，馬基維里所謂返回初始狀態，本質就在返回到與創建者行動接踵而至的那種恐怖狀態，而不存在於對舊的體制和秩序的回歸，在所有的情勢之下，返回初始狀態都意謂著引進新的秩序，對古代的體制和秩序的

14　同上註。
15　同上註，Ⅲ, ch.1。

回歸，必然意味著建設新的體制和秩序，而若共和國希冀按照自然的安排來建立的話，並按照自然的知識的基礎建立，那麼仁愛的首要地位就必須被恐懼的首要地位所取代。這裡再一次顯示，人們的初始狀態是帶有瑕疵而不完美的，這也間接顯示基督教與古典政治哲學那種外來意識所設想的完美狀態，根本是不可能存在的。[16]過去既非完美狀態，馬基維里就絕不會朝向傳統復歸，其大量引用歷史資料，只不過要從其中歸納出成王敗寇的道理，再以其作為建立一個新根源的參照，這個以義大利民族國家統一為目的的新根源，既然並非是曾經有的或現有的，就無被用作批評的對象可言，因此，馬基維里大可將其型塑為一種完美的形象，作為鼓動義大利人奮鬥的目標，就此一角度而言，新根源與柏拉圖高掛於蒼穹的 Idea 並無二致，只不過前者在未來，後者則為一不斷必須回溯的真理，但二者既然性質相同，就無法免於一些共同的必然結果。

第三節　創建者與新君主的矛盾

　　雖然馬基維里認為返回初始狀態可藉由外在的事故或內在的智慮達成，但他在做最後結論時卻表示，外來的力量有時候雖然是最好的救濟之道，卻是「危險之至，最好能免則免」，接著馬基維里隨即表示：「為了讓大家明瞭特定人士的作為使羅馬臻於偉大並且在那個城市造成許多好的效果，我打算談一談他們，並且說說我個人的感想。」[17]馬基維里顯然瞭解，外來政權的打擊雖然對於更新政治體制能夠發揮相當大的效用，如他所舉法國人占領羅馬的例子最後讓羅馬「浴火重生」，但其

---

[16] Leo Strauss, *Thoughts on Machiavelli* (Chicago: The University of Chicago Press,1958), pp.166-167.

[17] Niccolo Machiavelli, *Discourses on Livy* (Chicago: University of Chicago Press, 1996), translated by Harvey C. Mansfield and Nathan Tarcov, *Discourses*, Ⅲ, ch.1.

所造成的負面作用太大，所作的犧牲太過於慘烈，因此，如果能夠不需作出這些犧牲也能夠達到體制更新的效果，這一途徑便是一個政治社群應該追求的途徑。由此亦可明白為何馬基維里在述說完外來力量的救濟之道「能免則免」之後，隨即轉到對「特定人士」的敘述，因為在他的思想中，正是特定統治者的能動性，一方面得以免除外來政權對體制更新的必要性，另一方面亦足以使政治體制回復常軌，這個對統治者角色的強調，構成了馬基維里建立本土政權政治權威的核心，若說柏拉圖外來權威的轉化，哲君占據的是一種承先啟後的仲介角色，其統治的政治權威乃係得自於外來意識形態的賦與，則馬基維里思想中的統治者，無疑取得了柏拉圖思想中 Idea 本身所蘊含的政治權威能動性。易言之，表面上看，馬基維里思想中的統治者政治權威之取得，係來自於民族國家統一這個根源所賦與，但因為在追求民族國家統一這個目標過程中，統治者能夠不斷的為此一目標之追求創造條件，更能為此一目標之追求隨時進行體制的更新，因此，統治者政治權威表面上的被動賦與，實則是在不斷的運動過程中主動取得。

　　只有從統治者在建立本土政權所占的核心角色切入，我們方才得以深入探索一個重要現象，在《李維羅馬史疏義》一開始，馬基維里即反覆討論創建者或創建「新秩序」者這個問題，其用意在得出一個兩面性的結論，一方面，馬基維里要證明仁民愛物的公益德行與唯利是圖的個人野心之間的區別實際上並不重要，因為最大意義上的個人野心，只有通過致使千百萬人獲得裨益的行動，才可能得到滿足。這個說法在指出創建新國家是一個政權締造之初的獨特行為，因此不能用傳統的道德觀衡量統治者的統治行為，然而，馬基維里對於統治作為的描述若僅於此，便不能凸出其對於統治者角色的重視，馬基維里實際上要表達的是，民族國家的統一絕不只是建國的單獨行為，而係包含由建國以迄治國的連續過程，在此過程中，統治者都占據了主導性的角色。易言之，

一個國家共同體，不僅僅在締造之初，而且無時無刻都必須經歷「新的秩序」，他以羅馬共和國的發展表明，「要在制定共和國之初就備齊所有維繫自由的法律是多麼的困難。雖然有許多法律首先由羅慕勒斯所制定，接著由努馬，由圖盧斯和塞爾烏斯，最後由為類似工作而創設的十位公民委員再接再厲，即便如此，經營那個城市總是不斷面臨新的形勢，因而有必要創設新的制度。」[18]一俟我們注意到這一點，就能明白，馬基維里思想中，一個本土政權的統治者和統治階層，永遠都是這個國家的「創建者」，亦即那個納含於根源中的民族國家創建者，從狹義的觀點來看，是一個有德可表符合當時創建國家場域需求的特定人物，但從廣義的觀點來看，馬基維里所講的創建者，實際上即為這個國家千秋萬世所有持續追求民族國家統一目標的統治者。

　　從這個事實亦可瞭解《君王論》中的「新君主」概念定義模糊的原因，它有時指的是某個業已存在國家的某個王朝的創建者，即某個古老國度的新君，或者是攫取了某個國家的某個人，譬如米蘭的斯福爾箚、敘拉古的阿加索克利斯、費爾莫的利奧羅托等；另一方面，「新君主」有時指的也是一個全新國家的全新君主，也就是這個君主不是取得了某個業已存在的國家，而是締造了一個新的國家。但這個新國家的新君主，從創建國家的角度及他可能是新體制和新秩序的奠基者來看，他是一創建者，但從他可以沿用別的君主所發明的體制和秩序，或者以其他方式因循他人已經走過的道路，他也可以是個效法其他創建者的仿效者。在《君王論》第六章探討全新君主國的時候，馬基維里一開始即強調：「人們幾乎常在他人走過的道路上走，並且效法他人的事蹟，雖然他們並不能夠完完全全地沿著別人的道路或者不能夠取得他們所效法的人的功效，然而一個明智的人總是應該追蹤偉大人物所走過的道路，

---

[18]　同上註，I, ch.49。

並且效法那些已經成為最卓越的人們。這樣一來，即使自己的能力達不到他們那樣強，但是至少會帶有幾分氣派。」馬基維里在這裡明確指出了一個事實，即他並不期待心目中的新君主是個創建者，或者將成為一位創建者，反而，他勸告新君主成為一位仿效者，因循他人已經走過的路，從常理判斷，馬基維里做此建議並不令人意外，因為一位創建者根本就不需要馬基維里的建議，如此便不是創建者了。

雖然創建者與新君主在馬基維里的論述中看似模糊，但我們切不可忽略浮現在馬基維里心中那條區隔兩者的界限，這個界限在施特勞斯的分析中浮現了出來，施特勞斯特別將馬基維里的注意焦點置於摩西身上，他說馬基維里將「先知者」這個概念授予品第最高的一流人物，這個概念用在摩西身上非常適當，因為他是馬基維里視為最重要的創建者，基督教即立足於摩西所奠定的基石上。在《君王論》最後一章，馬基維里強調的重點即放在摩西身上，按馬基維里的用意，主要在勸告羅倫佐・美第奇效仿摩西，為了激勵美第奇解救義大利，馬基維里提醒他注意上帝已經在他們的眼前展示了奇蹟，「大海分開了，雲彩為你指出了道路，石頭湧出泉水，嗎哪自天而降」，[19]這些對美第奇的鼓勵完全效仿摩西所處的那個時代所曾經發生的奇蹟。但值得注意的是，效仿摩西這個做法實際上對美第奇沒有什麼吸引力，因為猶太人所追求的夢幻國度並未在摩西手中實現，他死在了它的邊境上，施特勞斯認為，通過這個暗淡不祥的方式，馬基維里這位當代巫師是在預言，羅倫佐・美第奇最終將不可能征服和解救義大利，馬基維里實際上已對義大利的各種力量對比，做出了細緻入微的權衡估量，正如他所說，在義大利「那個古代（政治）德行已經喪失殆盡，湮沒無聞」，成功的規劃因此不可能寄

19　Niccolo Machiavelli, *The Prince* (Chicago: University of Chicago Press, 1985), translated by Harvey C. Mansfield, ch.26.

託在《君王論》卷尾所提出的那個短期規劃之中,而只能寄託在《李維羅馬史疏義》全書所涵指的那個長期規劃中。施特勞斯歸納出馬基維里在此陳述的用意,一方面馬基維里強調慈悉美第奇效法摩西進行事業的效仿性,另一方面,馬基維里也以此事實強調,義大利的解放者必須是一個創建者,一個新的體制和秩序的發明者,而不是一個模仿者,他自己也暗示到戰術方面的一些意義深遠的發明創新,然而清晰可鑑的是,在這些問題上的創建者或發明者,是馬基維里自己,而不是羅倫佐·美第奇。[20]

　　施特勞斯對馬基維里的說明,值得進一步思考的,不在探究到底是「創建者」還是「新君主」才是最終能將義大利脫離苦海的解放者,而係在一方面他指明了馬基維里意識中創建者與新君主之間的那條明確界限,前者可以是後者,但後者並不一定是前者,另一方面他也點出了存在兩者關係中的矛盾,創建者永遠是持續不斷追求中的根源中之一環,而新君主特別是才智平庸或者只是依靠機運取位的國家統治者,對解放民族國家所能做出的最大貢獻,便是效仿創建者行誼,蕭規曹隨導向後者所擘劃的那個「美麗新世界」。就此而言,民族國家統一根源的永續追求,其眼光是不斷向前的,特別是在目標尚未達到之前,但統治者效仿創建者不定期所進行的體制更新,其眼光又是向後的,因為所有統治者都必須以創建者的建國藍本及精神作為重新取得政治權威的來源。易言之,包括新君主在內的統治者永遠脫離不了國家創建者的陰影,除非新君主本身同時就是創建者。[21]

---

[20]　Leo Strauss, *Thoughts on Machiavelli* (Chicago: The University of Chicago Press, 1958), pp.70-73.

[21]　對於新君主與創建者兩者的差異,學者蕭高彥舉出了另一種區分,蕭高彥認為新君主並不嘗試改變其所支配下人民的本性,而只在已經形成的傳統、風俗、習慣界限之內明智的施行統治,此即意謂新君主的德行是相對有限的,因為他

　　對於馬基維里而言，創建者與新君主的矛盾尚有另一層引申的涵義，雖然馬基維里以創建者自居，但基於他並非擁有權力的統治者，在現實及安全考量下，馬基維里仍然必須向權力低頭，故從施特勞斯的分析中可見，馬基維里對他才是解放義大利的創建者此一事實，乃是以極為隱晦的方式表現，在推動義大利統一一事上，馬基維里仍舊將希望寄託於新君主，亦即新君主仍舊掌握政治的能動性。馬基維里以摩西自居，固然這個事例對於美第奇毫無吸引力，從另一角度看無異彰顯馬基維里悲劇英雄的角色，但在馬基維里自喻為摩西，及創建者與新君主隱晦的關係之間，真正引發我們興趣的是，這些對比對台灣的外來政權現象投射了另一種超越歷史時空的對照，因為「摩西效應」正是本土政權消滅外來政權過程中所匯聚的最大能量，但這股能量卻在創建者與新君主的矛盾中未能持續擴散，此一矛盾明顯表現在以摩西自喻並以本土政權創建者自期的李登輝，與成就台灣首度政權輪替，成為事實上的新國家與積極尋求開拓本土政權「美麗新世界」的新君主陳水扁之間的摩擦，兩者間的摩擦為本土政權對外來政權的鬥爭投下了另一變數，而欲解釋兩者間的矛盾，從馬基維里自視為創建者，與其對新君主角色定位間所形成的隱晦矛盾，可以為我們指出一個方向，惟這一部分將在下一章做深入的說明。

　　在論述創建新國家的過程中，馬基維里凸出了新國家能否出現的最重要關鍵在於有無一個符合現實場域需求，能夠克服環境必要性限制的

既無能改變既有的習俗傳統，亦不能如神恩（grace）足以改變人的本性，而且往往無法抵擋機運之變遷以及環境之變化；相對於新君主，創建者的德行則凌駕於所有的機運以及環境變遷之上，創建者所面對的人民質料越是處於一種無秩序的狀態，創建者就越能運用自己的德行和明智，在此種質料當中創造出共和政制的政治秩序。參閱蕭高彥，〈從君主治術到政治創建——李維羅馬史疏義導讀〉，《李維羅馬史疏義》（台北：左岸，2003），呂健忠譯，XII-XIII。

「新君主」，而在義大利當時場域中體認到一個完全迥異於以往之統治者出現的，絕非只有馬基維里一人，這和當時的政治場域有極大關係。經過十八年在外培養勢力的美第奇家族重新回到佛羅倫薩，由於取得權力的過程非常倉促，且係依靠共和國中群眾的力量，但其掌權後卻發現朝中沒有什麼盟友，美第奇此時面臨一個困境，由於大多數佛羅倫薩人民已享有政治參與權，因此美第奇不可能遽然剝奪其參政的權力，在此情形下，美第奇只能以間接的方式逐步行使其權力。由於權力不可能與群眾分享，因此美第奇所能做的是和少數統治菁英分享權力，但無論是群眾（popolo, universale）或是美第奇不得不與其分享權力的少數菁英（ottimati），都可能成為美第奇的敵人，此一情勢使美第奇成為現實場域質料推動下的「新君主」。這個場域包含了兩部分，第一個部分是場域的遽變使美第奇奪取權力的過程那麼突然，致使沒有人可以立即習慣於其統治，反過來看，美第奇也無法以佛羅倫薩過去的統治模式進行統治；第二個部分是佛羅倫薩政治環境已迥異於以往，民眾十八年來所享受的政治參與已使他們習於原有的統治模式。易言之，佛羅倫薩已呈現一種全新的面貌，正是此一「新」的特質，使美第奇感覺到不安全。與馬基維里同時期的貴奇狄尼（Guicciardini），曾對美第奇要如何統治這個「新」國家提出了兩種可選擇的路徑，一是符應群眾要求，並使自己成為捍衛民眾利益免於少數人侵害的保護者，二是藉由少數人的協助鎮壓群眾的欲望。當時許多意見偏向前者，但民眾的天性若習於自由，便可能導致欲望無窮，此時君主就必須結合一些具有雄心者以壓制人民的欲望，而為了維持這些人的效忠，君主可以名位籠絡，此即是貴奇迪尼認為美第奇應採行的路徑。由此可見，貴奇狄尼對美第奇應如何統治有一種很複雜的觀點，一方面他認為政治參與是自由的先決條件，但他又對民眾沒有什麼信心。除了他以外，另一位同時代者維多利（Vettori）更進一步要求美第奇應憑藉武力統治，他所持理由是群眾既已習慣於自

由，便隨時可能起身反叛君主。另一位馬基維里熟悉的阿拉曼尼（Alamanni）則反對上述兩者所指公民參與是不可逆轉的看法，他認為只要善用人們天性中對於效用（use）的習慣性接受，便可以更新一國的政治文化，而在此文化中培育出的年輕一代自然可以為君主所用。這些與馬基維里同時代的人，雖然各自提出不同的統治方式，但卻有一共同點，即他們皆認為美第奇是一位創新者（innovator），其行使的是一種「新治術」，此一治術之「新」表現在群眾無法適應美第奇家族的統治，但此一治術卻是由新的場域而來，而美第奇之創新在於既然當時不可能恢復被統治者公民權，則可行的途徑便只有建立一種新的且非公民的政治關係（non-civic political relationships）。正是對這些新場域及新治術的強調，孕育了馬基維里心目中理想的「新君主」。[22]

第四節　統治者的除舊布新工程

由此顯見，新君主的出現乃是特殊場域下的產物，這牽涉到馬基維理思想中一個重要對比概念，即形式（form）與質料（matter）的對立，在《君王論》中，馬基維里表示：

> 當我們研究他們（摩西、居魯士、羅慕勒斯、提修斯等）的行動與生平的時候就會知道，除了獲有機會外，他們並沒有依靠什麼幸運，機會給他們提供質料（matter），讓他們把它塑造成為他們認為最好的那種形式（form），如果沒有這種機會，他們

---

[22]　J. G. A. Pocock, *The Machiavellian Moment* (Princeton : Princeton University Press, 1975), pp.143-154.

> 精神上的能力（la virtu dello animo）就會浪費掉，但是，如果
> 沒有那樣的能力，有機會也會白白的放過。[23]

　　這裡凸顯的是一種新君主與場域構成的時勢所呈現的辯證關係，先是時勢造英雄，接下來是英雄造時勢，英雄與時勢的結合即是新君主欲實現的形式。按馬基維里之意，「質料」除了是機運提供的機會外，往往用來指涉政治支配的對象，也就是人民及其所構成的社會關係之總體；至於「形式」則指的是政治創造者的德行所匯聚的型塑力量。[24]在一個外有強敵覬覦，內部又分裂不安的大時代，人民的德行既不可信任，馬基維里將建國的希望寄於一位具有雄才大略條件的統治者自有其道理，此時統治者的首要之務，即是要將人民質料塑造為其所希冀的形式，這一方面，馬基維里發現了他認為的「真理」。馬基維里在《君王論》中探討「君主應當如何守信」時，對於人民的政治判斷有一番直率的表述，他說：

---

[23]　Niccolo Machiavelli, *The Prince* (Chicago: University of Chicago Press,1985), translated by Harvey C. Mansfield, ch.6. 馬基維里經常使用形式／質料的對比，除了此處的引文外，馬基維里在《君王論》第廿六章、《李維羅馬史疏義》第一篇第十七章、第三篇第八章中，皆有相關的言論。此一對比緣自於亞里斯多德，自此之後，經院哲學即認為形式須與質料相配合，腐化的質料無法與良好的形式配合，馬基維里從中古經院哲學借用了這個架構，並將之政治化，但雖然他在論治國之術時大抵遵循了這個基本原則，然而在論述創建者及新君主的政治藝術時，卻超越了此一原則。馬基維里借形式／質料對比關係強調政治創新的作法，在當時似乎是許多人接受的想法，與馬基維里同時代的薩伏那洛拉（G. Savonarola），即以斯巴達立法的萊克葛斯（Lycurgus）為例，主張要以創新（rinnovazione）的精神去除存在於人心之惡的「老亞當」（Old Adam），與馬基維里不同的是，因為薩伏那洛拉為一基督徒，故其訴求上帝的恩寵，而藉由創新追求的最後目標則為一聖潔的生活。參閱蕭高彥，〈從君主治術到政治創建──李維羅馬史疏義導讀〉，《李維羅馬史疏義》，Ⅷ-Ⅸ；J. G. A. Pocock, *The Machiavellian Moment*, pp.135-136。

[24]　蕭高彥，〈從君主治術到政治創建──李維羅馬史疏義導讀〉，《李維羅馬史疏義》，Ⅸ。

人們進行判斷，一般依靠眼睛更甚於依靠雙手，因為每一個人都能夠看到你，但是很少人能夠接觸你，每一個人都看到你的外表如何，但很少人摸透你到底是怎樣一個人，……對於不能夠向法院提出控訴的一切人的行動，特別是君主的行動，人們就注意到結果，所以，一位君主如果能夠征服並且保持那個國家的話，他所採取的手段總是被人們認為是光榮的，並且將受到每一個人的讚揚。因為群氓總是被外表和事物的結果所吸引，而這個世界裡盡是群氓。[25]

從這裡，掌握政治主動性的君主，面對「重視表象世界」的人民質料，在不同的場域下，必須展現出兩種對應的「理性」。第一種場域面對的是來自於機運提供了一個好的或未經腐化的質料，亦即一個民眾業已獲得了德行才幹的國家，而他們的德行係來自世世代代某種強制形勢的磨練，和公共事務領域因內在或外在的危險情勢的洗禮，此時呈現的是一個國泰民安的景象，在此一情形下，即使具有至高無上德行能力的君主，也缺乏施展德行才幹的機會，此時，質料與形式之間的關係將如同亞里斯多德所謂普通大眾具有一種自然稟賦，可以適應專制暴君的統治，也可以適應自由的政治生活所呈現的契合關係。然而即使是在此一

---

[25] Niccolo Machiavelli, *The Prince* (Chicago: University of Chicago Press,1985), translated by Harvey C. Mansfield, ch.18. 馬基維里從人性推導得出的「成敗論英雄」結果論深信不疑，不僅由此推論出君主的統治之術，也由此推論出常在君主之側的策士生存之術，他說由於人們判斷事情一向是根據結果，因提議而來的一切不是之處也就因此歸咎於帶頭的提議人；如果帶來的是好結果，固然得到獎賞，但得到的獎賞通常得不償失。因此，他給策士們提出的建議是，凡事求穩健，切忌當急先鋒，提出自己的看法犯不著慷慨激昂，辯護自己的看法也不用慷慨激昂，應該適可而止，如此一來，如果君主採納了意見，那是他們自願採納的，而不是強力敦促所致，如此做，即使享受不到一夫當關的榮耀，至少可免招來殺生之禍。見 *Discourses*, Ⅲ, ch.35。

情勢下，一個沒有施展德行才幹的君主，面對重視「表象世界」的人民，為鞏固政治權威，依然必須進行一場「表演政治」（politics of performance），但馬基維里訴求的政治表演不同於近代大眾媒體烘托下強調誇張肢體語言與政治符號以攫奪視聽大眾注意力的表演，而是一種君心獨斷但卻加以掩飾的隱晦表演，馬基維里告訴君主，雖然不必要具備各種傳統的道德，但卻有必要顯得具備這一切品質。

> 一位君主，尤其是一位新君主，不能夠實踐那些被認為是好人應作的所有事情，因為他要保持國家，常常不得不背信忘義，不講仁慈，悖乎人道，違反神道。因此，一位君主必須有一種精神準備，隨時順應命運的風向和事物的變幻情況而轉變。……如果可能的話，他還是不要背棄善良之道，但是如果必須的話，他就要懂得怎樣走上作惡之途。[26]

因此，以傳統道德為準繩設想出的君主與「王道」，在馬基維里思想中沒有立足之地，「霸道」與權術才是政治場域鞏固統治權威的必要工具，但「王道」的虛擬存在卻有工具價值，因為它提供了促使被統治者自願性服從的手段，但馬基維里時時提醒統治者，「必要時要懂得如何作惡」，這是馬基維里強調「國家理性」的最顯著表現。

相對於此一場域展現的「理性」，馬基維里更重視統治者突破必要性限制的原創精神。與亞里斯多德形式與質料自然契合的觀點相反，馬基維里認為一位有德行的君主，特別是一創建者，只要施加必要的強制性力量，就可以人為的塑造出所希冀的形式，亦即強制手段可以造成對自然的改變。一位君主，特別是一位創建國家的新君主，只要具備充足

---

[26] Niccolo Machiavelli, *The Prince* (Chicago: University of Chicago Press,1985), translated by Harvey C. Mansfield, ch.18.

的能力才幹，就都能夠將其統治的國家改造為所希望的國家，施特勞斯因此認為可以如下表達馬基維里的思想：馬基維里是在說，亞里斯多德沒有看到，創建者和他手中的人類質料之間的關係，與一位鐵匠和他手中的鐵塊或其他非人類質料之間的關係，並沒有根本意義上的區別，亞里斯多德對於人在多大程度上是順從可塑的，特別是在對於人在自己的同類手中，在多大程度上是順從可塑的，沒有充分的估計認識。與前述未經腐化的質料國家的場域相較，在馬基維里心目中，人民雖然具備驚人的遠見與卓識，但卻往往會自掘墳墓、自取滅亡，因為他們會被美好的假想所欺騙，很容易被空中樓閣和空洞的承諾所欺騙，亦即民眾無能發現真理，因此需要指點導引。在這裡，馬基維里其實得出了一個與柏拉圖的相同結論，即國家方向的掌舵職責不能交給人民，而需交給一個秀異的君主，馬基維里認為，民眾只有在一種情況之下優於君主，即在體制和秩序已建立之後，對這些體制和秩序加以維護的情形之下，此時君主與人民的關係是：君主是一個社會的奠基因素，或是創新因素和理性因素，而民眾則是社會的維繫因素，或者保守因素。[27]

　　民眾雖然是社會的維繫因素，但問題是馬基維里認為他那個時代的人民已經腐敗，因此無法讓人寄予厚望，馬基維里認為此時除了依靠君主權力大破大立別無它法，因為「事情腐敗到法律不足以遏止的地方，需要有法律加上更大的力量才建立得起制度——就是掌握絕對超量的王權以制止權勢之輩超量的野心和腐敗。」[28]統治者必須回歸到前述的返回根源，非常時期就必須以非常手段，從國家場域來看，無論是建立新國家所面臨的艱險或是國家場域的腐敗，這個時期都是最壞的時代，

---

[27]　Leo Strauss, *Thoughts on Machiavelli* (Chicago: The University of Chicago Press,1958), pp.252-253, 129-130.

[28]　Niccolo Machiavelli, *Discourses on Livy* (Chicago: University of Chicago Press, 1996), translated by Harvey C. Mansfield and Nathan Tarcov, I , ch.55.

但從統治者能夠在腐敗質料中建立起其所想要的形式，發揮創新的精神，這又是最好的時代。柏拉圖從古希臘的民主社會場域中，看到民主制度的諷刺，因此提出哲君治國的政治思想，馬基維里也是因為對被統治者質料的無恆常性，而將建國及將國家導入常軌的主導權交給了君主。從政治權威建立的角度看，柏拉圖與馬基維里都符應了從政治權威場域中建立政治權威的原理，但對於馬基維里，此一符應卻不是被動的，而是帶有主動性。從馬基維里的角度看，統治者一方面既不能依靠命運，另一方面又要符合時代的特性，他認為統治者最適切的做法是，當時間和事勢的發展需要採取猛烈行動的時候，統治者就必須採取非常的手段。因此，君主的統治之術是一體的兩面，這個「兩面」是既無一定的統治標準，也有一個客觀的標準，前者表現在統治者不需要符合任何道德與前人所訂的要求，後者表現在統治必須符合場域的要求，而其一體即是以時間和事態作為決定統治方式的判準。[29]

---

[29] 由此可見，馬基維里雖強調統治者的開創性，但其權力行使亦有一定界限，而非繫於統治者個人的一己想法。馬基維里舉了許多例子說明因時制宜精神對於統治者的重要性，如教皇尤利烏斯二世（Pope Julius II）排除許多國家的反對和質疑，其所採取的迅猛行動使他打贏了波洛尼亞（Bologna）戰爭；法畢烏斯・馬克西姆（Fabius Maximus）雖然用兵優柔寡斷，與激烈又大膽的羅馬作風大相逕庭，但此一用兵形式卻符合當時時勢，因而打敗了讓羅馬人聞風喪膽的漢尼拔（Hannibal）。因此，無論是迅猛或審慎的統治方式，都無絕對的優劣，惟必須符應當時時代和事態發展的要求，若時勢和事態發展需要採取謹慎和耐心的立場，則相反的行動將會造成失敗。這種因時制宜的統治方式，同樣適用在國體和政體的建立上，因此馬基維里說：「想要在紳士充斥的地方建立共和國是行不通的，除非將他們一網打盡；想要在一個擁有大量平等的地方建立王國或君主國也是行不通的，除非從平等當中挑出許多有野心又不安分之輩，讓他們成為實質上而不只是名義上的紳士」、「要想在共和國奪權並實施不好的政體，必須找得到被時勢給敗壞了的實體，那是日積月累代復一代才可能出現的亂象──那樣的地步是形勢使然，……在共和國採取行動的公民，不論是心儀自由或是心儀專制，都應該考量現有的情勢，並據以判斷採取行動可能遭遇的困難」。參閱 *Prince*, ch. 25. *Discourses*, I, ch.5. & III, 8.

為了凸顯他那個時代是君主行動的時代，馬基維里在《君王論》的最後，以摩西、居魯士及提修斯等人所處時代的對比方式，強調義大利迫切需要一個人能夠將其從外來政權的殘酷行為中解放出來，這個人即是他理想中的新君主，馬基維里對於這個足以力挽狂瀾，拯救義大利脫離內憂外患的新君主有一個心目中的圖像，這個圖像可以《君王論》中探討君主是否應守信時，所說的一句話形容，馬基維里認為君主應當懂得善用野獸的方法，「君主必須是一頭狐狸以便認識陷阱，……同時是一頭獅子以便使豺狼驚駭。」[30]馬基維里如此定位新君主的性格與條件，根據的是前述被統治者易於為「表象世界」迷惑的特質及人性之惡所推導出的結論，施特勞斯由此指出，馬基維里是以非人的外界整體作為憑藉依據，為了超越人性，若非朝著超人的方向，就必須朝著低於人性的方向出發，馬基維里選擇的明顯是後者。[31]君主必須是偉大的偽裝者和假好人，因此必須同時具有人性與獸性，方能在不同的時間與時勢下，交互呈現不同的臉孔。但新君主絕非僅須是個道貌岸然者即足以承擔統一義大利的歷史重任，從馬基維里的論述可發現，這個新君主也如同柏拉圖為統治者所設定的條件一般，是個天縱英明的統治者，他的天縱英明表現在其所具異於傳統與一般人的德行（virtue）上。

對於德行普遍所持的理解是來自亞里斯多德的思想，他斷言與邪惡形成截然對立態勢的德行，是位於不足與過度兩個截然相反謬誤之間的中庸或折衷。馬基維里對於德行邪惡所作的最全面性列舉，是以在慷慨

---

30 Niccolo Machiavelli, *The Prince* (Chicago: University of Chicago Press,1985), translated by Harvey C. Mansfield, ch.18.

31 施特勞斯因此聯想到斯威夫特（Jonathan Swift）、盧梭、尼采和耶穌，斯威夫特的名著《格列佛遊記》要求效仿一種完美無瑕半人半馬的怪物，盧梭要求返回到自然狀態，尼采提出真理不是上帝而是一個女人，耶穌則是半神半人。施特勞斯因此認為馬基維里的半獸半人的統治者，只是藝術家想像所創造出來的怪物。參閱 Strauss, 1977:78。

寬宏的德行與慈善施與德行之間作出劃分開始。馬基維里後來提出一個問題：對於一個共和國來說，是致力於攫取行為更可取，還是致力於維繫保存它自己的所有物更為可取，即放棄領土野心更為可取？乍看之下應是後者可取，但馬基維里認為前者較後者更為榮耀體面，由此所得的結論是我們不能滿足於慈善施與的德行，而必須選擇貪得無厭，真正的慷慨寬宏意味已從陌生人或敵人那裡攫取到所有東西，再將所攫奪的東西施與出去，慷慨寬宏的德行，是以貪得無厭的邪惡為基礎，只有在這個意義上，君主的典範楷模居魯士才可以說是慷慨寬宏的。因此，德行並非是亞里斯多德那種兩種相反的邪惡之間的中庸之道，而是德行與邪惡、人性與獸性間的中庸之道，君主必須懂得「因時制宜」，隨時從德行轉換到邪惡，從邪惡轉換到德行，這種變通轉換是一種運動，制導著它的是審慎斟酌，支撐著它的是才智的力量與意志的力量，就道德德行言，君主具有這些道德德行的表面外觀就已經足夠了，而就審慎與才智力量或意志力量而言，他則需要實實在在的具體內容。[32]

　　君主的政治德行就是一個抗拒內憂外患本土政權的統治者須具備的要件，也是國家理性的最重要環結，在此情形下，他的政治權威並非建立在古典政治哲學的道德思想。因此，從古典政治哲學的角度來看，馬基維里採取的某些作為不符政治權威要旨，但在義大利當時的特殊場

---

[32] Leo Strauss, *Thoughts on Machiavelli* (Chicago: The University of Chicago Press, 1958), pp.238-242. 馬基維里雖然重視統治者的德行，但「德行」這個概念在其著作中卻無一致的定義，如在《君王論》第八章談到惡貫滿盈的阿加托克雷（Agathocles），先說他缺乏德行，又說他具備德行。前者行指的是最廣義的道德上的美德，包括宗教在內，後者指的則是狡黠與勇氣的某種結合。但綜觀馬基維里思想，其德行概念係指政治上的德行才能，及為服務政治社會或服務於愛國主義所需要的全部素質的總合，在此意義下，馬基維里實際上是刻意維持德行的模糊意義，以便依情勢有不同的轉換，因此統治者有時必須狀似道德，有時必須不仁不義。

域卻有其必要性，如鄂蘭認為暴力處於政治權威的對立面，但馬基維里卻認為暴力是完成義大利統一的必要之舉，並將其與建立統治者政治權威的另一途徑——法律並列，甚至重要性超過法律。他認為沒有武力，好的法律是無效的，反之，擁有一支忠誠的武力對法律權威的建立具有舉足輕重的地位。此一論點可與柏拉圖的外來政治權威作個對比，柏拉圖在古希臘公民政治的架構下，他對暴力的強調是非常隱晦的，外來政權既以外來意識形態為特徵，著重的是一種思想的轉化，並以此作為鞏固政權的基礎，所以，柏拉圖思想中明顯可見的一個情形是將暴力因素融入意識形態之中，對於神話的運用即是達成此一目的的手段，故柏拉圖強調的是一種心理的暴力而非生理的暴力。但在馬基維里的時代，古典及宗教意識形態乃是阻礙義大利統一目標的一種精神暴力，在此一精神暴力仍具有巨大影響力之下，他轉而尋求以生理的有機暴力作為統治者追求國家統一、鞏固政治權力的終極手段，故他對統治者的建國、治國陳述中，充滿了暴力色彩。

　　馬基維里對創建者在此一情勢中所處的危險及暴力正當性有清楚的說明，他說：「再沒有比著手率先採取新的制度更困難……成敗更加不確定……執行起來更加危險的了，這是因為革新者使所有在舊制度之下順利的人們都成為了敵人，而那些在新制度之下可能順利的人們卻是半心半意的擁護者。」面對此一困境，馬基維里提出統治者要鴻圖大展、避免危險，就一定有採取暴力手段，他指出：「要說服人們是容易的，可是要他們對於說服的意見堅定不移，那就困難了，因此，……當人們不再信仰的時候，就要依靠暴力使其就範。」[33]馬基維里要在打破舊信仰同時，建立一個「新國家」的信仰，他清楚看出了兩種意識形態過度

---

[33]　Niccolo Machiavelli, *The Prince* (Chicago: University of Chicago Press,1985), translated by Harvey C. Mansfield, ch.6.

期間對統治者所欲建立的新制度產生的危險，他一方面未放棄說服的方式期待人們接受新環境與新格局，但他從摩西、居魯士、提修斯及羅慕勒斯的例子得出結論：若未拿出武器，就不能夠使人民長期遵守統治者所定的憲法。

　　暴力一方面作為國家抵禦外來政權侵侮的一種攻擊與防衛軍事機器，但更值得重視的是馬基維里所強調的對內統治角色。在古希臘及古羅馬，暴力一直被視為國家對外關係行使的一種力量，即形同今日之國防，而將使用暴力對付人民的君主斥為暴君，但馬基維里卻公開承認暴力在對人民進行統治的重要性。對於暴力統治的一個例子是阿加托克雷（Agathocles），為了要攫取統治權力，阿加托克雷設計召集錫拉庫薩的人民和元老院，表面上要和他們商討國事，但阿加托克雷隨後卻將元老院全體和最富有的平民全部殺掉。另一個例子是鮑吉亞，為了平息羅馬尼阿（Romagna）人民怨恨的聲音，鮑吉亞竟將派往當地恢復秩序的將領雷米羅・德奧爾科（Rimirro de Orco）斬首棄置於公眾廣場。馬基維里對統治者使用暴力一事表示：「如果可以把壞事稱為好事的話，妥善使用（暴力）的意思就是說，為了自己的安全需要，可以偶爾使用殘暴手段。」但在強調統治者對暴力的依賴時，也同時必須強調暴力的界限，馬基維里將統治者對暴力的行使區分為兩種類型，一種是上述之「妥善使用」（well used），另一種則為「惡劣使用」（badly used），前者的特點是畢其功於一役，使統治者以後不再需要使用暴力；後者則指雖然統治者剛開始不常用暴力，但隨後使用暴力的頻率卻與日俱增。馬基維里表示前者可以使統治者取得追求的利益，並且因不需要一再侵害人民，能夠使人民重新獲得安全；而後者因為不斷使用暴力，統治者「必須時時

刻刻拿著剛劍，而且永遠不能信賴老百姓」，而被統治者也不可能得到安全。[34]

此一對暴力性質的論述重新回到前述馬基維里強調的「因時制宜」精神，同樣再次顯露出其對於「人民力量」的既輕視又畏懼。亦係出自此一原因，馬基維里思想中的統治者與暴君的界限非常模糊，他一下認為若一個如同羅慕勒斯一般創建國家的統治者，是為了好的目的訴諸謀殺手段，就不能將其與暴君僭主混為一談，但與其對照的凱撒則是應予譴責的暴君。但在敘及古羅馬人民的腐化時，卻又將進行暴力統治的凱撒讚許為「優異人物」。他一方面指出一個暴戾無情、十惡不赦的統治者，絕不能被期待會以共同福祉為念，但另一方面又認為這種統治者仍然可能有助於共同福祉，並因此贏得永恆的榮耀。就馬基維里而言，他既以義大利的統一為目的，統治者的任何手段行使即使有爭議但都是合理的，即可謂以目的界定手段，但若目的所涵蓋的範圍太廣或太過於模糊，如統一、獨立之類的概念，則無異授與統治者一張權力的空白支票，任何暴力與非正當的統治手段都可以被合理化，難怪鄂蘭論及馬基維里的暴力思想時，認為之所以有羅伯斯比爾「自由對抗暴政的專制主義」矛盾言論出現，馬基維里的革命思想是主要原因。

若暴力統治是目的界定手段邏輯下的衍生物，此一邏輯既可解釋柏拉圖的隱晦暴力，也可以解釋馬基維里的公開暴力。同樣的，此一邏輯可以解釋柏拉圖合理化統治者的欺騙作為，相同的統治之術出現在馬基維里思想中也就不足為奇。在《君王論》中，他表示新君主要保持國家常常不得不背信忘義；[35]在《李維羅馬史疏義》中，他引用色諾芬對居魯士的描述及古羅馬共和的例子，強調有心成大事的君主須學會欺

---

[34] 同上註，ch.7,8。
[35] 同上註，ch.18。

騙。[36]這個結論無疑皆來自於他的國家理性及統治者個人德行觀點，一個集暴力與欺騙於一身的君主，被視為是創機造勢，達成義大利統一目標最理想的統治者，基於對邪惡必要性的強調，亦就難怪馬基維里在《李維羅馬史疏義》中，會以如此大篇幅探討「陰謀」對於政權存續的影響。在第三篇第六章中，表面上馬基維里在提醒君主如何防範陰謀，並且指出陰謀的發動甚少成功，但馬基維里在指出陰謀的危險後，竟也指出策劃陰謀全身而退的對策及謀反成功的例子，因此，從另一個角度看，這一篇章節亦可看作是馬基維里教導謀反者如何推翻既有政權的一個革命手冊，對於有志建立「新國家」者而言，藉由有效的陰謀活動達成建國目的，當然也是馬基維里及國家理性認可的行為。

將邪惡視為政治德行的君主，表現在統治上往往是一種恐怖統治，馬基維里曾分別在《君王論》及《李維羅馬史疏義》中，以不同事例述及此一恐怖統治。在《君王論》中，馬基維里從占領米蘭的外來政權法國角度，探討法國最後為何被米蘭所逐出，馬基維里得出的結論之一是，若欲維持一個被占領且有相同習慣的國家，統治者必須做到兩件事，其一即是滅絕舊政權的君主血統；在探討征服一個習慣在自己法律下自由生活的國家，如何保有此一國家時，馬基維里也提出保有這個國家的三種辦法，其中之一是將這個城市消滅掉。[37]在《李維羅馬史疏義》中，馬基維里以殺害布魯圖諸子（sons of Lucius Junius Brutus）為例，強調一個新成立的政權招來的是有敵意的黨派，而非友善的黨派，因此，對於那些「政權輪替」後掌握政權的統治者，他所要做的是將那些在新政權之下，利益被剝奪而與新政權為敵的人，以「為人民復仇」及

---

[36] Niccolo Machiavelli, *Discourses on Livy* (Chicago: University of Chicago Press, 1996), translated by Harvey C. Mansfield and Nathan Tarcov, II, ch.13.

[37] Niccolo Machiavelli, *The Prince* (Chicago: University of Chicago Press,1985), translated by Harvey C. Mansfield, ch.3,5.

「恢復人民自由」為名，將他們斬草除根。[38]這兩個事例指向同一個標的，馬基維里其實是在說，對於任何一個新政權的統治者而言，鞏固政權最好的方式是將舊政權的統治階級徹底消滅、剷除盡淨，而此以「新」取代「舊」的過程，剷除舊統治階級的恐怖統治只是一個起點，接下來要進行的是全面更新，除了新統治者和新政權之外，還要有新制度、新階級甚至新文化，總體來看就是一新的國家，馬基維里對此最激進的說明，出現在他探討專制君主如何使每一個人唯他是賴的論述中：

> 任誰成為一個城市或一個政權的君主，掌握那個公國的上上之策乃是就那個政體全面除舊布新，因為他畢竟是新君主，在他根基不穩固而不可能藉王國或共和國轉向公民的生活時尤其如此。這也就是說，在城市裡以新的名稱、新的權勢、新的人手建立新政府……此外，（他也應該）建新城，剷平已建的，使人民易地而居；總而言之，那個地區不能有一事一物不翻修，俾使當地掌握官階、地位、職稱、財富的人沒有一個不知道是從你得來的。[39]

令人驚訝的是，馬基維里這一段話竟然與柏拉圖「憲法的製圖者」描述如出一轍，顯示無論是意識形態掛帥的外來政權或是由本土生活經驗出發的本土政權，當觸及政權鞏固時，都顯示同樣的大掃除式除舊布新思維。若深入探討此一情形，將可發現只要是由統治者角度出發的統治思想，便難跳脫此一框架，因為所有統治者眼中，舊統治者的遺緒皆是對新統治者政治權威的威脅，於是，越能清除舊有的記憶，建立起新

---

[38]　Niccolo Machiavelli, *Discourses on Livy* (Chicago: University of Chicago Press, 1996), translated by Harvey C. Mansfield and Nathan Tarcov, II, I, ch.16.

[39]　同上註，I, ch.26。

的場域，並在除舊同時填充統治者一手設計的新「形式」，便成為所有打天下的統治者慣有模式。但馬基維里畢竟與柏拉圖有所差異，因為，既然人民是鞏固政權、樹立權威及創建根基過程中的必要條件，統治權力的行使就必須將被統治者納入考量，因此，不同於柏拉圖思想中的統治者只有是否遵循意識形態的問題，而無權力是否自我設限的問題，馬基維里思想中的新君主為了鞏固政權目的，新君主權力的行使必須自我設限。

第五節　統治者權力的自我設限

　　新君主的權力自我設限，似乎與他崇尚暴力的恐怖色彩有所矛盾，此一矛盾特別表現在他對於征服習慣生活在自由之中的城市說明，馬基維里強調，這種城市隨時會發生叛亂，而其叛亂的藉口則是自由和古老的秩序，因為這些記憶總是無法為人們忘懷，所以除非將他們消滅，統治者便會坐待自己被他們消滅。[40]相對於自由的城市，馬基維里述及「混合君主國」時，認為征服同一地區、使用同一語言，且這些國家未過慣自由生活，要保有這類國家是最容易的，他認為要達到此一目的的途徑有二，一是如前述之滅絕舊君血統，另一則是不要改變它們的法律和賦稅。[41]就前者而言，新統治者恐怖統治的對象包括舊統治者及其統治之下的臣民，就後者而言，恐怖統治的對象則是舊的統治階級，對於被統治者，新的統治者只要向其傳統妥協，就能夠取得被統治者的自願服從。馬基維里的態度似乎是指，對於自由的城市，新君主毫無妥協的空

---

[40]　Niccolo Machiavelli, *The Prince* (Chicago: University of Chicago Press, 1985), translated by Harvey C. Mansfield, ch.5.

[41]　同上註，ch.3。

間；對於一個習於被奴役的城市，新君主可以向被統治者及傳統作出一定程度的妥協。但就在馬基維里敘述完對自由城市的統治說明後，他立刻提到依靠自己武力和德行取得統治權力的新君主，其政權才是最穩固的政權，值得注意的是，他特別強調統治者型塑材料的德行，但若統治者只能以殺戮的手段清除盡淨材料，統治者如何能型塑他所希冀形式的德行呢？且如前所言，被統治者既是建立根源的要素之一，消滅被統治者即是削弱統治者確立政治合法性的根源。這可能是馬基維里在強調完征服自由城市最穩妥的辦法就是將其消滅之後，卻又加上一句「或者（君主）駐在那裡」的原因，由此亦可顯見馬基維里完全看到自由對專制統治的威脅。

欲克服此一矛盾，馬基維里其實提供瞭解答，答案即係他在「混合君主國」的說明中所提之權力自我設限。在敘述統治者「除舊布新」的前一章中，馬基維里表示，統治者若欲改革某個城市並且寄望這些改革能被接受，他必須至少保留古代模式的影子，因為如此才不至於讓人民覺得制度改變了，即使新的制度和舊的制度大相逕庭。馬基維里的此一論述值得注意之處有二，一方面他再次顯示對傳統的妥協，這種妥協乃是一種權力的自我設限，而非他人及制度上的限制，此一妥協當然是出自權力鞏固的考量。但更值得重視者在於他將「除舊布新」與「尊重傳統」兩種看似衝突的統治方式結合在一起，其使用的邏輯即是前述的「表象世界」邏輯，他在說完「保留古代模式的影子後」，繼續指出：

> 對於外表的滿足不下於實質是人之常情，外觀比本質更能打動人心的情形是所在多有。……這一點，凡是有心在城市中壓制古老的生活方式並且轉向新的而且自由的生活方式的人都應當遵循，因為既然新的事物改變人的心思，你（新君主）應該設

　　　　法使那些改變盡可能保留古代的模樣。如果司法行政官的人
　　　　數、職權與任期跟古代不一樣，他們至少該保留名稱。[42]

　　馬基維里接下來的結論即是「除舊布新」，可見馬基維里心目中舊傳統與新國家之間並無扞格，因為前者是工具，後者是目的；前者是要捨棄的對象，後者是要創建的目標。但「有心制定政治的生活方式的人都應當遵循」的是，新酒一定要有舊瓶的形式，他直陳這種實際上與每一種生活方式為敵的統治很殘忍，但卻是必要的做法，且直言那些想採取中間路線的人，因為既不能好到底也不能壞到底，結果必定失敗。[43]馬基維里此一觀點若正確，會給我們什麼啟示呢？在這個邏輯下，台灣場域中對本土政權「借殼上市」保留名存實亡的中華民國國號、國旗、憲法的行為，便無所苛責，因為從馬基維里的角度看，這些都是創建者或新君主為創立新國家的必要行為，能達到此一要求者才是理想的統治者，而那些擺盪於統、獨之間心猿意馬的人，最終將難逃失敗的命運。

　　君主權力的自我設限特別表現在權力行使的禁忌上，馬基維里在不斷向統治者強調為了自我保存，必須要把所有「應當怎樣做」的道德拋諸腦後，要毫不猶豫的從事惡行，被人畏懼較為人愛戴更為安全之後，同時也設下了一個權力的禁區，他勸誡君主千萬不要為人所憎恨，落實

---

[42] Niccolo Machiavelli, *Discourses on Livy* (Chicago: University of Chicago Press, 1996), translated by Harvey C. Mansfield and Nathan Tarcov, I , ch.25. 馬基維里舉羅馬人的例子，包括創設兩名執政官以取代一名國王，不希望有多於十二個名額的扈從，以免超過伺候國王的人數。此外，由於一年一度的祭祀在羅馬舉行，非得國王親自主持，由於羅馬不希望人民因為沒有國王而興起懷古之情，因此，他們為這祭典創設了一個要角，稱之為獻祭王（the King of sacrifice），讓他附屬於主祭官，希望如此一來人民對祭典感到滿意，沒有理由因為少了國王就希望恢復帝制。

[43] Niccolo Machiavelli, *Discourses on Livy* (Chicago: University of Chicago Press, 1996), translated by Harvey C. Mansfield and Nathan Tarcov, I , ch.26.

在實際的統治作為上則是絕不能染指臣民的財產和妻女，特別是前者，因為「人們忘記父親之死比忘記遺產的喪失還來得快些」。[44]值得注意的是不論是權力的行惡或自我限縮，背後的原動力都是「必要性」，此種必要性與馬基維里設想人類性惡的天性有關，更與統治者的國家理性有關。前者出自於恐懼的心態，因為統治者恐懼被統治者性惡的趨向危及統治權，故統治者必須以暴制暴；後者有別於恐懼心理的促動，而是緣自於一種對榮譽的追求，此種榮譽建立在追求政治共同體的共同福祉自我憧憬上，這種憧憬要求根據人們實際如何生活選擇必要的手段，為了實現共同福祉，有必要使用非道德的手段，更重要的是，如果統治者「意圖促進的不是個人而是共同的福祉，不是為了自己的繼承人而是為了共同的祖國，那就應該爭取獨享權力的權勢。」[45]由此可見，馬基維里在「共同福祉」的大帽子下，合理化了統治者權力行使的兩種目標，一是個人極權統治，此一目標加上馬基維里強調「假如效果是好的，……過程總是可以既往不咎，因為該受譴責的是以暴力從事破壞的人，而不是以暴力從事修補的人。」[46]馬基維里進一步合理化的是個人的暴力極權統治；第二種合理化的目標是目的論式的愛國主義，國家成為承載共同福祉的實體，為了國家的目的，任何作法都是可取的，此即國家理性的落實化，因此，若貧窮是保持國家強大所必須，被統治者即應維持貧窮狀態；恐怖統治若能維繫國家整合，就須採取暴力統治，即使是殺害統治者兄弟、兒子的行為，也是被容許的。

---

[44] Niccolo Machiavelli, *The Prince* (Chicago: University of Chicago Press,1985), translated by Harvey C. Mansfield, ch.17,19.

[45] Niccolo Machiavelli, *Discourses on Livy* (Chicago: University of Chicago Press, 1996), translated by Harvey C. Mansfield and Nathan Tarcov, I , ch.9.

[46] 同上註。

　　深入來看，馬基維里合理化個人極權統治與愛國主義的思想，乃為建立本土政權、追求民族國家統一獨立的目標所驅動，此一驅動力在面臨同樣形勢的黑格爾身上也看得到。黑格爾思想體系中，國家崇拜和英雄崇拜是結合在一起的，他宣稱當從私人生活和私人行為領域過渡到國家的行為時，道德統治便失去自稱的普遍性，英雄的偉大和道德的善也沒有關係，因為偉大既然意味著權力，那麼只要能夠攫取權力，惡和善都是偉大的。同時，黑格爾也非常明白，個人的野心不僅在偉大的政治中起作用，而且在大多數場合下，它們都是歷史真正的推動力，他將其稱之為「熱情的特殊利益」，和居於普遍原則地位的「理念」，共同成為「全世界歷史之巨大壁毯的經和緯」。[47]但此一觀點的危險在於，「國家理性」違反一般的道德規範時，總是可以找到合理的藉口，[48]這也就為法西斯主義或者帝國主義做了理論上的準備。馬基維里似乎也看到個人統治可能出現的弊端，因此在強調國家創建者必須極權之後，立即以羅慕勒斯為例，強調「長治久安不是仰賴一個體的雙肩，而是仰賴許多人的呵護，其維繫也賴於許多人。」[49]他盛讚羅慕勒斯以殘酷統治鞏固政權後，立即制定元老院作為議事與決策的機構，並將大部分權力交付與元老院的典範。由此可見，馬基維里深知，本土政權建立雖為追求民族國家統一的必要條件，統治者在追求建立新國家的過程中，雖然擁有主動的關鍵性角色，但若無制度配合與人民參與，終究可能只是曇花一現。

---

[47]　參閱黑格爾著，王造時譯，《歷史哲學》（北京：三聯書店，1956），34、62 頁。

[48]　張旺山認為國家理性的行動在違反一般的道德規範時，基本上採取二種策略為自己的正當性辯護，其一是訴諸「國家」或「國家利益」的價值，其二是訴諸「必要」，即是為達到某種結果或目標，必須採取某種手段。參閱其所著《馬基維里革命：「國家理性」觀念初探之一》，88-89 頁。

[49]　Niccolo Machiavelli, *Discourses on Livy* (Chicago: University of Chicago Press, 1996), translated by Harvey C. Mansfield and Nathan Tarcov, I , ch. 9.

第七章　公民參與的制度性建構

　　馬基維里對於國家理性的論述，主要集中於《君王論》，《君王論》一書目的係以統治者為中心闡述新君主如何建立本土政權、創建一全新國家所抒發的全新學說。鑑於該書陳述許多面目可憎、違背道德的觀點，必不能為人所見容，因此，必須有一冠冕堂皇的宏大理由，合理化統治者悖情悖理的統治作為，因此，在該書最後，馬基維里為統治者的詐術與恐怖統治找到了最堅實的基礎，亦即是他敦促羅倫佐‧美第奇解救義大利的動機和目的，這個動機和目的就是愛國主義和共同福祉，這樣一來，他就製造出一個印象，統治者駭人聽聞的統治方式，都是為了國家和人民的共同福祉，因此也就是可以被容忍和接受的。但當我們進一步追問馬基維里的國家觀時，便可瞭解，馬基維里心目中的國家乃是君主的國家，因此他所謂的愛國其實是愛君主個人，他所謂的共同福祉，也就是君主一己的福祉，由此顯見，其訴求的終極愛國主義，其實也就是為統治者違反道德行為的一種托辭。[1]

　　這並非表示君主的個人統治即是絕對壞的，鑑於人性是壞的，加以任何國家在建國之前及之初，不可能擁有健全的法律制度，因此，幾乎所有國家在建國初期，即使具有法律的表象，也都是個人統治，只有通

---

[1]　因此我們可以發現，無論是馬基維里作為君主楷模的契沙雷‧鮑吉亞，或者是其聲稱「獨步天下的首領人物」的阿加索克利斯（Agathocles），及「最優異的人」居魯士與漢尼拔，都不是因為愛國主義或是為了共同福祉的目的受到讚揚，他們之所以列入優秀的統治者之列，最主要原因在於擁有武力。

過統治王權一定時期的教化，被統治者才能習於政治社群的運作，這也是即使是共和國，創建者也必須是一人統治的理由。除了建國的原因外，對於馬基維里而言，君主統治之必要還有治國的原因，因為除了面對建國初期的腐敗情勢外，還有另一種腐敗情勢，亦即是國家延續一段時期後必然出現的腐敗，這個時候，也必須藉由返回根源，才能將國家重新拉回軌道。然而，即使統治者一人統治是必要的，也無法排除與被統治者間可能出現的矛盾，統治者的統治若完全是為了一己之私，長期來看，必不能為被統治者所忍受，在此情形下，統治者必須在一己福祉之外，同時尋求納入被統治者利益的「共同福祉」，即使此一「共同福祉」最後終究是為了統治者一己福祉考量，此一情形也開創了一人統治下的被統治者參與空間，君主必須造福臣民，否則他的權力就不可能是安全的權力。另一方面，與君主同屬統治階層的寡頭政治菁英，也意識到須將特殊利益與共同利益結合，才能夠在君主與民眾之間維持平衡，得到眷顧照拂，如同羅馬元老院的情形一樣，至於平民大眾，其構成的總體永遠是權力合法性的基礎，但並不具備統治自己和他人的能力，因此，統治權仍要掌握在具有統治能力及德行的君主手中。如此，構成了一種權力的平衡，此一平權的權力樣態即是馬基維里在《李維羅馬史疏義》中強調的共和體制。

第一節　體現集體價值的共和體制

馬基維里設想的權力平衡並非是一種靜態的平衡，而是一種動態的恐怖平衡。共同福祉是一種抽象的存在，政治社群存在之初，是以一種確保社群成員的安全作為共同福祉的主要甚或是單一目標，政治社群履行這個目標的憑藉是政治權力，而政治權力演變的傾向往往是對最初欲達到的維護安全目標構成威脅，這也是政治社群往往發展出自然的權力

平衡背後的結構因素。但另一方面，當被統治者的安全需求滿足之後，他們便不再僅僅滿足這個基本的需求，接下來，他們會期盼在財富和榮耀方面超越其他人，如此將導致社會的紛爭甚至戰爭，國家將陷入腐敗的局面。上述過程構成了一個歷史與國家發展的循環，也是政治權力無法永遠保持平衡的原因，馬基維里非但未否認此一循環，更進一步順此一國家發展循環思維，建構結合君主一人統治與人民參與的政治體制。國家因為必定趨向腐敗，所以才需要統治者週期性的返回初始狀態，而除了有德行的君主統治之外，其他形式的統治都無法達成此一目標。除此之外，戰爭威脅既是構成人們結合為政治社群、凝聚向心的凝結劑，就必須將社會置於戰爭威嚇之下，確保安全與戰爭威脅構成了一體兩面，結合返回初始狀態及將社會置於戰爭威脅下的必要性，再一次凸顯了君主一人統治的暴力色彩，但弔詭的是，君主統治、暴力統治及人民參與的共和制，在此思維邏輯下彼此配合的結合在一起，這也構成了馬基維里共和思想的特色。

對於矢志尋求義大利民族國家統一，將建國希望置於新君主的馬基維里而言，這似乎並無怪異之處，但由此可見新國家的本土政權企求的是國家的復興，而非民眾的自由與民主，即使是強調人民參與也不例外。而之所以會有此一思想，與義大利當時的場域有很密切的關係，在國家陷於內憂外患情形下，民眾的參與被視為是救亡圖存、達臻國家目的的唯一途徑，此一對被統治者角色的重視因此帶有濃厚的軍國主義色彩。如佛羅倫薩人文主義者布魯尼（Leonardo Bruni）對於公民參與即賦與極高的重視，他認為公民應有制定法律、決策及選擇官員的權利，而當時的義大利只有佛羅倫薩達到此一標準，佛羅倫薩甚至對公民財產亦不設限。他仿效伯里克里斯的葬禮演講（Funeral Oration of Pericles），認為公民唯有參與國家服務，才能發展本身的優點，而唯有如同雅典一般的公民參與，才能將民主多元與愛國主義結合在一起，在此認知下，

布魯尼認為公民身分應與戰士角色合而為一，他思想中的伯里克里斯式的佛羅倫薩價值，因此成為為了公益個人必須獻身，公益是最高的善，個人甚至為此犧牲生命亦在所不惜。他對公民與戰士角色結合的重視，竟至認為佛羅倫薩人民決定將武器交由專業軍隊，即代表放棄對政策的控制，也是放棄對於平等目標的追求。[2]

　　另一位帶有貴族傾向的共和主義者薑諾蒂（Donato Giannotti）也有同樣的軍國主義色彩，身為佛羅倫薩十人執政團的祕書，他負責組織佛羅倫薩軍隊，他的主要論點是國家必須武裝，同時軍隊是一種有力且不可或缺的社會化和政治化機制，只有服役才能彰顯平等精神，因為服役代表所有人對公共權威的一致服從，只有武裝保衛同樣的目標，才能夠培養同樣的價值，所有人接受同樣的權威，即表示對共和國的一致服從，又因為共和國壟斷國家武力，就表示沒有任何人會受到其他人的壓迫，因此，自由與權威同樣獲得了保障。在此思維下，薑諾蒂堅信軍隊可以培養公民情操，一個國家越多人武裝，就越有更多的公民，也就會越團結，武力和公民權成為不可分割的一體兩面，一方面，拒絕武裝人民，即是拒絕給與自由，另一方面，一個有武裝的公民就難以剝奪他的公民權。[3]

　　布魯尼和薑諾蒂的論點與馬基維里一致，由此顯見當時當時的義大利，重視共和國武力的意見，絕非只有馬基維里一人而已，同時也可瞭解為何馬基維里如此重視羅馬共和，主要原因即在羅馬擁有武力，也可以瞭解馬基維里為何將軍隊與法律視為維繫共和國最主要的基礎。但值得重視的是，布魯尼和薑諾蒂的論點同樣顯示共和思想中的全體主義色

---

[2]　J. G. A. Pocock, *The Machiavellian Moment* (Princeton: Princeton University Press, 1975), pp.87-90.

[3]　同上註，289-292 頁。

彩，在自由民主制度下，公民的參與被視為係追求特殊利益，但在共和制下，公民參與同時也必須符合共善的要求，這兩種價值雖然並非絕對互斥，但也常常發生衝突，對於持共和思想的人文主義者及支持活躍公民（vivere civile）者而言，政治社群的生活即是一種參與的生活，個別公民與特殊利益在政治參與下，將與共善之下的公民權及普遍價值取得交集。但此一理論其實存在風險與弱點，因為其設想下的共同體必須是一所有公民為一夥伴關係且部分從屬於全體的完美共同體，在此一情形下，無法避免社群中的一人或一小部分以全體之名行控制之實，全體的共同價值，可能因此腐敗為特殊價值。因此，對於共和主義者而言，在設想共和制下的政治社群時，同時就必須假設所有人皆是愛國家甚於愛自己的集體主義道德人，國家正義代表的即是特殊利益的實現，但當集體價值過於抽象時，以特殊利益代表的集體價值便隨時可能浮現。

　　史學家海克斯特（J. H. Hexter）在詮釋馬基維里的「國家」（stato）觀念時即指出，在《君王論》中馬基維里很少以「stato」一詞為客觀自存的實體，若有提及，往往是以受格形態出現，而其所關聯的動詞大部分是一組具有剝削關係（exploitative relation）的動詞，例如取得、擴張、維繫、失去等等。他因此將馬基維里的國家觀稱之為「掠奪式」理念，因為馬基維里的 stato 並沒有客觀的存在價值，而是以君主本身地位維繫為前提。此種國家集體價值與統治者個人統治的聯結，幾乎成為一種邏輯的必然，不僅出現在馬基維里的《君王論》，即使強調共和主義制度建構的《李維羅馬史疏論》，亦出現此一因果關係，惟值得重視的是，共和主義原強調公民參與、政治自由與公民權等，[4]但在出現個人統治

---

[4]　根據學者的論述，（公民）共和主義的核心價值包含了自主性（autonomy）、政治自由（political liberty）、平等（equality）、公民權（citizenship）、自治（self-government）、共善（common good）、政治作為所有成員參與審議（deliberation）的公共過程、愛國情操（patriotism）、公民德行（virtue）以及克

取代集體價值之後，亦同時宣告共和主義必定走向式微的趨勢。此可以從肇始於亞里斯多德《政治學》的共和主義到了十九世紀中葉逐漸走下坡，其直接原因乃是盧梭激進民主共和主義導致法國大革命，特別是催生了雅各賓黨及極權民主主義（totalitarian democracy）看得出來。

　　盧梭的民主共和主義基於一個預設：行動者不會有意的自我傷害。他認為主權必須通過人民集體的普遍意志（general will）構成，而由於人民不會自我傷害，普遍意志亦不會傷害任何成員。因此，從理論上看，唯有在共和政體個人自由方可能獲得最佳保障，所以盧梭主張，只有民主共和政體才是唯一具有正當性的憲政體制。盧梭的共和主義論述係通過社會契約建立政治共同體普遍意志作為正當性與法律之根源，社會契約能夠從個別的私人創造出一個具有公共人格的道德共同體，而普遍意志的運作即是法律，在此種共同體中，公共利益的集體價值主導一切，然而，政治共同體存在著特殊性的公共力量，無法經由普遍性法律直接加以控制，為了要讓法律所規約的政治共同體由可能條件發展成現實性，公共力量必須由代理人（政府）加以執行，但政府的存在理據引發普遍意志與政府活動間的可能矛盾，為了避免政府破壞普遍意志的正當性原則，盧梭的政府論進一步建立了激進民主原則，他主張各種形式的政體均需以民主過程加以設置並控制政府，政府建制的程式是：社會契約創造出普遍意志作為主權者之後，主權者由於至高無上的絕對權力，能由普遍過渡到具體，由主權轉化為民主，指定特定的政府官員之後，再轉變回普遍意志的樣態。

　　盧梭的民主共和主義賦與了人民極高評價，並朝向激進的方向發展，建構了人民主權的民主原則，他將民主的地位抬到如此之高，以致

服腐化（corruption）等。參閱蕭高彥，〈共和主義與現代政治〉，《政治與社會哲學評論》，第一期，2002，88-89頁。

於視任何政府均為一種「臨時政府」，並主張通過公民的定期集會，制衡統治者可能濫用政府所擁有之公共力量，此意謂公民集會乃人民主權直接展現權能的機制，而民主實質正當性也優位於程序正當性，民主因此具有了一種基源性的功能。[5]但盧梭確立的共和及激進民主原則，畢竟未能防止統治者對於主權的侵奪及普遍意志的獨占，主要原因在於盧梭強調「普遍意志永遠是對的」(The General will is always right)，但普遍意志卻太過於抽象，以致可以隨意由不同角度做出特殊價值所需的詮釋，盧梭的共和主義論述與激進民主觀，直接影響了法國大革命及其後的激進革命論述，並成為極權主義的社會整合理論來源。導致此一情形出現的原因是，盧梭在拒斥所有表達公意的集體價值工具後，也和近代極權主義者一樣，不得不訴諸「領導」，重要的是，領導者在盧梭眼中不僅是社會的合作者（collaborator），也是社會的創建者，盧梭和當今的極權主義者一樣，都懷疑一般人的政治能力，因此他也利用摩西、萊克葛斯（Lycurgus）、努馬（Numa）等古代領導者的傳說，作為解決他思想困境的唯一可能途徑，這些傳說中睿智的統治者，便成為唯一能使普遍意志發揮功能的方法，從這裡開始，盧梭的共和主義和激進民主思想，注入了強烈的非理性因素，他雖然主張以說服達成社會整合的目的，然而他心目中的統治者也和柏拉圖心目中的哲君一樣，都是建立在「何者對社會最有益」的理性瞭解上，且盧梭的「立法者」對社會的控制，一半建立在個人人格的吸引力上，另一半則建立在如同柏拉圖哲君及馬基維里新君主有意的詐欺上，立法者為了使眾人接受他的建議，必須利用群眾的迷信心理，告訴群眾他是受到神的指示，任何違反新立法體系的人都會受到神的懲罰，他要利用一堆令人印象深刻的儀式與習俗

5　蕭高彥，〈西塞羅與馬基維利論政治道德〉，《政治科學論叢》，第十六期，2002，95-97 頁。

延續法律的尊嚴，使民眾毫無疑義的接受立法者為他們安排的一套生活方式。盧梭向非理性主義屈服，導致了非理性力量的崛起，盧梭的《社會契約論》，實際上為 1789 年的法國大革命準備了精神上的武器。在法國大革命爆發的頭一年，雅各賓黨人馬拉在巴黎街頭朗讀《社會契約論》，促使人民覺醒奮起，以法國資產階級革命家羅伯斯比爾為首的雅各賓黨人，自稱是盧梭的信徒，《社會契約論》成了雅各賓黨人的政治綱領，其中的「天賦人權」、「自由平等」、「主權在民」的思想，也被寫進了「人權宣言」，但其結果卻是一場恐怖革命。

　　從共和主義的強調公民參與、政治自由、平等等價值，到盧梭的極權民主主義，再到法國大革命的恐怖統治，其轉換的媒介即是集體價值，集體價值演變到最後，竟由統治者的特殊個人利益為其代言。此一轉換的結果還有另一個值得注意的面向，這個面向在促使共和主義思想走向式微趨勢的關鍵人物盧梭身上特別凸顯出來。因為極端重視公民參與，盧梭在《社會契約論》一開始就批判柏拉圖的反民主理論，他反駁柏拉圖關於「人民像一群羊，需要牧羊人來統領」的觀點。[6]柏拉圖極輕視民主政體，盧梭則在表面上與柏拉圖背反，他在民主理論發展史上的主要貢獻，即是區分主權與政府形式，他認為主權是共同體的最高權力，必須由全體人民的普遍意志來決定，並以此成為立法的基礎，其結果是造成政治與共同體並存，成為一個同質的「政治共同體」，但此一邏輯演變的結果卻是極權主義，因為盧梭試圖建立的是一種以人類本體性的自身生產為基礎的政治學，但在描繪了他的政治學的面貌之後，他卻表示：「但是，這樣的體制只適合那些上帝的子民（be good only for a

---

6　盧梭（Jean-Jacques Rousseau），《社會契約論》（*The Social Contract*）（台北：唐山，1987），何兆武譯，第一卷，第二章，8 頁。

people of Gods）」。[7]亦即，盧梭的政治思想從被統治者的角度出發，但最後結果卻仍舊以烏托邦告終，只要政治成了烏托邦和神學，也就是極權主義統治者上下其手最好的媒介。弔詭的是，盧梭雖反對柏拉圖的反民主，但其思想卻也讓人看到了柏拉圖極權主義的痕跡，因為柏拉圖的政治學也是奠立在本體論和神學基礎上的政治學，這種政治一元論即是卡爾‧施密特（Karl Schmitt）所謂的政治神學。

盧梭和柏拉圖產生了交集，也和馬基維里產生了交集，最主要原因在於盧梭最主要著作《社會契約論》討論的主題，也如同馬基維里一般重在創建，人類的自身創建（self-creation）。先有契約，後有人類，而不是相反。馬基維里強調創建活動必須基於軍事力量以及暴力，而為了締造穩定制度，必須採取超越常態道德之外的非常手段加以完成，這也是一般視馬基維里為政治邪惡之導師的原因。盧梭對馬基維里抱持高度的讚揚，[8]但其立法家理論的強調重點卻已由純粹政治軍事力量轉化為教化式以及基源政治劃分的建構者。立法家的政治創造論不僅為盧梭思想或公民共和主義的特殊議題，影響所及，深刻地影響了現代民族主義

---

[7] 轉引自"Love and Community: A round-table discussion with Jean-Luc Nancy, Avital Ronell and Wolfgang Schirmacher", August 2001, The European Graduate School。網址：
http://72.14.235.104/search?q=cache:WiH_0Ts2JHwJ:www.egs.edu/faculty/nancy/nancy-roundtable-discussion2001.html+%22Rousseau%22+%22be+good+only+for%22&hl=zh-TW&gl=tw&ct=clnk&cd=1

[8] 參閱盧梭《社會契約論》，第三卷，第六章，108-109頁。盧梭在討論君主制時，認為君主制下人民的意志、君主的意志、國家的公共力量和政府的個別力量，將全部響應著以君主為中心的動力，他認為君主制一切都朝著同一個目標邁進，但這一個目標絕非是公共福祉，「就連最好的國王也都想為所欲為，卻又不妨礙自己依然是主人」，他並以撒母耳向希伯來人的訴說及馬基維里的論述證明這一點，但在講到馬基維里時，他特別強調：「馬基維里自稱是在給國王講課，其實他是在給人民講課。馬基維里的《君王論》乃是共和黨人的教科書。」由此可見他對馬基維里的讚賞。

以及革命論述之發展。鄂蘭認為盧梭並未擺脫政治神學的影響,盧梭政治思想最重要的歧義在於提出公民普遍意志作為政治正當性唯一可能的根源之後,卻又訴諸偉大立法家的創建藝術來確保普遍意志的穩定性與正確性,此一情形導致的結果即是統治者以個人價值偽裝為集體價值。鄂蘭以深受馬基維里及盧梭影響的羅伯斯比爾為例,認為他需要一個永遠呈現並具有超越性的權威根源,而此一根源不能與民族或革命自身的普遍意志加以等同,因為如此一來才會有一絕對主權者,在民族之外賦與民族以主權,唯有一個絕對不朽者能提供共和國一定程度的恆久性與穩定性。在此思維下,這個絕對主權者的超越性權威才得以成為正義之根源,進一步賦與新的政治共同體法律正當性。[9]而通常此一絕對主權者即是統治者自己。

　　馬基維里與柏拉圖思想在盧梭身上匯集,最值得我們重視的現象是,持外來政權思想的柏拉圖建國理念,原就有強烈的集體主義色彩,即使是晚期柏拉圖強調法律統治的重要性,也未改變此一色彩。此一集體主義色彩,也在以建立本土政權為目標,人民地位也因此一目標而提升的馬基維里論述中出現。馬基維里雖然強化共和思想在國家整合中的角色,但歷史發展證實,因為很難禁絕特殊價值的存在,故極難建立一永續長存的政治共同體,故無論是雅典或羅馬共和,最終都走向敗亡,但馬基維里的特殊處在於他非但未指責統治者的個人野心是造成共和制度傾頹的原因,反而認為統治者一人統治是逆轉此一趨勢的最重要關鍵,在此情形下,共和制與一人統制很巧妙的結合在一起,也就賦與了一人統治的正當性與合法性。值得注意的是,在外來意識形態建構的柏

9　引自蕭高彥,〈立法家、政治空間與民族文化〉,《政治科學論叢》,第十四期,2001,40-41 頁。並參閱 Hannah Arendt, *On Revolution* (Harmondsworth: Penguin, 1990), p.185。

拉圖政治分工社會藍圖下，其訴求的「美麗新世界」原本呈現的即是一集體主義社會，同時集體主義也被視為是最符合統治理念的完美社會，而此一政治社群的統治者——哲君，政治權威也是建立在集體社會的維護目的上。相對而言，馬基維里設想的政治社群，雖以建立本土政權統治的新國家為鵠的，但最後仍走向集體主義，分析其原因，係因本土政權雖以反對外來政權為使命，但欲建立的根源，仍舊是以新國家為目標的集體目的，因此，即使政權屬性不同，但其追求集體目的則同一，只不過以一個集體目的取代另一個集體目的。柏拉圖式的外來政權集體目的，賦與哲君專制極權的合理性，同樣的，馬基維里式的本土政權集體目的，也賦與聲稱以追求此一集體目的為職志的新君主專制極權合理性。但兩者間仍舊有所不同，柏拉圖的外來政權統治者，只要符合意識形態的要求，便擁有了政治權威，馬基維里的本土政權統治者，以追求民族國家統一為政治權威的來源，而實現「新國家」理想的過程必須使用暴力，暴力的角色不但提高，也被賦與了神聖性，並且被納入政治權威的構成要素之中，更進一步，因為唯有透過不斷革命式的戰爭，才能向民族國家統一的目標邁進，故統治者必須訴求全民皆兵的軍國主義，最起碼也應將全民置於枕戈待旦的戰爭威脅與恐懼之中。

第二節　僭主暴君統治到共和政體的轉化

　　無論是外來政權的柏拉圖或強調本土主體性的馬基維里，都不約而同的走向集體價值訴求，而當集體價值如此抽象時，統治者個人的特殊價值便會占據那個沒有任何其他權威有權詮釋的集體價值灰色地帶，加以柏拉圖及馬基維里，皆強調統治者在完成政治藍圖中的關鍵地位，以統治者為中心的思想，更強化以特殊價值取代集體價值的轉化。因此之故，鄂蘭在分析西方政治思想權威的概念時，嚴厲批評柏拉圖、馬基維

里以及盧梭,因為他們均試圖在政治領域之外找尋一個超越性的正當性基礎,以作為衡量政治領域正義之準繩。但這樣一來反而引進了外於政治領域的權衡標準,從而不可避免以暴力方式改變政治領域現有結構,以符合理想中的權衡標準。因此,這裡再次呈現鄂蘭對於暴力滲入政治的譴責,他指責柏拉圖、馬基維里、盧梭以及法國大革命思想家的主要理論謬誤,在於用「製造」(making; fabrication)的範疇建構政治領域,而非用「行動」(action)的內在範疇加以考察,其結果遂寄託於擁有超越性德行或知識的立法家出現,以創造政治領域的存在基礎。[10]這也提醒我們,一切的宏大敘事,都隱藏著暴力的因子,即使是民主自由的敘事亦不例外,一旦成為意識形態式的外在權衡判準,便難避免統治者以此為由遂行暴力統治。

如同柏拉圖之重視法律,卻未抹去意識形態外來統治的色彩,及以統治者為中心的政治思想,馬基維里雖重視本土政治社群的主體性,被統治者地位在共和主義思想下亦超出柏拉圖《理想國》的想像,但仍舊是以統治者為中心的思想。但如同柏拉圖的以法統治思想,為外來政權轉化開了一扇向本土方向深化的不歸路,馬基維里以民族國家統一為目標的本土化工程,雖擺脫不了以被統治者為工具及客體的框架,但也為後世民主政治的深化及廣化預鋪了道路,今日歷史的發展,適足證明此一演進趨勢,就這個角度而言,馬基維里的共和主義雖然擺脫不了人治,但仍值得重視。

在《君王論》中,馬基維里的論述雖然以新君主為核心,其政治權威的設計也圍繞在新君主的術治與勢治上,但文字中間仍流露馬基維里

10　引自蕭高彥,2001: 41。並參閱 Hannah Arendt, *Human Condition* (Chicago: University of Chicago Press, 1958), p.188；*Between Past and Future* (Harmondsworth: Penguin, 1977), p.112。

對共和國的嚮往。前文提及在探討對於占領前在法律下生活的城市或君主國應當怎樣統治的問題時，在比較了習慣君主統治地區及共和國的統治後，馬基維里認為後者具有一種較強的生命力，共和國下的人民因為緬懷過去的自由，所以不易接受他人的統治，也很難使其平靜下來，馬基維里因此建議新君主最穩妥的辦法就是將其消滅。[11]就統治者的角度言，馬基維里在此證成了建國初期新君主的殘酷恐怖性格，但他在有意無意之間，也顯示了共和國對於鞏固國家統治權所能發揮的巨大功能。易言之，就有別於建國陰暗面的治國面向言，共和制度無疑較其他政府體制更能確保國家的生存，即使受到外來政權的侵犯，共和國也較君主國更易激起國民的愛國心，反抗外來政權的欺凌。共和國的優越之處在其權力制衡的制度設計，此一部分後文將會進一步探討，頗堪玩味的是，雖然馬基維里在《君王論》中，表現出為鞏固、擴張君主權力而辯護，但常常話鋒一轉，間接強調權力制衡的優越處。

在《君王論》第十九章中，馬基維里表示法國是他那個時代組織和統治最好的國家之一（再次可見外來政權也有值得學習之處），他認為法國的優越之處表現在它的制度，「因為建立這個王國的人知道權力者的野心和他們的傲慢，認定有必要在他們的嘴上套上制動機來約束他們，……為了避免自己由於祖護人民而受到貴族的非難，同時為了避免祖護貴族受到人民的物議，國王就設立作為第三者的裁判機關，……對於國王和王國來說，世界上再沒有比這個制度更好、更審慎，再沒有比這個方法更好的了。」[12]在這裡，馬基維里似乎將國王作為超脫於人民、貴族及裁判機關之上的獨立權威，他只淡淡的表示：「君主務必把擔負

---

[11] Niccolo Machiavelli, *The Prince* (Chicago: University of Chicago Press,1985), translated by Harvey C. Mansfield, ch.5.

[12] 同上註，ch.19。

責任的事情委諸於他人，而把布惠施恩的事情自己掌管。」這些論述，彷彿近代內閣制，君主作為國家元首，而將行政、立法、司法等「責任」委諸於其他機構或個人。但君主既怕受到貴族非難，又怕受到人民物議，也就顯示其權力是受限的，當馬基維里特別凸出法國「議會的權力」，及強調君主「不應使自己為人民所憎恨」時，便已充分顯露心中的共和主義思想。或許出於這個原因，馬基維里在力促美第奇將義大利從外來政權手中拯救出來時，特別指出義大利之所以在多次革命和戰役中，軍事力量總是被消滅，原因就在於它的制度不好，因為從沒有一個義大利統治者懂得怎樣制定新制度。因為有此體會，他疾呼「要使一個新近當權的人能夠獲得巨大的榮譽，莫過於由他創制新的法律和新的制度。」[13]

　　所以，一個顯明的事例是，在《李維羅馬史疏義》中，我們可以找到許多共和國比君主國更為優越的聲明，但在《君王論》中，卻找不到一處君主國比共和國優越的聲明。施特勞斯對此曾提出一個結論，他認為馬基維里在《李維羅馬史疏義》中闡述了其政治學說的整體，而在《君王論》中，他只闡述了他政治學說的一部分，或者說，他在《君王論》中，可能僅探討了一個特殊的極端情勢，施特勞斯據此指出：《君王論》實際上隸屬於《李維羅馬史疏義》。[14]就本書目的言，此處值得深論之處，不在《君王論》與《李維羅馬史疏義》之間究竟有何關係，而是施特勞斯的結論顯示，馬基維里對以新君主統治進行的本土化革命，很明顯的區分為兩個階段，其中《君王論》代表第一個階段，這個階段的重心及革命的動力是新近取得政權的君主，特別是新國家的創建者；《李維羅

13　同上註，ch.26。
14　Leo Strauss, *Thoughts on Machiavelli* (Chicago: The University of Chicago Press,1958), pp.17.

馬史疏義》則代表第二個階段，書中對這個階段的討論主題表面上是復興古代德行，實際上是在鼓吹共和精神。這兩個階段並非涇渭分明，實則，在建立及鞏固一個獨立新國家方面，二者是理念一致的，只不過按施特勞斯所言，前者是給當權者看的，後者則是給潛在的君主看的。

　　於是，馬基維里在邁向獨立建國目標的擘劃中，雖然同樣以統治者為中心，但因對統治者與被統治者相對地位的不同評估，馬基維里顯然將獨立建國的歷程作出了間隔，即第一階段的建國，與第二階段的治國。他的意思似乎是認為，在締造國家方面，君主比民眾優越，但在保存國家方面，民眾則比君主優越，因此在權力分配上，建國階段君主必須具有專制的權力，但在治國階段，君主就必須釋出部分權力予被統治者。於是在《君王論》與《李維羅馬史疏義》兩部著作中，可以發現對於統治者的描述出現一個很大的落差，在《君王論》中，從未出現過「暴君」的字眼，也從未區分君主與暴君的區別，並且對共同福祉和道德良知不置一詞；但在《李維羅馬史疏義》中，他堅持君主與僭主暴君的區別，且在其中被稱為暴君的人，在《君王論》中則被稱為君主，[15]並且談到了共同福祉和道德良知的問題。施特勞斯甚至據此認為，馬基維里將《李維羅馬史疏義》中篇幅最長的一章，用於探討各種陰謀活動，並且將該章的主體用於探討針對君主的各種陰謀活動，在強調了那些蓄謀反對君主的人所構成的莫大危險性之後，進而論證弒君的圖謀或者誅戮僭主的圖謀，會以何種方式導致一個積極圓滿、皆大歡喜的終結，基本上即是描述關於如何誅戮暴君的指南，馬基維里之所以探討陰謀活動失敗的原因，是要揭示如何才能夠成功。後來的思想家如盧梭及史賓諾沙

15　《君王論》與《李維羅馬史疏義》兩種不同定位的統治者包括斯巴達國王納畢斯（Nabis）；西耶納國王彼特羅奇（Pandolfo Petrucci）；羅馬統治者凱撒（Caesar）；以色列的大衛王（David）及錫拉庫薩國王阿加托克雷（Agathocles）。

則從這個角度詮釋馬基維里的思想，認為《君王論》乃是針對君主們的一部諷刺作品，而《李維羅馬史疏義》才是馬基維里思想充分表述之所在。[16]此實際係在強調，共和思想才是馬基維里的真正思想。

　　然而，此一解釋尚無法完全釐清馬基維里思想中僭主暴君統治至共和政體間的轉換，因為從馬基維里的上述兩部著作來看，他顯然是站在一道德中立者的角度看待這兩種統治型態，他一方面以僭主暴君的導師與鼓吹者面目出現，另一方面又以共和國的導師和鼓吹者面目出現，他先是在僭主暴政與共和國之間的牴觸衝突中不表立場，繼而採取傾向共和政體的立場，他先稱許統治者的利己自私，然後轉而贊同對於政治共同體的共同福祉奉獻，他先肯定邪惡，然後再轉向共同善的集體價值。值得我們注意的是，若柏拉圖的政治權威係透過轉化程式而由 Idea 的意識形態，轉向法律尋求政治權威的支持，類似此一轉化程式的轉換工程在馬基維里身上也看得到，且帶有濃濃的柏拉圖色彩，只不過馬基維里的轉換標的，是由僭主暴君，轉而為共和國，馬基維里欲建立的政治權威，從建國時期新君主為達成獨立建國的豐功偉業所支持，轉而為由治國時期共和政體體現的共同福祉所支持。

　　這種由僭主暴君統治向公共福祉的轉化，在柏拉圖《理想國》第一篇中充分呈現。傅拉西麻查斯對公平正義提出質疑，他懷疑正義究竟是好事還是壞事，葛樂康和阿第曼圖也為這個論證感到困惑，他們兩人對蘇格拉底對傅拉西麻查斯的論斷所給與的初步反駁感到不滿，在葛樂康和阿第曼圖重申了傅拉西麻查斯的論點之後，蘇格拉底並未立即提出反駁，他實際上所做的，是引導葛樂康和阿第曼圖使用語言的材料，建構一個架構，在這個架構中，他以其特有的方式處理正義所受到的質疑，

---

[16]　Leo Strauss, *Thoughts on Machiavelli* (Chicago: The University of Chicago Press,1958), pp.25-27.

他的說法宛如當時業已受到質疑的正義之善是理所當然、不言而喻的，他這樣做的用義值得推敲。按施特勞斯的看法，關於非正義其實是好事的這個論斷，其意圖是在說明，對於最優異的人們來說，僭主暴君的生活其實就是最好的生活，這是因為產生於權威或者產生於榮耀的快感和滿足，就是等級最高的快感和滿足，或者就是包羅萬象、囊括一切的快感和滿足。蘇格拉底其實是在向他的年輕同伴建議，他們應該共同締造構築一個城邦，而通過提出這個建議，他其實是在從僭主暴君瑣碎藐小的終極目標著手，而朝向創建者的宏偉終極目標發出訴求，他的意思是一個僭主暴君只不過是在一個業已存在的國家中，享用既有的尊嚴榮耀，但這些尊嚴榮耀，與創建者所享有的尊嚴榮耀相比，特別是與最好的城邦創建者相比，必然相形見絀。施特勞斯進而表示，所有創建者都必須鞠躬盡瘁，必須獻身於國家福祉，他別無選擇必須賦與共同福祉以切身的關懷，或者說他別無選擇必須對於正義予以伸張發揚，這種渴求獲得榮譽的欲望，若能將其規模加以擴大，就能夠將僭主暴政脫胎換骨，也能夠將僭主暴君改造成公平正義的熱衷者。[17]

　　上述這種轉化過程，是一個由邪惡統治者轉換到善的統治者的過程。亞里斯多德將僭主暴政作為一個異常龐大可怕、極為凶殘邪惡的畸形怪物加以處理，而馬基維里則寧願將僭主暴政視為對於社會本身的奠基，並占據不可或缺的角色，在這一點上，馬基維里與柏拉圖取得了交集。柏拉圖在《法律篇》中，在為其理想的國家擘劃時，公然要求「一個獨裁者統治的社會」，並認為獨裁是實現這個國家「最方便的起點」，易言之，柏拉圖認為塑造外來意識形態主導的國家過程中，不僅需要一個擁有道德德行的君主，一個「以本身行為為標準，獎勵一種值得讚美的行為，懲罰不值得讚美的行為，羞辱那些倔強的不服管教行為」的獨

裁者亦為必須。[18]相對於柏拉圖，馬基維里是以國家理性的角度，論證暴君對建立新國家的必要性，與柏拉圖不同的是，柏拉圖在敘述暴君必要論時，是以提供具備道德與智慧的立法家政治工具的方式所提出，可見獨裁者的必要性是工具性的，而在馬基維里那裡，則索性拋開了所有限制性條件，直接為僭主暴政張目。但不論如何，分別懷有不同國家形象，各自代表外來政權統治與本土政權統治的柏拉圖與馬基維里，讓人驚異的察覺竟都肯定了暴君統治的存在價值，這一結果與上述兩者都抱持同樣的集體價值，當然有直接的關係，因為個體在集體主義構成的政治結構中，是沒有什麼地位的，只要集體價值超越個體價值，此一情形的出現，似乎也就沒有什麼值得大驚小怪的。

除了兩者都肯定暴君統治的功能與角色外，尚有另外值得注意的面向，其一是柏拉圖與馬基維里一方面同樣肯定暴君的價值，另一方面，柏拉圖式的暴君工具性色彩雖然表面上超過馬基維里式的暴君，但進一步分析，為完成集體目標，兩者實際上皆將暴君視為一過度性的角色。亦即，柏拉圖與馬基維里皆將暴君的獨裁統治作為一種工具性的必要之惡，這種工具是向終極目標的達成過程中，不可或缺的一部分，或是必要條件，但並非終極目標完成的充分條件，欲完成各自的終極目標，暴君統治必進行轉化，在柏拉圖那兒，這種轉換過渡是在為從邪惡到善的真正皈依作出鋪奠，而這個真正的皈依，即使並未構成哲學本身，也意味朝向柏拉圖哲學的方向過渡，這個真正的皈依的實現，是憑藉著對於真正政治事務帶有的本質意義所理解，也就是由落實外來意識形態的角度所理解。而在馬基維里那裡，人只要憑藉對榮譽的欲望，便足以構成整個皈依的過程，最優異的人不是中介意識形態的詮釋，而是通過對本土經驗的真正掌握來取得榮耀。從這裡所衍生出的另一值得重視的面向

---

[18]　Plato, *Laws*, 711c.

是，如同柏拉圖在《法律篇》所顯示者，雖然其仍高舉立法者地位，肯定獨裁者的重要性，但以法統治思想卻取代了外來意識形態主導的理想國烏托邦；就馬基維里而言，按施特勞斯的解讀，最高的不朽榮譽取決於偶然機遇，因此是不可能實現的，因此，若將榮譽視為最高的善，即意謂否定幸福的可能性，但這不意謂幸福終究如鏡花水月，最優異者通過掌握「世界」的知識，仍然可以獲得對抗偶然機遇的免疫能力，而這種知識在經過潛移默化、循序漸進之後，從而將在這個最優異者心中喚起一種人道精神。[19]鑑於共和國自身，比君主國更為適於人道精神的生存，於是這個最優異者的心中，就滋養出一種對於共和國的偏愛青睞態度。[20]於是，如同柏拉圖思想統治者的轉化，最終形成外來意識形態到本土法律的轉化，馬基維里論述統治者的轉化，最後也形成君主國到共和國的轉化，即使在此一過程中以統治者為中心的觀念仍然根深柢固。

第三節　法律權威的提高

由此更進一步，由於馬基維里對於古典學說最尖銳的批評，不是針對這些說法對僭主暴政的批評，而係其對於大眾的蔑視，施特勞斯因此認為，這傾向於使人相信，馬基維里乃是開創民主思想的哲學家，而傳

---

[19] 施特勞斯認為馬基維里對「人道精神」有不同的看法。他認為馬基維里對於基督教《聖經》的批判，所面臨的特殊困難，在於馬基維里用人道精神取代謙卑馴順的企圖，馬基維里所理解的「人道精神」，暗示了一種欲望，防止人類去超越人的本質，或者降低人的生活目標，他之所以否定謙卑馴順，係因他確信這個美德貶抑了人類的精神地位。相對於馬基維里，阿奎那所謂的「人道精神」，乃是規範我們與低於我們的人們之間關係的一種德行。參閱 Leo Strauss, *The Thoughts on Machiavelli*, pp.207-208。

[20] Leo Strauss, *Thoughts on Machiavelli* (Chicago: The University of Chicago Press,1958), pp.289-290.

統政治哲學所帶有的不民主特質，在某種程度上便遭到馬基維里的反叛，馬基維里的這個反叛，再經過盧梭與史賓諾沙，導致了民主理論本身的最終成形。[21]這是一段曲折的過程，但引起我們注意的是，馬基維里從為暴君存在的合理性與正當性理論鋪陳著手，為暴君統治的政治權威塑造了一個迥異於古希臘與古羅馬的不同模式，其對暴力在此一過程角色不可或缺性的強調，更完全超出鄂蘭對政治權威的定義，但其結果卻造成可能馬基維里本身也無法設想到的民主理論出現及後世的民主政治實踐。此一統治者為中心的統治到被統治者為中心的統治的轉折，關係到的不僅是一種政治權威的典範移轉，更顯示了一種可能性，或許是必然性，即統治者政治的操作，或一人統治的自我合理化與合法化，到了最後，其政治權威來源終將讓位給構成當代統治主體的被統治者，無論是外來政權與本土政權，都有相同的結果，這是我們在審視柏拉圖與馬基維里思想，及觀察歷史的演進趨勢時，所得到的結論之一。

　　此一趨勢可用來解釋波卡（J. G. A. Pocock）及培特金（Hanna Fenichel Pitkin）在詮釋馬基維里思想時，為何都刻意降低馬基維里一人統治的色彩。波卡認為《君主論》所鋪陳「君主個人以非正當化政治為核心的治國術」乃是一種短程的思想方式，在長期的歷史進程觀照下，很容易便顯現出基本的困境。由於無法制度化，新君主的政治權力必定會隨著個人生命的結束或客觀環境的變化（所謂機運的變化）而土崩瓦解。[22]波卡因此認為，如欲追求長期的穩定，只有兩個途徑，一是將個人支配變成一種習俗傳統，另一則是公民共和主義所鋪陳出的超越歷史常規政治之社群，波卡將此稱之為「德行的政治化」（politicization of

---

[21]　同上註，293-294。

[22]　J. G. A. Pocock, *The Machiavellian Moment* (Princeton: Princeton University Press, 1975), pp.175-176.

virtue）。也就是在政治參與之中，使得公民的個人與政治社群的政制能合而為一，並克服機運所帶來的變化，以達到歷史光榮的時刻。[23]波卡詮釋的基本取向，在於設法克服鄂蘭所指的馬基維里思想中的「製造」色彩。而他採取的詮釋策略有二：一方面壓抑一人統治在公民共和主義的地位，另一方面則將公民自治的政治社群由政治制度昇華為具有歷史意義的超越常態存在。類似進程也為培特金所採用，培特金切斷創建者與公民自治間的理論關聯，而稱「創建者乃是馬基維里在閱讀羅馬古史所得想像上所投射出的幻想（fantasy）」。[24]她進而主張區分馬基維里思想中具有兩種不同取向的政治觀，一是以為一人的創建乃是父權式的，無法轉化為平等公民的自我統治；另一取向則不將羅馬的創建視為一人獨自的創建活動，而是一個持續集體的共同建構的過程。培特金強調後者，主張馬基維里所力主羅馬貴族與平民的衝突乃是政治自由的根源之說法，代表一種「持續的創建過程」。[25]如此一來便克服了鄂蘭對馬基維里政治觀作為一種製造取向理論之嚴厲批評，從而將馬基維里思想指陳為一套公民自治自我生成的政治哲學理論，有別於亞里斯多德城邦自然生成論以及創建者一人創造論，而由於強調人類存在之多元性與開放互動，因此形成了適合現代多元文化情境的公民共和主義政治觀。[26]

---

[23] 同上註，184-185 頁。

[24] Hanna Fenichel Pitkin, *Fortune Is a Woman: Gender and Politics in the Thought of Niccolo Machiavelli* (Berkeley and Los Angles: University of California Press, 1984), p.54.

[25] 同上註，276-280。

[26] 波卡壓抑一人統治在公民共和主義中色彩的明顯傾向，表現於他在處理《李維羅馬史疏義》一章中，幾乎沒有碰觸其中關於一人統治的論述，例如創建者、改革者，或者是「殺害布魯特斯之子」等重要課題。他將關於一人統治的詮釋放到前一章討論《君王論》的部分，而將偉大創建者的活動視是一種準解決方案（qusai-solution），因為創建者的存在意味著他完全不受現存政治社會的制約，而波卡徵引亞里斯多德所稱德行卓著超越城邦限圍之個人為「野獸或神

　　共和思想是否為馬基維里思想的根本核心誠有爭議，但不能忽視馬基維里共和思想對後世民主政治啟迪的重要性，其中關鍵之一在於共和思想孕育了民主政治中極為重要的法治精神。馬基維里非常強調法律權威對於維護國家穩定的重要性，在論述維琴尼亞事件（incident of Virginia）引發的暴動時，[27]當據守聖山的武裝民眾與元老院交涉並達成協議後，女兒被阿皮烏斯（Appius Claudius）強暴的維吉尼烏斯（Virginius）循共和國法律要求阿皮烏斯在人民面前為自己提出辯護，阿皮烏斯在許多貴族陪同下現身，但維吉尼烏斯不待阿皮烏斯講話即下令將他囚入監牢，維吉尼烏斯的說法是阿皮烏斯不配享有已被他破壞的上訴權，和要求被他殘害的人民為他辯護。雖然馬基維里認為阿皮烏斯罪大惡極應予嚴懲，但他卻說出下述具有重要意義的一段話：

祇」，對此波卡顯然有所保留。透過這種方式，波卡強化了馬基維里的第二個面向，亦即共和社群的存在意義。波卡和培特金降低馬基維里思想中一人統治的作法，等於指出馬基維里思想存在根本的矛盾，然後將此一矛盾存而不論，強調公民自治的超越性格。此一作法不為學者蕭高彥認同，蕭高彥認為公民共和主義與政治決斷論表面上雖為完全對立的詮釋策略，但二者卻有深層的親和性，他認為政治決斷論強調的超越常態之決定，乃是具體政治脈絡中實際上能夠吸引政治變遷的權力；而公民共和所談的超越常態，則是以世界史的觀點來詮釋公民共和這個政治理想本身的特殊性格，二者是有可能結合的。參閱蕭高彥著，〈馬基維利論政治秩序──一個形上學的考察〉，《政治科學論叢》，第九期，1998，149、163-165 頁。

[27] 維琴尼亞事件是羅馬設置戰爭十人委員會（Ten of War）後，阿皮烏斯（Appius Claudius）趁機奪權，並強暴貴族維吉尼烏斯（Virginius）的女兒維琴尼亞（Virgunia），維吉尼烏斯為了讓女兒求得解脫，親手殺死了她，此一事件隨後在羅馬及軍隊中引發暴動，軍隊會合羅馬平民占據聖山，直到十人委員會的委員放棄司法行政官職，護民官和執政官恢復舊制，羅馬才又重新回到自由狀態。

破壞法律說不上是文明，尤其是剛制定的法律。我不認為共和國裡有比立法卻不守法更可惡的榜樣，立法的人不守法尤其如此。[28]

　　馬基維里並將古羅馬這一段破壞法律權威的歷史應用在所處時代的佛羅倫薩，他舉薩沃納羅拉修士（Brother Girolamo Savonarola）例證，薩沃納羅拉是佛羅倫薩 1949 年政權重組後的靈魂人物，馬基維里極為讚揚他的學識與智慮，而他為保障公民所做的最大建樹，是推動制定八人委員會和執政團對於有關政體的案件所下的判決，任何人有向人民提起上訴的權利，但這個立法才剛通過，就有五個公民因涉及政體之事被執政團判處死刑，他們想提出上訴卻被駁回。馬基維里因此認為佛羅倫薩的法律並沒有獲得尊重，而推動此一法律的薩沃納羅拉在許多講道場合並未譴責這件事，這個事故使得當時被視為平民領袖的薩沃納羅拉政治權威大受傷害，人們清楚看到他的野心，他的權威也因黨派私心蕩然無存。[29]馬基維里舉此一事例，再度強調了法律權威，值得進一步注意的是，馬基維里在這兩起事例中，並未譴責、傷害統治者的政治權威，但明顯可見他將法律權威置於統治者的政治權威之上，薩沃納羅拉的例子甚至進一步顯示政治權威的來源來自對法律權威的信守，這裡其實再度彰顯了上述一人統治向共和政體的轉化。在《君王論》中，統治者將法律與軍隊視為強化政治權威的工具，但當焦點轉移至治國的共和政體時，法律權威其實已取代統治者，成為政治權威的來源，這類似於柏拉圖最後從理想國的意識形態中解脫，尋求法律的協助，但柏拉圖畢竟始終未放棄意識形態的束縛，及統治者在實踐意識形態過程中扮演的角

---

[28]　Niccolo Machiavelli, *Discourses on Livy* (Chicago: University of Chicago Press, 1996), translated by Harvey C. Mansfield and Nathan Tarcov, I , ch.45.

[29]　同上註。

色；但對於馬基維里而言，他既輕視外來意識形態而強調本土意識的實踐，同時建立新國家理想又需取得被統治者的協助，便不能不強調法律在此目標中的整合功能及重要地位。

就此而言，馬基維里在《李維羅馬史疏義》中對群眾與君主何者更為明智和穩重的比較那一章，其論述深值重視。馬基維里在此章中指出，包括他敬重的李維在內的歷史學家，率皆認為虛有其表、立場又不穩定者莫過於群眾，該章並引用希羅尼睦斯（Hieronymus）的話：「這是群眾的本質：不是卑躬屈膝就是趾高氣昂。」歷史學家眼中群眾的定位是如此根深柢固，故馬基維里欲反駁此一論調時，也認為是一件「吃力不討好的工作」，也懷疑對此一論調的辯證結果「到頭來是羞愧難當而放棄，還是在一片譴責聲中貫徹始終。」但馬基維里在此終究做出了「群眾不比君主盲動」的結論，而他為此一結論引證的許多觀點，與他在《君王論》中一面倒以統治者為中心的言論，確實令人詫異，他說：

> 個別而論，所有的人都可能受到譴責，君主尤其如此，因為每一個不受法律規範的人都會像不受束縛的群眾那樣犯下相同的過錯。這不難得知，因為自古以來君主多的是，現在也一樣，他們當中善良又明智的向來不多。……應該拿來比較的是像它們（埃及、斯巴達、法國）那樣受法律節制的群眾，而且我們將在他們身上看到的善良也會在群眾找到，既不至於趾高氣昂也不至於卑躬屈膝。[30]

接著，馬基維里做出了與《君王論》完全不同的論調：

30　同上註，I, ch.58。

因此，我的結論牴觸一般所稱人民一旦當家作主就喜怒無常又忘恩負義這樣的看法，因為我主張這樣的罪過在他們和在個別的君主並沒有兩樣，……因為掌握權力又秩序井然的人民，其穩重、謹慎與講究情義無異於君主，或許甚至勝過於君主，即使大家認為他是明智的。在另一方面，不受法律約束的君主將會比人民更忘恩負義、更反覆無常，也更厚顏無恥。其間的差別不是源自不同的本質……而是源自彼此對於共同生活於其下的法律的尊重有多與少之別。

人民的善良與榮耀遠在君主之上。如果說君主在制定法律、規劃公民生活以及制定新法規與制度等方面優於人民，那麼人民可說是在維護規制方面大大優於君主，竟獲得與規劃創制者同等的榮耀。

總而言之，為這事下個結論，我說君主的政體已延續相當長的時間，共和國的政體也一樣，這兩者都需要法律的規範，因為可以隨心所欲的君主是瘋狂的，可以隨心所欲的人民是不智的。因此，論及君主受到法律的掣肘以及人民受到法律的束縛，在人民身上看到的德性總是超過在君主身上看到的。……由此可以推測這兩者的弊病孰輕孰重：治療人民的弊病，說話就夠，治療君主的卻需要鐵器。[31]

在馬基維里的這些引述中，有許多面向值得我們深入思考，就一個將義大利族國復興與新國家建立作為最重要根源的建國擘劃者而言，馬基維里在此顯然將被統治者地位提升到統治者之上。但在做出此一結論前，尚有許多地方必須釐清。馬基維里是否真正重視群眾？甚而欲將引

---

[31] 同上註。

領義大利走出外來政權壓迫的重任委諸於群眾呢？這點是令人質疑的。在引述法國人入侵羅馬的例子時，馬基維里表示，群眾聚在一起時往往勇猛無比，但在孤立的情形下就會人人自危，若要避開這種風險，最好的方式就是推舉首領，將他們團結起來，進而思考自衛的問題。可見得在馬基維里的認知中，群眾是沒有辦法齊一腳步的，必須有一領導者，[32]就此而言，即使群眾集體的智慧超過個人，仍然需要領導者帶領他們邁向共同目標，更何況是面對建立新國家這樣的歷史任務。

但在此同時，值得我們重視的另外一點是，馬基維里的政治思想雖然仍是以統治者為中心，但統治者的政治權威已不如柏拉圖理想國中的哲君定於一尊，在共和思想的背景下，抬高被統治者地位，實即淡化了統治者的政治權威，但此一過程殊值注意處在於統治者政治權威的淡化並非是一種政治權威對被統治者的直接移轉，鑑於一方面群眾需要領導者，另一方面統治者本身又不是那麼值得信任，為解決此一僵局，似乎在統治者與被統治者之外，需要有另外一個仲裁的權威來源，而從馬基維里在對君主與群眾的比較中，他正式提出了這個仲裁的來源即是法律。此一結論的提出，對於馬基維里追求建立新國家的本土政權運動顯然具有極大的啟發性，顯然在尋求義大利民族國家統一的過程中，新國家運動的民族主義意涵本身並非是授與統治者政治權威的充分條件，更不是唯一的充要條件，馬基維里雖然未將政治權威直接授與人民，但在以法律權威淡化統治者政治權威的同時，實際上即削減了創建者在建國初期所擁有的無限權力，若法律代表的是共和國的公益，則顯然政治權威向法律的移轉，彰顯了政治權威除了包含民族主義的意涵外，也應包

---

[32] 馬基維里舉維琴尼亞事件為例，羅馬平民武裝據守聖山後，元老院派遣特使問他們為何占據聖山，但因為平民中沒有首領，因此沒有人敢回答。馬基維里以李維之口指出：這樣的事恰恰說明群眾沒有首領是沒有用的。見 *Discourses*, I, ch.44。

含民權與民生的意涵，將此結論與馬基維里強調統治政權須時時返回根源的論證作個比較，更能夠凸顯其意義。

上節曾經提及，馬基維里認為能夠自我更新的共和國都可以維持長久，他提出了兩種返回初始狀態的途徑，一是外在的事故，一是內在的智慮。他以羅馬被法國這個外來政權占領的事例，作為外在事故的例子，至於後者，他又分別提出了兩種情況，一種是藉由個人的德行，另外一種則是藉由法律。馬基維里先談及法律的情況，他以羅馬的歷史闡釋，將羅馬共和國拉回其根源者包括平民的護民官、監察官以及其他制衡人的野心與傲慢的一切法律，但在強調法律促使政權返回根源所能夠發揮的功能後，馬基維里接著說：「這一類的法制得要藉由某個公民的德行使它們起死回生，他以具體的行動奮勇抗拒違法之輩的權力。」[33]論述到此，馬基維里雖然將「內在的智慮」分為個人德行和法律兩種情況，但似乎將後者發揮功能的關鍵，仍歸結於前者，當他接著說：「這樣把共和國返回根源的狀態也可以僅僅源自某一個人的德行，無需仰賴任何法律激勵你採取行動」時，[34]似更能顯示馬基維里強調個人德行更甚於法律，但再繼續看馬基維里所作的闡釋，我們看到了不同的光景。馬基維里在敘述宗教團體的改革時，指出聖方濟（Saint Francis）和聖多明（Saint Dominic）之所以能將基督教拉回其根源，靠的是其「新制度非常強勢，竟至於那個宗教雖有心術不正的高級教士和領袖卻屹立不搖。」[35]馬基維里從這個例子重心開始轉向制度，繼而敘述君主國返回根源的自我更新時，再度以法國這個外來政權為例，他說：「（法國）比其他任何一個君主國更深刻體驗到法律與制度的可貴。這些法律與制度是靠大

33　Niccolo Machiavelli, *Discourses on Livy* (Chicago: University of Chicago Press, 1996), translated by Harvey C. Mansfield and Nathan Tarcov, III, ch.1.

34　同上註。

35　同上註。

理院維繫的，特別是巴黎的大理院。每當它對那個君主國的君主行刑，每當它作出譴責國王的判決，那些法律與制度就更新一次。一直到現在它靠著對於貴族的強硬立場還是維持自主，可是一旦它縱容他們而他們又無所節制，毫無疑問結果將會是得要經由大動亂才可望加以匡正，不然就是那個王國整個解體。」[36]

　　這個立場與馬基維里在《君王論》的立場完全迥異，我們可以從兩個觀點做進一步的闡釋。一是從君主國的角度來看，馬基維里在《君王論》中捨共和國不談，並專書討論新君主取得政權的君主國，《君王論》中的君主幾乎擁有無限的權力，馬基維里只是以道德勸說的方式規勸君主不要引起人民怨恨，此外幾乎對君主的權力不予限制。但馬基維里在述及君主國藉由返回根源進行的改革時，竟然回歸到法制，而非統治者個人的權力，此話若是論述共和國，也許沒有什麼特殊之處，但馬基維里卻在語及君主國時將改革國家的工具訴諸法制，此點顯示，即使馬基維里認為統治者在建國過程中因其所處地位而享有特殊的權力，但隱約之中，馬基維里仍然認為此一權力是應該受到法律節制。另外則是返回根源的觀點，從馬基維里一開始述及返回根源狀態，即強調個人德行來看，可以看出欲返回根源最好的方式是憑藉一人統治的極權樣態，以便有足夠權力重整政權（the resuming of the government），[37]此一道理如同古羅馬時期賦與獨裁官的無限權力，或如今日民主國家憲法賦與國家元首的緊急權力，但馬基維里顯然察覺到此一樣態的內在缺陷。他在列出

---

[36]　同上註。

[37]　馬基維里所謂的「重整政權」是指讓人們重溫初掌政權時帶來的恐怖和恐懼。若將此置於台灣現時的場域，可以得出一個推論，即台灣本土政權的自我合法性與正當性基礎之一，往往是將外來政權與恐怖統治掛鉤，但馬基維里返回初始狀態的觀點足以顯示，即使是本土政權也不能排除恐怖統治的可能，從馬基維里角度看，這甚至是政權長久維繫的必要之舉。

了霍雷修斯・柯魯斯（Horatius Codes）、斯凱沃拉（Scaevola）、法布裏修斯（Fabricus）、德西烏斯雙傑（the two Decii）及雷古盧斯（Regulus Attilius）等因個人德行得以將國家返回根源的事例後，雖然指出如果每隔十年就出現一次憑個人進行的更新，這些城市必然永遠不會墮落，但接著卻指出，在雷古盧斯之後，再也看不到類似的事例，即使兩位加圖（Cato）在羅馬出現，但因時隔太久，他們形單影隻，縱有個人德行也成不了事，由此可知將國家改革置於個人統治，一方面因個人壽命有限，另一方面一個國家是否出現有德可表的統治者並不確定，只能委諸於不可知的命運，縱然偶有天縱英明者，但少數賢明的統治者也成不了大事，因此可以得出的合理結論是：國家的命運不宜委諸於特殊個人，顯示馬基維里真正在意的是法制。即因此故，馬基維里在敘述完兩種返回根源的途徑時，最後做出的結論是：「（外來的力量）有時候雖然是好的救濟之道，就像在羅馬發生的情形，卻是危險之至，最好能免則免。」[38]馬基維里對於法制之重視，竟至於引用了兩個「外來」的事例作為典範，一是基督教的外來意識形態，一是法國這個外來政權，一方面顯示他對他的祖國佛羅倫薩缺乏政治改革動能的不滿，間接亦顯示即使外來政權是本土政權建立新國家必須打倒的對象，但這並不表示外來政權毫無可取之處。[39]

---

[38] Niccolo Machiavelli, *Discourses on Livy* (Chicago: University of Chicago Press, 1996), translated by Harvey C. Mansfield and Nathan Tarcov, Ⅲ, ch.1.

[39] 上文提及馬基維里對君主與群眾的比較時，曾指出君主善良又明智者向來不多，但他卻將包括法國在內的三個國家排除在此一結論之外，因為他認為這些國家的統治者受法律規範，因此不適合納入比較的行列。若馬基維里將法律視為國家最重要的公益精神表現，那麼，就這一點而言，我們可以指出，一個不遵守法律規範的本土政權，在重視公益這方面，是趕不上外來政權的。（*Discourses*, Ⅰ, ch.1.）

第四節　重視人民的權力而非權利

　　在此需要重申的是，馬基維里確實抬高了法律的地位，在此情形下，被統治者的政治地位也因而水漲船高。另一方面，統治者的政治權威雖有貶損，但卻無損於其為政治場域的主要動能，這當然與義大利的時代背景與馬基維里欲追求的新國家願景有直接關聯，就此而言，政治權威者與權威對象的天平雖然有變化，但變化的原因在於加入了政治權威的新來源——法律，法律在共和國中的地位，類似柏拉圖理想國中的Idea，是統治者政治權威的來源，但並不因此而使得政治權威者與權威對象易位而處。由《君王論》統治者自身即構成權威來源，政治權威不假外求，到《李維羅馬史疏義》及《佛羅倫薩史》強調法制與共和來看，其轉變的軌跡形同柏拉圖由《理想國》到《法律篇》的轉化；但就其將法律作為政治權威來源的角度看，馬基維里又彷彿回到了柏拉圖《理想國》中以外來意識形態為統治者政治權威來源，但不改變統治者政治能動性的政治場域。就此而言，馬基維里高懸法制理想的論述彷彿是柏拉圖式的理想國，或許其心中有民主國家法律主治的想法，但政治現實及打倒外來政權，完成獨立建國的目標，卻又使其返回到以統治者為中心的以法統治道路，在此情形下，統治者政治權威的貶抑，並不表示政治權威完全轉移到被統治者身上。

　　促成此一情形背後的結構性因素，在於馬基維里對統治者雖然不完全信任，但他對被統治的人民，也放不下心，後者是馬基維里強調返回根源重要性的主要原因，同時也是馬基維里雖重視法制，但終究不會轉化為民主的原因。歸結言之，馬基維里在意的是人民的勢力（forza）與權力（potente）而非其權利（diritto），「人民的權利」之說直到盧梭才開始彰顯，綜觀馬基維里對「人民」（il popolo）的見解，可歸納為三大

要點，一是人民的力量不可小覷；二是人民容易腐敗；三是烏合之眾不足為懼。

第三點已如前所述。就人民力量不可小覷言，在《君王論》中馬基維里已顯示此一論點，在勸告統治者應避免遭到人民的憎恨和蔑視時，馬基維里下了一個結論：「當人民對君主心悅誠服的時候，君主對於那些陰謀無須憂心忡忡；但是如果人民對他抱有敵意，懷著怨恨的話，他對任何一件事，對任何一個人就必然提心吊膽。」[40]因此他勸告統治者一定要使人民獲得滿足，讓他們對自己感到滿意。對於人民力量，馬基維里無疑是非常具有遠見的，在那個仍然是以君主專制為歷史主流的時代，人民地位不高，擁有武力的軍隊成為競逐天下者爭相籠絡的時代，馬基維里即已敏銳觀察到人民力量的偉大，他以羅馬皇帝通常面臨如何同時滿足軍隊與人民的困境為例，進而說明如果羅馬帝國時代滿足軍隊比滿足人民更有必要的話，那麼他那個年代順序剛好顛倒過來，因為人民的力量已經大過軍隊的力量了，因此，滿足人民比滿足軍隊更有必要。馬基維里在《君王論》完全以統治者角度思考的脈絡中，表達對人民力量崇敬的觀點，令人非常訝異，但此一論點無疑暗示，面對一個以武力鞏固政權的統治者，有志推翻現有政權的革命人士並非沒有達到目的的可能，而完成此一目標最有力的工具便是「人民力量」。一手打造蘇維埃政權的列寧曾說過：「最堅強的堡壘要從內部攻破」，人民力量可載舟亦可覆舟，到底是鞏固了政權抑或推翻政權，關鍵即在於誰掌握了人民力量，馬基維里顯然早已看出了這個道理。

馬基維里的此一觀點在《李維羅馬史疏義》及《佛羅倫薩史》中更為凸顯。在《李維羅馬史疏義》中，他堅稱人民在一般的事情上或許易

40　Niccolo Machiavelli, *The Prince* (Chicago: University of Chicago Press, 1985), translated by Harvey C. Mansfield, ch.19.

於受到蒙蔽，但在特定的事務上卻不然，他舉了許多例子，一是羅馬人民爭取選舉護民官的權利，結果選出的全是貴族，因為他們瞭解在統治國家這件事情上，貴族比起一般大眾更為適任；第二個例子是羅馬的司法行政官帕庫維烏斯（Pacuvius Calanus）的處理平民與元老院之間衝突的例子，民眾最後仍選擇保留既有的元老院；第三個例子是佛羅倫薩由平民野心分子躋身為國家機器的掌權人之後，行事風格改變的事例，馬基維里因此引述一句俗話：「從廣場到政府機構，換了位置就換了腦袋。」這些例子進而使馬基維里得出結論：「智慮週詳的人萬萬不該忽視民眾就公職名器之分配對於特定事情的判斷，因為人民只有在這方面不會受到蒙蔽，就算偶爾受到蒙蔽，也因為事屬罕見反而對比出從事分配的人更常受到蒙蔽。」[41]馬基維里將平民大眾的聲音比做上帝的聲音，斷言大眾比君主更有智慧，施特勞斯因此認為，馬基維里實是以大眾名義，或者以民主名義，向古典哲學賴以立足的貴族偏見或貴族論證前提，提出挑戰的第一個哲學家，他所偏愛的是民主較多的羅馬政治體制，而不是民主較少的斯巴達政治體制，他所表達的看法是，普通民眾的目標意圖，比上流貴族的目標意圖更為誠實公正。他對民主精神最強烈的表達，出現在《佛羅倫薩史》中描述 1378 年佛羅倫薩一位平民向大眾發表的一個演說，這是一場高度革命性的煽動性演說，卻也表達出爭取平等的精神，這位平民告訴那些參與縱火搶劫的人，要加倍的為非作歹，因為竊鉤者誅，竊國者侯，他們不應該被敵對陣營擁有的傳統古老貴族血脈所震懾，因為所有的人們最初出身的源頭都是同樣的，因此人人都擁有等量的古老血脈，或者說人人生來平等，而致使他們之間生來不平等的原因，只是貧窮和財富，巨大的財富與巨大的權力，只有通過詐欺

---

[41] Niccolo Machiavelli, *Discourses on Livy* (Chicago: University of Chicago Press, 1996), translated by Harvey C. Mansfield and Nathan Tarcov, I , ch.48.

與武力方能獲得，虔誠的人永遠為人作嫁，好人永遠忍受貧窮，這樣的人不應該為他們自己的道德良知所束縛，因為只要世間存在著對於饑餓與監禁的恐懼，人們就不可能懷有，也不應懷有對地獄的恐懼，上帝和自然已經作出主宰安排，人們所覬覦欲求的事物，可以通過邪惡的行徑來獲得，而不可能通過善良的行為來獲得。[42]

　　施特勞斯認為馬基維里在《李維羅馬史疏義》中表述統治階層特徵的時候，都是從平民階層的視角觀察統治階層。但他也直言馬基維里並不贊同由大眾直接行使統治權，因為他認為所有簡單初級的政權都是不好的政權，每個所謂的民主政體，除非它瀕於無政府狀態的邊緣，否則事實上都是一個寡頭獨裁政體。[43]這裡再次重現馬基維里以統治者為中心的政治思維。其實，在上述關於人民在特定事務上不會受到蒙蔽的說明中，馬基維里所舉第二例，便已明示群眾需要領袖的指引，易言之，民眾對事務的智慧評判乃是奠基在一個有智慧的領導人物帶領上，對此一觀點的強化，出現在馬基維里對於分配官職人民是否比君主來得審慎的探討中，馬基維里一方面肯定民眾犯的錯比君主來得小，但另一方面也強調民眾往往可能受到名望、輿論與行為的蒙蔽，高估他們的實際的能力，而君主則不會發生這樣的事，因為他所諮詢的對象會對他提出警告，在這樣的情況之下，為了讓民眾能夠集思廣益，君主在必須任命國家最高官職時會預先規劃，為了避免民意可能傾向選擇不適任的人，君

---

[42] Leo Strauss, *Thoughts on Machiavelli* (Chicago: The University of Chicago Press,1958)，pp.127-128. 施特勞斯引述佛羅倫薩平民領袖的演說內容，參閱《佛羅倫薩史》，第三卷，第三章，144-148 頁。

[43] Leo Strauss, *Thoughts on Machiavelli* (Chicago: The University of Chicago Press,1958)，pp.127. 施特勞斯認為馬基維里偏袒大眾的傾向，使其能夠與扎根古典傳統的貴族共和政體或寡頭共和政體作出區別，同時也表達出對君主或暴君政體也可以滿足民眾對正義要求看法的不認同。施特勞斯特別提醒，《李維羅馬史疏義》是以讚揚一個反民主的措施來結束全書的。

主會賦與所有公民在會議上公開指陳可能人選缺失的權利，以便不適任者能在人民評判下出局。[44]

　　即是出於此一原因，施特勞斯在詮釋馬基維里在《李維羅馬史疏義》第五十八章及之前關於統治者與被統治者智慧的比較時表示，民眾僅僅依靠自己無力發現真理（此與柏拉圖的觀念是一致的），從這個事實出發，馬基維里欲隱藏的實質問題便表露了出來，馬基維里實際上要表露的是給與人民指引的是法律和秩序，而法律和秩序要具有任何價值，就必然需要發源於超群出眾的頭腦，需要發源於創建者或君主們的頭腦，由這個角度來理解，那麼所謂的君主，就包含了一批第一流的人物，羅馬持續不斷的奠基，就是他們這些人的職責，對於這個意義上的君主，馬基維里在《李維羅馬史疏義》第五十八章中說，他們之所以比民眾優越，是因為只有他們，對於建立新的法律和秩序的任務才能夠勝任，而民眾優越於君主及所能夠勝任之處，則是在體制與秩序業已建立之後，對它們加以保護和維繫。[45]

　　由此一觀點出發，值得注意的是統治者從引導群眾這個基點延伸而進一步取得的暴力統治正當性。按照亞里斯多德的說法，僭主暴君所獲得的支持來自民眾，而不是來自貴族士紳，這個事實其實是反對僭主暴政的論政依據，但按照馬基維里的說法，這個事實卻構成贊成僭主暴政最強有力論證的依據，這是因為，與貴族階層的終極目標相比，民眾的終極目標具有更大的公平正當性質，或者按馬基維里字斟句酌，小心選擇的措詞來說，民眾的終極目標更為體面大方，更為值得尊敬，而統治者所應追求的「共同福祉」，與大眾利益看起來完全可能是一回事。此

[44]　Niccolo Machiavelli, *Discourses on Livy* (Chicago: University of Chicago Press, 1996), translated by Harvey C. Mansfield and Nathan Tarcov, III, ch.34.

[45]　Leo Strauss, *Thoughts on Machiavelli* (Chicago: The University of Chicago ress,1958), pp.129-130.

外，自由國家既可通過暴力手段建立，僭主暴政亦可通過民眾的同意建立，因為，就暴政政權的行為準則來看，儘管大眾的終極目標最為值得尊敬，大眾自身並非如此，他們不具備統治自己的能力或統治他人的能力，這個目標必須由那些相對而言目標較為非正義的人來保衛，所謂正義，是倚賴於非正義的。無論如何，共同福祉都是憑藉在大眾的利益與貴族的利益之間，勉強維繫一個靠不住的脆弱平衡來構成的，任何時候，一俟這個脆弱的平衡不復存在，大眾利益就要優先於少數人的利益，而這裡所依據的原則，正是共同福祉要優先於特殊利益或派系利益，這個原則也可為統治者堂而皇之用作統治的目的，所謂「為了達到目的，可以不擇手段」的箴言，既適用於共和國的建立與維繫，同樣也適用於以這種方式加以論證辯護的僭主暴政的建立與維繫，包括馬基維里的君主楷模居魯士和羅馬共和，之所以能夠扭轉乾坤、一統天下，所憑藉的就是此一道理。[46]

　　因為被統治者不具備統治自己的能力或統治他人的能力，才給了統治者統治的政治權威，除此之外，統治者的政治權威還建立在權威對象易於腐敗。在《李維羅馬史疏義》中，馬基維里在第一卷第四十二章中，以阿皮烏斯如何鞏固羅馬十人團的專制地位為例，指圍繞在他身旁的人竟只是為一些蠅頭小利所惑便無視於阿皮烏斯的專制，原是馬基維里口中大好人的法畢烏斯（Quintus Fabius），也為野心所蒙蔽，證明人是多麼容易腐化。隨後在同一卷五十五章中，馬基維里做了誠信與腐敗的兩組對照，在誠信這一組的代表是羅馬共和與日爾曼，前者的例子是羅馬人民完全按照自己的良心繳付應繳的稅款，後者是馬基維里所謂的自由、純樸與公平的共和國，竟至於沒有人敢奪取他們的政權。這裡值得注意的是，馬基維里認為日爾曼人民之所以沒有沾染到腐敗的惡習，有

---

[46]　同上註，270-271。

兩大主因，一是國內公民完全平等，二是日爾曼與鄰邦不相往來，前者
固緣自馬基維里的共和思想，但後者顯示馬基維里的鎖國傾向，這或許
是因為目睹外來政權在義大利的巧取豪奪與興風作浪，促使馬基維里認
為鎖國是新國家建立後，鞏固本土政權最適當的途徑。在腐敗這一組，
最嚴重的國家即是馬基維里的祖國義大利，但值得注意的是，除了義大
利之外，馬基維里同樣認為法國與西班牙也有腐敗的跡象，但是情況沒
有義大利嚴重，之所以有如此落差的原因「不在於人民的善良──那大
部分已無跡可循──而是在於有個君王不只是藉個人的德行，而且還藉
王國尚未腐化的制度，把他們團結在一起。」[47]

　　由此可知，在權威者（君主）、權威場域（制度）與權威對象（人
民）三方地位的比較中，馬基維里顯然將權威對象置於最後，雖然義大
利、法國與西班牙的人民都腐敗了，但較之義大利，法國與西班牙的統
治者與制度並未腐敗，因此使得這兩個國家還有得救，由此也可推知，
義大利的本土政權之所以未能建立，義大利之所以遭受外來政權的蹂
躪，根本原因或許不在外來政權，而是馬基維里的祖國不爭氣。

　　人民易於被蒙蔽及腐敗，因此給了民粹主義的君主操作的空間，馬
基維里舉羅馬與漢尼拔戰爭中，法畢烏斯・馬克西姆斯（Fabius
Maxiumus）被迫交出軍權，佩努拉（Marcus Centenius Penula）組志願
軍迎戰漢尼拔卻全軍覆沒；希臘的西比奧（Scipio）威脅元老院出兵迦
太基；佛羅倫薩埃爾科萊・本蒂沃廖（Messer Ercole Bentivoglio）紮營
在比薩等的例子，證明人民是多麼容易被民粹主義式的激情言說所說
服，以致於唱反調的人總是孤掌難鳴束手無策。[48]被統治者的無能，是

---

[47]　Niccolo Machiavelli, *Discourses on Livy* (Chicago: University of Chicago Press, 1996), translated by Harvey C. Mansfield and Nathan Tarcov, I , ch.55.

[48]　同上註，ch.54。

給與統治者政治權威正當性的最好的理由，在此情形下，史金納乃可據
以採取盧梭的觀念詮釋馬基維里，認為馬基維里所採用的機制乃是建立
法律以作為自由的護衛者，基於人性有著無法避免的腐化傾向，因此，
「法律可以──也必須──被運用來強迫我們自由」。[49]

　　要建立一個全新的新國家，要讓義大利本土成立一個屬於義大利人
自己的政權，馬基維里即使瞭解到人民力量的偉大，但正如人類為了本
身目的利用大自然力量一樣，無論人民力量是多麼令人敬畏，也只是統
治者達到獨立建國目的最有用的工具罷了。然而，儘管馬基維里有此體
認，其共和思想及制度即使只是利用人民力量的工具，我們也絕不能忽
視這個工具性的使用，可能導致連馬基維里都意想不到的後果，前面述
及馬基維里為現代民主思想最早先驅的時候，便已觸及了此一後果，當
我們強調民主是一條不歸路時，無異在指馬基維里是開鑿此一道路，在
民主之途上挖下第一鏟的先行者，由古代共和到現代民主的這一條道
路，想必沒有人可以預期未來的演變。此一道理如同柏拉圖由《理想國》
的一人統治轉向《法律篇》的以法治國時，雖然就實質政治思想而言，
並未改變統治者為中心的人治色彩，但以法治國的後續演變，確實對外
來意識形態主導的外來政權本質造成根本性的衝擊，此一衝擊促使外來
政權不得不向本土政權的方向移動。同樣道理，馬基維里以統治者為中
心的建國思想，由強烈人治色彩的《君王論》轉向共和論述之後，他的
政治規劃藍圖，也勢必超出原先設想，當人民權力（利）逐漸取得政治
發展的論述霸權時，馬基維里心目中的本土政權統治者權力，勢將讓位
給被統治者，在政治權威三面向中處於最底層位置的被統治者，至少在
主權及全體的意義上，終將取得權威者的地位，因此反過頭來成為約制

---

[49] Quentin Skinner, "Machiavelli on the Maintenance of Liberty", *Politics*, 18, 1983, pp.9-10.

統治者的最終力量及權威來源，這即是我們不能忽視馬基維里共和論述最主要的原因。

由此一角度出發，馬基維里觸及的共和論述與制度，便深值我們重視，而由其所作的闡述中，我們也可以瞭解為何這些論述會對後世民主思想造成深遠影響的原因，同時，我們也認為，由統治者為中心到被統治者為中心的演變，對本土政權反抗外來政權所建構的論述有重大啟發。因為，即使因「大眾」（mass）的疏離性質使得「人民」永遠無法躍上政治場域的中心舞台，但本土政權絕無法始終處於統治者的克裏斯瑪（charisma）魅力統治下，人民力量也終必從統治者的工具角色，轉而為左右政治的力量。若統治者為中心是本土政權建立初期的特色與要件，則政治重心轉向被統治者，無異也顯示本土政權本質的改變，與柏拉圖外來政權的轉化顯示的政權屬性改變一樣，本土政權也絕對不是一個始終如一、一以貫之的固定概念。

第五節　良性分歧與競爭的制度設計

明白制度性潛存動能可能導致的政權屬性改變後，接下來關注的焦點轉移到馬基維里的共和制度設計。在敘及此一設計前，首先令人印象深刻的是馬基維里對理想中共和政治核心精神的掌握，使他下了一個與一般共和主義者不同的結論，即階級之間的不和與鬥爭，不僅無害於國家及政治的發展，反而是推動國家及政治發展的主要動力，此一結論無異為民主政治的分權與制衡奠立了法理的基礎。馬基維里對此精神最顯著的闡述，出現在《佛羅倫薩史》中對共和國內部不和的申論，馬基維里一開始指出：「由於貴族企圖發號施令，平民階級不願服從，很自然地引起嚴重的互相敵對，這就是各城邦大部分糾紛產生的根源，由於這兩個階級的這種心意不同，干擾各共和國的所有其他禍患也無不由此產

生。」[50]這種禍起蕭牆的觀念為一般人所持有，但馬基維里的特別之處，在其發現這個所有城邦幾乎都會出現的問題，卻有與一般人想像不同的結果，他拿古羅馬與佛羅倫薩作了一個詳細的比較，發現羅馬靠制定新的法律結束階級間的衝突，佛羅倫薩則是在許多菁英死亡和被放逐後，鬥爭才算完結；羅馬的階級對抗增強了它的軍事能力，而佛羅倫薩的階級對抗卻拖垮了它的軍事能力；羅馬在爭執中形成了不同的社會等級，佛羅倫薩敵對行動卻消滅了原有的階級分野。馬基維里精確的觀察到造成這兩種天壤之別結果的原因，必然是兩個城邦的平民抱有不同的目標，羅馬平民竭力爭取的是和貴族共享最高職位，而佛羅倫薩平民奮鬥的目標卻是要把貴族全部排除在最高職位之外。於是，在羅馬，兩個階級在某些有爭執的問題經過一些爭論後，雙方同意制定法律，一方面平民得到了滿足，另一方面貴族也繼續享有尊嚴。但在佛羅倫薩，一方面平民要求蠻橫不合理，另一方面貴族在絕望之下竭盡全力進行自衛，從而演變為流血事件，而事後制定的法律不是為了共同利益，而完全是有利於勝利者的一方。羅馬的兩大階級鬥爭，使得兩大階級都各得其所，因此提高了羅馬的威望，但在佛羅倫薩卻造成全體公民分裂，使得此一城邦日益沉淪。[51]

　　馬基維里在階級的鬥爭中，看到了兩種幾乎可視為永恆的現象，一是共和國的目標並不可能永遠保持一致，二是有些分歧確實會使共和國受害，但另一些分歧則對國家有利。接下來的問題是，哪些分歧對國家有害？哪些又對國家有利呢？馬基維里指出了其中的關鍵：當分歧夾雜黨派鬥爭時，就會危害國家；但當分歧不夾雜黨派鬥爭時，則將促使國

---

[50]　馬基維里，《佛羅倫薩史》（*Istorie Florentine*）（台北：台灣商務印書館，1998），李活譯，122 頁。

[51]　同上註，122-124。

家繁榮。既然不可能防止產生分歧，一個共和國的立法者至少應當防止派別滋生。由此一角度出發，馬基維里直接指出防止派系產生的方法，此涉及到國家的人事制度，馬基維里認為派系的產生，多與有名望及權勢的公民有所連結，因此，名望與權勢的產生必須納入規範，他提出了名望與權勢的兩種產生途徑，一是通過從事公務，另一種途徑則是透過私人關係，這兩種途徑的差異是，前者是為國家出力，因此是從公益的角度出發；後者是透過私利籠絡人心，此一途徑將滋生幫派，因而對國家有害。雖然為國家出力獲得的名望與權勢也不足以防止不和的產生，但馬基維里認為背後若無幫派黨羽為私利而介入，非但不致危害共和國，反而會為國家的興旺作出貢獻，之所以如此的原因在於，只要所爭取的名望及權勢是在為共和國謀福，則所有的競爭者會產生一種良性的彼此制約，此一制衡關係將對防止任何一個人或黨派侵犯共和國自由產生積極的貢獻。[52]由此可知，馬基維里表面上持對於黨派的否定立場，但與其說他反對黨派，不如說他是反對黨派的私利考量。私利將造成國家的割裂，但若黨派間的競爭是在為國家謀福，是從公益的角度出發，則此時黨派間的不和，不僅無損於國家的發展，反而在彼此競爭，相互制約的情形下，使國家得以不斷向上提升。

52　同上註，351 頁。在《李維羅馬史疏義》第三卷第廿八章中，馬基維里提出同樣的論點，他提醒務必留心公民的作為，他強調公民的聲望卓著有如雙面刃，一方面一個共和國如果沒有聲望卓著的公民就不可能屹立，另一方面公民的聲望也可能成為共和國出現專制的緣由。如果想要將此一矛盾的情勢取得平衡，就要設法讓公民因人望而來的名望有助於而非有害於城邦及其自由，馬基維里因此呼籲檢討公民取得名望的方式。與《佛羅倫薩史》相同，馬基維里在此列出兩種模式，一是走前門，一是走後門。所謂走前門的模式是指一個人提供可取的建言，致力於促進公益，因此得到名望，馬基維里表示此一模式所得到的名望光明磊落，因此不會有危險，但若是循走後門的模式，就會非常危險且後患無窮。所謂的走後門是給私人好處，使他人成為自己的黨羽，而被追隨的那個人因為有這些黨羽的擁護，因此膽子會變得更大，進而敢於敗壞社會大眾及法律。

由此更進一步，馬基維里在述及佛羅倫薩內部的黨派之爭時，雖然指出這種現象的存在一向是有害的，但值得注意的是他緊接著指出有害的原因。馬基維里說：「居於統治地位的一派只是在受到敵對的一派牽制時才能保持團結，一旦敵對的一派勢力被消滅，政府由於沒有反對派的約束力量，無法無天，於是就分崩離析。」[53]前述馬基維里對黨派的反對，係因其以私利戕害公益，但在此，馬基維里指出了黨派存在的另一積極性功能，即在對當權派權力濫用的制約，此一制約或許也是從私利的角度出發，但其破壞性並未被提起，反而是有意的忽略，因為，反對派存在的本身有其功能，此一功能表現在對當權者的制衡。馬基維里以當時的佛羅倫薩說明此一情形，他說科西莫‧美第奇（Cosimo de' Medici）1434 年取得政權後，因受壓制的反對派人數眾多，而且其中又有幾位勢力極大的人物，因對此一情勢有所顧忌，使得他的黨派還能團結，並對他的行動產生了約束，在 1433 年到 1455 年的廿二年期間，當權黨派沒有做出任何暴政及觸怒群眾的事，政府也順應人民的要求。[54]這個事例證實上述馬基維里所言，反對派的存在有助於當權者凝聚內部團結及約制其行動的論點，雖然在馬基維里後面的聲明中，明顯偏重於凝聚內部團結的面向，但鑑於他同樣強調反對派存在使當權派「未曾施行任何暴政，也未曾做過任何有意觸怒群眾的事」，這應是馬基維里刻意的淡化，但其重要性卻遠超過前者，因為此一面向直接觸及到民主政治權力制衡的核心。[55]而我們將相同的論點移至今日民主政治的場域，仍

53　馬基維里，《佛羅倫薩史》（Istorie Florentine）（台北：台灣商務印書館，1998），李活譯，351 頁。

54　同上註，351-352 頁。

55　馬基維里指出當時佛羅倫薩最有權勢的兩位公民，一是科西莫‧美第奇，另一位則是內裏‧卡波尼（Nerk di Gino Capponi），他們二人在世時，總是團結一致，但當 1455 年卡波尼去世，反對派從而消失後，政府也感到恢復權威方面的困難。馬基維里指出，這些困難都是美第奇的私人朋友，也是城邦中最有權勢的人物

然符合民主政治的運作原理，而馬基維里口中的「統治派」與「反對派」，即形同今日的執政黨與在野黨，也就是今日民主政治最主要特色的政黨政治，由此再一次顯示馬基維里對共和政治的論述，對後世民主政治有多麼大的啟發，而此一啟發是不分外來與本土政權一體適用的。

　　黨派的存在雖然有利於敵對黨派的內部團結及人民福祉，但馬基維里對因黨派存在而造成的內部分裂，從另一個角度解讀，同樣值得我們重視。歸納馬基維里所言，這裡出現兩種不同的場域，一是政治社會的場域，一是國家的場域，在政治社會之中，黨派的分歧與鬥爭是長存的，結果是好是壞，端視黨派的競爭是出於公益抑或私利，但更值得我們重視的是國家的場域，從馬基維里對於公益的重視，可見在此一領域不容許有任何的分裂與鬥爭，故馬基維里在敘及通過公務取得名望及權勢的途徑中，所舉例證如為國家打勝仗、奪取領土、細心而精明的完成出使任務，及提出明智的建議取得好結果等，皆是超越黨派及私人利益之上的公益行為，馬基維里因此強調「為國家出力的辦法，如果其中毫無派性的話，對國家是有益的。」[56]由上所述，我們可以得到一個現代民主國家極為重視的政治制度設計，亦即將國家領域與政治領域所進行的區分，這個界限極為重要，因為，在黨派成為政治社會常態的情形下，要避免黨派鬥爭衝擊到國家穩定，政治場域與國家場域之間必須作出間隔。亦即，政治場域或許因黨派鬥爭而陷於動盪，但此一動盪不至波及國家場域的穩定，將此一論點應用在現代民主國家的政治制度設計上，我們發現內閣制頗符合此一精神，因為此一憲政制度將政治權威分屬代

　　造成，因為既然不用擔心反對派了，他們就急於消滅美第奇的權力，馬基維里表示，這種前恭後倨的態度，正是 1456 年不幸事件的開端。參閱馬基維里，《佛羅倫薩史》，352 頁。

[56] 馬基維里，《佛羅倫薩史》（*Istorie Florentine*）（台北：台灣商務印書館，1998），李活譯，351 頁。

表國家的元首及政治領域的總理或首相，即使後者政治權威受到挑戰，但國家的政治權威卻仍然鞏固；相對的，在總統制下，國家場域與政治場域的政治權威重疊在總統身上，當總統的政治權威遭受挑戰，國家的政治權威也同時受到挑戰。

　　國家場域與政治場域的劃分，還有一點深值重視。馬基維里思想所呈現的國家整合意義，在強調黨派私人意志絕不能超越國家的總體意志，在此情形下，若有任何人因為私人利益而割裂或損及國家的整合，就是國家的罪人。馬基維里在《李維羅馬史疏義》第三卷第廿七章公開駁斥控制城市必須把城市控制在分裂狀態的看法，他一開始即借用羅馬執政官調停阿爾代亞人（Ardeans）的事例，強調要整合分裂的城市，最可行的模式就是處死動亂的首腦。[57]馬基維里主張如此暴力的手段，可見他對國家分裂的深惡痛絕，這或許緣自義大利始終是一分裂的國家，而不是統一、獨立的國家原因，但值得重視的是馬基維里對「城市分裂遺害無窮」的說明，他說：

> 使你要統治的城市保持分裂並沒有用處。首先，你不可能長期
> 維繫雙方兩黨對你的友誼，不論你是以君主或以共和國統治他
> 們。在分裂的局面中有所偏袒是人之常情，總會有這個比那個
> 更討人歡心的情況。因此，使得那個城鎮的某個黨派心生不滿，
> 那麼在隨後的第一場戰爭，它就會讓你吃敗仗，因為在內外都

---

[57] 馬基維里在做出此一結論時，對整合分裂城市提出了三種方式：處死動亂的首腦、將這些首腦隔離，強迫他們和平共處。在說完這三種方式後，馬基維里分別評論這三種方式的後果，他說最後一種方式的負面作用最大，因為既然已經流血，強迫和平是沒有作用的，也不可能持久。在敘及第二種模式時，馬基維里只是淡淡的說這種模式仍然在採用，他雖然未指出其利弊，但卻指出採行此一模式者是那些「衰弱的共和國」，做此一決定的領導人「教育不足與知識匱乏」。相對於此，馬基維里堅決表示第一種模式最穩當。參閱 *Discourses*, III, ch.27。

有敵人的情形下，是不可能守衛城市的。如果是以共和國統治，
那麼要使你的公民變壞，使你的城市分裂，沒有比統治一個分
裂的城市更好的法子了，因為每一個黨派都會尋求支持的力
量，都會使用種種腐敗的手段收買黨羽。因此會產生兩大弊端，
一個是，由於你沒有能力好好治理他們，你不可能使他們對你
友善，因為政府更迭不已，一個換過一個；另一個是，遷就黨
派必然使你的共和國陷於分裂。[58]

　　接著馬基維里以一則極為發人深省的事例，說明一個城邦的分裂，
與統治者有密切的關係。馬基維里指出，1502 年時，阿雷佐（Arezzo）
淪陷，當時整個泰維雷谷地（Val di Tevere）和基亞納谷地（Val Di Chiana）
都從佛羅倫薩的控制下被維帖利（Vitelli）兄弟和瓦倫提諾公爵（Duke
Valentino）占領，此時法國國王派遣一位特使德・蘭特（Monsieur de
Lant），為佛羅倫薩人收復所有失守的城鎮，但蘭特卻發覺每到一個城
鎮，前來會見他的人都自稱是馬佐科（Marzocco）黨人，他對佛羅倫薩
這樣分裂的情形深不以為然，並說，在法國假如有某個國王的屬下說自
己是國王的黨人，他一定會受到懲罰，因為那樣的字眼擺明在那個城鎮
有人對國王不友善，而國王盼望的是所有的城鎮都對他友善，都團結一
致而沒有黨派之分。馬基維里舉了這個事例之後，為城市的分裂下了一
個結論：

這一切偏離正道（結黨營私）的做法和看法都是源自統治者的
懦弱；他們發覺自己無法憑武力和德行掌控政權，轉而求助於

---

[58]　Niccolo Machiavelli, *Discourses on Livy* (Chicago: University of Chicago Press, 1996), translated by Harvey C. Mansfield and Nathan Tarcov, III, ch.27.

這樣的旁門左道，在承平時期有時候是有一些作用，可是一旦處於逆境而時局艱困，只能自欺欺人。[59]

　　馬基維里對城邦分裂的敘述，令人想起美國總統林肯反對蓄奴制度說過的話：「一棟分裂的房子是站不住的。(A house divided can not stand.)我相信這個政府不能永遠保持半奴隸、半自由的狀態。」林肯就任美國總統之後，為了整合國家，避免國家分裂，原本沉醉於聖經，謹記其母親基督教教誨的他，刻意不讓自己依附於任何教會，主要原因就是不想因自己屬於某個宗派，造成已經在奴隸制問題上嚴重分裂的國家帶來更大的分裂，這也使得美國建國以來，每一位總統都會公開表示自己有基督教信仰的傳統到了林肯時期而中斷。反思馬基維里對城邦分裂的論述，及林肯對國家整合所做的努力，或許可以給與耽溺於外來政權與本土政權鬥爭，族群衝突、南北對立氛圍始終盤據不散的台灣，一個很深的啟示。若從馬基維里所處時代的角度看，馬基維里深知義大利獨立建國的最大挑戰在外患，因此整合內部便成為統一義大利目標可否實現的先決要件，及統治者的當務之急，消弭國家的分裂狀態亦成為馬基維里念茲在茲的要務。反觀台灣，外患的威脅不減反增，但內部分裂的態勢卻無日或歇，這也是我們關注台灣外來政權現象，最主要的出發點之一。

　　馬基維里一方面既認為良性的分歧與黨派競爭有利於國家向上提升，另一方面又認為國家須避免處於分裂狀態，如何在這兩者之間尋求平衡，對他是一大挑戰，惟馬基維理對此常常展現出對國家治理原理認識的深入。在《李維羅馬史疏義》第七章中，馬基維里高度讚揚羅馬的控訴制度，他認為此一制度對維繫羅馬的自由及避免黨派的流血衝突，起了很大的作用，這包括兩個方面，首先，此一制度可有效壓制反叛的

---

[59] 同上註，ch.27。

意圖，因為有此意圖的公民會擔心遭到他人的控訴；其次，此一制度將可提供公民發洩城邦中滋長的（黨同伐異）情緒，而一旦這個情緒找不到發洩的合法管道，就有可能導致共和國的毀滅。馬基維里舉了很多例子說明控訴制度的存在對維持國家穩定的功用，[60]而對因缺乏此一制度所導致對國家的傷害，最令人怵目驚心的便是援引外來政權勢力以解決內部衝突。馬基維里特別援引李維述及的一個例證，一個叫做阿倫（Arruns）的人，他的姊妹被一個很有權勢的人強姦，因為沒有控訴制度，所以他去找法國人，用外來政權的武力，尋求對其所受損害的報復。馬基維里對此作出結論：「看到住在城內的政黨人士召來非我族類的武力，儘可相信那是源自不好的制度，因為在那圈子的內部，除非藉助於非法的手段，沒有制度能夠發洩眾人所醞釀的有害情緒。」[61]馬基維里接下來提出的建議是設置人數眾多的審判官，並賦與其名望，讓他們接受公民的控訴，從今日觀點來看，也就是強化司法審判制度，並以司法作為統治權力可能遭到濫用的制衡。除了馬基維里對司法的強調值得重視外，我們也可將此一制度的背景及功用反思在台灣外來政權現象上，「中共同路人」是本土政權對外來政權最常指控之一，外來政權是否為「中共同路人」是一事實問題，若真有此一問題，除了要追究此一事實外，以馬基維里的觀點看，是否也該反思是否制度上出了問題，讓一些

---

[60] 馬基維里所舉事例包括柯瑞連納斯（Coriolanus）提議糧荒期間不發放糧食給平民，以懲罰平民並剝奪平民的權勢，結果受到平民控訴，因此一制度的存在，避免了循非法途徑必然導致的流血衝突。與此相對的例證是佛羅倫薩，因為沒有公民控訴制度的存在，最後衝突的解決，都是透過武力與流血，如法蘭切斯科·瓦洛瑞（Francesco Valori），因為公民沒有合法的管道罷黜他，最後只有訴諸武力，而瓦洛瑞也糾集黨派以自保；另外的例子是皮埃羅·索德瑞尼（Piero Soderini），其與平民的衝突竟導致西班牙外來政權的武力干預。

[61] Niccolo Machiavelli, *Discourses on Livy* (Chicago: University of Chicago Press, 1996), translated by Harvey C. Mansfield and Nathan Tarcov, I , ch.7.

認為自己受到不公平待遇的人控訴無門，而想要援引外來政權力量干涉台灣內部事務？

　　在論述完控訴制度後，馬基維里緊接著轉向控訴制度的對立面——誹謗的問題。他舉了曼利烏斯・卡皮托萊納斯（Manlius Capitolinus）向平民散播謠言誹謗費柳斯・卡米盧斯（Furius Camillus），掀起極大動盪，最後調查後被關進牢中的例子表示，控訴對共和國有多大助益，誹謗就有多大傷害，越是少使用控訴的地方以及越是沒有（立法）規範控訴權的地方，就會越常出現誹謗。佛羅倫薩就是一個活生生的例子，因為沒有規範，所以黨派惡鬥滋生，也造成國家的分裂與毀滅。因此，馬基維里強調，想要制止誹謗發生，就必須毫無保留制定任何可能達成阻止誹謗產生的制度。此處馬基維里再度回歸到制度，但值得注意者，馬基維里在說明誹謗對國家的傷害時，指出這種傷害緣自黨派或者煽動性人物刻意站在人民的一方，認同人民對有權勢者的負面看法，以爭取人民的友善，之後再利用人民的支持對付那些與他唱反調的人。前曾述及，因為人民易於被蒙蔽及腐敗，因此給了民粹主義者政治操作的空間，由馬基維里對誹謗的描述來看，對特定人物或黨派的誹謗，通常是利用刻意挑起民粹情緒的方式，達成鬥爭的目的，但此一鬥爭的結果往往是以國家的滅亡為陪葬，馬基維里所舉鳩凡尼・歸恰迪尼（Messer Giovanni guiccirdini）遭人誹謗卻無控訴途徑，導致兩派相爭使佛羅倫薩邁向毀滅即為明證。[62]當馬基維里強調遏制誹謗必要性，並將此一目的之達成訴諸制度時，無異顯示，一國之內欲阻止煽動型政黨及人物崛起，防止民粹主義的滋生，根本之途還是要建立健全的制度。

　　更進一步看，制度之為用不在制度本身，因為君主統治也可建立制度，但此一制度卻係為鞏固統治者權力而量身訂作。因此，馬基維里所

---

[62]　同上註，ch.8。

訴求的制度精神實際上是對權力的規範，此一規範再三呈現在馬基維里論述羅馬共和制度時彰顯的制衡精神，在語及控訴制度及遏制公民的誹謗時，馬基維里強調健全司法制度的必要，而司法制度直接制衡的對象即是行政權和立法權。羅馬政制這種權力制衡的精神，早在波利比烏斯（Polybius）時便已看出，波利比烏斯認為羅馬從一個小小的城邦，之所以可以取得如此大的軍事成就，必定與羅馬內部的穩定有直接的關係，而此一穩定乃得自羅馬權力制衡的政治制度。馬基維里在敘及返回根源重要性時，將羅馬政制與斯巴達政制作了比較，他認為萊克葛斯創建了良好的法制，賦與了斯巴達很好的根源，羅馬雖然沒有此一睿智的創建者，但機運卻幫羅馬做到了，馬基維里口中的機運即是由執政官、元老院、護民官等建構的權力制衡機制，此一機制造就了一個「完美的共和國」，而此一「完美共和國」的催生婆，就是階級的鬥爭。

　　運用上述的良性分歧與競爭原理，馬基維里正確指出，每一個共和國都有截然不同的性情，一種是庶民的性情，一種是名門貴族的性情，但是足以擁護自由的一切法律之所以產生，便緣自這兩種性情的分裂。[63]這是一種辯證原理，法律是彼此性情不合的人衝突下的產物，卻反過頭來成為整合的權威，馬基維里以羅馬塔昆家族（Tarquins）到格拉克兄弟（Gracchi）超過三百年的歷史為例，這段期間所發生的動亂很少流血，

---

[63]　這兩種德行的存在及必要性，表現在共同福祉或公益的獲得上，鑑於統治階級與普通民眾，對於社會擔負有不同的作用，所以這兩種不同的階級，也就必須有不同的性情。馬基維里主要是通過取自羅馬元老院和羅馬平民的例證，來揭示這兩種性情的不同之處，羅馬元老院所具有的德行是審時度勢，以及包括一種明察秋毫的慷慨好施，羅馬平民所具有的德行則包括正直善良及虔敬的宗教信仰。只有在貴族與平民以恰如其分的分寸比例分享政治權力的情況下，或者換句話說，只有在貴族的勢力與民眾的勢力存在恰如其分的制衡態勢下，國家才會有公眾自由，共同福祉才會獲得應有的眷顧。參閱 Leo Strauss, *Thoughts on Machiavelli*, pp.260, 262-263。

被殺及放逐的公民也屈指可數，證明建立在權力制衡基礎上的羅馬模式優越性。[64]此一權力混合的模式使得馬基維里堅信國家的長治久安絕對不能仰賴某一個體的雙肩，而是須仰賴許多人的呵護，這也使得馬基維里讚揚羅穆勒斯所留下的遺產，因為他為了公益殺了自己的手足及夥伴，並將元老院改為議事與決策的機構。[65]相對的，權力腐敗及公益精神的喪失，往往也是從權力制衡的破壞，使權力集中於一人或一個集團開始。馬基維里舉羅馬獨裁官制度的遭到破壞以茲證明，獨裁官雖然權力極大，但其設置乃是經由選舉制度而非經由個人的權勢，且獨裁官有一定的任期且授權明確，不可能破壞羅馬權力制衡的狀態，馬基維里因而認為此一制度對國家有利無害。但是後來十人團取得權力，取消了執政官與護民官，並獲得法律創制的授權，成為羅馬真正的專制者，而羅馬人民享有的自由也隨專制者的出現而被剝奪。馬基維里在述及此一歷史時表示，在比較什麼原因促使獨裁官為善而使十人團作惡，或思考那些治理良好的共和國是如何行使授權的制度之後，便可發現，其中最主要的關鍵便在於有無監督機制的存在，斯巴達和威尼斯雖將權力授與國王和公爵，但並未發生大權獨攬的情形，便因有權力制衡的監督機制，而十人團專制的產生，便是由於監督機制的敗毀，這些事例使馬基維里下了一個類似英國艾克頓勛爵（Lord John Acton）所說：「權力傾向於腐敗，絕對的權力傾向於絕對的腐敗。」（Power tends to corrupt and absolute power corrupts absolutely.）的警語，馬基維里的說法是：「絕對的權威在很短的時間就會腐敗，結黨營私也會開始。」（for an absolute authority in

---

[64]　Niccolo Machiavelli, *Discourses on Livy* (Chicago: University of Chicago Press, 1996), translated by Harvey C. Mansfield and Nathan Tarcov, I , ch.4.

[65]　同上註，ch.9。

a very brief time corrupts the people, and makes friends and partisans for itself.）[66]

　　正是此一原因，凸顯了專制與共和體制的優劣，馬基維里以凱撒的專制為例，他指責一些作家為他的名氣蒙蔽，忽略了凱撒專制的事實，而歷史上，專制政權並沒有好的下場，馬基維里刻意作了一個統計，從凱撒到馬克西米努斯（Maximinus）總共有廿六個皇帝，其中十六個被殺，而靠世襲承繼皇位者，除了泰特斯（Titus），全都是昏君。[67]馬基維里同時舉高傲者塔昆的例子，指其慘遭驅逐，即因他破壞了國家法律並且施行專制統治，公開與元老院及人民為敵，這個例子證明當統治者「開始破壞法律以及人們自古以來長久沿襲的作風與習俗的那一刻，他們的政權就會開始淪喪。」[68]而當羅馬驅逐了專制君主之後，馬基維里指出它必須忍受軟弱或是壞君主繼承王位的危險就解除了，統治權交給了經由選舉產生的執政官，而選出來的人通常都是最傑出的人。此一對比使馬基維里確認共和國比君主國更有可為，因為透過選舉的方式不斷產生有德可表的統治者，「此一有德可表的繼承將始終存在於每一個制度健全的共和國。」[69]而制度健全對國家的最大助益，便是國家法律超越道德的善惡不會因個人的喜惡而改變，這樣的制度一旦善加維護，國家的自由自然能夠長久維持。[70]

---

[66] 同上註，ch.35。

[67] 同上註，ch.10。

[68] 同上註，ch.5。

[69] 同上註，ch.20。

[70] 馬基維里用了一個以國家、人民為賭注的不可思議例子，證明共和國對制度的維護不會因個人的功過而改變。羅馬王圖盧斯（Tullus Hostulius）與阿爾巴（Alba）王梅敦亞斯（Mettius）同意兩組三兄弟格鬥，贏的那一方人民成為失敗那一方人民的主人，結果羅馬贏了這場格鬥，也贏了阿爾巴的全體人民，格鬥中唯一活口霍雷修斯（Horatius）回家之後，看到他的妹妹為已被許配但卻被其所殺的阿爾巴三兄弟之一而哭泣，一氣之下便將她給殺了。雖然霍雷修斯對羅馬有大

這種對良好制度的重視，導致馬基維里政治秩序論一個最值得重視的論點，即政治取得了自主性（autonomy）。原本自主性即是共和主義的核心價值之一，[71]意義係指不受支配的自由狀態，除了政治共同體對外不受強敵奴役外，更意味著對內全體公民不受少數統治菁英的專斷支配，而能平等的在法治架構中自由議決公共事務。[72]貝內代托‧克羅齊（Benedetto Croce）也認為馬基維里發現了政治的必要性與自主性，也就是超越了道德性善惡的政治觀念，這種政治性觀念對當時宗教性、道德化政治思想之批判，為馬基維里的原創之處，這種理解也將馬基維里的思想，關聯到近代政治有關國家理性、權力政治以及革命等觀念。[73]由此可知，馬基維里的自主性觀念包含了三個範疇，一是思想的範疇，其自主性表現在超越傳統道德觀及宗教的束縛；二是民族主義的範疇，自主性表現在不為外來政權奴役的自由；三是政治場域的範疇，自主性表現在公民不受少數統治者支配的自由。而馬基維里對制度的重視，係屬於上述的第三個範疇。

這種政治的自主性起源於貴族與平民的階級衝突，在此過程中共和政制的政治場域形成一種超越創建者獨自創建而形成自我生成（self-generative）的體系，這也是前文提及制度化最後發展可能反過頭來成為制約統治者權威的原因。但就馬基維里而言，這種最後的發展顯非其設想所在，因為他一方面看到共和國的國運之所以能夠長久及昌

功績，但羅馬人仍將他送上審判台定奪生死，馬基維里針對此事表示，在制度健全的國家絕不可能因個人功過而改變制度，這也是共和國得以維繫的原因。參閱 *Discourses*, I , ch.22, 24。

[71] 參閱本章註 61。

[72] 蕭高彥，〈西塞羅與馬基維利論政治道德〉，《政治科學論叢》，第十六期，2002，88-89 頁。

[73] 蕭高彥，〈馬基維利論政治秩序——一個形上學的考察〉，《政治科學論叢》，第九期，1998，148 頁。

隆，根本原因在於公民的多樣化，因此能夠比君主更能自我調整以因應時勢之變遷。但他同時也看到習慣於某種模式便很難加以改變，時勢一旦有了變化，就會玩完了。另外，由於人性一旦採用了某個方法成功，便很難改變處事的方法，但機運不會一直不變眷顧某人，機運時勢改變而人的處事模式不變，也將招致失敗。[74]與此相同思維，馬基維里作了一個當時新穎的區分，他將制度與法律分開，他說羅馬先有制度，也就是人民、元老院、護民官及執政官各有所司且相互制衡的體制、選任和創設司法行政官的程序，以及立法的程序，然後才有法律，這和現代先有制定規範政府體系及人民權利義務的憲法，其後才有立法機關制定法律的先後順序一致。但馬基維里正確的看出制度的重要性超越法律，因為制度若腐敗且又經久不變，法律縱使更新也不再能維持良善，除非這些制度能夠隨著法律的更新而更新。[75]這個制度優先於法律的見解，對台灣外來政權現象應不陌生，當本土政權堅持從憲法高度取得及鞏固本

---

74 Niccolo Machiavelli, *Discourses on Livy* (Chicago: University of Chicago Press, 1996), translated by Harvey C. Mansfield and Nathan Tarcov, Ⅲ, ch.9.

75 Niccolo Machiavelli, *Discourses on Livy* (Chicago: University of Chicago Press, 1996), translated by Harvey C. Mansfield and Nathan Tarcov, Ⅰ, ch.18. 馬基維里舉羅馬的官職選任與創制法律為例。前者原意本係那些爭取政府官職的人，因為認為若提出要求但被公民所拒是一件不光榮的事，因此為證明自己配得上官職，競爭者都會潔身自愛全力以赴，但後來這個模式在人民與制度腐敗的城市後患無窮，因為要求官職的人，不再是有德可表的人，而是有權力的人，那些沒有權力的人，縱使有德可表也因有所顧忌而緘口不提，諷刺的是此一情勢的發展，乃是在羅馬權力躋於高峰，不再感受到外來威脅之後，羅馬人民考量人選不再是誰有德行，而是誰懂得討好他們逐漸演變而來。後者原本實施程序係護民官或任何公民，都能向人民提出立法案，而任何公民都能針對該法案發言，但當公民變壞，這個制度也跟著敗壞，只剩下有權力的人可以提出法案，且不是為了共同的自由，而是為了鞏固自己的權力，而人民因為害怕這些有權有勢的人，不敢表達反對意見，到頭來的結果就是作法自斃。

土政權的力量時，其採取的正是馬基維里的思維，從這個角度來看，本土政權的制憲主張確實有其論據。

除此之外，另一個關注的焦點是如何解決機運不可能永遠有利及制度趨向腐敗的內在邏輯問題，馬基維里終究走回了統治者為中心的思維，統治者仍是維繫政治能動性的最終動力來源，也是保持政治自主性的最終依靠，他強調：

> 利用合法的條件是不夠的，因為合法的模式沒什麼作用；倒是必要訴之於非法的手段，諸如暴力與武力，而且要以成為那個城市的君主為首要之務，這樣才有辦法以自己的模式處置。……在腐敗的城市維繫或新創共和政體制有其困難，甚至是不可能的。如果真要在那兒維繫或創造一個共和體制，那麼把它轉向君主政體比轉向平民政體更有必要，俾使由於傲慢而不可能被法律糾正的人可望因君主的權力而有所節制。想要使用其他方式使他們變好，要不是殘忍就是不可能。[76]

這段出自《李維羅馬史疏義》的論點，再度將馬基維里對共和思想及制度的重視，反轉回《君王論》的獅狐邏輯，且進一步明列統治者懲治腐敗的途徑。這段話對本土政權的奪權也有很大的啟示，若外來政權代表腐敗，按馬基維里的觀點，則體制內「合法的模式」將沒有作用，必須訴求「非法的手段」，但首要之務是要成為「那個城市的君主」，之後再「以自己的模式處置」，為了營造一個共和體制，應循之途是先「轉向君主政體」大權在握，為了使那些傲慢者變好，統治者「要不是殘忍就是不可能」。

---

[76] Niccolo Machiavelli, *Discourses on Livy* (Chicago: University of Chicago Press, 1996), translated by Harvey C. Mansfield and Nathan Tarcov, I , ch.18.

　　歸結而言，無論是為了獨立建國，或是國家邁向共和，統治者權力的集中是必要的，這一點不因共和政制、被統治者地位的提升及制度的重要性而改變，就此而言，法制終究只是工具性的使用，這一點，在一方面為了新國家建立而必須加以排拒，但卻必須善用其有益於獨立建國目標的宗教意識形態也看得到。

第八章　宗教外來意識的利用

　　如前所言，在馬基維里觀點中，基督教是直接導致義大利遭受外來政權踐踏的主因之一，基督教之所以成為阻礙義大利民族國家統一的幫兇，一方面在於其並非義大利本土產生的信仰，其本身即是一個超越主權界限的「全球化」意識，因此不可能有堅定的本土情懷，至少其超越國土的彼岸思想，孕育了與本土價值潛在的衝突性。另一方面，基督教對本土意識的進一步戕害，表現在其對彼岸世界的嚮往與對本土政治社群的輕視上。除此之外，基督教反對武力，宣揚人們謙卑順從的柔弱意識，在義大利當時受外來政權侵凌，統一遙遙無期的場域中，等於為虎作倀，強化對外來統治政權無條件服從的意識。這些因素，促使馬基維里建立新國家的論述，也包括剷除基督教此一外來意識的毒素思想。惟值得重視的是，馬基維里並非一味主張徹底清除基督教外來思想，在「大破」之外，他也吸收了基督教思想中對追求民族國家統一有利的成分，作為「大立」的構成部分。易言之，就馬基維里而言，外來意識是「推翻」的目標，同時也是邁向新國家建立更高目的可資利用的工具。

　　在進行瞭解馬基維里對宗教的利用前，必須先瞭解馬基維里對於「宗教」的界定。馬基維里從兩個不同的意義使用「宗教」這個概念，第一種意義的宗教是一種「教派」的同義詞，這種意義的宗教被理解為某種社會存在的形式，也就是一種組織或社會團體，在這個意義上，它的目標與國家的共同福祉並不一致，道理如同盧梭認為「多數意志」（will of the majority）與「全體意志」（will of all）不同於「普遍意志」（general will)。另一方面，社會團體也不一定只存在於單一國家之內，就像中世紀義大利的圭爾夫派（Guelphs）（教宗的黨派）和吉貝林派（Ghibellines）（皇帝的黨派），不侷限於單一國家而可以滲透到很多國家一樣。第二種意義的宗教被視為道德德行的組成部分，或者是各種德行中的一種，其所涉及的活動包括對於宗教禮儀的嚴格遵守，但宗教禮儀並非宗教的根本基礎，宗教的根本基礎在於一種信仰，在對於神明的威力與智慧所懷有的尊崇。

由上所述可知，宗教既是一種不能代表共同福祉的特定組織，但卻對特定人的信仰有絕對性影響的德行。第一種意義的宗教被否定了在國家之內的普遍性格，第二種意義的宗教則顯示係為一種特殊的意識形態。但馬基維里對宗教更深入的剖析在於指出宗教起源的人為性質，作為宗教基礎的信仰，並不是真正的信仰，並不是以堅實可靠的經驗作為基礎的信仰，而只不過是作繭自縛、自欺欺人所造成的信仰而已。在某種程度上，宗教是由人們所刻意創造出來的，而且，無論其起源為何，宗教都可被人們蓄意的加以利用，考慮到這些事實，便可將宗教稱為一種「人為藝術」，這種「人為藝術」屬於一種和平的藝術，也就是在不使用武力的情形下，可作為統治者利用使被統治者順服的藝術。故在馬基維里看來，宗教與武力是人類力量的最高結晶，即使在一定意義上，這兩種力量是對立的，但在服務於國家的功能方面，它們同時又是互為補充的。[1]

接下來，馬基維里面臨一個與柏拉圖相同的問題，外來意識形態必須經由人的仲介方可引入到政治社群，柏拉圖將此仲介的關鍵賦與了哲

---

[1] Leo Strauss, *Thoughts on Machiavelli* (Chicago: The University of Chicago Press, 1958), pp. 225-226.

君，外來意識形態成為權威來源，哲君因有外來意識形態的加持，而取得了政治權威。而馬基維里如何處理意識形態與統治權威的問題呢？

依施特勞斯之見，馬基維里將此一問題的處理區分為兩個階段。首先，馬基維里一開始認為羅馬的榮耀偉大，首先要歸功於努馬・龐皮利烏斯（Numa Pompilius），他締造了羅馬的宗教，其次才歸功於羅慕勒斯，他所做的只不過是賦與羅馬武力而已。這是因為，一俟有了宗教，就很容易建立武力，但是如果先有了武力而沒有宗教，那麼就需要經歷艱難的努力，才可能創立宗教，在羅慕勒斯的統治之下，羅馬處於腐化的境地，而使得羅馬不致腐敗的宗教，卻是努馬・龐皮利烏斯建立的。就此而言，宗教才是共和國福祉的根本原因，即使一開始是人為刻意造就的，但不失為取得被統治者自願服從的權威，在此意義下，宗教有可能異化為政治權威的來源，統治者政治權威的取得，最後可能必須仰賴宗教的意識形態，但此一結論明顯不是馬基維里的本意。

在表達上述近乎為人普遍接受的觀點後，馬基維里立刻轉而對此一說法提出質疑，他說努馬・龐皮利烏斯之所以能夠輕而易舉的完成他的事業，是由於早期羅馬人的粗陋愚冥，未經教化，因此，引入宗教的最大障礙是人民的教化，以現代的角度看，也就是人民的知識與教育越普及，越不容易受到意識形態的操弄。就此而言，努馬・龐皮利烏斯的才幹根本比不上羅慕勒斯。馬基維里在分析探討羅馬的宗教之前，先說各種宗教的創建者，都是受到最高讚賞的人物，緊接著又說沒有任何榮耀能夠超越諸如羅慕勒斯那樣的城邦創建者，透過此一鋪陳，馬基維里通過「第二類說法」表明了他的真意。馬基維里表示，一個王國如果不具有對上帝的敬畏之情，若非必將遭到毀滅，便是必須依賴對一位君主所懷有的敬畏之情來維繫，這位君主所起的作用是在彌補宗教情懷的缺乏。對於一個共和國的福祉來說，宗教確實是不可或缺的，但是對於一個由德行卓越、富有才幹的君主統治的君主國福祉來說，宗教就不是不

可或缺的了。按照這個說法的思路，馬基維里讚揚了粗陋愚冥的羅馬共和國所具備的虔誠宗教信仰，但是當他指出從內爾瓦（Nerva）到哲學家馬可·奧勒利烏斯（Marcus Aurelius）之間的五位好皇帝的統治所具備的德行才幹的時候，他所提到的卻不是宗教，而是完美無瑕的思想自由，可見即使是羅馬共和，宗教也不是治理良好國家的必要條件。按照馬基維里對概念的使用，一個具有德行的君主，與其說是一個具有道德德行的君主，不如說是一位內心力量強大、堅忍不拔，能夠審時度勢，根據具體情勢需要，對所具有道德德行與道德邪惡加以審慎明智運用的君主，按照這個意義來理解的具有德行的君主，是不可能虔誠信仰宗教的。易言之，他既不需虔信宗教，也不應該虔信宗教，但是有一點很重要，即他必須表面上看上去似乎是虔信宗教。[2]

第一節　意識形態的新瓶裝舊酒

宗教作為一種意識形態，但很明顯的是，馬基維里對此一意識形態的定位及及運用迥然不同於柏拉圖。從意識形態的產生來看，不同於柏拉圖 Idea 之處在於，Idea 是自明的，而宗教則是人為塑造的；就其運作來看，宗教也絕不具有 Idea 的能動性，及因之而來可作為政治權威的來源，統治者非但不受宗教信仰的約制，反而是宗教信仰的型塑與運用者。就這個意義而言，馬基維里之後的馬克斯似乎深得馬基維里意旨，馬克斯指宗教是階級壓迫的工具，而就其作為一種意識形態言，馬克斯認為，在階級消滅之前，任何時代的意識形態始終都是統治階級的意識形態。易言之，無論馬基維里或是馬克斯，宗教或者是意識形態永遠都是統治者利用的工具，統治者利用的目的乃是在遂行對被統治者的統治。

---

[2]　同上註，pp.226-227。

　　就作為一種工具言，宗教具有深化意識形態信仰的效果，但其本身卻是中性的，亦即並沒有特定的政治色彩，任何不同立場者，皆可以根據本身的政治需要利用宗教，這也是馬基維里一面批判宗教，另一方面卻利用宗教，馬克斯一方面譴責資產階級的宗教與意識形態，另一方面卻又創造「無神論」宗教及共產主義意識形態的原因。宗教這個外來意識形態既然有那麼大的影響力，則在利用之前，首要之務即是確定其不為敵人所用，其所採取的最簡便有效方式，便是批判敵對陣營宗教的不正義。

　　馬基維里所批判的對象正是羅馬教皇的基督教。羅馬教皇承襲了外來基督教，但起先並沒有太大的權威，教會勢力的增長反而是在倫巴第外來政權入侵義大利，羅馬帝國日益敗壞的情況下產生的，因為羅馬當時群龍無首，羅馬人為了自己的安全，感到必須服從教皇，在倫巴第人占領義大利並將全境劃分為許多部分之後，教皇的勢力開始坐大，這時教皇為擴大本身力量，開始與希臘人、倫巴第人等外來政權交往，並在外來政權不斷對義大利蹂躪的危機期間，轉向另一個外來政權法國求助。馬基維里對此一情勢表示：「幾乎所有北方蠻族在義大利境內進行的戰爭，都是教皇們引起的；在義大利全境氾濫成災的成群結夥的蠻族，一般也都是教皇招進來的。這種做法仍然在進行，致使義大利軟弱無力，動盪不安。」[3]教皇不僅引入了外來政權，甚至將協助他弭平倫巴第人威脅的法國國王查理曼（Charlemagne）推舉為羅馬的皇帝，查理曼則將他的兒子丕平（Pepin）任命為義大利王，此時的義大利，無論是在意識形態上或是政權的歸屬上，都從屬於外來政權的占領下，而另一方面，原先占領義大利的外來政權倫巴第人，則已在義大利待了二百

3　馬基維里，《佛羅倫薩史》（*Istorie Florentine*）（台北：台灣商務印書館，1998），李活譯，16 頁。

三十二年之久，但在名義上，他們仍舊是外來者。[4]外來政權表面上拯救了義大利，但進入義大利本土後只想要擴大自己的權勢，除了教皇對外來政權有錯誤的評估外，就連羅馬人民也有錯誤的期待。法王查理受到教皇鼓勵攻打那不勒斯，並成為那不勒斯和西西里的國王，此時羅馬人民為了親近法國這個外來政權，竟推舉查理為元老院議員，查理便以這個身分統治羅馬，他的權勢越來越大，教皇為了自保又央求羅多爾夫（Rodolf）皇帝求救，馬基維里於是說：「歷屆教皇就是這樣，有時是出於宗教熱忱，有時是受個人野心驅使，不斷從外部招來新勢力，造成義大利境內新的動亂。他們一旦把一位帝王扶持起來，勢力大了，就又嫉視他，想方設法要把他們消滅。」[5]義大利當時的情形使我們確信，一個沒有民族國家主權意識，心態永遠朝外，一心以鞏固權力為唯一目的的政權，是不可能以本土為中心的。羅馬教皇雖然身處的地理位置是義大利本土，但其心思卻是朝外的且充滿權力色彩，以台灣外來政權的角度詮釋，此一政權根本就是外來政權。此外，由羅馬教皇勾結外來政權荼毒本土的歷史看，當本土政權質疑外來政權有「賣台」之嫌時，想必也非無的放矢。另一方面，羅馬人民簞食壺漿以迎外來政權的場景，也令人想到台灣人民當時迎接國民黨軍隊的歷史，這個事實或許可證明馬基維里對人民圖像的描述，人民通常只重視表象，而忽視一個唯權力是尚的政權對其利益可能導致的損害。

　　馬基維里雖然係針對教皇，但其箭頭卻直指教皇背後的基督教思想，教皇和其他外來政治勢力，只是因為利用了基督教的意識形態，方能呼風喚雨，但深入發拙，如前文所言，迷惑義大利人的基督教乃是外來的，而馬基維里對於此一外來意識竟然使義大利處於外來政權割裂的

---

[4]　同上註，15-18 頁。
[5]　同上註，31-32 頁。

命運頗為憤慨，這從馬基維里在《李維羅馬史疏義》第廿六章中所舉的大衛王例子，即可看出梗概。按照《福音書》的說法，大衛王是耶穌的祖先，大衛王在統治之初不得不採取的處置措施，亦即他為締造或建立國家不得不採取的措施，被馬基維里描述為「最為殘酷，是在跟每一種生活方式為敵，不限於基督教，而是全人類。」大衛王所採取的措施是使富人貧困，使窮人富有。在談到這個措施的時候，馬基維里援引《馬利亞尊主頌》的如下詩句：「他使飢餓的人飽餐美食，叫富足的人空手回去。」易言之，他將《聖經・新約全書》或聖母馬利亞應用在上帝身上的表述，也應用到大衛王這個殘暴的君主上。鑑於馬基維里將《新約全書》應用到上帝身上的表述方式，施特勞斯因此歸結出馬基維里一個異乎尋常、驚心動魄的看法，即上帝與大衛王相同，乃是一個專制暴君。[6]馬基維里對基督教的褻瀆也可以在他反對教皇統治的言論中發現，基督教教廷中第一位擁有武力的教皇亞歷山大六世，便是一位無賢無德，乏善可陳的人，而馬基維里之所以反對神職人員直接統治，原因即在於他認為神權政權乃是一種暴君統治，其暴戾性質甚至超過其他政權。[7]

　　馬基維里對於教廷及基督教的批判，固然緣於此一外來意識形態對義大利造成的傷害，但馬基維里的思索不僅於此，他從李維的羅馬史記述中，發現到一種宗教的鬥爭邏輯，這個邏輯可以給與我們對兩種敵對意識型態的鬥爭，結果不是你生就是我亡零和衝突過程一個很大的啟示，也給與那些極力清除舊有意識形態，而欲以新的意識形態取而代之的統治者啟示，這是一種對於意識形態利用必具的知識。

　　馬基維里在《李維羅馬史疏義》第二篇第二章中觀察到，李維的《羅馬史》對於托斯卡納（Tuscany）國王波塞納（Porsenna）的王室血脈是

---

[6]　Leo Strauss, *Thoughts on Machiavelli* (Chicago: The University of Chicago Press,1958), pp.49.

[7]　同上註，pp.185。

怎樣絕嗣的這個問題絕口不提，托斯卡納在遭到羅馬毀滅之後，其之前的記憶也灰飛煙滅，這個事件使馬基維里思索這個人為毀滅背後的原因為何？在同篇第五章中，他詳細闡述了他的想法，在那裡，他反駁了一個論點，這個論點認為世界曾經有一個源頭，馬基維里則賦與所有宗教一個人為的起源，而不是來自天國的源頭。對於基督教教派推行政策的思索導致他宣稱，每一個新的宗教都試圖將舊的宗教全部殘餘剷除殆盡，將此一邏輯推向前，這個思索也使他「相信」基督教之前的異教，也曾將存在於他之前的宗教毀滅殆盡，而羅馬異教之前的宗教正是托斯卡納的宗教。這似乎意謂了羅馬不僅滅絕了托斯卡納人的語言和風俗，也毀滅了他們的宗教，但當我們進一步看馬基維里的闡述時，將會發現羅馬人非但並沒有毀滅托斯卡納人的宗教，甚至也沒有企圖如此做，他們所做的只是將女神朱諾（Juno）的托斯卡納人形象，改造成羅馬的形象。[8]在這裡，凸出了羅馬異教與基督教對存在於它們之前存在宗教的不同做法，就羅馬異教而言，若羅馬真的有意將托斯卡納宗教全部殘餘毀滅殆盡，他們極有可能如願以償，但是羅馬從來沒有這樣的意願，他們沒有迫害舊的宗教，反而是在舊宗教基礎上發展出符合其本土所需的宗教，「新」宗教的本質中含有濃厚的「舊」成分，但其形體卻是「新」的，這是一種對宗教最有效的利用，因為他不會引起「新」與「舊」的鬥爭。

反觀基督教，其所做的是全面毀滅古代神學的所有記憶，[9]但值得注意的是，馬基維里觀察到基督教雖然試圖將全部的異教毀滅殆盡，但

8　同上註，pp.142-143。

9　馬基維里引述《聖經》記載為例。據信世界的創始發生在大約5000年以前，因此，我們就將狄奧多羅斯（Diodorus）（西西里）的《歷史叢書》（Bibliotheca historica）視為虛假的偽史，「儘管那部書的敘述，將它界定在 4000 年或 5000 年左右。」通過拒不承認異教歷史學家們的資格信譽，我們得出結論，那些歷史學家關於異教的體制和秩序的記載，並不是信史，甚至荒誕不經，因而無法

卻未能如願，而其原因在於它別無選擇被迫必須對拉丁文和希臘語言予以保存，從而使得異教文學的相當一大部分得以延續下來，譬如「那些經歷邪惡年代而未能阻斷的李維的著作」，基督教被迫允許研究異教文學，甚至被迫鼓勵研究異教文學，就是對於異教文學的這種研究，以及它在少數人頭腦中所引起的對於異教的生活方式的仰慕之情，使得如馬基維里者，得據以對基督教展開批判。也是從這裡，馬基維里發展出了一種認識論（epistemology），發現異教的存在，或者說是其遺跡的存在，對於揭露基督教的教義與權威發揮了巨大作用。他認為一部歷史敘述的事件，它所具備的可能性，既不能從確實發生的事件那裡得到印證，又不能從對於確實發生的事件所作的恰當歸納那裡得到印證，那麼這部歷史，憑藉它本身是不可能具有權威的。《聖經》記載的那些奇蹟所具有的決定性重要意義，迫使馬基維里採取了一種規則，即《聖經》中所記載的每一個非常事件，只要沒有獲得來自不信仰《聖經》的人們證據支持，那麼，這些奇蹟就都是不能夠令人相信的。[10]

　　在這裡，異教所起的巨大作用是：透過與正統宗教的對立，呈現了事實的另一面向，使得傳統宗教對事件的詮釋，無法完全掌握論述的霸

效仿。參閱 *Discoursess*, II, ch.5。

[10] Leo Strauss, *Thoughts on Machiavelli* (Chicago: The University of Chicago Press,1958), pp.143, 145-146. 如《聖經》記載的大洪水，雖然馬基維里說「所有歷史都充滿了」這類的記載，因此是確有其事的，然而，鑑於《聖經》以外的各種歷史僅敘述說這些洪水將「全世界一個部分的居民」幾乎全部毀滅，因此，馬基維里便不相信超出這些可靠記載的其它說法。他將《聖經》關於諾亞的大洪水所作的記載，視為發生在亞洲某地的某一場水災所作的誇張記載，從而不事聲張、悄然不宣的予以否定。他明確的說，巨大的洪災倖存者們「都是粗陋的山民，他們對於古代不具備任何的知識，因此不可能將這種知識傳授給他們的後代，如果某個確實具備這種知識的人，要拯救他自己的話，那麼，他就會將這個知識隱匿起來，以便沽名釣譽，將這個知識按自己的方法來穿鑿附會，加以曲解。」如此一來，雖然《聖經》將諾亞描寫為一個正直的人，然而通過諾亞傳播的任何傳統，就可能只是虛偽的欺詐而已。參閱 *Discourses*, II, ch.5。

權。便是基於對此的認識，馬基維里方能夠以古代打擊現代，利用異教打擊基督教，馬基維里所做的是從恢復異教歷史學家的信譽著手，特別是恢復李維的信譽，並賦與他所寫的《羅馬史》如同聖經般的地位，以此確立他的權威，更進一步，馬基維里也對異教的遺跡加以利用，將它們的源頭描寫為基督教的公開敵手，因而特別適用糾正《聖經》的說法。而值得注意的是，異教歷史學家之所以可作為反擊基督教的有利武器，在於兼顧不同面向的平衡性與公正性。李維的《羅馬史》，既包括羅馬的官方正史，也包括羅馬的敵人對這個官方正史所做的糾正，因為李維不僅將羅馬人當作他的代言人，也將羅馬的敵人當作他的代言人，而基督教的《聖經》作者們，則不僅不將《聖經》宗教的敵人，當做他們的代言人，基督教甚至試圖查禁它的敵人的全部思想殘餘。可見，李維的《羅馬史》使它的讀者能夠對於羅馬得出不偏不倚的獨立判斷，從這個意義上來說，這部書自給自足，不需要別的著作加以補充，而具有批判精神的讀者研究《聖經》，為了窺探基督教的真實面目起見，則必須依靠潛在的反對《聖經》的文獻，或者必須依靠實際上反對《聖經》的文獻，從這個意義上來看，《聖經》不能夠自給自足，然而，與此同時，聖經無異成為異教思想的傳播者，基督教在其自身內部，實際上已經蘊含了它的敵人所作的判斷。[11]

　　從宗教作為一種意識形態的角度詮釋上述說明，可以得出兩種對於意識形態的利用，此一利用涉及新意識形態與舊意識形態的關係，一種是如羅馬異教，在舊的宗教基礎上發展出新的宗教；另一種則如基督教，以自身為詮釋的唯一尺度，並盡可能的剷除舊教，馬基維里顯然極為讚許第一種的利用方式。將此一模式套用在外來政權與本土政權意識

11　Leo Strauss, *Thoughts on Machiavelli* (Chicago: The University of Chicago Press, 1958), pp.144-145.

形態的爭議上，若採取第一種方式，則外來與本土之間將失去絕對的界線，它們之間的不同只有時間先後與呈現方式的差異，彼此之間不僅不衝突，反而是整合的，因為新的本土意識形態乃是在舊有的外來意識形態發展出來的，這便構成了一種傳統的關係，而非革命與斷裂的關係，如此一來，新的瓶中裝有舊的酒，舊有意識形態的殘餘，也在新的土地上生長出符合權威場域所生的新芽，這是馬基維里觀念中新舊意識形態之間最為理想的關係。

　　若採取第二種方式，則外來意識形態與本土意識形態便處於零和的對立關係，本土新意識形態的立足點是：不剷除外來舊有意識形態，則本土意識便無滋長的空間。這正是台灣目前外來政權與本土政權衝突的寫照。但馬基維里已將此一衝突結果清楚呈現在我們面前，本土政權的設想只有在完全剷除外來意識的情況下，方可能如願以償，但鑑於本土政權與外來政權共享的文字與文化，這種清洗式的文化革命是不可能成功的。本土政權既須採用外來政權的文化與文字，便如同基督教被迫採用拉丁語言及希臘語言一般，必定會讓外來政權的意識形態取得生存空間。易言之，若採取鬥爭的觀點，則本土政權與外來政權的衝突勢將永遠持續下去，更值得我們重視的是，本土政權若以萬主歸宗的一言堂方式，欲將本身塑造為「神主牌」，將本土政權論述作為一種唯一的政治正確，則將因其失去平衡性與公正性，而更擴大外來政權的存在空間，因為如同那些欲瞭解基督教真實面目者，須求助於反對《聖經》的文獻，那些欲瞭解本土政權真實面目者，也必然會求助反對本土政權論述的外來論述，如此一來，看似定於一尊的本土論述，其本身便蘊藏了外來論述所作的敵對判斷。其實，這個道理早就經過證驗，外來政權的論述不就是因為這樣而徹底瓦解的嗎？這個結果同時也凸顯了多元自由社會對追求相對真理的價值。

第二節　建構符合建國需求的公民宗教

　　統治者對意識形態的操弄自古皆然，從政治場域的觀點看，人民的知識鄙陋才是提供統治者操弄意識形態最有利的土壤，而從馬基維里的角度看，宗教既然具有推動國家朝特定方向前進的巨大動力，則統治者能否善用宗教亦成為評斷統治者良莠的指標。在《李維羅馬史疏義》第一篇第卅九章中，馬基維里試圖證明不同民族之中，往往會觀察到同樣的事件，這些相同的歷史事件揭示了一般民眾具有的各種愚蠢的癖性，這種癖性不僅發生在佛羅倫薩，也發生在古代羅馬，但與強大的羅馬相較，佛羅倫薩卻非常的荏弱，這就意謂著它們之間的差別不是一般民眾的習性有所不同，而是統治階層的能力有所不同。由此看來，第一篇第卅九章的功能，目的在彰顯德行優越的統治階層所具有的特質，而這個統治階層是以羅馬的統治階層為楷模，進一步來看，佛羅倫薩統治階層和羅馬統治階層的最大不同，正好就在於宗教方面，因為後者較之於前者，對於宗教做了很好的利用。這種「利用」展現的是統治者的主動性，馬基維里舉羅馬執政官帕皮瑞烏斯（Papirius）打敗薩謨奈人的例子，在兆象不符作戰所需的情形下，帕皮瑞烏斯將禽卜人（Pollari）塑造為是對眾神的說謊者，並且將其之死描述為眾神懲罰他的怒氣，在「深諳計畫與兆象妥善搭配之道，在沒讓部屬察覺他違背宗教信仰的情況下」，帕皮瑞烏斯發動了攻勢，並取得了勝利。[12]

　　在第三篇第卅二章中，馬基維里對此有進一步的說明，在該篇中，李維假阿皮烏斯・克勞狄烏斯（Appius Claudius ）的話，為使用占卜預言的神聖風俗作出辯護，這個風俗是羅馬貴族的溫床，也構成異教的根

---

[12] Niccolo Machiavelli, *Discourses on Livy* (Chicago: University of Chicago Press, 1996), translated by Harvey C. Mansfield and Nathan Tarcov, I , ch.14.

基，並且是在平民階層與神聖事物間畫出一道距離加以維繫，阿皮烏斯·克勞狄烏斯抱怨平民對宗教加以嘲弄，將宗教視為「無足輕重的瑣碎小事」，[13]而無論是阿皮烏斯·克勞狄烏斯或是李維、馬基維里，三個人都異口同聲認為對宗教的嘲弄是犯了錯誤，因為平民看不到宗教對於國家政治生活福祉的重要性。但我們若進一步觀察，可以見到阿皮烏斯·克勞狄烏斯的辯護之所以是必要的，是因為當時羅馬貴族的國內敵手平民領袖們，正在圖謀對貴族階層的不利，因為當時的護民官泰任提魯斯（Terentillus）欲提出一項永久取消貴族優勢地位的法律，這個舉動在羅馬引發了暴動，貴族為反制泰任提魯斯，利用的工具正是宗教。羅馬貴族利用宗教鞏固力量，除了這個例子外，馬基維里尚舉了其他例子，包括貴族以宗教力量恫嚇人民，讓人民心甘情願選出貴族擔任護民官。[14]就此而言，馬基維里等人認為宗教攸關國家福祉，其中也包括維持統治階層統治地位的考量在內，而宗教既有利於維持平民對既有政治秩序的接受與認同，則強化宗教內化的意識形態，便等於強化了統治階層的權力。但鑑於宗教只是一種鞏固政權的工具，故聰明的統治者不能將雞蛋全部裝在一個籃子上，因為若如此，當維繫政權的意識形態遭受質疑，統治者的政治權威即會動搖。對於此一情形，馬基維里觀察到，不僅只有羅馬的統治者利用宗教意識形態，羅馬的敵人亦復如此，但是這些敵人卻都遭受到可悲的失敗，[15]原因就在於他們沒看到，羅馬的領

13　阿皮烏斯向人民抱怨護民官目中無人，表示兆象及其他與宗教相關的事宜都因他們而腐敗，他說：「現在他們可以大剌剌開宗教的玩笑，就算雞不吃東西，就算牠們慢慢的走出籠子，就算鳥叫出聲音，這又怎樣？這都是無足輕重的瑣碎小事，可是我們的祖先就是因為沒有瞧不起這些小事，才使得這個共和國震古鑠金。」參閱 *Discourses*, Ⅲ, ch.33。

14　Niccolo Machiavelli, *Discourses on Livy* (Chicago: University of Chicago Press, 1996), translated by Harvey C. Mansfield and Nathan Tarcov, Ⅰ, ch.13.

15　薩謨奈人與羅馬人進行戰爭，為了反敗為勝，薩謨奈人亦求助於宗教，但是羅

袖們並沒有將全部的希望放在這些「無足輕重的瑣碎小事」上，羅馬的敵人正如羅馬獨裁者辛辛納圖斯（Cincinnatus）告訴他手下的騎兵將領所說的，沒有像羅馬人一般，將他們的信賴建立在武力和勇氣上面。由此可知，統治者對於宗教，應如同對於制度一樣，只是將其做為統治工具之一，而不是全部。

　　就鞏固政權的角度而言，馬基維里對於宗教的利用，完全與柏拉圖的「高貴的謊言」相同，皆是訴諸於對被統治者意識的掌控，顯見無論是外來政權或是本土政權的代言者，只要具有相同的權力邏輯，其採取的統治途徑便會殊途同歸。但馬基維里對於宗教的利用顯然超越柏拉圖，因他欲建構的乃是一種古羅馬式的公民宗教（civil religion），而非僅是權宜之計而已。對此一宗教利用的最具體說明是盧梭，盧梭將宗教區分為一般人的宗教、公民宗教與包括羅馬基督教在內的怪異宗教，他直斥第三種宗教只會破壞社會統一，其他兩種宗教則優缺互見。值得重視的是他對公民宗教的說明，公民宗教是國家規定的宗教，有法定的「神」、教條和儀式，而且只有尊奉的人才能享有公民的權利與義務。盧梭認為一切原始民族的宗教就是公民宗教，此與馬基維里對異教的看法如出一轍，盧梭將此一宗教稱之為「公民的或積極的神聖權利」。盧梭在述及公民宗教的優點時，表示公民宗教可將宗教與法律結合在一起，使祖國成為公民效忠的對象，在述及公民宗教的缺點時，他認為此一形式的宗教是建立在謬誤與謊話的基礎之上，因而它是欺騙人民，使人民盲從、迷信，並且對神明的真正崇拜淪為一種空洞的的儀式，在更壞的情況下，它會變成一種排他性的宗教，因而會使全民族成為嗜血和

馬執政官帕皮瑞烏斯（Papirius Cursor）卻鼓勵羅馬部隊，薩謨奈人的借助宗教只是凸顯他們心中的恐懼。兩軍交戰，最後羅馬人贏得了這場戰爭。*Discourses*, I, ch.15.

不寬容的，如此將使得一個民族對其他民族都處於一種自然的戰爭狀態。[16]

　　盧梭對公民宗教的優點說明，正是馬基維里所欲求的，即使他對公民宗教缺點的闡述，也不完全違背馬基維里對於宗教的利用，這可以分為兩個部分說明。就盧梭而言，公民宗教的欺騙性是它的缺點，但對於馬基維里而言，這正是統治者利用宗教的著眼點，易言之，盧梭眼中的缺點，實際上就是馬基維里眼中的優點。但盧梭敘及公民宗教有可能造成排他性和不寬容時，這便是馬基維里所欲排除的因素，前文提及，馬基維里心目中認為統治者對宗教的最佳利用，是新、舊宗教的整合，他之所以能夠以異教做為批判基督教的利器，即在於基督教的排他性與不寬容，基督教之所以導致腐敗，這也是原因之一，另一方面，盧梭亦堅定表達對國家分裂的不認同，而基督教對異端的不寬容，卻有可能造成國家的分裂。故對於盧梭所提公民宗教的此一缺失，也就成為馬基維里心中公民宗教唯一可能的致命傷口，但對此一缺點並非沒有補救之方。盧梭在論公民宗教時，從國家及主權者的角度，認為每一個人都應有宗教，公民宗教須有助於國家與社會的整合，對於那些不信奉公民宗教的人，應該將他驅逐出境，不是因為他們不敬神，而是因為他們的反社會性。盧梭認為，公民宗教有很多的正面價值，但負面的價值則只有一條，那就是不寬容，因此，必須將宗教上的不寬容除去，方能避免牧師成為國家主人的情形出現，「誰要是膽敢說教會之外，別無得救，就應該把他驅逐出國家之外，除非國家就是教會，君主就是教主。」[17]這與羅馬異教的多神論精神相符，只要宗教臣服於國家之下，宗教的寬容便有利

---

[16]　盧梭，《社會契約論》(*The Social Contract*)（台北：唐山，1987），何兆武譯，203-205 頁。
[17]　同上註，208-209 頁。

於國家的整合，而只要偷龍轉鳳將統治者的利益冠以為國家的利益，則盧梭公民宗教的概念，就足以成為馬基維里統治者利用宗教的典型。

　　一個採取寬容的公民宗教，實際上即是馬基維里的觀點，故雖然在許多對宗教的論述場合中，馬基維里批判了基督教，但就基督教之作為宗教本身，馬基維里並無偏見，他對基督教的批判主要在其導致義大利處於內憂外患的情勢中，若基督教有利於公共福祉，則馬基維里同樣會接受基督教，這從他將基督教的薩沃納羅拉修士（Friar Girolamo Savonarola）與上帝的對話，與異教的努馬・龐皮利烏斯與一位神話仙女的冒充對話相提並論、等量齊觀即可看得出來。[18]而馬基維里的實際用意乃是在指出，薩沃納羅拉修士在佛羅倫薩所取得的成功，證明古代羅馬宗教奠基者努馬・龐皮利烏斯所取得的成就，仍然可以仿效再現，此一觀點意謂，統治者應該以古羅馬人利用宗教的方式，來對基督教加以利用。從這裡也可顯見，馬基維里在異教與基督教之間，實際上是採取不偏不倚的中立立場，馬基維里對宗教的判斷標準只有一樣，即是否符合義大利當時獨立建國的需要，因此，在他探討義大利如何因羅馬教會使宗教不振導致失敗的《李維羅馬史疏義》第一篇第十二章中，他引述了李維所說的一個故事，當羅馬士兵攻打維愛人（Veientes）時，一個士兵進入女神朱諾的神廟，他走近神像對朱諾說：「妳想要到羅馬來嗎？」結果據稱許多人都看到朱諾點頭。這個場景顯示羅馬人並未因為朱諾是敵人的宗教而有輕蔑之意，前文指出羅馬的宗教正是建立在舊教的基礎上，在此更進一步顯示羅馬對其它宗教的尊重，而這個「敵國」來的神也以點頭表示願意在異國的土地上生根。接下來，馬基維里講了一段發人深省的話：「如果基督教共同體的君主維持這種宗教一如當初

18　Niccolo Machiavelli, *Discourses on Livy* (Chicago: University of Chicago Press, 1996), translated by Harvey C. Mansfield and Nathan Tarcov, I , ch.11.

的締造者所制定的，信奉基督教的政權與共和國將會比現在更團結與更幸福。」[19]由此可見馬基維里並不排拒基督教，而是認為它背離了締造者的本意，若從另一個角度看，我們甚至可以認為，若基督教仍然維持締造之初的本質，即使基督教是外來的，亦不會阻礙馬基維里對於此一外來意識的接受。

第三節　內含於意識形態的暴力性

統治者若能夠善用宗教將有利於統治及國家的整合，但在點出馬基維里對宗教的利用同於柏拉圖對「高貴的謊言」運用之後，我們同樣不可忽略兩者間亦同樣擁有的暴力性質。前述指出馬基維里根本認為上帝是個暴君，當他這樣認為的時候，實際上即係指宗教是建立在暴力基礎上的一個權威。施特勞斯對此表示，《聖經》的指令，非常難以付諸實施，而最為千真萬確的法則莫過於，當難以付諸實施的事被指令要求付諸實施的時候，為了達到馴服的目的，所需要的就是嚴厲苛刻，而不是溫柔愜意。《聖經》的指令根本無法付諸實施，人人皆有罪孽，這個命題的普遍性證明人人必然皆有罪孽，人類的根本性如此構成，以致於他們所能夠得到的是深重無涯的懲戒，而不是浩瀚無涯的酬答，他們之接受懲戒，是理應如此，而他們之接受報答，則完全屬於恩惠赦免性質。《聖經》向人類下達的指令，係出於對於人類的垂受所為，這個指令作為指令所暗示的是，人類可以反叛上帝或憎恨上帝，或者說人類可以與上帝為敵，但對於上帝的拒不順服及疏離隔膜，本身就構成了絕對意義的淒苦悲情，那些既不遵從上帝又不反叛上帝的人，理應受到無垠無涯鄙夷蔑視，而對上帝的反叛，本身即是一項罪孽，一種必須懲罰的罪

---

[19]　同上註，ch.11。

孽。[20]從馬基維里的角度，因宗教本身所具有的此一暴力性質，才構成使人服從的條件，但宗教的形式上卻是平和的，此如基督教之征服羅馬並非憑藉武力的行使，因此，宗教暴力的表現不在生理的遭受凌虐，而是心理的遭受壓迫。前述薩謨奈人藉宗教激勵戰士的事例中，其獻祭的儀式便充滿此一內在的暴力性，在手持裸劍的百夫長環繞下，戰士們在咒語聲中立毒誓，向神承諾絕對服從指揮官的命令，絕不棄戰叛逃，如有人違背誓詞，詛咒就會落在他的家人和族人身上。[21]

　　深入來看，這種意識的壓迫主要來自兩個原因，一是意識形態的不可實現性。任何無法實現的意識形態，只有藉由暴力方能實施，在基督教，此一暴力是以彼岸世界的懲戒方式呈現的，此形同柏拉圖使用的政治神話，亦以未來世界的地獄之火懲戒一樣，都訴諸於精神的壓迫，而且無論是基督教或者是柏拉圖的 Idea 都是不可實現的，至少是不可能完全實現，這些完全或部分的不可實現性，往往成為統治者將精神暴力轉化為肉體暴力的促因。無論是摩西、大衛王，或者是基督教世界的第一位君王阿拉貢的斐迪南（Ferdinand），都是以殘酷手段施行統治的實例。意識形態壓迫的第二個主因是自上而下的性質，柏拉圖的 Idea 與基督教同樣有這些特性，並非所有的意識形態都有自上而下的性質，但是幾乎所有自上而下推動的意識形態皆有壓迫性，柏拉圖的 Idea 地位如同天上的太陽，其在政治結構中的序列，本就屬於最頂端，而馬基維里教導統治者運用的宗教，目的既是促進民族國家這個最終根源的達成，本身即是實踐最高目的的手段，目的既有神聖性，統治者為達目的即可能不擇手段。惟意識的壓迫無論出自何種原因，都將面臨鄂蘭所指出的困境，

---

[20]　Leo Strauss, *Thoughts on Machiavelli* (Chicago: The University of Chicago Press,1958), pp.188.

[21]　Niccolo Machiavelli, *Discourses on Livy* (Chicago: University of Chicago Press, 1996), translated by Harvey C. Mansfield and Nathan Tarcov, I , ch.15.

若政治權威的最主要特色就是不使用暴力，則意識形態精神的壓迫是否還能賦與統治者統治正當性所需的政治權威？

結 論

　　從政治權威的角度及柏拉圖與馬基維里政治哲學途徑，探討台灣的外來政權現象，提供了我們一個可以觀照外來政權現象全貌的思考，一方面，政治權威是一價值中立的概念（當然須排除無政府主義者及馬克斯主義者等對權威概念持負面評價者），無論是外來政權或本土政權都希望取得政治權威，因此，我們能夠從外來及本土政權建立政治權威的過程，檢視這兩種政權的統治正當性。另一方面，我們將政治權威設定為包含權威者，權威場域及權威對象三個面向，也就是要凸出目前台灣外來政權現象中最關鍵但卻為人忽視的問題，亦即只將焦點置於統治者單一面向的問題，而這也是外來政權之所以失敗，而本土政權若持同樣模式，未來發展也不被看好的原因。

　　台灣外來政權與本土政權的鬥爭，就理念言，無異是柏拉圖與馬基維里為代表之兩種政治權威典範的鬥爭，兩種典範各有其立論基礎與理論矛盾，二者也對後世產生了巨大影響，雖然台灣的外來政權現象與二者並無直接的聯繫，外來政權與本土政權的辯證也從未引用這兩種典範，但在歷史的實踐經驗上，卻是這兩種政治權威典範的體現，從這個角度看，對這兩種不同權威論述的分析，可以引伸出這兩種典範產生的前因與後果，將其與台灣外來政權現象加以對照，也可以給與陷於外來政權與本土政權鬥爭泥淖的台灣社會，一個值得思考的啟發。

　　將這兩個權威典範應用於外來政權現象的探討，其實是在針對一組提問的探討，這組提問是：無論是外來或本土政權都希望能夠建立統治的政治權威，但他們是如何建立的？他們成功了嗎？若失敗則失敗的原因在哪裡？他們能夠從失敗的原因中淬取出成功的要件嗎？

　　對於第一個問題，我們深入探究了柏拉圖與馬基維里的政治思想，並將其作為外來政權政治權威轉化和本土政權政治權威建立的參照對象，這兩個參照對象雖然對於如何建立政治權威有完全不同的設想，前者以外來意識形態作為建國藍圖，而輕視政治社群本土意見，後者則將建立在本土之上的新國家，視為推動政治社群持續向前的政治權威根源，但他們彼此之間卻有許多共同點，包括他們都重視統治者的地位，因此，如何鞏固統治階級政權都有詳盡的闡述；其次，他們都是歷史目的論者，即使歷史的推展方向及目的互異；第三，他們都是集體主義者，即使對於國家的內涵有不同看法；第四，他們在強調統治者地位之餘，也發現制度及被統治者因素在政治權威構成中的重要性，但卻未取代統治者的地位。

　　因此，柏拉圖思想經羅馬政治經驗以迄基督教思想展現的傳統政治權威觀，與馬基維里發展出的新政治權威觀，雖然在達成目標之方法上有不同的設計，但兩者在許多方面卻是相同的，特別是在塑造強化政治權威的「根源」方面，就此而言，柏拉圖與馬基維里政治權威觀的差異，可以簡化為「一個『根源』，各自表述」，一個眼光向後，復歸理念與傳統；一個眼光向前，開創革命思維。

　　對於第二和第三個問題，我們提出的解答是，無論外來政權的權威轉化或本土政權的權威建立，結果都是失敗的，即使就後者而言，目前仍言之過早。它們失敗的同樣結果，顯示看似不同的政權屬性，其實隱藏了導致失敗的共同原因，這些原因就是兩種政權所具有的共同點。這些共同點暴露外來政權與本土政權的共同問題，乃是未能同

時觀照構成政治權威的三個面向。就柏拉圖與外來政權而言，雖然意識形態的外來不表示與本土場域絕對互斥，但是它們一開始即顯露對於本土場域的輕視，因此，他們設想的是如何以外來的意識形態「取代」本土的意見，而非如何「適應」本土意見而自我轉型，此一思維也預示外來意識形態統治與台灣場域的格格不入，因此使得外來政權統治下的被統治者不受重視。雖然柏拉圖與台灣外來政權晚期都出現向本土場域與被統治者方向移動的思維，但外來意識形態的僵固性與以統治者為中心的思考模式未變，也就顯示權威轉化無法終底於成。

　　台灣 2000 年總統選舉，外來政權被本土政權「推翻」之後，即顯示了外來政權政治權威轉化的失敗。值此之際，命運女神給了本土政權馬基維里所說的「機會」，讓它可以將外來政權統治下的台灣場域「質料」，糅合成所希冀的「形式」。本土政權本來是大有機會的，因為它是第一個由台灣本土場域產出的政權，外來政權與本土場域疏離的困境，本不應在本土政權出現，但本土政權用歷史、文化、族群、統獨與省籍等，將台灣場域作了切割，並固守狹隘的本土意識，造成場域的破碎，也就面臨了與外來政權同樣的與場域格格不入問題。

　　深究原因，本土政權的統治同樣流有與外來政權相同的意識形態血液，雖然這個意識形態不是外來的，卻是統治菁英「製造」出來的，且同樣是以國家為目的的集體主義思維，既然它不是由被統治者的「意見」中產出，也就無法排除與外來政權同樣面臨的困境。同時，因為意識形態的製造性隱藏了鄂蘭所說的暴力性，統治者的統治便不是從被統治者的角度出發，而依然如同外來政權，係從統治者的角度出發，故雖然表面上，本土政權統治下的台灣民主化與自由化均非外來政權威權統治時期可比，但如同蔣經國晚年的民主改革與本土化政策，係為了維持外來政權統治與意識形態路線，本土政權推動的民主

化與自由化，也是出於權力邏輯及意識形態思考，這可以解釋為何台灣歷經多次修憲，卻無助於民主鞏固與公民參與的深化。

這種矛盾如同馬基維里的共和主義色彩雖然濃厚，卻還是無法解決一人統治與暴力統治的問題，深入這個問題的核心便可發現，當本土政權建立新國家的「根源」成為約束新君主的意識形態時，本土政權原寄望繼起的新君主能夠成為推動歷史向前的千秋萬世創建者夢想將隨之破滅，因為新君主的政治動能已為意識形態所拘束，就此而言，本土政權實際上正走上與外來政權覆亡的相同道路。

既然外來政權統治已證明是失敗的，本土政權也走上相同的覆轍，這難道表示台灣已無法建構一個擁有統治正當性的政治權威結構？當然不是，這觸及到第四個問題，也就是如何避免自我挫敗的終局，問題的解決關鍵在於跳脫外來與本土的對立，台灣因為長久處於這種兩極對立，使許多人認為抽離了外來與本土，統治結構便一無所有了。因為習於外來與本土的對立，所以被統治者也習慣在政治場域中選邊站，非藍即綠、非統即獨、非友即敵等，都是政治對立下的思考，但這些不是台灣外來政權現象中剪不斷理還亂的問題結果，而是問題的原因，因為有了敵對性，方才找不到解決問題的出路。

因此，要找出路，就必須先倒果為因，放棄敵對性的思考，也就是放棄外來與本土對立的觀點，甚至將外來與本土概念全部丟棄。外來與本土丟棄之後，我們將發現外來政權與本土政權其實已經有了交集，這個交集就是丟棄外來與本土之後留下的「政權」，當我們的眼光不再因外來與本土的糾纏而轉移注意力後，便能將焦點置於台灣應該建構什麼樣的「政權」問題上，亦即如何建立一個能夠在台灣場域上取得被統治者自願服從，而擁有政治權威的政權。這涉及到誰該統治及如何統治的問題，唯有從這個面向，我們才能避免單面向的思

考，建構一個合理統治的模型，並以此著手，重新建構新的台灣社會共同體。

參考書目

中文部分

王育德

2002　《台灣・苦悶的歷史》，台北：前衛。

巴柏（Karl R. Popper）

1998　《開放社會及其敵人》（*The Open Society And Its Enemies*），莊文瑞、李英明譯，台北：桂冠。

艾普勒（Erhard Eppler）

2000　《重返政治》（*Die Wiederkehr der Politik*），孫善豪譯，台北：聯經。

史明

1980　《台灣人四百年史》，台北：蓬島文化公司。
2002　《台灣不是中國的一部分──台灣社會發展四百年史》，台北：前衛。

卡西爾（Ernst Cassirer）

2003　《國家的神話》（*The Myth of The Staee*），范進等譯（北京：華夏出版社）。

江宜樺

1995　〈政治是什麼？──試析亞里斯多德的觀點〉，《台灣社會研究季刊》，第十九期。
1998　《自由主義、民族主義與國家認同》，台北：揚智。
2001　《自由民主的理路》，台北：聯經。

托克維爾（Alexis de Tocqueville）

1991 《論美國的民主》（*De la democratie en Amerique*），董果良譯，北京：商務。

1994 《舊制度與大革命》（*L'Ancien Regime et la Revolution*），馮棠譯，香港：牛津大學出版社。

何信全

1997 〈社群抑或工具性的組合？──波柏開放社會的一個探析〉，陳秀容、江宜樺主編，《政治社群》，台北：中央研究院。

1998 〈多元社會交疊共識如何可能？──羅爾斯對社會整合之證成〉，《國立政治大學哲學學報》，第五期。

李登輝

1999 《台灣的主張》，台北：遠流。

李登輝、中嶋嶺雄

1999 《亞洲的智略》，駱文森、楊明珠譯，台北：遠流。

李永熾等編撰

2004 《台灣主體性的建構》，台北：群策會李登輝學校。

周春生

2003 〈道德的合理性與國家權力的合法性──西方馬基雅維裡思想批評史尋跡〉，《史學理論研究第三期》，北京：中國社會科學院世界歷史研究所、近代史研究所、歷史研究所。

吳增定

2003 〈有朽者的不朽〉，收錄於思想與社會第三輯，《現代政治與自然》，上海：上海人民出版社。

林天河

1995 〈個人與社群之關係：試析柏拉圖『法律篇』〉，陳秀容、江宜樺主編，《政治社群》，台北：中央研究院。

拉克勞、墨菲（Ernesto Laclau & Chantal Mouffe）

1994　《文化霸權和社會主義的戰略》（*Hegemony & Socialist Strategy Towards a Radical Democratic Politics*），陳墇津譯，台北：遠流。

侯鴻勛

2000　《康德》，香港：中華書局。

柏拉圖（Plato）

2000　《柏拉圖全集》（*Plato*），王曉朝譯，一至四卷，台北：左岸。

施特勞斯（Leo Strauss）

2001　《霍布斯的政治哲學》（*The Political Philosophy of Hobbes: Its Basis and Its Cenesis*），申彤譯，南京：譯林。
2003　《自然權利與歷史》（*Natural Right and History*），彭剛譯（北京，三聯書店）。

納西（Kate Nash）

2004　《全球化、政治與權力》（*Contemporary Political Sociology: Globalization, Politics, and Power*），林庭瑤譯，台北：韋伯。

馬基維里（Niccolo Machiavelli）

1998　《佛羅倫薩史》（*Istorie Florentine*），李活譯，台北：台灣商務印書館。
2003　《李維羅馬史疏義》（*Discourses on the First Ten Books of Titus Livy*），呂健忠譯，台北：左岸。

康德（Immanuel Kant）

1999　〈邁向永久和平——一個哲學提綱〉，收錄於《永久和平的提倡者：康德》，台北：誠品。

孫善豪

1988　《宰制與合法：關於「民主與科學的反對黨」的文集》，台北：稻鄉。

強世功

2003　〈民主制度下的自由實踐〉,《廿一世紀》網路版,總第十期。

許國賢

1995　〈民主與個人自主性〉,張福建、蘇文流主編,《民主理論:古典與現代》,台北:中央研究院。

陳隆志

1991　《台灣的獨立與建國》,台北:月旦出版社。

陳伯璋

1991　〈台灣四十年來國民教育發展之反省與檢討〉,賴澤涵、黃俊傑主編,《光復後台灣地區發展經驗》,台北:中央研究院。

陳思賢

1991　〈理(Logos)與法(Nomos)的對立:柏拉圖與奧古斯丁政體建構理論的一個透視方式〉,《政治科學論叢》,第二期。

1998　〈近代自由主義政治的古典前驅:希臘化時代反城邦政治與自然法的興起〉,《政治科學論叢》,第十期。

陳世宏

2004　《李登輝先生與台灣民主化》,張炎憲、許志雄、薛化元、李福鐘、陳世宏編撰,台北:玉山社。

陳儀深等編撰

2004　《台灣國家定位的歷史與理論》,台北:玉山社。

密爾(John Stuart Mill)

1986　《論自由》(*On Liberty*),程崇華譯,台北:唐山。

莊萬壽

2004　〈台灣文化主體性的建構〉,《台灣主體性的建構》,台北:群策會李登輝學校。

張炎憲

1998　〈台灣史研究與台灣主體性〉,《台灣近百年史研究論文集》,台北:吳三連台灣史料基金會。

張旺山

1995　〈馬基維理革命:『國家理性』觀念初探之一〉,陳秀容、江宜樺主編,《政治社群》,台北:中央研究院。
2001　〈支配與自由:論韋伯的政治理想〉,蔡英文、張福建主編,《自由主義》,台北:中央研究院。

張福建

2001　〈在自由主義與共和主義之外:梅迪遜早期憲政思想探索〉,蔡英文、張福建主編,《自由主義》,台北:中央研究院。

張震東

1994　〈托克維爾論民主社會之自由問題〉,戴華、鄭曉時主編,《正義及其相關問題》,台北:中央研究院。

程石泉

2000　《柏拉圖三論》,台北:東大圖書公司。

曾仰如

1998　《柏拉圖的哲學》,台北:商務。

鄔昆如

1993　〈柏拉圖《理想國》的『正義』概念及其現代意義〉,戴華、鄭曉時主編,《正義及其相關問題》,台北:中央研究院。

赫爾德(David Held)

2003　《民主與全球秩序》(*Democracy and the Global Order*),李銘珠譯,台北:正中書局。

蔔魯恩（Jean Brun）

2000　《柏拉圖及其學園》（*Platon Et L'academie*），楊國正譯，北京：商務印書館。

蔡英文

1999　〈古典共和公民社會的理想與奧古斯丁政治神學之解釋〉，收錄於台灣哲學研究，第二期，《法政哲學》，台北：桂冠。

蔣年豐

1995　〈佛洛依德與意識形態之批判：哈伯瑪斯與里克爾進路之比較〉，錢永祥、戴華主編，《哲學與公共規範》，台北：中央研究院。

劉潼福、鄭樂平

2003　《古希臘的智慧──西方文明的種源頭》，台北：新潮社。

劉軍寧

1998　《共和、民主、憲政：自由主義思想研究》，上海：上海三聯書店。

錢永祥

2003　〈偉大的界定者：霍布斯絕對主權論的一個新解釋〉，收錄於思想與社會第三輯，《現代政治與自然》，上海：上海人民出版社。

盧梭（Jean-Jacques Rousseau）

1987　《社會契約論》（*The Social Contract*），何兆武譯，台北：唐山。

謝延庚

1998　〈亞里斯多德思想中的多元主義精神──從治學風格及對柏拉圖《理想國》的批抨說起〉，蕭高彥、蘇文流主編，《多元主義》，台北：中央研究院。

賽班（George H. Sabine）

1991　《西方政治思想史》（*A History of Political Theory*），李少軍、尚新建譯，台北：桂冠。

蕭高彥

1996　〈共同體的理念：一個思想史之考察〉，《台灣政治學刊》，第一期。
1997　〈愛國心與共同體政治認同之構成〉，陳秀容、江宜樺主編，《政治社群》，台北：中央研究院。
1998　〈馬基維利論政治秩序──一個形上學的考察〉，《政治科學論叢》，第九期。
2001　〈立法家、政治空間與民族文化〉，《政治科學論叢》，第十四期。
2002　〈共和主義與現代政治〉，《政治與社會哲學評論》，第一期。
2002　〈西塞羅與馬基維利論政治道德〉，《政治科學論叢》，第十六期。

蘇文流

1995　〈蘇格拉底與民主政治〉，張福建、蘇文流主編，《民主理論：古典與現代》，台北：中央研究院。
1997　〈服從與政治社群：《克里圖》與《辯護》中蘇格拉底的論點初探〉，陳秀容、江宜樺主編，《政治社群》，台北：中央研究院。

外文部分

Anscombe, G. E. M.

1990　"On the Source of the Authority of the State," edited by J. Raz, *Authority*. Oxford: Basil Blackwell.

Antony, Flew

2001　*An introduction to Western philosophy : ideas and argument from Plato to Popper*. New York : Thames and Hudson.

Arendt, Hannah

1958　*Human Condition*. Chicago: University of Chicago Press.
1977　*Between Past and future*. New York: Penguin Books.
1982　*Lectures on Kant's Political Philosophy*, edited by Ronald Beiner. Chicago: University of Chicago Press.
1990　*On Revolution*. Harmondsworth : Penguin.

Aristotle

1984a *Politics*, trans. by Carnes Lord. Chicago: University Press.
1984b *Rhetoric*, trans. by W. Rhys Roberts, in Jonathan Barnes(ed.), *The Complete Works of Aristotle: the Revised Oxford Translation*. New Jersey: Princeton University Press.
1984c *Metaphysics,* in *The Complete Works of Aristotle*, Jonathan Barens(ed.), New Jersey: Princeton University Press.

Avis, Paul

1986 *Foundation of Modern Historical Thought: From Machiavelli to Vico*. Croom Helm, Ltd. Provident House, Brurrell Row.

Bacon, Francis

1915 *The Advancement of Learning*, edited by G. W. K. itchin. London: Dent.

Baruzzi, Arno

1993 *Einfuhrung in die Philosophie der Neuzeit*. Karmstadt: Wissenschaftliche Buch-gesellschaft.

Benne, K. D.

1971 *A Conception of Authority*. New York: Russell & Russell.

Canovan, Margaret

1999 "Trust the People! Populism and the Two Faces of Democracy," *Political Studies*, XLVII.

Carter, April

1979 *Authority and Democracy*. London, Boston: Routledge & K. Paul.

Cicero, M. T.

1929 *On the Commonwealth: Marcus Tullius Cicero*, Eng. translated by George H. Sabine and Stanley B. smith. Columbus, Ohio.

Constant, Benjamin

1988   *Political Writings*. edited by Biancamaria Fontana. Cambridge: Cambridge University Press.

Cowling, Maurice

1963   *Mill and Liberalism.* Cambridge: CUP.

Courchene, T. J. and Donald J. Savoie (eds.)

2000   T*he art of the state : governance in a world without frontiers.* Montreal: Institute for Research on Public Policy.

De George, R. T.

1985   *The Nature and Limits of Authority*. Kansas: University Press of Kansas.

De Maistre, J.

1965   *The Works of Joseph de Maistre*, edited by Jack Lively. New York: Macmillan.

Dewey, John

1929   *Experience and Nature*. New York: Norton.

Dworkin, Gerald

1989   "The Concept of Autonomy," in John Christman (ed.), *The Inner Citadel: Essays on Individual Autonomy*. New York: Oxford University Press.

Easton, David

1953   *The Political System*. New York: Knopf.
1958   "The Perception of Authority and Political Change," edited by C. J. Friedrich, *Authority*. Cambridge, Mass.: Harvard University Press.

Eloade, Micrea

1974　*The Myth of Eternal Return, or Cosmos and History*, trans. By Willard R. Tarsk. Princeton: Princeton University Press.

Ernest, B.T.

1979　*Greek political theory : Plato and his predecessors*. London : Methuen.

Finnis, J. M.

1990　"Authority," edited by J. Raz, *Authority*. Oxford: Basil Blackwell.

Friedman, R. B.

1990　"On the Concept of Authority in Political Philosophy," edited by J. Raz, *Authority*. Oxford: Basil Blackwell.

Gail, Fine

1995　*On ideas : Aristotle's criticism of Plato's theory of forms.* New York : Oxford University Press.

Gentillet, I.

1960　Contre Nicolas Machiavel Florentin, from De Jensen, L., ed., *Machiavelli - Cynic, Pat riot, or Political Scientist.* Boston: D. C. Heath and Company.

Godman, P.

1998　*From Poliziano to Machiavelli: Florentine Humanism in the High Renaissance.*　Princeton: Princeton University Press.

Gramsci, Antonio

1971　*Selections From Prison Notebooks.* New York: International Publishers.

Green, Leslie

1988　*The Authority of The State*. New York: Oxford University Press.

Grunter, Rolf

1985　*Philosophy of History: A Critical Essay*. Gower House: Gower Publishing Company Limited.

Hall, J.

1956　"Plato's Legal Philosophy", *Indiana Law Journal*, 31.

Hegel, G. W. F.

1956　*Philosophy of history*, translated by J. Sibree. New York: Dover Publications.
1967　*Philosophy of Right*, trans. with notes by T. M. Knox. Oxford University Press.

Held, David

Democracy and the Global Order: from the Modern State to Cosmopolitan governance. Oxford: Blackwell.

Hinsley, F. H.

1967　"The Concept of Sovereignty and the Relations Between States," *Journal of International Affairs*, Vol. 21, No. 2.

Hobbes, Thomas

1660　*The Leviathan*. website: http://oregonstate.edu/instruct/phl302/texts/hobbes/leviathan-contents.html
1969　*The Elements of Law, Natural and Politic.* website: http://www.thomas-hobbes.com/works/elements/
1983　*De Cive, the English Version.* website: http://www.constitution.org/th/decive.htm

Hume, David

1882 "On the Interdependency of parliament," in *Essays Moral, Political and Literary*, edited by T. H. Green and T. H. Grose. London: Longmans, Green.

Kant, Immanuel

1949 "Eternal Peace", *The Philosophy of Kant*, ed. and trans by C. J. Friedrich, Modern Library Edition.

1996 *Practical Philosophy*, translated by Mary J. Gregor. Cambridge: Cambridge University Press.

Kirshner, J.

1995 *The Origins of the State in Italy, 1300-1600*. Chicago: the University of Chicago Press.

Kofman, E. and Gillian Youngs (eds.)

2003 *Globalization : theory and practice*. London: New York : Continuum.

Laclau, E. and C. Mouffe

1985 *Hegemony and Socialist Strategy.* London: Verso.

1987 "Post-Marxism without Apologies", *New Left Review*, 166, pp.79-106.

Laitin, David

1986 *Hegemony and Culture: Politics and Religious Change among the Yoruba*. Chicago: University of Chicago Press.

Ladenson, R.

1990 "In Defense of a Hobbesian Conception of Law," edited by J. Raz, *Authority*. Oxford: Basil Blackwell.

Locke, John

1961 *Essay Concerning Human Understanding*. London: Dent.

Lukes, Steven

1990 "Perspective on Authority" , edited by J. Raz, *Authority*. Oxford: Basil Blackwell.

Machiavelli, Niccolo

1985 *The Prince*, translated by Harvey C. Mansfield. Chicago: University of Chicago Press.

1996 *Discourses on Livy*, translated by Harvey C. Mansfield and Nathan Tarcov. Chicago: University of Chicago Press.

Maguire, J. P.

1947 "Plato's Theory of Natural Law", *Yale Classical Studies*, 10.

Mansbridge, J.

1983 *Beyond Adversary Democracy*. Chicago: The University of Chicago Press.

Mansfield, Harvey C.

1995 "Machiavelli and the Idea of Progress", in *History and the Idea of Progress*, edited by Arthur M. Melzer, Jerry Weinberger and M. Richard Zinman. Ithaca and London: Cornell University Press.

Meinecke, Fridrich

1962 *Machiavellism. The Doctrine of raison dEtat and Its Place in Modern History*, translated by Douglas Scott. New Haven: Yale University Press.

Mill, J. S.

1960 *On Liberty II*. London: OUP.

Montesquieu, Charles de Secondat

1990 *The spirit of laws*, translated by Thomas Nugent. Chicago : Encyclopaedia Britannica.

Nagel, T.

1987 "Moral Conflict and Political Legitimacy," edited by J. Raz, *Authority*. Oxford: Basil Blackwell.

Nisbet, Robert

1975 *Twilight of Authority*. New York: Oxford University Press.

Ostenfeld, E. N.(ed.)

1998 *Essays on Plato's Republic*. Aarhus : Aarhus University Press.

Paine, Thomas

1995 *Selections*. New York : Library of America.

Pierre, Manent

1998 *The City of Man*. trans. by Marc A. LePain. Princeton: Princeton University Press.

Pitkin, Hanna Fenichel

1984 *Fortune Is a Woman: Gender and Politics in the Thought of Niccolo Machiavelli*. Berkeley and Los Angles: University of California Press.

Planinc, Zdravko

1991 *Plato's Political Philosophy: Prudence in the Republic and the Laws*. Missouri: University of Missouri Press.

Plato

1990 *The Dialogues of Plato*, translated by Benjamin Jowett. Encyclopaedia Britannica, Inc.

Pocock, J. G. A.

1975 *The Machiavellian Moment*. Princeton: Princeton University Press.

Popper, K. R.

1966 *The Open Society And Its Enemies*. Princeton: Princeton University Press.

Quinton, Anthony

1993 "Morals and Politics", *Ethics* (Supplement): 95-106. New York: Cambridge University Press.

Raz, J.

1979 *The Authority of Law*. Oxford: Oxford University Press.
1990 "Authority and Justification," edited by J. Raz, *Authority*. Oxford: Basil Blackwell.

Rawls, John

1985 *Political Liberalism*. New York: Columbia University Press.

Ricoeur, Paul

1986 *Lectures on Ideology and Utopia*, ed. by G. H. Taylor. New York: Columbia University Press,1986.

Rosen, Stanley

2000 *Nihilism: A Philosophical Essay*. New Haven: Yale University Press.

Rousseau, J. J.

1962 *The Political Writings of Jean-Jacques Rousseau*, edited by C. E.Vaughan. Oxford: Blackwell.
1978 *On the Social Contract with Gevena Manuscript and Policical Economy*. New York: St. Martin's Press.

Simon, Y. R.

1980 *General Theory of Authority*. Notre Dame: University of Notre Dame Press.

Sinclair, T. J.(ed.)

2004　*Global governance : critical concepts in political science*. New York : Routledge.

Skinner, Quentin

1978　*The foundations of Modern Political Thought*, 2 vols. Cambridge: Cambridge University Press.
1981　*Machiavelli*. Oxford: Oxford University Press.
1983　"Machiavelli on the Maintenance of Liberty", *Politics*, 18.
1990　"The Republican Ideal of Political Liberty," edited by G. Bock, Q. Skinner, and M. Viroli, *Machiavelli and Republicanism*. Cambridge: Cambridge University Press.

Stalley, R. F.

1982　*An introduction to Plato's Laws*. Oxford, England: B. Blackwell.

Stern, Alfred

1962　*Philosophy of History and the Problem of values*. The Hague: Mounton & Co. Publishers.

Strauss, Leo

1953　*Natural Right and History*. Chicago: The University of Chicago Press.
1958　*Thoughts on Machiavelli*. Chicago: The University of Chicago Press.
1959　*What is Political Philosophy?*　Chicago: The University of Chicago Press.
1964　*The City and Man*. Chicago: The University of Chicago Press.
1975　*The Argument and the Action of Plato's Laws*. Chicago: The University of Chicago Press.
1983　*Studies in Platonic Political Philosophy*. University of Chicago Press.
1989a　"The Three Waves of Modernity" in *An Introduction to Political Philosophy: Ten Essays by Leo Strauss*, edited by Hilall Gildin .Wayne State University Press.
1989b　*Liberalism Ancient and Modern*. Cornell University Press.

Strauss, Leo & Cropsey, Joseph (eds.)

1987 *History of Political Philosophy*. Chicago: The University of Chicago Press.

Taylor, A. E.

1977 *Plato: The Man and His Work*. Seventh Edition. London: Methuen & Co. Ltd.

Tocqueville, Alexis de

1969 *Democracy in America*. Translated by George Lawrence, edited by J. P. Mayer. Garden City: Doubleday.

Watkins, Frederick

1967 *The Political Tradition of the West: A Study in the Development of Modern Liberalism*. Cambridge: Harvard University Press.

Watt, E. D.

1982 *Authority*. New York: St. Martin's Press.

Weber, Max.

1978 *Economy and Society*, edited by G. Roth and C. Wittich, 2 vols. Berkeley: University of California Press.

Weldon, T. D.

1946 *States and Morals*. London: John Murray.

Wolff, R. P.

1990 "The Conflict between Authority and Autonomy", edited by J. Raz, *Authority*. Oxford: Basil Blackwell.

國家圖書館出版品預行編目

論外來政權現象：柏拉圖與馬基維里的哲學思考 / 閻亢宗著.
-- 臺北市：秀威資訊科技, 2007.10
　　面；　公分. --(實踐大學數位出版合作系列
哲學宗教；AA0007)

　　參考書目：面
　　ISBN　978-986-6732-16-4(平裝)

1.柏拉圖(Plato, 427-347 B. C.)　2.馬基維里(Machiavelli,
Niccolo, 1469-1527)　3.學術思想　4.政治思想

570.94　　　　　　　　　　　　　　　96017777

實踐大學數位出版合作系列
哲學宗教類　AA0007

▌論外來政權現象
－柏拉圖與馬基維里的哲學思考

作　　者　閻亢宗
統籌策劃　葉立誠
文字編輯　王雯珊
視覺設計　賴怡勳
執行編輯　賴敬暉
圖文排版　陳湘陵
數位轉譯　徐真玉　沈裕閔
圖書銷售　林怡君
法律顧問　毛國樑　律師
發 行 人　宋政坤
出版印製　秀威資訊科技股份有限公司
　　　　　台北市內湖區瑞光路583巷25號1樓
　　　　　電話：(02) 2657-9211
　　　　　傳真：(02) 2657-9106
　　　　　E-mail：service@showwe.com.tw
經 銷 商　紅螞蟻圖書有限公司
　　　　　台北市內湖區舊宗路二段121巷28、32號4樓
　　　　　電話：(02) 2795-3656
　　　　　傳真：(02) 2795-4100
　　　　　http://www.e-redant.com

2007 年 10 月

定價：430元

讀 者 回 函 卡

感謝您購買本書，為提升服務品質，煩請填寫以下問卷，收到您的寶貴意見後，我們會仔細收藏記錄並回贈紀念品，謝謝！

1.您購買的書名：_____

2.您從何得知本書的消息？

　□網路書店　□部落格　□資料庫搜尋　□書訊　□電子報　□書店

　□平面媒體　□ 朋友推薦　□網站推薦　□其他_____

3.您對本書的評價：(請填代號　1.非常滿意 2.滿意 3.尚可 4.再改進)

　封面設計____　版面編排____　內容____　文/譯筆____　價格____

4.讀完書後您覺得：

　□很有收獲　□有收獲　□收獲不多　□沒收獲

5.您會推薦本書給朋友嗎？

　□會　□不會，為什麼？_____

6.其他寶貴的意見：_____

_____

_____

_____

讀者基本資料

姓名：_____　年齡：_____　性別：□女 □男

聯絡電話：_____　E-mail：_____

地址：_____

學歷：□高中(含)以下　　□高中　□專科學校　□大學

　　　□研究所(含)以上 □其他_____

職業：□製造業 □金融業 □資訊業 □軍警 □傳播業 □自由業

　　　□服務業 □公務員 □教職　□學生 □其他_____

(請沿線對摺寄回,謝謝!)

秀威與 BOD

BOD（Books On Demand）是數位出版的大趨勢，秀威資訊率先運用 POD 數位印刷設備來生產書籍，並提供作者全程數位出版服務，致使書籍產銷零庫存，知識傳承不絕版，目前已開闢以下書系：

一、BOD 學術著作—專業論述的閱讀延伸
二、BOD 個人著作—分享生命的心路歷程
三、BOD 旅遊著作—個人深度旅遊文學創作
四、BOD 大陸學者—大陸專業學者學術出版
五、POD 獨家經銷—數位產製的代發行書籍

BOD 秀威網路書店：www.showwe.com.tw
政府出版品網路書店：www.govbooks.com.tw

永不絕版的故事・自己寫・永不休止的音符・自己唱